中国国际经济交流中心 智库丛书

ON ASIA

新形势下中日韩经济发展合作的挑战与新机遇

中国国际经济交流中心课题组 著

CHALLENGES AND NEW OPPORTUNITIES FOR CHINA, JAPAN AND KOREA'S ECONOMIC DEVELOPMENT COOPERATION UNDER THE NEW SITUATION

·北京·

图书在版编目（CIP）数据

新形势下中日韩经济发展合作的挑战与新机遇／中国国际经济交流中心课题组著．—北京：中国经济出版社，2020.4（2023.8 重印）
ISBN 978-7-5136-5819-5

Ⅰ.①新… Ⅱ.①中… Ⅲ.①区域经济合作—国际合作—研究—中国、日本、韩国 Ⅳ.①F114.46

中国版本图书馆 CIP 数据核字（2019）第 171774 号

责任编辑　闫明明
责任印制　巢新强

出版发行	中国经济出版社
印　刷　者	北京建宏印刷有限公司
经　销　者	各地新华书店
开　　　本	710mm×1000mm　1/16
印　　　张	24.75
字　　　数	322 千字
版　　　次	2020 年 4 月第 1 版
印　　　次	2023 年 8 月第 2 次
定　　　价	79.00 元

广告经营许可证　京西工商广字第 8179 号

中国经济出版社　网址 www.economyph.com　社址 北京市东城区安定门外大街 58 号　邮编 100011
本版图书如存在印装质量问题，请与本社销售中心联系调换（联系电话：010-57512564）

版权所有　盗版必究（举报电话：010-57512600）
国家版权局反盗版举报中心（举报电话：12390）　　服务热线：010-57512564

课题组成员

课题负责人
魏建国　中国国际经济交流中心副理事长

课题组组长
刘向东　中国国际经济交流中心经济部副部长、研究员

课题组副组长
逯新红　中国国际经济交流中心战略研究部研究员

课题组成员
元利兴　中国国际经济交流中心经济研究部研究员
李　娣　中国国际经济交流中心经济研究部副研究员
林　江　中国国际经济交流中心经济研究部助理研究员
李浩东　中国国际经济交流中心战略研究部助理研究员
李　翔　中国国际经济交流中心经济研究部副处长

内容摘要

当今世界正面临百年未有之大变局。经济全球化在曲折中前行,地缘政治热点此起彼伏,单边主义、民粹主义、贸易保护主义在全球范围抬头,全球贸易体系变得不太稳定,多边贸易规则面临必要的改革。国际秩序演变的不确定性增加,新兴市场国家和发展中国家群体性崛起势不可当,全球发展的版图更加全面均衡。经济全球化并未完全失控,而是正在寻找更加合意的方式适应新的规则,世界秩序也并未全面崩塌,而是以更加多极化的方式进入了大国博弈的新阶段。新一轮科技革命和产业变革正在积聚力量,势必会给全球发展和人类生产生活带来剧烈变化。

东北亚地区仍是世界地缘政治状况最复杂的地带之一。近期,随着朝鲜半岛局势略显缓和,东北亚地区迎来和平合作发展的新契机。区域经济合作有望提速,给中日韩经济朝着健康发展增添了亮色。该地区中,中日韩三国作为具有影响力的三大经济体,应当在区域合作中发挥重要引领作用。尤其是三国在自由贸易方向上相向而行,共同抵御单边主义和保护主义,不仅能稳定本国经济增长,增强区域发展韧性,而且也能凝聚世界发展合力,提振全球经济增长。随着中日、中韩关系逐步恢复正常化,中国与日韩的双边贸易恢复向好,并进入了协调合作的新阶段。三国亟须抓住有利时机,加快在贸易投资、技术创新、先进制造、能源环境、区域合作等多领域开展高水平合作,推动中日、中韩经济合作持续健康向前发展，提升东北亚区域内经贸合作水平。

当前，中美经贸磋商谈判仍在持续，已经达成第一阶段性协议，后续谈判有望达成的可能性较大。不论如何，中国拥有坚定的自主改革和扩大开放的态度，面对外部压力和挑战，不会主动屈服，而是更愿意在相互尊重的情况下接受彼此认可的协议。抚今追昔，中美经贸摩擦与日美经贸摩擦有较多相似之处。当年日美经贸摩擦究竟带给中国哪些启示？课题组拜访日本相关机构和当事人获悉，日美贸易摩擦与中美贸易摩擦外部环境因素有相似之处（如对美贸易逆差较大），日美摩擦是从单个领域逐步展开的，而中美经贸摩擦是全方位展开的，但最终贸易摩擦的解决都要诉诸政治谈判。当问及当年在日美贸易摩擦压力下日本是如何实现技术创新和产业升级时，课题组了解到，日本第三次产业升级是在相当艰难的情况下完成的，日本适时调整产业政策，综合考虑合适的技术策略，引导大量资本投向技术领域，而不再是房地产领域。当问及中日韩经贸一体化合作为什么一直在推进却进展缓慢时，韩国学者认为中日韩FTA应是"10+3"的基础，但是后来中日韩FTA推进不是很好，因为中日韩FTA和RCEP都涉及日本参与其中；在RCEP谈判上，中国与韩国的立场类似，韩方认为RCEP给韩方带来的利益不是太多。

时至今日，中日韩三国有自己的经济转型发展问题，在产业发展上有竞争的一面，也有合作的空间。确保三国竞争有益无害，需要中日韩三国开展贸易投资、产业金融等领域的同向竞争，通过开放式差异化竞争引导共同繁荣。中日韩产业间的竞争虽有所加剧，但这并不意味着合作空间缩窄，中日韩三国企业之间仍可以通过构建环海经济圈等地方合作方式，促进产业间和产业内开展差异化合作，但三国地方合作方式应更富有弹性。中日韩产业竞争可以有效推动产业链的分工合作，对区域产业创新发展有利。中国可能会在新技术、新业态、新产品消费市场方面走在前面，日本在智能制造、技术创新等领域维持比较优势，而韩国长期在研发、工业等产业化技术方面具有领先优势，如果将日本的工匠创新、韩国的商业创意和中国的创新创业系统三者相结合，将会形成产业互补共赢的结果。

实现三国合作利益共享，既可开展产业链分工合作，也可推进第三方市场合作。2018年5月，李克强总理参加中日韩三国领导人峰会时提出了"中日韩+X"的合作新模式。通过"中日韩+X"模式，中日韩三国在基础设施建设、产能合作、减贫扶贫、灾害管理、节能环保等领域可以共同开拓第四方甚至多方市场。加快推进中日和中韩对外经济战略对接可以形成互补合力，包括推进东北亚、东亚南亚及更广阔区域第三方市场基础设施互联互通，如建设东北亚铁路共同体和超级电网，推进东南亚、非洲、拉美地区共建经贸合作区或产业园区，以及进一步完善通达日韩至欧洲的中欧快运班列和新亚欧大陆桥物流大通道。

2015年以来，中国国际经济交流中心与日本经济团体联合会搭建了中日企业家和前高官对话（中日"二轨"对话），现已在东京和北京轮流举办五轮，课题组对会议代表的研讨观点进行了卓有成效的总结，有效促进了中日企业交流和政策沟通，积极发挥了"以经促政、以民促官"的助推作用。2018年以来，中国国际经济交流中心与韩国大韩商工会所搭建了中韩企业家和前高官对话（中韩"二轨"对话），现已召开的两轮对话会均取得了积极成效。本项课题研究将这些对话成果总结在内，以期抛砖引玉，有所启示。

目录
CONTENTS

总报告

中日韩经贸合作的挑战、机遇与未来重点 ………… 3
 一、中日韩经贸合作面临的形势、机遇与挑战 ………… 3
 二、当前中日韩经济发展合作的困难与问题 ………… 18
 三、中日韩经贸合作中的美国因素 ………… 25
 四、中日韩经贸合作的作用与地位 ………… 29
 五、中日韩经贸合作的重点领域 ………… 32
 六、抓住机遇进一步促进中日、中韩经贸合作的建议 ………… 39

专题报告

第一章 中日韩贸易发展与合作趋向分析 ………… 45
 一、中日韩经贸合作现状与特点 ………… 45
 二、中日韩经贸合作形势与境遇 ………… 52
 三、中日韩经贸合作困难与问题 ………… 62
 四、中日韩经贸合作趋势与目标 ………… 67
 五、中日韩经贸合作重点与路径 ………… 69
 六、中国加入 CPTPP 的探讨 ………… 73
 七、加强中日韩经贸合作政策建议 ………… 85

第二章 中日韩投资发展与合作趋向分析 ·········· 89
- 一、中日韩投资合作的发展进程 ·········· 89
- 二、中日韩投资合作的形势与变化 ·········· 97
- 三、中日韩投资合作面临的困难与问题 ·········· 103
- 四、中日韩投资合作面临的机遇与挑战 ·········· 105
- 五、中日韩投资合作的重点与路径 ·········· 107
- 六、中日韩投资合作的建议 ·········· 109

第三章 日韩通过技术创新引领产业升级的经验与启示 ·········· 111
- 一、为什么要支持创新引领产业升级 ·········· 112
- 二、中日韩三国技术创新的历程 ·········· 115
- 三、日韩产业升级的经验和教训 ·········· 131
- 四、日韩半导体和汽车产业政策的比较 ·········· 141
- 五、中国通过科技创新助推产业升级的困境与政策建议 ·········· 143

第四章 中日韩制造业发展与合作趋向分析 ·········· 147
- 一、中日韩制造业合作的基础与现状 ·········· 149
- 二、中日韩制造业合作面临的挑战与机遇 ·········· 176
- 三、中日韩制造业合作的前景分析 ·········· 181
- 四、中日韩制造业合作的重点领域与途径 ·········· 186
- 五、推进中日韩制造业领域合作的政策建议 ·········· 210

第五章 中日韩能源环境发展与合作趋向分析 ·········· 216
- 一、中日韩能源环境合作的现状与特点 ·········· 216
- 二、中日韩能源环境合作的机遇和挑战 ·········· 232
- 三、中日韩能源环境合作趋势与目标 ·········· 242
- 四、中日韩能源环境合作路径 ·········· 245
- 五、中日韩能源环境合作相关政策建议 ·········· 249

第六章　深化中韩经贸合作重点领域及路径建议 ………………… 255
一、当前中韩经贸合作的现实基础 …………………………… 255
二、今后中韩经贸合作的重点领域 …………………………… 272
三、促进中韩经贸合作的主要路径 …………………………… 277

第七章　区域贸易安排：从中日韩 FTA 到 RCEP ……………… 281
一、中日韩 FTA 谈判进展与分歧点 …………………………… 281
二、中日韩 FTA 谈判的机遇与挑战 …………………………… 286
三、中日韩 FTA 谈判的预期前景 ……………………………… 289
四、中日韩 FTA 对 RCEP 的影响 ……………………………… 293
五、中国推进区域经贸安排的思路与建议 …………………… 295

第八章　"一带一路"框架下中日产业合作方向 ………………… 305
一、日本各方对共建"一带一路"的态度与疑虑 …………… 305
二、共建"一带一路"给日本企业带来的新机遇 …………… 307
三、中日高质量共建"一带一路"的重点领域 ……………… 309
四、中日高质量共建"一带一路"的建议 …………………… 310

调研报告

调研报告一　从自由贸易取向看中日经济发展的互补合作前景 … 315
一、日本推进中日韩 FTA 和 RCEP 的态度及其考量 ……… 315
二、依托"一带一路"推进全球范围内的投资合作 ………… 318
三、中日经济发展互相学鉴和互补合作的方向 ……………… 320
四、中国对日资仍具有吸引力但亟待消除政策不确定性
   …………………………………………………………… 321

调研报告二 从日美贸易摩擦经验教训看中日经济发展合作前景 …………………………………………………………… 322

一、日本应对日美贸易摩擦的经验教训及其对华启示 … 322

二、吸取日本产业升级的经验教训，推动中国产业高端化 …………………………………………………………… 328

三、"一带一路"框架下中日企业有广阔合作空间 …… 332

四、日本将继续坚持既定的通胀目标和财政健全化政策 …………………………………………………………… 334

调研报告三 从中韩经济发展战略对接看深化中韩经贸合作的思路与建议 ………………………………………… 339

一、中韩两国正努力寻求更高标准的多双边自贸协定 … 339

二、中韩产业合作已由产业互补合作转向差异化合作 … 342

三、中韩两国加快推进战略对接和第三方市场合作 …… 345

四、韩国经济稳步复苏的同时更加注重可持续增长 …… 348

五、中美贸易摩擦对中韩经济的影响方式不同 ………… 350

六、韩国企业对外投资仍倚重中国市场但已启动多元化 …………………………………………………………… 352

会议综述

会议综述报告一 创新合作正成为中日深化经济合作新领域
中日企业家创新专题交流会议主要观点综述 … 357

一、中日两国都高度重视创新发展 ……………………… 357

二、制造业数字化、智能化成为全球创新趋势 ………… 358

三、充分发挥各自优势加大双方创新合作力度 ………… 358

四、在汽车、新能源、网络科技等领域加强创新合作 … 359

五、各国企业积极响应国家创新战略 …………………… 359

会议综述报告二　在复杂多变的国际形势下开创中韩经贸合作新时代
　　　　　　　　首轮中韩企业家和前高官对话会主要观点综述 … 361
　　一、首轮中韩"二轨"对话符合全球化新形势下
　　　　中韩两国经贸投资合作的良好夙愿 …………………… 361
　　二、客观认识当前经济全球化形势对中韩经贸合作的影响
　　　　……………………………………………………………… 362
　　三、认真面对中韩企业合作中发展不足和利益分配问题
　　　　……………………………………………………………… 363
　　四、进一步加强中韩贸易投资领域的密切合作 ………… 365
　　五、深化中韩两国在新兴产业领域的务实合作 ………… 365
　　六、共同推进东北亚地区经济一体化合作 ……………… 366
　　七、推进中韩战略对接和第三方市场合作 ……………… 367
　　八、完善中韩"二轨"对话交流机制 …………………… 368

会议综述报告三　抓住机遇将中日经贸关系推向多领域前沿合作新高度
　　　　　　　　第四轮中日企业家和前高官对话主要观点综述 … 369
　　一、相向而行推动中日两国关系行稳致远 ……………… 369
　　二、战略对接提升经贸合作的层次和质量 ……………… 370
　　三、发展数字经济推动两国产业创新升级 ……………… 372
　　四、开展第三方合作实现多方互利共赢 ………………… 373
　　五、坚持自由贸易共促区域经济一体化 ………………… 374
　　六、强化政策互鉴共同应对老龄化社会 ………………… 375
　　七、深化节能环保和清洁能源合作发展 ………………… 376
　　八、继续发挥"二轨"对话的特有作用 ………………… 377

参考文献 ………………………………………………………… 379

总报告

中日韩经贸合作的挑战、机遇与未来重点

近年，随着英国脱欧、美国特朗普执政等政经事件的发生，单边主义、民粹主义、贸易保护主义在全球范围内抬头，经济全球化和国际秩序演变的不确定性增加。但是，经济全球化并未完全失控，而是正在寻找更加合意的方式适应新的规则，世界秩序也并未全面崩塌，而是以更加多极化的方式进入了大国博弈的新阶段。大国综合国力较量和国内政策调整，正在驱使世界经济遭遇不确定性风险，造成全球贸易体系变得不太稳定，多边贸易规则面临必要的现代化改革。东北亚地区仍是世界地缘政治状况最复杂的地带之一。随着朝鲜半岛局势略显缓和，近期迎来和平合作发展的新契机，区域经济合作也有望提速，给中日韩经济朝着健康发展增添亮色。中日韩三国坚持相向而行，共同抵御保护主义，不仅能稳定本国经济增长，增强区域发展韧性，而且能凝聚世界发展合力，提振全球经济增长。

一、中日韩经贸合作面临的形势、机遇与挑战

与过去相比，现在世界经济发展的影响因素更加复杂交织，不确定性的因素增多。当今世界面临的新情况不仅表现为全球政经形势的新变化，而且社会思潮和技术革新的力量也在改变着这个世界。当前中美经

贸谈判仍在继续，现已经达成第一阶段协议，最终达成全面协议的可能性在增加。不可忽视的是，中美经济互补性仍然存在，但两国的结构性矛盾短期是难以调和的。2018年7月26日，美国与欧盟联合发表声明称，共同致力于"零关税、零壁垒、零补贴"的贸易谈判。这意味着以WTO为中心的多边体制面临被边缘化的困境，WTO规则现代化改革已提上日程。这些变化已经不同程度地影响到中日韩经贸关系未来发展的走势。作为亚洲地缘相近的三个开放型经济体，中日韩三国合作关系到东北亚地区的和平、稳定和繁荣。三国经贸合作对推动区域经济一体化发展至关重要。在当前复杂多变的国际形势下，中日韩经贸关系发展既面临新的机遇，也面临不少的挑战。

（一）当前国际形势演变充满了不确定性

1. 全球化遭遇民粹主义、单边主义、保护主义的逆风

近些年来，全球贸易增速低于经济增速，部分地区经济发展不平衡现象突出，资源分配不公和贫富差距拉大等经济社会问题渐成痼疾，"经济全球化"被很多民众视为这些问题产生的根源，为此"去全球化"的观点得到很多民众的认同，尤其是在欧美等国出现了"逆全球化"思潮：在政治上意味着民粹主义思潮的出现，在经济上表现为反对自由贸易，在社会上刺激了反移民运动。相比于政治社会领域的复杂多变，"逆全球化"思潮在经济领域的突出体现就是贸易保护主义抬头。特别是，欧美等发达国家已将保护主义转化为实际的政策条款，比如在多边贸易谈判中增加技术性保护条款，实施本国利益至上的经贸政策，让多边贸易制度安排达成的难度大幅增加。当经济全球化加剧了发展的不平衡等新问题时，许多国家民众的政治情绪更加呈现出利己主义，在政治选举中更倾向于选择那些只考虑本国国民福利的政治候选人。近两年，欧美等多国的大选中持有反对移民、担忧恐怖袭击、捍卫贸易保护主义等政治主张的右翼民粹政党得到很多民众的选票支持，包

括英国脱欧、美国大选等被视为"黑天鹅"事件的诡异公选绝非偶然，而是反映了时下民众政治情绪的表达。而且这种情绪具有传染性，现在已从欧美等国向外蔓延，很多国家政府开始考虑这部分群体的政治诉求，在移民、投资和贸易等议题中尝试做出倾向于保守的政策调整。美国总统特朗普上台后即刻宣布退出跨太平洋伙伴关系协定（TPP）及重启北美自由贸易区（NAFTA）谈判和威胁退出美韩自由贸易区（FTA），这些新情况使亚太地区多边贸易安排遭遇诸多不确定性。亚太区域内，包括中日韩自由贸易区（FTA）、区域经济合作伙伴关系协定（RCEP）①、亚太自由贸易区（FTAAP）等多边贸易机制都将会遭受更多不确定性因素影响。相比于中国成熟稳定的政治体系，日本和韩国的民众选举多少会受到这种政治情绪的感染。对日本来说，安倍政权虽仍呈现"一党独大"的局面，但仍面临来自在野党的质疑和挑战，而且自民党内部派别林立，部分右倾势力有较强的影响力。安倍政权在施政举措上不可能不顾及部分民粹政治势力的诉求，在推进对外政治关系中将会受其掣肘。韩国政权更替更具有戏剧性，前任总统朴槿惠因徇私而锒铛入狱，而此事件及后续影响将可能进一步撕裂韩国社会的政治认同，这种政治形势将会束缚文在寅总统的施政空间，尽管文在寅政府可采取就事论事和照章办事的做法处理朴槿惠受贿案，但韩国政治"进步"与"保守"两个势力派别的角力并未完结，尤其是代表中下阶层的"进步"势力将会追求更多的政治利益。在世界政治集体倾向于保守的情况下，日韩的政治选情和施政纲领不会更加包容开放，这可能将切实影响中日韩三国经贸合作。

2. 美国贸易保护政策引发全球市场的不稳定

2018 年以来，美国对太阳能板、洗衣机、钢、铝及各类进口产品

---

① RCEP(16)所有成员的经济总量已占全球经济的近 1/3，协定一旦成功达成，将会形成一个人口约达 30 亿、GDP 总约为 21 万亿美元、占世界贸易总量约 30% 的经济区域，成为通往实现更大范围亚太自贸区的可能途径。

加征关税,贸易保护的做法直接、粗暴。全球贸易保护加剧引发市场不确定性,将会对信心、资产价格和投资造成不利影响。贸易摩擦风险将是近期全球经济增长面临的最大威胁。2018年初,美国依据针对钢材和铝制品开展的"232调查"结果进行了全球范围的征税,并且专门针对中国开展"301调查"并据此拟采取制裁措施,这些举措已经造成了全球金融市场的剧烈震荡,一些新兴市场国家货币大幅度贬值。美国强硬的贸易保护行为,自然会招致来自中国、欧盟、日本、韩国等贸易伙伴的反感和报复。韩国虽然获得了美国25%的钢铁产品关税豁免,但韩国钢铁线材商品却被美征收了41.1%的高额反倾销税。全球贸易紧张局势加剧导致市场预期发生变化,风险或期限溢价突然上升,可能损害商业和市场情绪,从而削弱投资和贸易。贸易壁垒的扩大还会提高可贸易品成本,破坏全球供应链或产业链,并减缓新技术扩散和传播,从而降低生产效率。作为东亚生产网络中的关键组成部分,中日韩三国都将会成为美国贸易保护政策的受害者。中日韩双边贸易更多的是中间品贸易,其中美国就是三国生产链条中的末端——重要的出口市场。中美贸易摩擦谈判中,美国虽以缩减贸易逆差为由,但背后的目的在于限制中国高科技产业发展,特别是早期宣布实施的500亿~2000亿美元从中国进口的高科技产品中大都是针对"中国制造2025"明确发展的相关行业,如电机和电气设备、先进轨道交通设备、航空航天设备等。倘若美国持续加大贸易保护力度,东亚地区经贸关系及其产业链必然会遭受负面影响。据韩国开发研究院推算,国际贸易交易额若减少1%,韩国的出口将随之下降1.08%,韩国经济增长将减少0.48%。特别是"美国封杀中兴通讯"后,这一事件引发社会广泛关注,也让很多外资企业感到担忧,对华直接投资陷入观望状态,甚至部分外资开始准备撤离,规避中美贸易摩擦带来的不利影响。

3. 全球经济增长前景面临不确定性风险增加

受美国特朗普政府提高关税壁垒及其贸易伙伴的报复性措施影响,

全球经济增长的同步程度下降，可能使经济复苏进程存在脱轨风险，中长期增长前景受到抑制。国际货币基金组织（IMF）发布的《世界经济展望》（2018年10月）认为，全球经济增长的下行风险已经上升，增长快于预期的可能性已经下降。2020年1月，《世界经济展望》下调了2020年和2021年全球经济预测0.1个和0.2个百分点，主因是主要经济体2019年表现弱于预期，下行风险依然突出，包括地缘政治紧张抬头、美国与其贸易伙伴之间的关系进一步恶化及与其他国家的经济摩擦日益深化。在发达经济体之间，美国与欧洲和日本之间的增长差异在扩大。其中，美国主要受特朗普减税政策影响短期刺激经济回升，2018年第二季度实际GDP环比折年率增速曾高达4.1%，但2019年第三季度下降至1.9%，2019年全年经济增速仅达到2.3%，这意味着特朗普政府的大规模减税效应正在递减。随着已经持续很长时间的周期性复苏接近尾声，临时性财政刺激的效应逐渐减退，即便是美国，其经济增长预计今后几年内也将减速；IMF 2020年1月份报告预计，2020年美国的经济增长率将从2019年的2.3%下跌至2.0%。新兴市场和发展中经济体经济增长面临较大下行压力，也变得更不均衡。IMF 2020年1月份报告预计，亚洲新兴和发展中经济体的增长率从2019年的5.6%小幅增至2020年的5.8%和2021年的5.9%。受降杠杆政策的紧缩效果和贸易摩擦加剧的影响，中国的经济增长率将从2017年的6.9%下降到2019年的6.1%。IMF 2020年1月份报告预计，2020年中国经济增速将进一步下降至6.0%，2021年下降至5.8%。全球范围内相互出台的贸易保护措施将对全球资源配置和生产率提升产生不利影响，由此催生的政治经济不确定性（包括地缘政治冲突、市场情绪变化和汇率急剧波动等）还将对跨国资本流动形成冲击，特别是对基本面较弱或政治风险较高的国家可能出现资本流入减少、融资成本增加以及汇率大幅贬值等问题。

4. 地缘政治风险加剧国际商品市场波动

英国"脱欧"、美国"退群"（退出各种多边组织）、美日澳印联合推进"印太安保战略"① 等地缘政治事件也将给世界经济发展增添风险，从而抑制私人投资并削弱经济活动，以及加剧国际商品价格波动。目前来看，英国脱欧的进展并不顺利，经过数月的艰难谈判，英国退出欧盟的进展有所成效，但仍面临较多难题。欧盟在移民政策、财政治理、法治标准和欧元区制度架构等方面仍争论不休，可能放慢结构性改革进程，引发政策目标出现重大变化。美国针对海洋安保、人道援助/维和行动、反恐等领域，投资约3亿美元加强印太地区的安保，同时向印太地区的能源、数字技术及基础设施项目投资1.13亿美元，建立美国主导的"自由开放"的经济区，以削弱中国推进的"一带一路"倡议的影响。2018年以来，美国退出伊朗核协议及其预期曾一度引发国际油价出现近20%的涨幅，随后包括美国在内的大量原油供应进入国际石油市场，这在短期内导致油价连续下跌，几乎下跌至2018年初的水平。2018年6月，石油输出国组织（欧佩克）和非欧佩克石油生产国同意将石油产量每天增加约100万桶，纠正近期实际产量低于2016年11月整体目标的情况，但是委内瑞拉石油产能下降和美国对伊朗的制裁（禁油令有几个豁免国家）将会对国际油价形成支撑，特别是欧佩克国家长远来看重新商定减产目标，抑制国际油价短期的大幅下跌行为。近期欧佩克与非欧佩克的俄罗斯就减产协议谈判破裂，造成国际原油市场的价格战，再次将原油价格压至每桶30美元以下。长远来看，只要中东地区地缘政治风险不大幅缓解，国际油价还会重拾上涨势头，由此带动其他相关燃料价格上升。这将给很多消费国带来输入性通胀风险。美国和欧元区的核心通胀处在上升通道，其中新兴经济体和发展中国家通胀上升一定程度会受到燃料价格上涨的影响。受燃料价格上涨影响，消费国的经济前景依然脆弱，而

---

① 2013年4月，时任美军太平洋总部司令塞缪尔·洛克利尔首次正式阐述了"印度—亚洲—太平洋"区域在美国全球战略中的重要性，将传统的"亚太"概念延伸为"印太"。2018年6月19日，美国国防部发布了《2019年度国防预算案》，其中对"印太战略"有了系统性的描述，制定了一套针对中国的"整体战略"，包括支持美国与日本、澳大利亚和印度开展联合军事演习，加强安全合作，以对抗中国在亚洲、东南亚和其他地区日益增长的影响力。

预期通胀上升导致其货币政策的收紧步伐快于预期。对于石油进口依赖度较高的东亚三国来说,国际油价波动将对中日韩三国的经济造成不利影响。特别是,日本和韩国经济对国际油价波动非常敏感。据测算,国际油价每上涨10%,韩国经济增速将下降0.16%。相反,国际油价若能保持低位,则对中日韩构成实质利好,但也可能引发暂时的通缩压力。

5. 主要经济体货币政策正常化引发全球紧缩效应

美联储收紧货币政策步伐倘若快于当前的预期,更多国家可能面临更为严峻的资本外流压力,反之则遭遇资产价格泡沫的威胁。2018年以来,美联储加息缩表进度有所加快,曾连续三次提高联邦基金利率。2019年加息步骤有所放缓,但是因经济不及预期,重新下调利率,有可能会重启量化宽松政策。欧洲中央银行和日本银行虽然表示维持现有宽松的政策利率不变,但视经济表现对量化宽松数量即不再增加每月购买资产数额。如2018年初欧洲中央银行宣布将逐步减少每月资产购买数额,从当前的300亿欧元降至2018年10月的150亿欧元,并在2018年12月31日结束资产购买,考虑经济增长不及预期,欧洲央行也在考虑降息和扩大QE规模。发达经济体货币政策正常化提速意味着跨国资金即将回流,特别是吸引资金从新兴经济体回流到发达经济体,而其货币政策的反向操作又可能会引发金融市场动态,催生新兴经济体的资产泡沫,总之会增加国际金融市场的不稳定,将金融风险向外传染,引发汇率大幅波动。2018年2月的一段时期,美国十年期国债收益率有所攀升,屡次突破3%的关口,这意味着全球企业发债成本增加,一定程度上将引发全球金融市场的剧烈变化。随着美联储加息至中性利率,美元持续走强概率增加,2018年2月至2018年底,美元实际有效汇率升值了8%以上,而欧元、日元和英镑汇率基本没有变化,部分新兴市场经济体的货币甚至急剧贬值,如阿根廷比索贬值了20%以上,土耳其里拉和巴西雷亚尔均贬值了10%以上。为对冲汇率贬值压力和国内通胀高企,新兴市场经济体(如阿根廷、印度、印度尼西亚、墨西哥和土耳其）的中央银行已启动提高政策利率。中美利差收窄将会对人民币兑美元汇率构成不小的贬值压力。

6. 新一轮工业革命和产业变革驱使经济社会快速变化

2008年国际金融危机以来，全球正在酝酿经历新一轮产业革命，这给人类社会将带来难以估量的作用和影响。在当前全球经济竞争、开放、创新的大背景下，信息技术、生物技术、新能源技术、新材料技术等交叉融合正在引发新一轮科技革命和产业变革。尤其是以移动互联网技术为核心的新一轮技术革命，对全球经济的影响持续深远。这一技术通过降低交易成本和扩大生产和消费网络，引领了产业现代化的新方向，将催生大量的新产业，创造新的商业模式，极大地提高劳动生产率，推动经济增长，改变全球化进程、生产和消费模式、经济增长方式以及社会福利分配状态。在新技术引领下，传统制造开始与现代服务结合起来，形成服务化制造的新趋势，如智能软件、新型材料、3D打印技术等新事物的涌现，将推动制造业朝数字化方向发展和制造业与服务业融合发展。新一轮产业革命正在催生新经济、新业态、新模式。为此，很多国家再次把技术创新摆在战略地位，抢抓新一轮产业革命带来的发展机遇，面向人工智能、量子科学、基因编辑和新材料、新能源等关键领域占领制高点，成为全球新一轮科技革命的领跑者。中日韩三国也不例外，都在致力于产业结构的调整升级，致力于经济动能的更新。可以说，新科技革命和产业变革将会带来全球价值链的重构，引发世界范围内的供需结构深刻变化，推动中日韩在产业链合作的基础上更新升级，紧密结合各自科技和产业发展战略，开展联合攻关和协同创新，培育区域经济增长的新动能，以便维持中日韩生产网络的全球竞争力。

（二）东亚经济体仍在寻求协调合作的路上

1. 半岛局势缓和给中韩合作发展带来新机遇

朝核问题是"冷战"遗留下来的最后一道未解难题。在1994年、

2005年和2007年，朝鲜半岛曾分别亮起解决这个问题的希望之光，但是昙花一现，很快就熄灭了。经2018年初的韩朝冬奥会外交后，朝韩领导人实现历史性会晤，半岛局势迎来和平发展的春天。随着朝美首脑对话达成诸多共识，朝美关系取得积极进展，双方就朝美建立新型关系、构建半岛和平机制、实现全面无核化和寻找战俘与失踪人员遗骸等目标达成一致。尽管当前形势不甚明朗，但是倘若实现朝鲜半岛无核化和永久和平将有利于营造良好的外部环境，推动东北亚地区深化经贸合作和推进基础设施互联互通。

2. 区域贸易自由化和投资便利化进程有望提速

1997年亚洲金融危机促成了"10+3"合作，以东盟与中日韩为主渠道的东亚区域经济合作取得了长足进展。中日韩三国经济融合持续加深，都有合作的意愿和愿景，建立东亚共同体①的构想也时常被提及。2010年5月，第三次中日韩领导人会议发布了《2020中日韩合作展望》，提出于2011年在韩国建立三国合作秘书处，推进政府间合作机制化，提升三国的伙伴关系，促进三国经济在远期实现一体化，包括在本地区建立共同市场②。2015年6月，中韩正式签署了双边自由贸易协定。2015年底中韩自贸协定（FTA）生效实施后，中韩经贸增速呈现止跌回升势头。中韩FTA的第二阶段谈判正在进行中，主要是以负面清单方式推进投资和服务贸易领域便利化机制安排。按预期计划，中韩FTA升级版有望两年内达成，这将进一步对扩大中韩贸易投资规模形成利好。2012年东盟领导人峰会上，东盟提议与作为对话伙伴的亚太六国开始"区域全面经济伙伴关系协定"（RCEP）谈判，2018年10月

---

① 东亚共同体的构想是2009年9月21日由日本首相鸠山由纪夫在美出席联合国大会与中国国家主席胡锦涛会晤时正式提出，希望参照欧盟的形式，中日合作推进建立东亚共同体。同年10月10日，在中国举行的中日韩领导人会议上对东亚共同体的主张形成共识，并被写入《中日韩合作十周年联合声明》。

② 2010年5月29日在韩国济州岛举行了第三次中日韩领导人会议，会议通过了《2020中日韩合作展望》，全文参见 http://world.people.com.cn/GB/11777615.html。

22—27日完成的第24轮谈判已有重大进展，不过尚未达成最后协定，2019年11月4日，第三次RCEP领导人会议发表声明称，其中15个成员国已结束谈判并启动了法律文本审核，有望于2020年底如期签署生效。2018年5月初，第七次中日韩领导人会议取得积极成果，提出加快推进中日韩FTA和RCEP谈判进程，共同努力在各个领域取得高质量并具有商业意义的成果。2019年6月28—29日G20大阪峰会中日领导人重新加快推进中日韩FTA和RCEP尽早达成。印度对RCEP提出的开放国内市场尽管心存疑虑，但印度表示RCEP代表发展方向，强调必须以谨慎、有耐心的方式谈判，确保"所有国家将从中受益"。2019年12月24日，第八次中日韩领导人会议在中国成都举行，会议发表了《中日韩合作未来十年展望》，通过了"中日韩＋X"早期收获项目清单等成果文件。其中三国一致同意推动RCEP早日签署，加快推进中日韩FTA谈判，共同促进区域经济一体化进程。美国退出"跨太平洋伙伴关系"（TPP）后，日本主导推动的"全面进展的跨太平洋伙伴协定"（CPTPP）已于2018年底生效实施，这意味着亚太地区的区域一体化有一定进展。而且，中国倡导的"一带一路"建设的成功实施，在长期内为东亚经济体通过开展协调合作，促进贸易、投资和经济增长提供了合作平台。

3. 中国主动扩大开放致力于构建高水平自贸区网络

中国将实施准入前国民待遇加负面清单的制度，通过深入推进"放管服"措施进一步优化国内营商环境，逐步将自贸试验区的经验复制推广到全国，这意味着中国将继续主动扩大开放，加快构建全面对外开放的新格局。2018年4月，中国国家主席习近平在博鳌亚洲论坛提出主动扩大进口的相关举措，如降低汽车及零部件、日用消费品等商品的关税，推出的这些持续扩大进口及关税减让措施，将会进一步刺激进口增长。在此背景下，探索双边多边更高水平的FTA已成为中国构建开放型经济新体制的重要举措。加快区域经贸便利化机制安排将有利于补充和强化基于规则、自由开放、透明、非歧视、包容和以世界贸易组织（WTO）为基础的多边贸易体系，有利于推动中日韩经贸合作朝覆盖面更宽、融合度更深方向发展。中国扩大开放的姿态已得到国际社会认可，也有利于促进中日、中韩双边经贸合作关系。

4. 中日韩产业互补合作的领域持续扩展

过去20多年，中日韩产业发展遵循雁形模式，通过纵向分工和产品分割发挥各自优势，形成面向世界市场的紧密生产网络。日本最早在半导体、汽车、机械制造等领域保持领先优势，长期开展对华投资和出口零部件。韩国凭借在精密电子、精细化工等技术密集型行业的竞争优势，长期大量向中国出口电子元器件、零配件和中间产品，同时作为主要的投资目的地，中国承接很多来自日本和韩国产业转移，凭借在廉价劳动力及配套组装能力方面的优势，发展三国制成品的产业内贸易，将制成品销往全球各地。随着中日韩经济结构的调整升级，三国经济互补性有所减弱，但是三国的经济融合日益加深，在全球产业链分工中有着密切的合作，尤其是在新兴产业领域合作潜力尚未充分挖掘。从贸易依存度来看，日本和韩国对美国与欧洲的出口在不断下降，但是对中国出口在增加，从中国进口亦增长较快，即对中国的贸易依存度明显在增加。然而，中国对日韩的贸易依存度在下降，但是三国在产业链中的融合更加紧密。受到政治安全领域的干扰，中日韩三国政治关系时常中断，但在经贸领域的沟通与联系并没有停滞，已在各经济社会领域建立了协商合作机制，包括17个部长级会议和多种交流和对话机制。中日韩三国都在推进各自经济转型，这一过程将创造更多的合作机会，推动三国经贸合作进入创新合作的新阶段。传统产业加速升级的同时，新技术、新产业、新业态和新模式的不断涌现拓展了中日、中韩产业合作的新空间。现阶段，中国经济已转向高质量发展阶段，经济结构逐步转向以消费和现代服务业为主，而结构调整的结果意味着中日、中韩在生产性服务业和生活性服务业上有较大的合作潜力。比如，中国在电子商务、网络支付、金融科技等领域有发展优势，而日本和韩国在电子元器件、存储器、显示面板等领域有比较优势。在培育增长新动能方面，中日韩三国已经开始在节能环保、生物技术、医疗健康、电子商务、软件设计、文化创意等具有高附加值的新兴产业开展合作，推动培育区域经济新的增长点。中日韩三方把资金、市场、技术和制造能力等多方面的各自优势结合起来，进一步提升供应链和产业链紧密合作的程度，不断拓展三国产业合作空间。

5. 轮替举办奥运会带来深度合作的新机会

2018年初韩国平昌举办冬奥会后，奥运外交推动朝鲜半岛南北和谈，使朝鲜半岛出现难得的和平。2020年东京举办夏季奥运会，2022年北京举办冬奥会，而且2022年恰逢中日邦交正常化50周年、中韩建交30周年，利用分别举办奥运会这一历史契机，深化奥运会赛事合作，可以拓展三国奥运经济合作空间。

6. 三国人文交流加深区域认同感

中日韩地理相连，肤色相同，均受中华传统文化熏陶，同属东亚文化圈，儒释道学说都深刻地影响着三国的文化传统与学术进路，尤其是汉字的广泛使用，大大增进了三国民众的情感，拉近了彼此间的心理距离。近年来，中日韩民间文化交流紧密，人员往来频繁。比如说，"汉风""韩流"、日本动漫等文化元素将三国的民众紧紧联系在一起，很多年轻一代中国人了解日本的动漫文化、韩国的影视文化，日韩的民众也有很多人熟悉并推崇汉文化。中日韩在文化上的同源性为民族间相互认同提供了基础，三国文化和艺术的密切往来，极大地拓宽了三国民众"灵魂往来的道路"。

（三）中日关系、中韩关系重返正常发展轨道

2017年下半年以来，中韩、中日关系开始出现缓和迹象，中日、中韩以及中日韩三国的领导人在双边和多边场合多次会面交流，并表达

恢复双边关系正常化的愿望，三国合作实现再出发。

1. 中日恢复领导人互访，促进了两国务实合作

2017年7月和11月，习近平主席先后在G20汉堡峰会和越南岘港APEC会议上与安倍首相会见，坦诚交换意见，增进互信理解，积累有利条件，推动两国关系向好发展。2018年5月李克强总理正式访问日本，两国政经关系明显改善，稳步向着正常轨道发展。2018年10月25—26日安倍首相访华，这是时隔7年日本首相正式来访，中日关系进入了新阶段。在安倍访华期间，中日双方举行了纪念和平友好条约缔结40周年招待会和首届中日第三方市场合作论坛，达成诸多共识，取得务实成果，其中中国人民银行与日本银行签署了2000亿元人民币规模的中日双边本币互换协议。2018年11月30日，在布宜诺斯艾利斯G20领导人峰会期间，习近平主席会见安倍首相时指出，中日关系呈现新的气象，中日发展关系面临比以往更为有利的条件。中日经贸务实合作潜力巨大。中国欢迎日方继续参与中国改革开放进程，共享中国发展新机遇。中日双方要充分发挥互补优势，拓展合作广度和深度；但要切实妥善处理好一些重大敏感问题，确保两国关系不再受到干扰。在两国高层互访的带动下，中日两国省部级官员交流频繁，恢复了经济、财金、农业、文化等多领域高层级对话，并就开展第三方市场合作达成共识，表明了两国政治互信不断加强。中日经贸关系呈现稳步向好态势，贸易、投资和人员往来规模呈现较高速增长。2017年以来，中日双边贸易额转为正增长。2018年中日贸易额同比增长8.1%，其中中国对日出口增长7.2%，进口增长8.9%；日本对华直接投资也出现回升，同年日本在华直接投资额达到38.1亿美元，同比增长16.5%。2018年，中国访日游客达到838.0万人次，同比增长了13.9%，占到访日外国游客总数的1/4。中日经贸合作对两国关系的重要性日益突出，两国企业互动密切，产业合作深入，已由垂直水平分工向差异化、隐形化发展。

2. 中韩关系恢复正常促进了双边经贸快速发展

中韩两国于 2008 年建立了战略伙伴关系。2014 年 7 月，习近平主席对韩国进行国事访问，提出了中韩要做实现共同发展的伙伴、致力地区和平的伙伴、携手振兴亚洲的伙伴和促进世界繁荣的伙伴等"四个伙伴"，这标示着中韩关系再次升级。2017 年 12 月，韩国总统文在寅正式访华，同中国国家主席习近平举行会晤，双方愿意共同推动中韩关系早日重回健康稳定发展的正确轨道。2018 年伊始，习近平主席同文在寅总统再次通了电话，两国元首就发展中韩关系、加强在重大地区国际问题上的协调达成重要共识。2018 年 11 月 17 日，习近平主席在莫尔斯比港 APEC 峰会上会见韩国总统文在寅时指出，要继续发挥好高层引领作用，尊重彼此核心利益和重大关切，加强沟通，建立和巩固互信，继续妥善处理好敏感问题；要重点推进共建"一带一路"，加快两国自由贸易协定第二阶段谈判，推动双边互利合作优化升级；并加强在亚太经合组织、二十国集团、中日韩等多边框架内协调和合作。中韩双方沿着两国元首共识指明的方向，全面开展各层级沟通与对话，进一步活跃交流与合作。从经贸发展看，当前中韩经贸关系呈现快速恢复趋势。中国仍是韩国最大贸易伙伴、最大出口市场和最大进口来源国以及第二大海外投资对象国，韩国仍是中国第三大贸易伙伴国和第四大外商直接投资来源地。近 10 年来，中韩贸易发展平稳，中韩贸易占中国对外贸易比重基本维持在 7% 左右。2015 年 6 月起，中韩签订自贸协定（FTA），双方超过 90% 的产品进入零关税时代，中韩贸易本应上一个新台阶，但"萨德"问题却给中韩贸易带来了极大的消极影响。2015 年和 2016 年中韩贸易增速分别同比下降 5.0% 和 8.4%，直到 2017 年双边贸易增速下降的势头才得以遏制。据中国海关统计，2017 年中韩双边进出口总额为 2802.6 亿美元，同比增长 10.9%；2018 年中韩双边进出口总额为 3134.3 亿美元，同比增长 11.8%，其中中国对韩出口增长 5.9%，进口增长 15.3%。2015 年 5 月 13 日，中日韩签订了《关于促进、便利和保护投资的协定》，为三国投资者相互投资提供更为稳定和透明的投资环境，同时促进和保护三国间投资行为机制化，并为推进中日韩FTA建设奠定基础。截至2018年底，韩国对华实际投资累计767.7亿美元；中国对韩国实际投资累计73.8亿美元，其中，2018年韩国对华投资46.7亿美元，同比增长26.6%；中国对韩直接投资额高达27.4亿美元，同比增长238.9%。2016年6月，人民币对韩元直接交易在中国正式启动。2017年10月，中国人民银行和韩国银行续签规模为3600亿元人民币本币互换协议。为推进中韩双边经贸关系深入发展，中韩两国政府陆续签订了中韩FTA等系列政府间合作文件，并正在推进中韩FTA第二阶段谈判，一旦达成将会有力地推动双边经贸关系快速发展。

3. 产业合作由垂直分工更多转向水平合作

一是结构调整驱动产业同构性增强。近年来，劳动力、土地、环境等要素成本的攀升，中国企业技术追赶的步伐加快，中高技术制造业在全球价值链的位置提升速度加快，不仅推动中国产业结构持续升级，而且在制造业领域与日韩产业的互补性减弱、同构性增强，这意味着中国制造业竞争力逐步增强，与日韩传统制造业趋同竞争明显。中国加快实施供给侧结构性改革，致力于提升产业发展质量和效益，推动传统的劳动和资本密集型产业转向技术和知识密集型产业，通过技术创新和产品创新，适时调整产业和产品结构，提高市场需求的适应性，满足人民日益增长的美好生活需要。在此情形下，日韩原有的产业优势呈逐步被削弱的趋势，因此有必要导入新的有竞争力的产业。中日韩经济合作领域也由此从传统的制造业合作开始向高端制造业、制造服务业、现代服务业等转变，合作领域逐步拓展。比如日本在服务贸易领域具有很强的竞争力，日本在医疗健康产业、养老产业、零售业和流通业多年形成的成熟运行模式可以为中国服务业企业提供经验和借鉴，可以作为今后经贸合作的新亮点。

二是产业水平合作进一步扩大。尽管中日韩三国在垂直分工合作层面的互补性在减弱，但是并不意味着水平层面只会竞争不会合作，相反在水平层面的合作空间非常广阔。从制造业来看，中国高技术制造业以中间品形式出口的比重仅为30%左右，远低于日韩50%左右的比重，这意味着中日韩在先进制造领域仍有互补性和合作空间，特别是在整个东亚生产网络中，中国仍处在价值链的中低端，短时期内中国企业的技术研发能力和先进制造能力仍赶不上日韩企业。要提升整个生产网络在全球价值链中的竞争力，迫切需要中日韩三国加快产业转型升级步伐，开展务实的产业合作，包括共建产业园区、共同技术攻关及共推产业化、商业化。

三是产业创新合作将加快提速。多年来，中日韩都将科技创新作为发展战略，包括中国实施创新驱动发展战略，日本实施科技立国政策，韩国实施创造型经济政策等。建设创新型国家离不开产业创新的合作。在新一轮产业革命和技术革命的引领下，中日韩在很多领域处于同一起跑线上，也存在很多优势互补的产业领域，尤其是在新经济、新产业、新模式、新业态等方面有很多互利共赢之处。值得指出的是，科学研究和技术创新将会是三国未来进行合作和开展联合行动的最有潜力的领域。比如，日本在新能源汽车、机器人等领域拥有先进的技术，韩国在液晶显示板、电池等领域拥有先进的制造技术，而中国在加快发展人工智能、大数据、云计算、先进制造、新能源、生物科技以及电子商务、现代物流、金融服务等现代服务业多个领域具有优势。三国在各自优势产业的推动下，需要将市场与技术有效地衔接起来，有效地利用东亚统一的大市场，在新兴产业及创新领域开展务实合作，优先满足区域内的高质量、高层次消费需求。

二、当前中日韩经济发展合作的困难与问题

（一）中国经济增长面临高质量转型的困境

中国经济已由高速增长阶段转向高质量发展阶段。社会主要矛盾转

向人民日益增长的美好生活需要与发展不充分不平衡之间的矛盾。此阶段，中国经济高质量发展尚面临诸多的挑战和困境。在内外客观环境发生变化的情况下，当前经济运行"稳中有变"，这里的"变"主要是内外环境之变、市场预期之变。

1. 中美贸易摩擦已成为中国经济发展最大的不确定性

从外部风险来看，随着中美贸易摩擦升级，由此产生的种种变数可能接踵而至，特别是经济面临的下行压力加大，并已暴露出经济社会转型中的各类风险，包括债务违约、房地产泡沫、人民币贬值等。从增长动力来看，中国经济过去赖以发展的出口和投资动力面临衰竭，要转向高质量发展必然要转移到依赖创新驱动上来，而创新需要发挥技术研发转移的外溢效应。中美贸易摩擦升级将会延缓中国技术追赶速度，增加自主技术创新的难度。中美贸易争端背后的根源有多种，但不可避免地会涉及中美综合国力的较量。

2. 促进高质量发展应尽力避免掉入"中等收入陷阱"

作为发展中国家，中国面临的发展不平衡不充分的领域仍有很多，但成功的关键还在于怎样保证持续健康的发展。高质量发展就是题中之义，高质量并不意味着可以不考虑发展的增速，而是摒弃不可持续的高增长，但仍需保持可持续的中高速增长。政策目标可以从数量为主调整为质量为主，政策重心可以由做大蛋糕转向社会分配，但政策出发点仍然是不断增强中国经济发展的内生动力。中国改革开放40年的发展实践表明，一旦发展出现问题，很多问题都会浮出水面，而所有的内部问题都可以在发展中得以解决。避免掉入"中等收入陷阱"将是中国经济高质量发展亟待考虑的问题。短期内亟待需要处理好经济运行中的高债务、高失业、资产泡沫化等棘手的问题，避免陷入低速增长困境，避免造成人民生活水平徘徊不前。短期来看，中国非金融部门债务总额的增长速度仍大大快于名义GDP，而且由于预算外投资支出继续加大，住房抵押贷款和消费信贷迅速增加，地方政府和家庭债务也正在上升。

长期来看，还需要应对人口老龄化少子化、生产率下降、贫富差距拉大、"未富先老"等经济社会问题。

（二）日本经济增长仍面临通缩和高龄化压力

长期以来，日本经济都面临通缩和高债务难题。为摆脱这种局面，2012年底上台的安倍政府旋即出台系列政策刺激经济增长，其中量化宽松货币政策和积极财政政策已初见成效，但至今远未达到既定目标，在量化宽松货币等"新旧三支箭"政策的刺激下，日本经济较以往有较大的起色，但发展前景并不那么乐观。

1. 日本经济保持缓慢复苏但风险在加大

2012年底安倍政府施政以来，日本经济保持缓慢复苏态势，处在稳健发展状态当中，民间投资和出口稳步增长，私人消费也在扩张，企业收入持续改善。短期来看，日本经济面临的主要风险是2019年10月起计划上调消费税率。根据日本银行估算，2014年将消费税由5%提高到8%对日本经济的影响大概是8.2万亿日元，本次由8%上调至10%带来的影响规模在2万亿日元左右。中长期来看，人口减少和老龄化是日本经济发展面临的最突出问题。从1990年到2018年日本总人口并未出现太大变化，但年龄结构发生了很大变化，65岁以上人口由约1500万增加到3500万；而15岁到64岁劳动力人口则从8600万减少到了约7500万，可以预计的是今后劳动力人口还会大幅度减少，而同期老年人的养老金、医疗、护理等社保支出将大幅增加。为此，日本必须寻找办法抵御劳动生产率持续下滑的风险。

2. 量化宽松政策退出不容易，但副作用逐步显现

随着欧美逐步退出宽松货币政策，市场预测日本银行退出量化宽松货币政策预期增强。尽管日本银行需要考虑负利率政策对企业带来的负面影响，但并不意味着会跟随欧美对货币政策做出调整。当前来看，日本会维持或减少现有购买国债规模（80万亿日元），而要彻底退出量化

宽松货币政策（尤其是加息）还为时过早。原因在于日本核心 CPI 只有 1% 左右，与既定的 2% 通胀目标相差甚远，而同期欧美国家的通胀率达到 2% 左右，因此日本银行不能跟随欧美那样追求货币政策正常化，同步进入加息的通道。日本银行坚持量化宽松货币政策目标没有改变，只要通胀率没有达到 2%，日本银行将会持续执行这一政策，虽然它会对金融系统造成不稳定影响，但并不会推高政府负债率。日本银行长期锚定 2% 的通胀目标，有三个方面的理由：一是欧美国家都将目标通胀率设置在 2% 左右，符合国际惯例和常识；二是把物价增长率保持在 2%，容易制定与之相符的基准利率，也利于采取措施应对金融危机；三是统计处理的惯例，客观上很难掌握真实的通胀率，为克服统计缺陷，通常会将统计物价目标设置为 2% 左右。

3. 尾大不掉的高债务迫使安倍政府加速财政健全化

安倍政府的重要目标是经济增长和财政健全化。安倍政府相信，没有成长的经济就没有健康的财政。为尽快摆脱通缩状态，安倍政府实施量化宽松货币政策、积极财政政策和经济成长战略（称为"旧三支箭"），加快推动经济活跃起来，以达到经济成长的目标。2015 年后，日本财政赤字有所减少，企业收入出现增长，安倍经济学初见成效。为达到更高经济增长的目的，安倍政府进一步实施了"一揽子"经济规划（2017 年 12 月颁布），包括培养人才、增加女性就业、提高生产率等政策以及完善保育园设施、提高社会工资、增加幼儿教工费、增加基础性研发投入等具体措施。为确保实现财政健全化，日本财务省对预算分配设定基准，实施以提高消费税为主要财源的收入政策，持续减少社保支出（每年减少 5000 万日元），预计到 2027 年有望实现财政盈余。日本财务省的重要任务就是持续推进财政健全化。

（三）韩国经济增长遭遇内忧外困的挑战

韩国的经济模式面临着从快速增长到可持续增长的转型，而实现这一转型，文在寅政府开出的药方是实施以收入为主导、创新、公正的增长战略。贸易保护主义、主要经济体经济政策不确定性等风险因素已经影响到韩国收入增长战略的实施。2018年，韩国步入人均国民收入3万美元的时代，但生活质量却还停留在人均收入2万美元的水平。韩国银行一项报告预测，韩国经济发展依然保持缓慢复苏势头，2019年韩国经济增长预期为2.8%，低于之前的预期，主要是担心美国贸易保护政策带来的不确定性影响。实际上，据韩国银行初步核算，2019年韩国经济增速只有2%，为2009年以来最低增速。

1. 贫富分化、阶层固化迫使韩国转向收入主导增长战略

目前，韩国10%的人口掌握着全国42%的资产，而50%的人口净资产占比不足11%。韩国最顶层20%人口收入每增长1%，对未来5年经济增长率负拉动0.08个百分点，而最底层20%人口收入每增长1%，对未来5年经济增长率的拉动为0.38个百分点。韩国社会贫富两极分化现象已经制约了韩国的创新能力。由于通过努力实现社会阶层提升的渠道收窄，韩国很多人不愿意冒险进行创新创业，国内年轻人失业率较高。韩国统计厅数据显示，2017年年轻人就业形势不乐观，失业率高达9.9%，创下统计以来的新高（2017年全年整体失业率为3.7%）。韩国经济发展主要依赖少数大型企业，有限工作岗位导致求职竞争激烈。短期来看，文在寅政府虽提出系列政策改善就业条件，包括上调最低时薪、缩短工作时间、公共机关临时工转正等，但并未解决年轻人就业问题，反而导致劳动成本上升，进一步使年轻人的就业状况持续恶化。长远来看，韩国青年就业的不充分已造成社会的低生育率问题，对韩国经济可持续增长构成挑战。

2. 过高的对外依存度导致韩国经济受外围经济变化影响大

由于国内市场狭小，韩国长期实施出口导向政策，经济面临较高的对外依存度，而且与中、美、日、欧和东盟等国家和地区的经贸关系在其对外贸易中占有较高比重。近期，美国发起的广泛贸易争端已波及对

外依存度近七成的韩国经济，特别是中美贸易战已令韩国银行下调了未来经济增长预测值。即便把促进经济增长寄希望于提振韩国国内消费，但住房价格持续上涨和家庭债务负担增加已造成韩国民间消费不振甚至出现萎缩，从而使其经济发展更加依赖出口市场。

（四）中日韩三国产业合作面临竞争加剧的挑战

近年来，只有在中日、中韩、日韩三个双边政治关系好转时，这些问题才可以得到妥善管控，经贸合作才会比较顺利。令人遗憾的是，由域外国家主导的军事同盟，其动向和意图正给东亚地区的长治久安带来不确定性，特别是在中日、中韩、日韩之间存在复杂的历史和领土纠葛问题的同时，还存在产业竞争合作转向和人员往来不对称等问题。

1. 双多边政治关系波动对经贸合作影响较大

2012 年以后，中日、中韩、日韩等政治安全关系曾出现恶化和波折，此后中日韩领导人会议屡次被中断或推迟，2011—2017 年短短的 7 年间就出现两段空白。近期，日本安倍政府尽管释放了改善中日关系的信号，但是仍有摇摆心态，既要听其言更要观其行。安倍政府对待历史问题相当保守，不能对其有过高期望。安倍首相致力于推动修宪，谨防其利用改善中日关系行使修宪之实。此外，台湾问题、历史问题等并未妥善解决，仍然是阻碍中日经贸关系持续改善的不稳定因素。在台湾问题上，安倍首相胞弟岸信夫曾率代表团赴台会见蔡英文；与此相呼应，而陈水扁对外声称台湾要比重视美国更加重视日本，这是国际空间受到挤压的蔡英文当局和日本右翼亲台政权形成合力的结果。由于历史原因，日韩对朝政策存在严重分歧，将会对中日韩经贸合作带来新的制约。近年来，只有在三方双边政治关系均出现好转时，这些问题才可以得到妥善管控，经贸合作也会顺利进行。令人遗憾的是，由于长期存在由域外国家主导的军事同盟，其动向和意图正给东亚地区的长治久安带来不确定性。特别是在政治和安全问题上的猜疑已人为地给国民感情制造了隔膜。

2. 产业竞争性增强引发合作空间缩窄的担忧

过去中日、中韩两国劳动密集型和资本或技术密集型产品贸易互补度较高，但是2009年以后，中日、中韩资本或技术密集型产品互补度呈下降趋势。随着中国制造业逐步迈向价值链中高端，中日、中韩贸易的结合度和互补性有所降低，有些产业开始展现出一定的竞争性。如在显示面板、晶圆加工领域，京东方、中芯国际等中国企业已开始与韩国三星公司展开竞争。然而，公平的市场竞争反而会倒逼中日、中韩两国产业不断革新来满足区域内乃至全球消费升级的需要。

3. 经济依赖关系转变导致合作框架革新

过去中日韩三国都为出口导向型的发展模式，而且市场都是瞄准美欧等外部市场，区域内市场发展并不充分。随着中国经济发展和中等收入群体的涌现，中国正在由"世界工厂"转变为"中国市场"。在出口导向模式下，中国经济过去相对依赖日本和韩国的贸易和投资，但在区域内需导向模式下，不论是否符合个人意愿，日韩企业都将更多地依赖中国市场，需要继续扩大对华投资和出口，满足中国市场日益增长的消费升级需要。可以预见的是，随着中国内需释放和扩大进口的潜力越来越大，日韩对中国市场的依赖性还会明显上升。另一个促成中日韩革新合作框架的因素是美国挑起的贸易保护主义威胁到中日韩相互依赖的生产网络。特别是中美贸易摩擦升级带来的威胁已给日韩的外向型经济带来利空，美国筑起的保护篱笆让日韩也倍感担忧，也需要借助中国市场的力量，规避来自美国方面的贸易压力。在美国实施贸易保护的背景下，中日韩面临着对已形成的面向美国出口的生产网络加速重构的挑战，不得不转向区域市场特别是由中国消费市场升级驱动的生产网络，并重新找准自己在价值链中的优势定位，进而构建新的供需网络和经济合作框架。

4. 中日、中韩旅游交流不对称越发明显

中国到访日本游客2018年突破800万人次,而日本来华游客连续减少,已经从2012年的约350万人次减少到2017年的约260万人次。2017年中国访韩游客达到417万人次,因受"萨德"问题等影响,同比减少了48.3%,而同期韩国访华游客约452万人次,同比下降约13%,中韩旅游交流不对称状况有所改善,但2018年中国赴韩游客逐步增多,达到478万人次,同比增长14.9%,但仍不及"萨德"事件前2016年的六成水平。预计随着中韩关系恢复向好,今后中国赴韩游客还将持续增长,进而打破现有双向旅游相对平衡状况,中韩旅游交流也会再次变得不对称。

三、中日韩经贸合作中的美国因素

中日韩经济合作面临着"亚洲悖论"的挑战。一方面,区域内国家之间经济相互依赖程度持续提升;另一方面,区域内国家之间在政治和安全方面的合作并不紧密甚至出现倒退。其中,美国因素发挥着至关重要的干扰作用。美日、美韩继续维持同盟体系,中美关系则充满变数。中日韩经济发展合作不可能忽视来自美国的影响,而且也应当重视美国对区域合作的影响力。

(一)美国亚太政策由"再平衡"转向"印太战略"

与奥巴马政府时期强调"亚太再平衡"不同,特朗普政府一上台就宣布退出TPP,以实现其竞选承诺。美国虽后有重返迹象,但意愿并不强烈。2017年6月1日,特朗普总统宣布美国将退出《巴黎气候变化协定》,同年7月12日,美国宣布要求重新谈判《美韩自由贸易协定》,并于2018年1月5日开启《美韩自贸协定》谈判。虽然特朗普政府实施"美国优先"的政策,看似对亚太地区的重视不再那么高,实际上,从特朗普总统对外交流活动上来看,特朗普政府对亚太地区仍然是非常重视的。特朗普政府虽鲜少从地区层次讨论其亚太战略逻辑,也很少阐述东北亚或者东南亚这些次区域的地位与作用,但在朝核问题上却表现出高度的重视,并促成美朝首脑新加坡会谈。在经济层面,特朗普政府退出 TPP 协定后,其亚太经济政策转向重新平衡双边经济关系,着力解决美国与亚洲国家的贸易不平衡问题,向各国强调"不能再占美国便宜"的信号。在此政策调整下,美国重启对日、对韩贸易谈判,对华发起"301 调查"并提高关税壁垒。在亚太问题上,2017 年 10 月,特朗普政府就推行"自由而开放的印太战略",但"印太战略"并没有清晰的细节,基本上还停留在安全外交领域,尚未拓展到广泛的经济领域。日本、印度和澳大利亚等国对中国崛起长期存在战略焦虑,希望美国能重返该地区发挥主导作用。特朗普政府希望通过"印太战略"试图牵制中国在该地区的影响力。2018 年 7 月 30 日,美国国务卿蓬佩奥(Mike Pompeo)表示,华盛顿需要一个"自由开放"的亚洲,反对任何企图称霸亚太的国家。美国宣布向合作伙伴提供帮助,以确保其安全,并且在不损害其居民尊严的情况下为这些国家的经济和社会发展提供协助。美国已宣布在亚太地区成立基础设施建设投资基金,先向新兴亚洲市场的新科技、能源和基础设施投资 1.13 亿美元,以此来强化美国在亚太地区的利益。2018 年 8 月 4 日,在新加坡期间蓬佩奥宣布,华盛顿将向印太地区追加 3 亿美元投资,帮助地区加强安全。随着美国加大对该地区的投资,"印太战略"似乎开始走向实质化。

(二)中美大国关系中竞争与摩擦增多

特朗普政府执政以来,中美关系更加复杂和难以驾驭。过去中美关系也有过磕磕绊绊,但从未像今天这样难以理解。中美正式建交 40 年来,良好的中美关系对双方来说都大有裨益。中美两国作为当今世界上第一大和第二大经济体,双方关系不仅影响各自国家,而且具有超出双边的全球性影响。中美贸易摩擦持续加剧表现出中美关系的复杂性,并已引发全球范围的担忧。中美两国虽然仍存在难以割断的共同利益,但两国关系中的矛盾分歧点逐渐增多。特朗普政府对华采取贸易保护壁垒并在国内取得较多共识，意味着中国的崛起已让美国感到不安和威胁。当一个正在崛起的大国威胁要取代一个现有统治者时，警钟就会敲响，提示前方危险。由此推知，中美竞争性冲突几乎是不可协调的。特朗普总统比以往任何人都更能挑战过去40年来延续中美关系的基本前提。中国既然不会放弃迈向制造强国和实现民族伟大复兴的追求目标，美国就可能会认为其领导世界的地位将遭遇挑战。如何避免跌入所谓的"修昔底德陷阱"，需要双方政治家表现出超越常识的传统智慧，寻找超出二战后"华盛顿共识"的新共识。中美可能面临长期竞争而非战争的局面，两国关系在变好之前的道路将是坎坷的。预计未来较长时期内，复杂多变的中美关系将给中日、中韩关系带来相当微妙的冲击，而美日、美韩关系的演变也会促成中日、中韩关系的调整。

（三）在亦步亦趋紧随现象下美日关系已出现裂痕

限于特定的国际政治现实，战后至今的日本外交政策始终以"日美基轴"为支撑。作为重要的同盟国，日本和美国过去在很多事情上都协调一致，配合良好，但随着特朗普政府实施"美国优先"战略和更广泛的贸易保护措施，美日同盟关系并不像以前那样稳固了。特朗普上任后美国亚太政策的调整（包括退出TPP）显然影响了日本的对外贸易政策和对美经贸关系。作为资源匮乏和出口导向的国家，日本必须继续坚持自由贸易方向，维持WTO为主的多边贸易体制，否则就没有发展的出路。在此背景下，日本在国际多边机制中开始有意强化并彰显外交自主性，即日本需要预留自己的"缓冲空间"，包括与美国的战略对手——近邻中国缓和关系，以避免美国政策突变时陷入被动，从而为自身发展增加选择。特朗普政府对日本进口钢铁和铝征收关税，并迟迟不给日本关税豁免权。日本官员和企业都对此举表示不满，日本外务大臣河野太郎表示，这可能会对日美经济关系造成严重影响。在经贸领域，美日关系虽然出现些许罅隙，但是美日的同盟关系不会因此受到削弱。

20世纪70—90年代，即便当时日美经贸摩擦冲突不断，也没有动摇日美同盟关系，而且随着时间的推移，美日经济冲突仍可能会得到妥善处理。在涉及战略安全等关键议题上，美日双方仍有意愿保持目标一致，以稳固同盟关系。日本将会尽可能最大限度地降低特朗普政策所带来的不确定性风险，主动强化与美国的政治协调与防务合作。

（四）朝鲜半岛局势变化关系到美韩关系趋向

2017年5月文在寅当选韩国总统后，韩国政府在处理朝核问题、"萨德"问题上采取了与以往政府不同的方式，并取得了积极成效，不仅有效缓解了中韩关系，还促成了朝鲜半岛局势缓和与美朝高层会晤。文在寅政府认为，如果能顺利解决朝核问题，"萨德"问题就不复存在了。作为同盟关系，美韩关系尽管牢不可破，但文在寅政府也重视中韩关系，并不希望因美韩关系而损害中韩关系。特别是，在经贸领域，韩国无法在所有问题上与美国保持一致立场，如在驻韩美军基地防卫费分担、美韩自由贸易协定（FTA）等方面双方存在意见分歧。这意味着韩国在某些领域并不会无条件地配合美方的战略意图。如在"萨德"问题上，文在寅政府并没有屈服于美国的压力而全面接受部署。

（五）美国政策内倾反而促成中日韩协调合作

特朗普政府发起的泛化贸易保护主义已经遭受来自盟友的反对。欧盟、日本等多次表明，坚持自由贸易方向，维持多边贸易体制。例如，日本与欧盟签署经济合作协定（EPA），日欧自贸区已成为全球最大规模的自由贸易圈。以日本为主的TPP原有成员国坚持继续推动调整后的TPP协议达成，以维护亚太区域多边贸易体制。美国退出TPP后，中国和韩国曾受邀作为观察员参加TPP成员会议，而以日本为主的原TPP 11个国家积极推动CPTPP达成；2018年7月19日召开的CPTPP首席谈判代表会议上就2019年协定生效后迅速启动参加国扩容谈判达成一致。当前，中国自贸区战略的既定路线图是早日结束推动区域全面经济伙伴关系协定（RCEP）谈判，加快中日韩FTA、亚太自贸区（FTAAP）和东亚经济共同体建设。中国关于区域合作及经济一体化的理念和构想，不仅得到东亚国家的认同，也得到国际社会的普遍认可和积极参与。在区域合作领域，中日、中韩有着共同利益和共同关切，双边协调合作的机会大幅增多。

四、中日韩经贸合作的作用与地位

党的十八大以来，中国正在推进更高水平的对外开放，加快实施自由贸易区战略，加快构建开放型经济新体制，以对外开放的主动赢得经济发展的主动、赢得国际竞争的主动。党的十八届三中全会提出的"以周边为基础加快实施自贸区战略，形成面向全球的高标准自贸区网络"和党的十九大提出的"促进自由贸易区建设，推动建设开放型世界经济"的要求正在得到全面落实。推动形成全面开放新格局，实行高水平的贸易和投资自由化便利化政策，逐步健全开放型经济新体制，就要加快实施自由贸易区战略。这是一项复杂的系统工程，要加强顶层设计、谋划大棋局，既要谋子更要谋势，逐步构筑起立足周边、辐射"一带一路"、面向全球的自由贸易区网络。

（一）立足周边外交大局凸显日韩重要性

中日韩分别是世界第二、第三、第十一大经济体，GDP占全球20%以上，占亚洲70%以上，三国互为重要经贸合作伙伴，携手推进中日韩自贸区建设，对促进地区经济发展、引领区域一体化进程、维护地区和平稳定负有重要责任。中日韩三国GDP合计已经超过欧盟，仅次于北美自贸区，但经济一体化建设却落后于欧盟和北美地区。中国是日韩最大的贸易伙伴，日韩分别是中国第二和第三大贸易伙伴国、第一和第二大投资来源国。中日韩三国间经贸联系非常紧密，产业链高度融合，有必要共同推进贸易投资自由化便利化，由此带来的收益将是多方面的。

在自贸区战略推进过程中，中国兼顾本国和自贸伙伴的利益和关切，寻求利益契合点和合作公约数。目前来看，中日韩自贸区在中国自贸区战略中处于极其重要的位置，因为中日韩地理位置近，交通运输便利，经贸往来更加密切，是我国开展周边外交的重点地区。而且，中日韩经济体量大，贸易投资活跃，市场机遇更加广阔，中日韩自贸区一旦建成，对中日韩、对东亚地区乃至对全球经济贸易发展和产业布局都将产生举足轻重的影响。中日韩三国对中日韩自贸区均高度重视。2012年中日韩FTA谈判启动以来，三国领导人在多个场合共同强调将努力加速谈判，力争达成全面、高水平、互惠且具有自身价值的自贸协定。2018年11月5日，习近平总书记在中国国际进口博览会开幕式的主旨演讲中明确提出要"加快中日韩自由贸易区谈判进程"。为此，下一步就要加快推进中日韩FTA谈判进程，提升在各自国家对外FTA战略中的地位，在第十四轮谈判的基础上，积极寻求最大公约数，争取在2025年之前达成高水平的自贸协定。

（二）中日关系在周边合作中处于主要地位

在美国实力出现下降的情况下，日本可能会寻找自主外交和自主防卫的国家正常化道路。总体上看，中日关系在中国对外关系和政策中仍处于相当重要的地位。2013年以来，中国周边外交的战略布局渐趋清晰。中国政府正以更大力度推进周边外交，积极发展睦邻友好关系，编织共同利益网络。在周边外交战略中，中日关系处于相对尴尬的地位，但又是不能绕开的。中日两国在区域合作发展中有很多交集。在区域一体化方面，无论是中日韩自贸区谈判还是RCEP谈判都需要中日关系的改善，否则很难实现区域的繁荣稳定。2014年以后，中日双方不仅达成四点原则共识，而且在双边和多边场合多次实现两国领导人会晤，中日关系出现改善迹象。然而，虽然中日经贸呈现恢复，但总体上中日关系还不牢固。中日关系改善向好有利于中国稳住周边局势，但日本主导亚洲的心态始终存在。在全球局势复杂多变的背景下，中日关系也是影响中国内政外交的全局性问题，需要重新审视和重视。在服务区域发展大局情况下，中国仍需在有效管控分歧的基础上，巩固和加大中日关系转圜向好的力度，增强中日关系对周边外交战略实施的积极作用。

（三）亟待提升中韩在经贸合作中的地位

在经贸领域，韩国是中国极其重要且不可多得的优质合作伙伴，也会是中国与各国经贸合作的典范。韩国经济有较好的发展潜力，对其地位和作用应有清醒客观的认识，发展对韩经贸关系不应持无所谓的态度，而应认识到韩国经济的实力，更加重视两国经济合作的现实价值。中韩可以充分利用中韩 FTA 中有关产业园区和地方合作的平台机制，进一步夯实两国地方和产业园区的合作基础；也可以充分利用 FTA 带来的开放机遇，实现中国自贸试验区与韩国自由经济区的有效对接，使其成为两国经济合作的先行区。

对致力于构建高标准自贸网络的中国来说，韩国是中国现有自贸伙伴中尤为重要的一个经济体。原因有四：一是韩国目前是中国的第三大贸易伙伴国、第一大进口来源国和第三大投资来源国，中韩自贸协定（FTA）已进入第二阶段升级版的谈判，韩国可以作为中国尝试高水平开放的最佳对象；与其他双边 FTA 相比，中韩 FTA 具有独特性，包含了有关地方合作的条款，支持两国地方结对开展产业合作，可为中国未来推进 FTA 进程提供重要借鉴。二是韩国是中国参与的两个最重要的多边 FTA 谈判的主要成员，即中日韩 FTA 和区域全面经济伙伴关系协定（RCEP）的谈判成员国，而且在两者谈判当中都能发挥很重要的作用。三是韩国是中国参与全球治理的枢纽型伙伴。韩国目前是包括二十国集团（G20）、经合组织（OECD）等诸多全球治理机制中的重要一员，同时又受儒家文化熏陶，属于东方思维的国家，有助于与中国的相互理解，尤其表现在全球治理层面，韩国可以成为中国很好的合作伙伴。四是中韩双边贸易是以中间品贸易为主，韩国对华出口的主要产品是中国产业链构成中的重要环节，深化中韩供应链合作，有助于保障和强化东亚生产网络的产业安全。

五、中日韩经贸合作的重点领域

中日韩三国经济发展竞争性增强但互补性并未自动消除。中日韩FTA谈判仍在继续，双向投资有待提升，在传统产业升级合作上仍有较大的拓展空间，在数字经济、先进制造、海洋经济、智慧城市等新兴产业领域的合作空间更大；中日韩开展第三方市场合作领域也具有光明前景。总体而言，贸易投资、数字经济、先进制造、现代服务、第三方市场等领域的合作将会是未来中日韩经贸合作的重点领域。

（一）共同推进贸易自由化和维护多边贸易体制

1. 打造中韩FTA升级版和推动中日FTA建设

作为亚洲主要的开放型经济体，中日韩三国在自由贸易上的立场是一致的，都坚持自由贸易方向和反对贸易保护主义，这在中日韩三国领导人峰会联合声明和三国领导人在多边场合的发言中得以充分体现。基于此，中日韩三国应积极在双边、区域及多边经贸问题上加强沟通与交流，加快推进区域一体化进程和多边贸易体制改革；推动中日韩FTA和RCEP谈判尽早达成和签署生效，共同推动二十国集团（G20）大阪峰会经贸成果的落实，早日形成亚太区域内高水平的自贸区网络。对中韩两国而言，要加快以负面清单模式重点在服务贸易、数字贸易、跨境电商等领域推进中韩FTA第二阶段升级谈判，尽早形成更高标准的自贸协定。对中日来说，作为经济和产业相互依存度较高的两个国家，中日经济互补性依然较强，双方都有深化贸易自由化的强烈愿望，但在双边经贸自由化安排上不仅落后于中韩、中澳等双边自贸安排，还落后于日本与欧盟等其他经济体的自贸安排，因此中日两国有必要启动中日FTA谈判，或推动中日韩FTA，并达成高水平的互惠贸易投资机制。

2. 推动货物贸易结构优化升级

推动中日、中韩及多边货物贸易平稳增长的同时，加快适应全球贸易规则改革和三国经济结构的变化。一是依托产业内协作分工，三国产业耦合程度越来越高，产成品贸易逐步拓展到更广泛的中间品贸易。二是货物贸易更多地由劳动和资源密集型产业转向资本和知识型产业，产品附加值越来越高，甚至还附带相关技术贸易、知识产权贸易等。三国应依托各自比较优势，优化货物贸易结构，特别是在关税减让、原产地规则等贸易规则上取得广泛共识，积极推动中日、中韩双边货物通关便利化和跨境结算自由化，同时日韩企业可主动抓住中国扩大进口的机遇，满足中国高质量消费的需要。

3. 提高服务贸易的规模和层次

充分利用中韩 FTA 升级版和中日韩 FTA 谈判时机，推进海运、空运、教育、医疗、养老、金融、保险、电信、IT 服务、信息咨询、文娱影视、技术服务等领域贸易合作多样化。随着中国服务性消费快速增长，中日韩三方在旅游、文化、体育、健康、养老五大幸福产业领域的合作潜力巨大。中日两国在节能环保和防灾减灾领域合作已有良好基础，今后需进一步将日本环境治理和防灾减灾的先进技术经验与中国相关领域的潜在需求结合起来，形成联防联控和相互支援的区域性服务大市场。

4. 瞄准数字贸易开展前沿合作

当前，全球经济社会数字化转型加速，中日韩三方在人工智能、大数据、云计算等领域合作前景十分广阔。加强跨境电商、移动支付、共享经济等领域的互补合作，共同探讨线上销售与线下流通、生产数字化以及在数字制造、柔性制造等领域共同发展。中日、中韩之间均在探讨开展数字经济合作方面的方案，下一步将在数字贸易及其规则制定等方面开展磋商合作。

（二）加快双向投资便利化和产业园区共建合作

1. 进一步优化双向投资的便利化政策

加快启动中日韩投资协定升级谈判，积极推进中日韩 FTA 谈判及早达成，推动投资便利化标准升级和谈判提速，尽早达成高标准的投资便利化机制安排，为推动中日韩的便利化投资提供制度基础。对中韩而言，加快推动中韩 FTA 升级版中投资便利化章节的谈判，尤其是围绕新兴产业和数字经济商定双向投资的标准。

2. 加快符合消费升级需要的战略新兴产业投资

为适应中日韩三国经济转型和消费升级的需要，积极调整产业的投资结构，支持和鼓励三方企业加大对新一代信息技术、人工智能、生物科技、工业互联网、高端制造、新能源、新材料等新兴产业领域的投资力度，促进东亚生产网络的高度化，提升中日韩三国整体供应链的竞争力和在全球价值链中的位势。

3. 发挥好中日韩共建产业园区的投资载体作用

之前，为吸引日韩企业投资，中国各地建设了许多共建产业园，包括中日、中韩以及中日韩产业园，既有先进制造、智能制造产业园，也有生态科技、现代农业产业园，为此需要充分发挥这些产业园的载体作用，吸引中日、中韩企业共同投资联合生产以及合作创新发展。对中日产业园合作来说，要发挥各自优势，推进吉林长春中日智能制造产业园、江苏连云港中日生态科技产业园等各具形态的产业园区，使其成为中日企业先进制造、科技创新的重要基地和合作支点。对中韩产业园合作来说，加快推进山东烟台、江苏盐城、广东惠州等中韩产业园建设，支持中资企业借助新万金韩中产业园的政策便利赴韩投资。此外，鼓励和支持三国企业探索中日韩产业园区合作的投融资模式，联合投资建设重点项目或标识性工程，提升产业园区的投资效益和经营水平，并积累可复制可推广的投资和运营成功经验。

（三）加快推进数字经济和高端制造领域的产业合作

1. 瞄准数字经济推进新制造领域战略对接

抓住第四轮工业革命的历史机遇，加强"中国制造 2025"与日本"超智能社会 5.0"、韩国"制造业革新 3.0 战略"的对接，推动中日韩三国制造业朝着智能化、高端化、绿色化方向发展，共同推进三国制造企业数字化转型，尤其要帮助中小企业，充分利用数字技术来融入全球价值链，提升在全球价值链中的位置，以及扩大在国际市场上的影响力。

2. 加强中日韩机器人、物联网等智能装备产业合作

日本在机器人等智能制造领域经验丰富，韩国在半导体芯片和显示面板等方面拥有优势，中国在网络购物、电子支付和物联网等方面发展迅速，三方可以充分发挥各自企业的主体作用，围绕新技术、新制造和新业态开展紧密合作，推进中国物联网产业与日本半导体、电子零部件、韩国半导体芯片、显示板等融合发展，提升电子信息产业科技水平和生产能力。

3. 加强中日前沿技术、颠覆性技术创新合作

推进中日加强前沿技术、颠覆性技术方面的创新合作，加强机器人、人工智能、生物技术等国际行业标准的联合研发，以及加快推动新技术的联合应用，包括新一代人工智能、工业机器人以及生物技术的试验应用，推进在工业互联网、高精密机床、高性能工程设备、新型化工装备、轨道交通装备等领域的应用合作。抓住汽车市场转型升级的机会，强化中日双方在新能源汽车、智能汽车研制、自动驾驶技术及零部件研发等创新领域的合作，共同构建具有国际竞争优势的新能源汽车、智能汽车制造产业链。

4. 加强中韩新一代通信技术（5G）的研发应用合作

中韩两国在 5G 商业应用方面将呈现巨大的合作商机，韩国在半导体芯片、显示面板等元器件制造方面保持领先，三星、SK 等科技公司

已在华投资建厂，建设了闪存芯片和存储器、液晶面板等项目。中韩企业各自发挥资金、技术、市场和制造能力上的互补优势，在5G网络建设、物联网商业化、企业智能化改造、前沿新材料等领域开展产业合作，将会开拓新的市场空间。

（四）共同促进现代服务业高端化融合发展

1. 加快推进现代金融、物流等生产性服务业协同融合发展

充分发挥区位交通优势，加强在航运、航空、供应链物流等方面的深度合作，构建东北亚快捷物流国际合作区；借助中国主动扩大服务业开放特别是金融业开放的历史机遇，加强中日韩在金融科技、互联网金融、数字货币等金融创新领域的合作，支持三方金融机构联合开展境外发债、商业贷款、融资租赁等跨境金融合作。继续推动清迈倡议多边化协议（CMIM）金融安全网制度建设，充分发挥其区域性金融组织职能。建立东京或首尔市场人民币清算行安排，推进中日、中韩互持国债等。加快推进中日韩在法律服务领域的合作，支持各自法官、律师等专业人士加强合作，为解决贸易投资争端提供优质服务；鼓励法律咨询机构或企业重点在第三方市场合作中开展法律咨询领域的合作，严格遵照国际法律法规要求，发挥各自专业优势，协助中日韩三国企业解决在第三方市场中面临的各类经济纠纷问题，降低投资风险和经营损失。

2. 积极推动人文体育、双向旅游、医疗康养等民生领域合作

未来随着中等收入群体逐步壮大，中国将成为亚太区域最大消费市场，特别是服务消费市场，旅游、文化、体育、健康、养老五大幸福产业将快速发展，为包括日韩企业在内的外国企业带来很多商机。依托中日韩人文融合的基础，开展影视、动漫、创意设计、会展等文化领域的合作，推进旅游领域的双向合作，通过简化签证、入境及边防管理，扩大人员交流的规模，提升文化旅游合作的效率和层次。发挥各自技术、市场、管理经验等比较优势，重点在医疗服务、整形美容、健康管理

(如体检)、养生养老以及体育休闲等生活性服务业领域开展合作。

(五) 深化能源环保以及农渔海洋产业务实合作

1. 加快在化石能源清洁化和清洁能源领域的紧密合作

作为世界重要的油气进口国和化石能源消费国,中日韩可加强在煤炭、原油、天然气等国际能源贸易、市场开发、能源开发储备、能源基础设施、期货市场、项目开发和技术服务的全方位合作。为优化各自国内能源结构,中日韩可加强电力、电网、光伏、风电、核能等领域的政策、项目、技术等多领域、多层次合作。

2. 深入推进大气、水和土壤污染防治产业合作

在中日韩环境部长会议(TEMM)、东北亚次区域环境合作计划(NEASPEC)两大综合性环境治理机制的基础上,加强中日韩在大气污染治理方面的合作,继续完善针对大气质量问题的专项合作机制,包括东亚酸沉降网(EANET)、东北亚长距离跨界空气污染共同研究项目(LTP)以及关注沙尘暴的三边高官会议(TDGM)等,在东北地区、京津冀地区和山东半岛地区等重点地区尝试开展雾霾治理,将日韩先进环保技术应用在这些地区,全面提升这些地区大气环境的质量。在水和土壤污染治理方面加强三方合作,包括重点项目、技术许可、人才培训等方面。加强在城市生活垃圾发电等资源化利用方面的合作,共同研发先进的处理技术,降低现有的垃圾填埋或焚烧造成的二次污染。

3. 积极推进现代农业和海洋经济合作发展

中日韩在农业投资、贸易、动植物检疫等领域的合作有广阔空间。加强中日韩在农业生物技术、品种改良繁育、生态农业、饲料生产、农产品加工、合作农场、农业机械、化肥农药、农业教育等领域务实合作,提升中日韩现代农业发展的质量和保证食品安全;探讨多种形式的合作,拓展互联网与农业、零售业、快递业、住宿餐饮业等产业和供应链的合作。加快推进中日韩捕捞渔业、水产育苗养殖、海洋产品加工、

海底资源开发、滨海岸线旅游、海洋文化创意、海水综合利用等产业领域的密切合作。

（六）努力推动中日、中韩扩大第三方市场合作

1. 加快推进中日、中韩对外战略对接并形成互补合力

推进高质量共建"一带一路"和日本"基础设施系统出口战略"、韩国"新南方新北方政策"进行对接与整合，加强中日韩企业深度合作，共同开发第三方市场，相互借力，协同发展，互利共赢。

2. 加快东北亚、东亚区域第三方市场基础设施互联互通

随着半岛局势的缓和，东北亚地区迎来新的机遇，中日韩三国可发挥各自优势，推进与朝鲜基础设施的互联互通，辐射联通蒙古、中国东北地区和俄罗斯远东地区，激发东北亚地区的经济活力。加强中日韩在全球基础设施建设领域的深度合作，包括联合招投标重大基建工程、重大基础设施融资合作、全球基础设施建设运营、技术人才劳务交流合作。

3. 积极推进在第三方市场共建经贸合作区或产业园区

参照中日、中韩产业园的合作模式，推动中日韩企业在东北亚、东南亚、南亚以及非洲等地区第三国共建经贸合作区或产业园区，争取以共建"一带一路"框架为重点，选择重点地区和重点领域开展第三方市场合作。采取联合投资招标、共建境外经贸合作区或产业园区等多种方式，推动一批项目落地，建立一些示范性的工程，释放三方互利共赢的红利。

4. 发挥各自产能和产业链优势开展国际产能合作

充分发挥中日韩三方在产能和技术方面的互补优势，在"一带一路"框架内就亚洲基础设施开发紧密合作，重点加强基础设施建设、工程机械、建材、电力等领域的国际产能合作，鼓励日韩企业由"中国+1"策略转向"中日韩+X"，探索"中日韩+X"的合作新模式，

加快落实"中日韩+X"合作早期收获项目,共同参与第三方市场建设。

5. 进一步完善通达日韩的中欧快运班列

把"一带一路"通道建设的起点延伸到日本、韩国,依托新亚欧大陆桥等物流大通道,开展陆海多式联运,提升中日、中韩欧班列的运行效率,共同开拓中日、中韩欧班列沿线国家市场,共建陆路跨境国际物流服务基地。

六、抓住机遇进一步促进中日、中韩经贸合作的建议

2018年以来,国内外环境复杂多变,中日韩三国理应积累政治互信,维护区域经济共同利益。在区域内,中日韩三国应坚持互为合作伙伴、互不构成威胁的原则,把握机遇创造有利条件,加强经贸领域密切合作,促进政治互信,进一步提升区域经贸自由化、便利化程度,构建不被政治关系左右的、多层次的、稳定的经贸合作框架,并为三国经济关系持续改善和向前发展筑牢基础。面向域外,中日韩三国应积极寻求经贸合作,包括维持多边自由贸易体制,支持WTO进行必要的改革,共同开发第三方市场,创新"中日韩+X"模式等。瞄准2019年及以后的历史发展机遇,中日韩应抓住机遇积极作为,进一步加强政策沟通,抓住重大会议等历史关键节点,深化经贸务实合作,切实推进东亚经济共同体建设,致力于构建开放型世界经济。

(一)抓住举办中日韩领导人会议的重要机遇,发挥三国在区域经贸安排中的引领作用

中日韩三国是区域治理乃至全球治理的重要参与者和建设者,有必要发挥应有的领导力,在全球治理中发挥正向作用。一是进一步完善中日韩所在东亚以及亚洲区域经济合作机制,维护好具有国际共识的多边体制,处理好双边关系中的分歧,在国际事务中发挥更积极的作用。二

是充分发挥中日韩三国在区域整合事务中的领导力,在解决好国内不平衡不充分发展问题的基础上,积极向世界提供高质量的公共产品,使其惠及世界各族人民,推动人类命运共同体建设。三是2019年12月24日在中国成都举办了第八次中日韩领导人会议,中方借助主场外交时机,团结日韩达成共识,加快推动中日韩率先达成全面、高水平、互惠且具有自身价值的FTA,尽早并以此为基础采取"3+X"模式整合区域内自由贸易安排,以此完善"10+3"框架下的合作机制,推动"10+5""10+6"合作机制,以及促成《区域全面经济伙伴关系协定》如期签署生效,尽快达成现代、全面、高质量和互惠的自贸协定。

(二)依托日本大阪举办 G20 峰会达成的共识,加快推动形成符合亚洲利益的 WTO 现代化改革方案

中日韩三国在维护多边主义和以规则为基础的贸易体制方面立场一致,应积极推动全球治理体系改革和完善,维护和发挥联合国、世界贸易组织、国际货币基金组织、世界银行、亚洲开发银行、亚洲基础设施投资银行等多边组织在维护全球经济稳定和促进区域经济发展上发挥的积极作用。2019年6月底,G20大阪峰会在WTO现代化改革上取得一些共识。中日韩三国依托峰会达成的共识加强沟通协调,主动推动符合亚洲区域共同利益的WTO改革提案,促进WTO朝着更公正、独立和符合多数成员国利益的方向改革和发展。

(三)充分利用朝鲜半岛和平发展机遇,构建东向"丝绸之路"

根据联合国1718号决议第15条和朝鲜走无核化道路的实际行动,逐步解除对朝制裁,同时把朝鲜半岛纳入"丝绸之路"发展计划,重点围绕东北亚的铁路网、电力网、油气管网等方面探索合作,推进东北亚铁路共同体和能源共同体建设;同时充分利用中日韩的合作经验,发挥工程技术、投资经验、承包能力等方面比较优势,携手开展高质量的基础设施建设合作,加快推进包括朝鲜、蒙古、俄罗斯等国家基础设施

互联互通建设和环海沿边区域经济合作。及时总结中日韩三国与第三方或第四方市场合作的成功经验,探讨建立重点国别项目合作案例库和数据库。

(四) 发挥中日韩三国合作秘书处作用,完善政策对话磋商机制

充分利用中日韩建立的三国合作秘书处(TCS)的功能和作用,依托这一机构常设中日韩合作"1.5轨"政策对话磋商机制,每年由三国外交部门轮流在三国举办;同时把财经、安全等领域的事务官员纳入这一政策对话磋商机制,适时探讨推进"3+X"的政策对话沟通渠道,尽早将朝鲜纳入中日韩合作议程,如邀请朝鲜派员列席参与中日韩领导人会议。在三国秘书处下专门设置促进朝鲜经济发展合作的部门,条件成熟后可以直接将朝鲜纳入中日韩三国合作机制,最终构建中日朝韩四方合作机制。

(五) 支持联合申办国际重要体育赛事,建设东北亚协作品牌

从2018年到2022年中日韩三国接续举办奥运会,将为推进三国奥运经济合作提供基础。以2020年东京夏奥会、2022年北京冬奥会的筹办为平台和纽带,促进三国在体育、教育、文化、青少年等领域的人文交流;扩大双向的人文旅游交流,努力实现到2020年三国人员往来达到3000万人次的目标,切实推动奥林匹克运动在亚洲乃至全世界的蓬勃发展;积极支持朝韩共同申办2032年夏季奥运会,推动朝鲜面向2032年实现对外开放;积极探讨中日韩联合申办2030年或2034年足球世界杯赛事的可行性。

(六) 搭建中日韩环境治理合作试验区,深化节能环保和雾霾防治领域合作

发挥各国在环境治理和发展绿色经济方面的比较优势,开展节能环保技术与产业领域的务实合作。如日本具有先进的环境技术与经验,而中国有环境治理方面的强烈需求,推进本国环境治理与区域环境合作的有效对接，积极培育绿色低碳产品和技术的有效市场，可以共同提升区域环境治理的有效性。重点促进城市间环境技术转移和环境治理优良做法互鉴，构建城市环境监测评价体系，形成三国城市环境综合治理网络，鼓励三国共同参与东北亚次区域环境治理。充分借鉴日韩城市治理能力和节能环保技术方面的优势，可以选择空气、水、土壤等污染较严重的毗邻城市共建环境治理合作试验区，如支持京津冀地区的合作试验区借鉴日韩友好城市雨水下水道入水口的设计理念和建设工法，改建新建试验城市的雨水下水排水系统，通过设计利用雨水"吸尘排涝"的自然循环系统，建设"吸尘排涝"的清洁城市。

（执笔人：刘向东）

专题报告

第一章
中日韩贸易发展与合作趋向分析

中日韩三国是亚洲经济繁荣的重要支柱和世界经济增长的重要基石。三国人口总数占世界的20%左右，经济总量占亚洲经济总量的70%、世界的20%；外汇储备占世界的47%；对外贸易总额和对外投资总额均占世界的20%。2018年以来，随着中日、中韩关系的进一步改善，三国经贸关系回暖趋势得以持续。新时期，中日韩经济发展与合作前景广阔。中日韩应发挥亚洲经济合作核心作用，推动区域内贸易合作，推动亚洲区域一体化进程，共同构建人类命运共同体。

一、中日韩经贸合作现状与特点

（一）中日、中韩经贸合作情况

1. 中日经贸回暖势头持续

中日政经关系呈现明显改善。2016年下半年以来，中日关系正面互动增多。2017年7月和11月，习近平主席先后在G20汉堡峰会和越南岘港APEC会议上与安倍晋三首相会见，这为增进高层相互理解不断积累有利条件，进一步推动中日关系持续改善向好发展打下了基础。2018年5月，习近平主席应约同安倍首相首次通电话，李克强总理赴日本出席中日韩领导人会议并正式访日。在双方共同努力下，中日关系重回正常轨道。同年9月，习近平主席在俄罗斯东方经济论坛期间会见安倍首相，强调要推动中日关系稳中有进，得到新的更大发展。同年10月，安倍晋三首相访华。在两国高层互访的带动下，中日两国省部级官员交流频繁，恢复经济、财金、农业、文化等多领域高层级对话，双方还就共建"一带一路"和开展第三方市场合作达成共识。

中日是重要近邻。中方一贯重视两国关系，主张本着以史为鉴、面向未来的精神，恪守中日四个政治文件以及四点原则共识，发展睦邻友好合作关系。近一个时期以来，在双方共同努力下，中日关系保持着改善势头。2018年是《中日和平友好条约》缔结40周年，是第三个政治文件发表20周年，是第四个政治文件签署并发表10周年，具有重要的纪念意义。李克强总理就此同安倍晋三首相互致贺电庆祝缔约40周年，双方共同认为应当继续秉持缔约精神，推动中日关系长期健康稳定发展。2019年6月底，G20大阪峰会期间，习近平主席与安倍晋三首相实现会晤，并达成十点共识。此后的2020年东京奥运会，2022年北京冬奥会和杭州亚运会，2023年中日邦交正常化50周年，可以预期今后5年中日关系仍将保持持续改善、稳定向好的势头，两国关系处于重要历史节点，面临改善发展机遇。

中日经贸回暖势头持续。中日作为世界第二、第三大经济体，亚洲第一、第二大经济体，两国经贸合作对亚洲各国的发展，甚至世界的发展都具有重要意义。经贸合作是中日关系的"压舱石"和"推进器"。近年来，受政治安全因素影响，中日关系经历了一段复杂的焦虑期，政治互信程度走低，经贸关系因此受挫。中日贸易连续5年下降（2012—2016年），日本在华投资改变连续4年下降（2013—2016年）。2017年是中日邦交正常化45周年，中日经贸关系出现回暖势头，从过去五年的贸易萎缩转向贸易增长。2018年以来，随着中日关系的进一步改善，经贸关系回暖趋势得以持续。据中国海关统计，2018年，中日双边货物进出口额为3276.6亿美元,同比增长8.1%;中国对日出口和自日进口同比增长分别为7.2%和8.9%;中日贸易逆差334.9亿美元。2018年,中国是日本第一大出口贸易伙伴和第一大进口贸易伙伴。

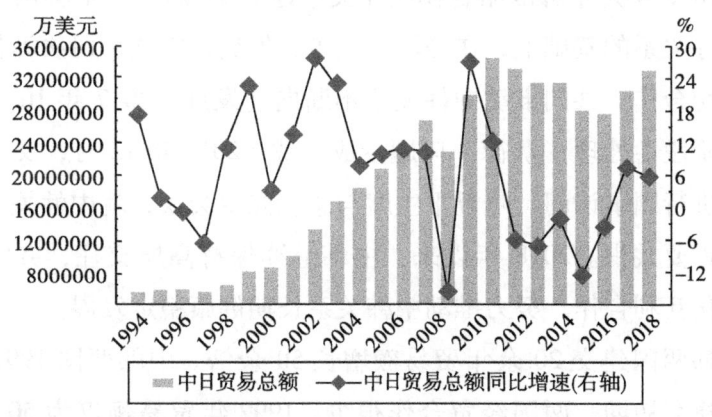

图1-1 中日贸易总额与增速

资料来源:Wind.

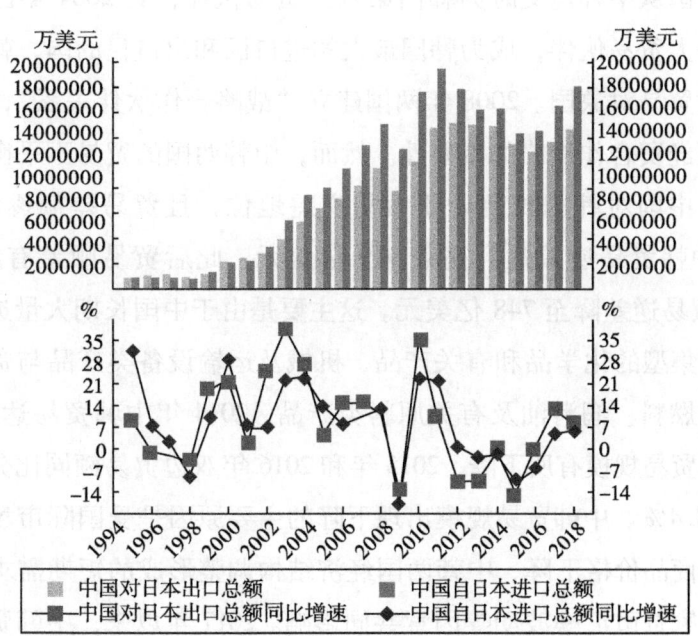

图1-2 中日进出口情况

资料来源:Wind.

2. 中韩经贸合作持续增长态势

中韩两国是互为友好近邻和重要合作伙伴。2017年是中韩建交25周年，2018年是中韩战略合作伙伴关系建立10周年。中韩两国在巩固以往友好关系的基础上，在经济、政治、外交、安全、司法等各个领域进行密切合作，共同推动中韩关系不断向前发展。2017年10月，中韩双方就阶段性处理"萨德"问题达成一致。2017年12月，文在寅总统对中国进行国事访问，习近平主席与总统先生会谈，就中韩关系改善发展达成重要共识。2018年以来，中韩继续保持高层交往，夯实政治互信，深化互利合作，努力推动中韩关系长期健康稳定发展。

中韩两国建交20余年贸易额增长50余倍。中韩两国1992年正式建交，建交初期，两国经贸合作很少，1992年贸易额仅为50亿美元，到2017年两国贸易额已达2803亿美元，20余年里双边贸易额增长50余倍。中国从中韩建交时为韩国第六大贸易伙伴，到2004年已上升为韩国第一大贸易伙伴，成为韩国最大的进口国和出口目的国，韩国是中国第三大贸易对象国。2008年两国建立"战略合作伙伴关系"，充分体现了两国经贸合作战略的重要性。然而，中韩两国的贸易不平衡现象尤为突出，中国对韩国长期处于贸易逆差地位，且贸易差额逐年增大。2013年中韩贸易逆差达到高点919亿美元，此后贸易顺差有所收窄，2017年贸易逆差降至748亿美元。这主要是由于中国长期大量进口技术和资本密集型的化学品和有关产品、机械及运输设备类产品与资源密集型的矿物燃料、润滑油及有关原料类产品。2014年中韩贸易达到顶峰，此后中韩贸易规模有所下降，2015年和2016年双边贸易额同比分别下降5.1%和8.4%。中韩贸易规模出现下降的主要原因是受国际市场需求低迷导致的商品价格下降、中韩两国经济结构调整形成的短期需求变化以及相关国家货币汇率波动等因素共同影响。2017年以来，中韩贸易出现新变化，中韩贸易额恢复增长。2017年中韩贸易额同比增长10.9%，中国对韩出口和自韩进口同比增长分别为9.6%和11.7%。2018年，中韩双边贸额为 3134.2 美元，同比增长 11.8%；中国对韩出口和自韩进口同比增长分别为 5.9% 和 15.3%；中韩贸易逆差 958.5 亿美元。2018 年，中国是韩国最大贸易伙伴、最大出口市场和最大进口来源国，韩国是中国第三大贸易伙伴国、第四大出口最终目的国和第一大进口原产国。

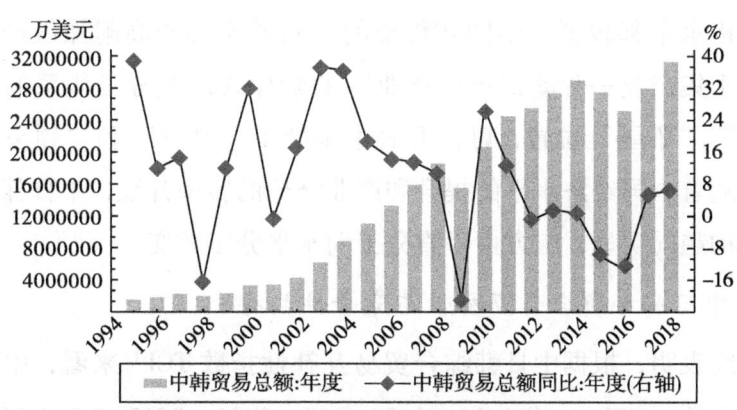

图 1-3　中韩贸易总额与增速

资料来源：Wind.

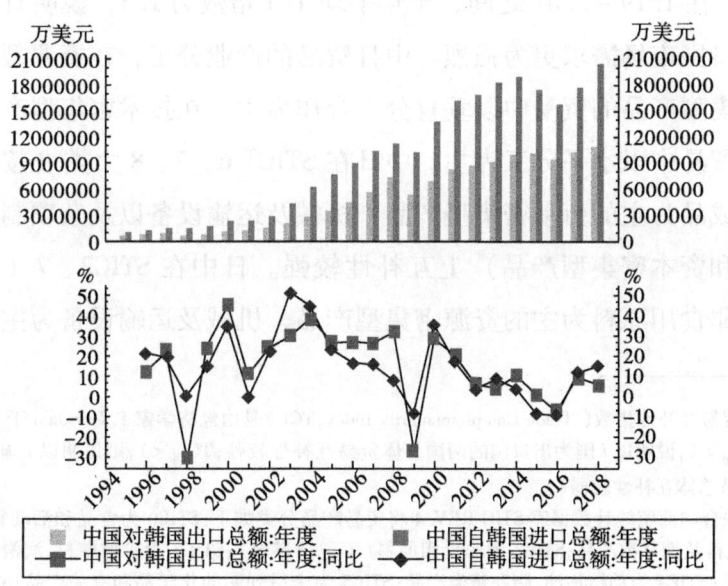

图 1-4　中韩进出口情况

资料来源：Wind.

(二) 中日韩经贸合作互补性与竞争性共存

1. 中日韩产业分工格局由垂直分工转向水平分工

改革开放初期，中日韩三国经贸合作紧密。由于中国的经济水平和产业结构水平都较低，中国在传统的"技术密集与高附加值产业—资本技术密集产业—劳动密集型产业"的阶梯式产业分工体系的雁行模式中处于"雁尾"位置，韩国和日本则处于"雁身"和"领头雁"的位置。随着中国经济水平的提升和产业结构的转型升级，中日韩三国的产业结构趋同明显，三方由垂直分工向水平分工转变。

2. 中日韩经贸合作互补性与竞争性共存

研究表明，根据中日韩综合贸易互补性指数 TCI[①] 来看，中日贸易互补性指数（TCI_{CJ}）在 1.21~1.55 之间，2006—2015 年 TCI 指数平均为 1.35，说明中日贸易具有较强的互补性。日中贸易互补性指数（TCI_{JC}）在 1.19~2.01 之间，十年平均 TCI 指数为 1.5，说明日本以中国为出口国市场需求更为强烈。中日贸易的产业分工，在资源型产品和劳动密集型产品的贸易中以垂直分工合作为主，在技术密集型产品贸易和服务贸易中以水平分工为主。中日在 STIC[②] 6、7、8 大类（按原料分类的制成品为主的劳动密集型产品、机械及运输设备以及杂项制品为主的技术和资本密集型产品）上互补性较强。日中在 STIC2、7（不包括燃料的非食用原料为主的资源密集型产品、机械及运输设备为主的技术

[①] 贸易互补性指数（Trade Complementarity Index, TCI）是由经济学家 P. Drysdale 于 1967 年提出的。$TCI_{ij} > 1$，说明以 i 国为出口国的两国总体贸易互补性较强；$TCI_{ij} < 1$，则说明以 i 国为出口国的两国贸易总体互补性较弱。

[②] 联合国商贸统计数据库 STIC REV.4 将贸易产品分类如下：STIC0 为食品和活动物类产品；STIC1 为饮料及烟草类产品；STIC2 为非食用原料（不包括燃料）；STIC3 为矿物燃料、润滑油及有关原料类产品；STIC4 为动植物油、脂和蜡类产品；STIC5 为未另列明的化学品和有关产品；STIC6 为按原料分类的制成品；STIC7 为机械及运输设备；STIC8 为杂项制品；STIC9 为按《国际贸易标准分类》未另分类的其他商品和交易。SITC 0~4 属于资源密集型产品，STIC5 和 STIC7 是技术和资本密集型产品，STIC6 和 STIC8 是劳动密集型产品，STIC9 是特殊产品。

和资本密集型产品）大类上具有较强的互补性。

中韩贸易互补性指数（TCI_{CK}）在 1 左右，十年平均 TCI 为 1.01，说明中韩贸易具有较强互补性。韩中贸易互补性指数（TCI_{KC}）在 1.08～1.86 之间，十年平均 TCI 指数为 1.27，说明韩中贸易具有较强的互补性。中韩贸易的产业分工以垂直分工为基础。中韩在 STIC6、7、8 大类（按原料分类的制成品为主的劳动密集型产品、机械及运输设备以及杂项制品为主的技术和资本密集型产品）上的互补性较强。韩中贸易在 STIC 2、5、7（不包括燃料的非食用原料为主的资源密集型产品、未另列明的化学品和有关产品以及机械及运输设备为主的技术和资本密集型产品）大类上具有较强的互补性。

日韩贸易互补性指数（TCI_{JK}）十年平均为 0.87，说明日韩贸易具有较弱的互补性，但日韩在 STIC 7 大类（机械及运输设备为主的技术和资本密集型产品）上的互补性较强。韩日贸易互补性指数（TCI_{KJ}）十年平均为 0.83，说明韩日贸易互补性较弱，但韩日贸易在 STIC 3、7（矿物燃料、润滑油及有关原料类产品为主的资源密集型产品、机械及运输设备为主的技术和资本密集型产品）大类上互补性较强。

表 1-1 中日韩综合贸易互补性指数

年度	TCI_{CJ}	TCI_{JC}	TCI_{CK}	TCI_{KC}	TCI_{JK}	TCI_{KJ}
2015	1.21	1.69	—	—	—	—
2014	1.29	1.79	0.99	1.34	0.85	0.84
2013	1.39	1.66	1.02	1.11	0.87	0.83
2012	1.37	1.35	1.00	1.08	0.83	0.88
2011	1.30	1.23	0.98	1.13	0.86	0.82
2010	1.31	1.19	1.03	1.13	0.91	0.82
2009	1.38	1.48	0.99	1.32	0.93	0.84
2008	1.31	1.44	0.96	1.30	0.84	0.83
2007	1.40	2.01	1.03	1.86	0.85	0.83
2006	1.55	1.21	1.07	1.11	0.86	0.77

资料来源：联合国商贸统计数据库 http://comtrade.un.org/data/.
陈志恒，甘睿淼. 中日韩贸易互补性与构建"三国自贸区"[J]. 浙江学刊，2017（1）.

3. 中日韩贸易互补性逐步削弱

当前,中国与韩日的贸易互补性仍然存在,特别是中国纺织品、原料、鞋靴、伞和箱包等轻工产品为主的劳动密集型产品在日本和韩国进口市场的占有率均在60%以上,比较优势明显。然而,随着中国产业结构的转型升级和劳动成本的提升,中国面临来自越南、泰国等亚洲其他国家和地区的低成本竞争,以及美国、欧洲等西方发达国家制造业回归等竞争,中国与日韩的贸易互补性呈逐步被削弱的趋势。

4. 中日韩贸易结构调整趋于平衡

中国贸易结构调整带动部分高附加值机电产品和劳动密集型产品出口增长,推动中韩贸易结构调整趋于平衡。中国机电产品、汽车、船舶、手机出口增长趋势明显,高新技术产品出口增长较快。同时中国积极主动扩大进口,优化进口结构,先进技术、关键零部件和重要设备等高新产品进口较快增长。从中日韩经贸合作情况来看,中日、中韩双边贸易总额、出口额、进口额均有所下降,但同时中国对日韩的贸易顺差也出现明显下降,这说明,中国对日韩的贸易结构调整逐渐趋于平衡。

二、中日韩经贸合作形势与境遇

2018年以来,国际形势出现较大变化,对中日韩经济发展带来巨大挑战,同时也为中日韩加强合作、促进三国发展带来很大机会,能够很大程度上抵消国际环境变化带来的影响。

(一)世界经济整体趋缓

1. 世界经济下行风险加大

2018年以来,全球复苏下滑的态势进一步得到确认。主要经济体增长乏力,国际贸易和投资活动继续萎缩。2019年初以来,主要经济机构国际货币基金组织(IMF)、世界银行、经合组织等对今明两年经济增长预期都在下调。IMF 连续三次下调经济增长预期,在 2019 年 4 月最新预测中,将 2019 年全球经济增长预期由 3.5% 下调至 3.3%,并预计 70% 的全球经济增长将放缓。其中,将 2019 年美国经济增长下调 0.2 个百分点至 2.3%,将欧元区增长预期下调 0.3 个百分点至 1.3%,将日本增长预期下调 0.1 个百分点至 1.0%,将中国 2019 年经济增长预期上调 0.1 个百分点至 6.3%(实际情况更糟糕些)。

2. 发达经济体经济表现出现分化

美国经济总体稳健,但出现了放缓迹象。2018 年第三、四季度 GDP 环比折年率分别增长 3.4%、2.2%,全年增长 2.9%;2019 年第一季度,受净出口改善、库存增加等因素影响,美国 GDP 增速为 3.1%,超出市场预期,但仍低于 2018 年第二季度的 4.2% 高点。欧元区经济增长保持平稳,2018 年第三、四季度 GDP 环比折年率分别增长 0.5%、1.0%,全年增长 1.9%,2019 年第一季度 GDP 增长 1.6%,但英国脱欧带来的不确定性加大。日本经济表现温和,(日本经济波动性增大,受自然灾害等因素影响,2018 年第三季度 GDP 环比折年率为 −2.4%,创 2014 年第二季度以来最大跌幅,第四季度增速为 1.9%,全年增长 0.8%)第一季度日本经济环比折年率增长 2.1%,为连续第二个季度增长,主要原因是进口降幅超过出口降幅导致净出口额增加。但由于外需减弱、内需疲软、企业投资意愿有所下降以及 2019 年 10 月上调消费税等因素的影响,未来日本经济可能面临减速风险。新兴市场国家大部分经济增速出现明显下滑。巴西经济持续下滑,2018 年第三、四季度 GDP 分别增长 1.3%、1.1%,全年增长 1.1%,2019 年第一季度增长 0.5%。俄罗斯经济增速放缓,2018 年第三、四季度 GDP 同比分别增长 2.2%、2.7%,全年增长 2.3%,2019 年第一季度增长 0.6%,是近两年最低水平,主要是受增值税率上调影响(2019 年 1 月起,俄罗斯增值税率从 18% 上调至 20%)。印度经济增速大幅下降,2018 年第三、四季度 GDP 同比分别增长 7.0%、6.6%,全年增长

7.1%,2019年第一季度增长5.8%。南非经济2018年下半年略有起色,2018年第三、四季度GDP同比分别增长1.3%、1.1%,2019年第一季度增长仅为0.04%,失业率仍居高不下。2019年中国第一季度经济同比增长6.4%,与上年第四季度相比持平,但比上年同期的6.8%有所下降。

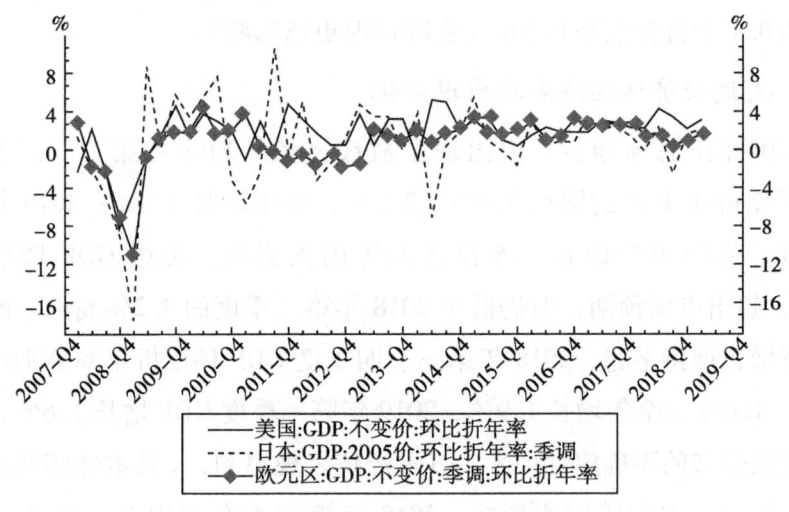

图1-5 美欧日经济增速

资料来源:Wind.

3. 全球货币政策集体转向宽松

主要经济体货币政策正常化步伐放缓。2018年底以来,美联储加息预期减弱,美联储自2018年12月以来将联邦基金利率目标区间维持在2.25%~2.50%。欧央行维持主要再融资操作利率、边际贷款便利利率、存款便利利率三大基准利率在0、0.25%、-0.40%不变。日本银行继续实施量化宽松货币政策,维持部分超额准备金利率为-0.1%,10年期国债收益率在0左右,维持资产购买计划不变。英格兰银行维持基准利率0.75%不变,维持4350亿英镑的资产购买规模和100亿英镑的投资级非金融公司债购买计划不变。加拿大银行宣布维持隔夜利率目标在1.75%不变。多数新兴市场经济体货币政策保持不变,少数经济体下调基准利率。印度央行 2019 年以来连续三次下调基准利率至 5.75%，以促进投资增长。2019 年 6 月，俄罗斯银行下调基准利率 0.25 个百分点至 7.5%。韩国央行、巴西央行、南非央行维持核心利率不变。

（二）中美经贸摩擦升级

在全球经济增长大致稳定的格局下，美欧等发达经济体逆全球化倾向和贸易保护主义兴起。贸易摩擦正成为影响全球经济前景的最大隐患。美国实施的贸易保护主义将给全球贸易带来冲击。2018 年，美国针对钢材和铝制品根据"232 调查"结果进行了全球范围的征税，并对华宣布了"301 调查"结果的制裁措施，导致了全球市场的震荡。尽管日韩是美国盟友，日本并未取得美国对其钢铁和铝制品的关税豁免，韩国虽然获得了美国 25% 的钢铁税豁免，但韩国钢铁线材商品却被美征收了 41.1% 的高额反倾销税。可以预见，这类决策将会把全球贸易引向错误和危险的方向，甚至不可避免地引发一场没有赢家的贸易战，将给全球经济和贸易投资带来严峻的挑战。

中美经贸摩擦源自美方单边做法。2018 年 3 月对华启动"301 调查"以来，特朗普政府对中国的贸易摩擦持续升级，从贸易领域延伸到科技领域。美国霸凌主义破坏了全球经济增长前景、全球价值链产业链供应链大格局、全球科学技术交流合作及产业技术进步，也破坏了国际经济秩序和多边合作机制。中美贸易摩擦是客观形势发展的必然结果，具有长期性，实质是美企图限制中国发展，是两个国家实力的较量。对美方挑起的贸易摩擦及科技遏制，中方在中美贸易磋商中提出的三项核心关切完全正当合理，中方一贯主张贸易磋商应秉持相互尊重、平等互利的原则，并抱有足够诚意，美方却出尔反尔，执意继续加征关税，致使贸易摩擦再次升级。所谓"美国在和中国的贸易中吃了大亏""盗窃知识产权""强制技术转让""中国违背贸易磋商承诺"等不实论调完全站不住脚。中方从来不拿原则做交换，将坚决维护国家主权和核心利益。冷战思维、单边主义、零和游戏都是过时的产物，无益于解决任何问题，只有平心静气地坐下来平等协商，才能找到解决问题的途径。

中美经贸摩擦增加了中国经济下行压力，但不会造成经济"硬着陆"。中国会坚定不移地按照创新、协调、绿色、开放、共享的发展理念，不断深化改革和扩大开放，加快推动经济向高质量发展。中美贸易战只能让中国经济暂时承压，长远看中国经济有条件有韧性保持平稳健康增长。中国拥有世界上规模最大的中等收入群体，据不完全统计有4亿多人口，而且还在迅速增长中，是全球最大的消费市场，中国的内需潜力足以抵消外需减少压力。形成强大的内需市场，不仅可以提高国内投资水平，也将带动整体经济恢复。中国开放的大门不会关闭，只会越开越大。中国政府及企业将继续扩大开放，更广领域扩大外资市场准入，更大力度加强知识产权保护国际合作，更大规模增加商品和服务进口，更加有效实施国际宏观经济政策协调，更加重视对外开放政策贯彻落实，促进贸易和投资自由化便利化，构建全球互联互通伙伴关系，推动共建"一带一路"沿着高质量发展方向不断前进，为世界各国发展和全球经济增长创造更大空间、提供更多机遇、带来更多"中国红利"。中国对外开放的大门是敞开的，中国欢迎外国公司以投资或贸易等多种方式在中国这一巨大的市场拓展业务，共享发展红利。

中国有条件、有能力实现经济健康平稳增长。2018年，中国成功举办了上海国际进口博览会，引导中国经济由出口导向贸易转向出口和进口并重，2019年中国成功举办了第二届"一带一路"国际合作高峰论坛，引领中国经济由吸引外商投资为主转向双向投资并重。这些转变不仅会带来实实在在的商机，还会增强中国经济发展的韧性。有两点需要关注：一是培育强大的内需市场。中国既是"世界工厂"，也是"世界市场"，拥有世界上规模最大、成长最快的中等收入群体，内需增长潜力巨大。这是支撑中国经济持续平稳发展的稳定器，也是驱动技术进步的内生动力。当前,为释放 10 多亿人口的内需市场,中国正在发力促进消费升级和扩大有效投资。在消费方面,消费升级潜力较大。近几年,消费对经济增长的贡献率持续保持在 60%～70% 的水平,更好地发挥了消费对稳增长的基础性作用。为促进消费,中国实施了增加居民收入、改善消费环境和提升产品质量等一系列政策措施,深入实施消费升级行动计划,扩大重点领域消费,加快促进形成强大国内市场,进一步释放消费潜力。在投资方面,投资增效领域较多。为了更好地发挥投资对优化供给结构的关键性作用,中国采取了一系列扩大有效投资措施,在促进产业升级、补齐发展短板方面加大投资力度,如增加了城际交通、物流、市政、灾害防治、民用和通用航空等基础设施投资,进一步完善 5G 为代表的新一代信息基础设施,吸引更多民间资本参与人工智能、工业互联网、物联网建设等。强大内需市场的形成将增强对内外资企业的吸引力,为其提供持续发展的市场机会和创新创业的试验场所。二是坚定改革开放的决心。中国全面深化改革开放是中国发展道路的自主选择,不会因外部挑战增加而停滞不前。中国坚定改革开放的决心,将改革开放进行到底,通过做好自己的事情,增强抵御外部风险的能力。

G20 大阪峰会后中美重启经贸磋商。2019 年 6 月 29 日,中美两国元首在大阪会晤,就事关中美关系发展的根本性问题、当前中美经贸摩擦以及共同关心的国际和地区问题深入交换意见,为下一阶段两国关系发展定向把舵,同意推进以协调、合作、稳定为基调的中美关系。中美两国元首同意,在平等和相互尊重的基础上重启经贸磋商,美方不再对中国产品加征新的关税。中美重启磋商就意味着中美经贸问题将重回正常轨道,释放了积极信号,顺应两国民意,符合全球期待,有利于缓解市场紧张情绪。更稳定的中美关系有利于中国,有利于美国,也有利于全世界。双方经贸团队应把握来之不易的重启磋商机会,用实际行动落实两国元首此次会晤精神,在平等和相互尊重的基础上讨论具体问题,尽早达成彼此间均可接受的协议。无论中美重启磋商后结果如何，中国将始终坚定不移地走好自己的路，办好自己的事。

（三）东亚经济合作即将进入快车道

随着东盟共同体的建成，以及中日韩合作的恢复和发展，为推动东亚经济共同体建设提供了有利条件，现在是积极推进东亚经济共同体建设的有利时机。"区域全面经济伙伴关系协定"（RCEP）谈判正在积极推进，全面进展的"跨太平洋伙伴协定"（CPTPP）2018年底正式生效，"一带一路"倡议的实施，长期内将为东亚区域贸易、投资和经济增长提供支持。半岛局势出现缓和，朝核问题重新回到通过对话协商解决的轨道，中韩关系暂时走出了"萨德"问题的阴霾，使得东亚经济合作迎来新的契机。南海局势进一步趋向稳定，中国和东盟国家已就COC（南海行为准则）单一磋商文本草案达成一致，有利于东亚地区的和平与稳定。

（四）中国扩大开放和消费升级带来的机遇

1. 扩大开放带来的机遇

中国积极推动形成全面对外开放新格局，为中日韩经贸合作提供分享中国改革开放红利的机会。党的十九大报告提出，要推动形成全面开放新格局，实行高水平的贸易和投资自由化便利化政策，逐步健全开放型经济新体制。2018年政府工作报告强调指出，要加强与国际通行经贸规则对接，建设国际一流营商环境，以高水平开放推动高质量发展。推动自贸区战略是适应经济全球化新趋势的客观要求，是全面深化改革、构建开放型经济新体制的必然选择。

当前，中国经济发展进入了新时代，基本特征就是我国经济已由高速增长阶段转向高质量发展阶段。2017年中国共产党十九大报告确定了中国经济发展的核心是贯彻新发展理念，建设现代化经济体系。新发展理念是指2015年十八届五中全会提出的"创新、协调、绿色、开放、共享"五大理念,2016年全国人大通过的"十三五"规划是这五大发展理念的具体体现。高质量发展,就是能够很好地满足人民日益增长的美好生活需要的发展,是体现新发展理念的发展,是创新成为第一动力、协调成为内生特点、绿色成为普遍形态、开放成为必由之路、共享成为根本目的的发展。为推动中国经济真正转向高质量发展,2017年底中央经济工作会议确定重点抓好决胜全面建成小康社会的防范化解重大风险、精准脱贫、污染防治三大攻坚战,同时做好八项重点任务。十九大进一步阐述了总要求,要从推进供给侧结构性改革、加快建设创新型国家、实施乡村振兴战略、实施区域协调发展战略、加快完善社会主义市场经济体制、推动形成全面开放新格局六个方面建设现代化经济体系,推动高质量发展。这些举措的落实将会引领中国经济朝着预期目标发展,同时世界也将共同分享中国更多的改革红利、发展红利和开放红利。

中国积极推动全面对外开放,积极推进贸易自由化便利化发展。2017年以来,中国密集出台扩大开放的政策措施,放宽一些行业外资股比限制、降低关税促进进口、营造良好市场环境、开展高水平投资贸易协定谈判、加强与国际高标准经贸规则对接,深入推进关税减让和知识产权保护,与原TPP条款高标准要求的差距明显缩小。具体措施包括:大幅度放宽汽车、银证保等行业外资股比限制,全面实行准入前国民待遇加负面清单管理制度,2018年版负面清单缩减至48项,推动金融、基础设施等22个领域的开放;凸显市场化作用,营造公平竞争的市场环境,凡是在我国境内注册的企业,都要一视同仁、平等对待;加强知识产权保护,严厉打击侵权假冒违法犯罪行为,在市场化的基础上,进一步凸显法治化、国际化、便利化;支持海南全岛建设自由贸易试验区,支持海南逐步探索、稳步推进中国特色自由贸易港建设;主动扩大进口,大幅度降低汽车、日用消费品等进口关税,加快推进加入WTO《政府采购协定》进程;主动加强同国际高标准经贸规则对接,增强公平性和透明度，如同欧盟、美国已在开展高水平的投资协定（BIT）谈判等。在全方位开放领域有两个亮点值得关注：一是制度型开放。2019年以来，中国致力于推动由商品和要素流动型开放向规则等制度型开放转变。在第二届"一带一路"国际合作高峰论坛上，习近平主席指出，规则和信用是国际治理体系有效运转的基石，中国高度重视履行同各国达成的多边和双边经贸协议。推动规则等制度型开放就是要实现更高水平的开放。强调"规则"开放就是要顺应国际规则的变化趋势，推动国内相关法律法规和政策制度的合规性审查升级，在关税减让、市场开放、知识产权保护、环境保护、劳工标准、政府管理等多个方面，加强与国际通行规则对接。2019年，中国制定出台了《政府投资条例》，旨在清晰地界定政府与市场的投资边界，引导政府投资迈向法治轨道。强调"制度型"开放意味着加快推进国家治理体系和治理能力现代化建设，通过强化竞争中性、规范政府行为、优化营商环境等制度，实现国内市场的国际化融入。近年来，中国新布局一批自由贸易试验区，加快探索建设自由贸易港，举办国际进口博览会，推动双边多边自贸协定谈判，消除各种非关税壁垒，不断开大中国市场大门。中国做出这些努力旨在通过不断的压力测试，在风险可控前提下实现高水平开放。二是《外商投资法》。2019年初，全国人大审议通过《外商投资法》，确立了新时期中国外商投资法律制度的基本框架，明确发出推动高水平对外开放的信号。《外商投资法》对不得使用行政手段强制转让技术作出明确规定，也完善外商投资企业投诉工作机制，切实加强外商合法权益保护。当前，中国政府正在制定配套的法规、规章等实施细则。在博鳌亚洲论坛2019年年会上，李克强总理明确了《外商投资法（实施条例）》出台的时间表，确保2020年1月1日与《外商投资法》同时实施。按照总体部署，2019年6月底之前，中国已进一步缩减了负面清单条目，扩大了增值电信、医疗机构、教育服务等现代服务业以及交通运输、基础设施、能源资源等领域对外开放。

中国积极推动区域合作和全球合作。"一带一路"倡议为各国开展第三方合作提供了共同的发展空间,是共同建设人类命运共同体的伟大实践和探索。"一带一路"倡议实施5年来,取得了很多实实在在的成果。在政策沟通上,中国已与100多个国家和国际组织签署了共建"一带一路"合作文件。共建"一带一路"倡议及其核心理念被纳入联合国、二十国集团、亚太经合组织、上合组织等重要国际机制成果文件。中国企业沿线国家的投资持续增长,为当地创造了20多万个就业岗位。重要合作项目取得阶段性成果,中白工业园等成为双边合作的典范,中国—老挝跨境经济合作区、中哈霍尔果斯国际边境合作中心等一大批合作园区也在加快建设。2018年,中国与"一带一路"沿线国家货物贸易进出口总额达到1.3万亿美元,同比增长16.3%,高于同期中国外贸增速3.7个百分点,占外贸总值的27.4%。其中,中国对沿线国家出口7047.3亿美元,同比增长10.9%;中国从沿线国家进口5630.7亿美元,同比大幅增长23.9%。中国企业对沿线56个国家实现非金融类直接投资156.4亿美元,同比增长8.9%,占同期总额的13%。在沿线63个国家对外承包工程完成营业额893.3亿美元,同比增长4.4%,占同期总额的52%。沿线国家对中国直接投资60.8亿美元,同比增长11.9%。

2. 中国消费升级带来的机遇

当前中国经济已经由高速增长阶段转向高质量发展阶段,随着居民收入的提高,消费的热点不断转化:20世纪八九十年代以"三大件"(彩电、冰箱、洗衣机)为代表的家电——21世纪初是住房和汽车的消费——现在已经开始进入了高品质个性化、注重生活享受的消费时代。中国将拥有4亿~6亿人的中等收入的人口规模,为中外企业提供了更加成熟的超级大市场,特别是以旅游、文化、体育、健康、养老五大幸福产业为代表的服务消费正在快速增长。中日韩三国的生活和消费习惯有相似之处,消费倾向也有共同之处,而三国之间的产业发展层次不同，加上跨境电商的迅速发展，供需的互补对接将会越来越方便，三方合作可以共享中国消费升级带来的机遇。

（五）中日韩区域内贸易合作空间巨大

在全球贸易保护主义盛行和多边贸易体制受到冲击的背景下，亚洲经济体仍保持了较高增速，亚洲经济前景成为世界关注焦点，这为亚洲三大经济体中日韩的经贸合作提供了重要战略机遇。

区域内贸易为中日韩合作提供了较大合作空间。世界各区域之间贸易密切，总贸易额的50%以上发生在区域内部。2018年，亚洲区域内贸易份额占全球贸易额的比重为57.8%，相比2010—2015年的平均比重55.9%和2016年的57.3%进一步提升，创历史新高。这说明若提升区域内贸易，中日韩将有很大空间。

三国在国家经济发展战略上存在共同利益，有利于实现战略对接，进一步推动中日韩区域内贸易发展。例如，在科技创新领域，中日韩分别实施科技创新发展战略，这为三国加强交流对接，探讨在移动互联网、云计算、智慧城市、大数据等领域加强联合研发等创造了条件。

三、中日韩经贸合作困难与问题

（一）世界经济面临的不确定性增多

全球经济发展面临的不确定性增强势必影响中日韩经贸合作的推进。

1. 全球宏观经济政策外溢风险

2017年以来，随着主要经济体实施减税等宽松财政政策，在改善财政赤字的同时可能给世界经济带来过热风险。同时，主要经济体先后开启货币正常化进程，通过加息、缩表、缩减购债规模等方式收紧货币政策，导致全球流动性收紧，国际资本流动加剧，可能引发新兴经济体资本外流风险。

首先，美联储加息的不确定性将加大金融市场风险。当前，美联储加息预期紊乱。如美联储主席鲍威尔突出强调美国经济可能遭遇阻力，为美国暂停加息埋下伏笔。这种政策调整预期对利率敏感的各项经济活动将产生较大影响，包括全球汇市、股市、债市、期市和大宗商品交易市场。主要国家货币政策调整不同步，导致国际资本流动加剧。尤其是一些新兴经济体为了应对汇率贬值与资本外流，纷纷上调利率，对本国宏观经济形势和金融市场形成冲击。

其次，美国宏观政策的不确定性加快美元资产调整。如美国财政部公布的国际资本流动报告显示，中国、日本、印度、德国、俄罗斯、土耳其等国家都不同程度地减持美国国债。由于美债与美元之间的传导作用，如果美债遭遇大规模抛售，持续攀升的美债收益率将会引发美国债务和美元信任危机，进而引发全球金融市场震荡。国债收益率曲线倒挂通常是经济衰退的一个先行信号。市场预测 2020 年美国或面临经济衰退。

最后，美国税改可能带来的负面影响。美国减税政策直接导致财政赤字率上升。美国减税、加息和增加基础设施投资等措施的组合，会加大美国的财政赤字、贸易赤字和债务率。如果大国之间政治经济冲突加剧，无疑会增大对全球经济的外溢冲击。

2. 全球结构性改革过于缓慢，不利于推动全球经济可持续增长

金融危机爆发以来，各国推动结构性改革是一个大趋势，然而仍没有改变全球劳动生产率减速趋势。根据国际清算银行数据，全球劳动生产率增长只有十年前的七成。全球性科技创新竞争的核心是形成创新驱动的世界经济增长新动能，要警惕科技泡沫透支科技创新未来，成为技术创新和技术进步的障碍。新兴市场的结构性改革滞后，结构性改革举步维艰，逆全球化、新工业革命、全球宏观政策调整和国际金融市场调整都使新兴经济体结构调整面临更大的风险。中国正在加快推动结构性改革，重点推动经济的动能转换、结构转换和模式转换，但仍需要一个过程。

3. 逆全球化和贸易保护主义对多边贸易体系的冲击，增加了世界经济的不确定性

全球贸易摩擦升级带来的不确定性增加。美国贸易保护主义以及中美贸易摩擦升级引发的全球贸易紧张局势，增大了全球经济不稳定性和不确定性。世贸组织改革前景不容乐观，导致多边主义和全球化陷入分裂。全球投资预期趋于悲观，投资信心受损，对全球经济贸易增长态势产生冲击。在全球化的背景下，全球产业链和金融体系相连，贸易战与金融风险相互放大，新的金融危机可能正在生成，正在向爆发系统性风险演化，贸易战将诱发全球金融危机。

（二）全球多边贸易体系受到冲击

当前，国际贸易格局出现新变化。随着中美贸易摩擦升级，反经济全球化现象日益明显，国际贸易体系受到严重挑战。美国退出"跨太平洋伙伴关系协定"（TPP）谈判，特朗普退出世界贸易组织（WTO）、退出北美自由贸易协定（NAFTA）谈判。2018年3月，日本推动"全面与进步跨太平洋伙伴关系协定"（CPTPP）正式签署。CPTPP留存了TPP95%的协议条款，是当前世界水平最高的多边自贸协定（FTA），突出特点为"高标准、高质量、高层次、面向21世纪"。2018年10月31日，日本、澳大利亚、墨西哥、新加坡、新西兰及加拿大六国完成国内审批程序，2018年12月30日CPTPP生效。

美欧日及东南亚等各大经济体都有自己的自贸区战略布局，美欧日加快构建高标准自由贸易体系。2018年7月日欧签署零关税自贸协定（EPA），美欧发表零关税联合声明，2018年8月美日开始磋商推动两国开启双边自贸谈判，2018年10月美加墨达成新的三国贸易协定《美墨加协定》（USMCA）替代北美自由贸易协定（NAFTA），美欧日三大

经济体致力于达成零关税同盟，可能形成一个新的高标准自由贸易体系，这使得WTO规则体系被边缘化。同时美欧推动WTO现代化改革，解决不公平贸易行为。中日韩都是国际贸易大国，在国际市场开放方面存在共识。三国应加强政策协调，加强合作，共同维护多边贸易体系。

（三）中美贸易摩擦升级带来的不确定性

中美关系是当今全球最重要的双边关系，两国合作将使全球经济从中受益，两国出现摩擦，不仅损害自身利益，也会极大影响全球经济。美国2018年3月启动了对钢铁和铝制品的进口限制，以侵犯知识产权为由，决定对每年价值2500亿美元的进口中国产品加征25%的关税，中美贸易摩擦不断升级。IMF估算贸易战将使全球GDP减少0.5%，相当于4300亿美元；美国GDP预计减少0.8%，日本GDP预计减少0.6%，包括中国在内的亚洲新兴市场国家GDP将减少0.7%，中南美减少0.6%，欧元区减少0.3%。

（四）中日韩经贸合作面临挑战

1. 中日韩三国面临本国经济发展的制约与挑战

中国经济增长面临高质量转型的困境。新时期，我国经济已由高速增长阶段转向高质量发展阶段，经济结构出现重大变化，消费需求向高品质升级，科技创新进入活跃期。面临经济增长动力机制转换，需要从要素驱动、投资规模驱动发展为主向以科技创新驱动发展为主的转变，面临经济结构的深度调整，面临产品从低端向高端的升级等挑战。

日本经济缓慢复苏但中长期风险加大。安倍的"三支箭"（日元贬值、财政刺激、结构改革）措施取得一定成效，日本经济仍然低速增长。然而，日本仍面临外需依赖型经济结构、产业空心化、人口老龄化和不断增长的国债负担等难题。特别是日本经济增长面临通缩和高债务问题。受日本持续宽松货币政策影响，日本通胀水平有所提升，但日本核心CPI与央行2%的政策目标仍有一定差距。日本深受其债务可持续问题困扰，日本是发达国家中债务率最高的国家，然而其财政重建仍面临重重困难。日本内阁府制定的中长期财政经济政策，目标是2027年实现财政盈余。尽管近年来日本政府债务占GDP比例逐渐缩小，但是根据过去几年情况来看，2027年这一目标不太可能实现。近期，中国经济下行和美国贸易保护主义，给日本出口带来了打击。安倍经济政策的边际效用明显下降，日元贬值和财政刺激的空间越来越小。

韩国经济增长遭遇内忧外患的挑战。现任韩国政府重点推进的收入主导型增长政策，希望通过提高最低工资标准和推动非正式职工转为正式职工来提高低收入阶层的收入。然而，实践结果与政府的目标完全相反，韩国高收入群体的收入继续上升，低收入群体的收入反而出现下降。低收入人口收入减少的主要原因在于韩国低收入老龄化人口增加和服务行业的雇佣低迷。韩国对中国经济依赖程度较高，中国经济减速和中美贸易摩擦不利于韩国经济，导致韩国制造业中间产品对中国销售减低，造成韩国制造业的就业机会减少。

2. 中日韩合作面临挑战

一是双多边政治关系波动成为影响中日韩合作的重要原因之一。地处东亚的三国有各自特点和局限性，存在历史纠葛和政治互疑。例如，2012年以来，受中日、日韩、中韩等政治安全关系恶化影响，中日韩领导人会议屡次中断或推迟，在短短7年间就出现两段空白。政治因素极大影响了中日韩三国间的经贸合作。二是中日韩三国经贸合作存在转型升级之痛。当前，中日韩三国经济都面临转型升级、寻找新的经济增长点的压力，都有扩大海外投资和扩大出口的需求。但受贸易保护主义影响，全球贸易萎缩，对于中日韩三个出口大国来说无异于雪上加霜，不利于国内经济转型升级。同时，内部经济结构性矛盾制约了改革进程，难以在短期内实现转型升级突破。三是中日韩经贸和投资合作面临贸易保护主义盛行、投资运营成本高、企业营商环境差等一系列挑战，三国都有需要改进的地方。四是中美贸易摩擦对中日韩经济合作产生威胁。美国的贸易政策不仅针对中国，美韩、美日也存在贸易摩擦，中美贸易争端短期对中日韩三国经济都是利空因素，但中美贸易争端将会加速中国加快改革开放和营造公平竞争环境，这将会对韩国和日本有好处。无论中美贸易争端谁胜谁负，贸易摩擦问题都会损伤互信，重启合作难度加大。

四、中日韩经贸合作趋势与目标

（一）中日韩经贸合作前景广阔

1. "政温经暖"态势明显

近两年来，中日两国领导人实现了互访，增进了政治信赖关系，强有力地推动了双边关系行稳致远。2019年6月底召开的G20大阪峰会上，习近平主席与安倍首相进行了会晤，达成了十项共识，可以说开启了中日合作的新时代。随着中日政治互信加深，中日经贸关系持续改善，具备向更高水平发展的条件。近两年中日经贸关系总体趋好，双边贸易恢复正增长，并连续两年突破3000亿美元，双向投资保持较高水平，"政温经暖"的态势明显。

经贸合作是中日关系的"压舱石"和"推进器"。近年来，中日经贸关系保持良好发展势头，双方经贸日趋紧密，互补性增强，具备向更高水平发展的条件。两国领导人就发展中日关系达成一系列重要共识，为新时代两国开展全方位经贸合作指明了方向。

2. 中日韩经济合作潜力巨大

中日双边贸易稳步增长。2018年，中日贸易总额3276.6亿美元，比上年增长8.1%，占中国外贸总额的7.1%。按国别排名，日本是中国第二大贸易伙伴国，第二大出口对象国和第二大进口来源国。2019年以来，中美贸易摩擦负面影响显现，中日贸易额出现下降。2019年1—5月，中日贸易总额1250.4亿美元，比上年同期下降4.5%。其中，中国对日出口

574.2亿美元，下降1.8%，自日进口676.2亿美元，下降6.7%。

日企对华投资保持高增长。2019年1—5月，日本在华新设企业396家，比上年同期增加38.5%，实际使用金额17.2亿美元，增长13.5%，占外资在华投资总额的3.2%。截至2019年5月，日本累计在华投资设立企业52230家，实际利用金额1137.0亿美元，占外资在华投资总额的5.4%，在中国利用外资总额国别排名中居首。松下、软银、东芝、理光、富士通等日本企业纷纷到中国投资建厂或设立研发中心，为中国经济发展带来了雄厚资金和先进技术，也收获了丰富的利润回报。例如，松下电器曾一度占据中国家电市场20%的份额。

中国对日投资保持快速增长。近年来，中国赴日投资企业逐渐增多，特别是中国高科技公司赴日投资，受到日本合作方和消费者的欢迎。2019年1—5月，中国对日本全行业投资0.5亿美元。截至2019年5月，中国对日本全行业直接投资累计35.1亿美元，主要涉及制造业、金融服务、电气、通信、软件等领域。海尔、中兴、华为、百度、腾讯和阿里巴巴等多家企业积极赴日发展，创造了大量就业岗位，为日本的经济发展做出了贡献。例如，华为公司在日本成立研发中心，录用日本优秀技术人员；而且华为产品也在日本获得了非常不错的市场份额。另外，中国企业在日工程承包业务发展较好。2019年1—5月，中国企业在日承包工程完成营业额1.6亿美元。截至2019年5月，累计合同额42.7亿美元，累计完成营业额43.4亿美元。对日技能实习生合作加强。日本是中国重要的海外劳务市场。2019年1—5月，中国向日本新派出技能实习生14709人，比上年同期增长23.4%。截至2019年5月，中国在日技能实习生总数14.1万人，占中国在外劳务人员总数的24.0%，主要分布在日本的中小企业，涉及制造业、农林牧渔和建筑业等。

人文交流频繁密切。2018年，中日双边人员往来1175.8万人次，同比增长10.3%。其中，中国赴日人员906.8万人次，日本来华人员

269万人次。两国目前共缔结友好城市255对。

3. 中日韩经济合作领域宽广

中日韩三国都面临经济转型和产业升级的压力,中国具有工业体系完整、装备制造集成和施工建设能力强、性价比高的优势,韩日具备高端技术优势,三者相结合,共同开拓第四方市场,重点开展基础设施建设、工程机械、建材、电力等领域的国际产能合作。中日韩三国产业结构互补,有益于互惠互利。中国的巨大市场为中日韩提供了合作空间。随着中国经济转型升级,中国逐步形成了战略性新兴产业和传统制造业并驾齐驱、现代服务业和传统服务业相互促进、信息化和工业化深度融合的经济结构新格局,制造业与服务业的融合发展成为中国经济发展的双引擎。中日韩经济合作领域也由此从传统的制造业合作开始向高端制造业、制造服务业、现代服务业等转变,合作领域逐步拓展。比如日本在服务贸易领域具有很强的竞争力,日本在医疗健康产业、养老产业、零售业和流通业多年形成的成熟运行模式可以为中国服务业企业提供经验和借鉴,可以作为今后经贸合作新的亮点。

(二)中日韩经贸合作目标

中日韩三国经贸合作应本着互利共赢、弥合分歧、加速推进、共同繁荣的原则开展经贸合作。推动中日韩经贸合作、中日韩自贸区建设,带动三国经济转型;加强宏观经济政策协调,增进三国对话与交流,增强政治互信;促进地区国家经济的融合发展,共同致力于东亚经济一体化和亚洲的整体振兴,进而为世界经济发展做出贡献。

五、中日韩经贸合作重点与路径

(一)中日韩重点合作领域

1. 加强高新技术领域合作

中日韩科技创新合作潜力大。中国正处于产业升级、向价值链高端迈进的阶段，日韩两国在此方面具有一定的比较优势，各方在技术创新、节能环保等领域有较大的合作空间。日本在科技投入、人才培养、产学研用协作、知识产权保护、营造创新文化等方面的做法值得中国借鉴。中国为日本新技术产业化和高技术产业转移提供了广阔市场。近年来，中日两国在科技创新领域合作不断深化，特别是在汽车、超高清视频、新型显示等领域科技交流不断走向深入。在智能制造、机器人、人工智能、5G、集成电路、清洁能源、新材料、生物技术、大健康产业等领域加强技术研发合作，已是两国领导人的重要共识，符合两国发展战略诉求。在汽车领域，2017年11月，广汽集团与日本电装签订《战略合作备忘录》；2018年9月，中国电力企业联合会与日本电动汽车用快速充电器协会（CHAdeMO）签署合作备忘录；2019年1月，中国科通芯城旗下子公司与丰田汽车公司达成战略协议；中日在智能网联汽车、新能源汽车的关键技术研发应用方面的合作力度不断加强。在超高清视频领域，目前，中国超高清视频（北京）制作技术协同中心与松下、索尼、富士胶片等日方企业签署多项战略合作协议或采购意向，加强两国在超高清视频技术标准制定、内容版权保护、专业人才培养、学术交流等方面的合作，建立了多层次、常态化、长效化交流合作机制。在新型显示领域，中日两国已达成共识，加强技术及应用合作，进一步推进印刷显示、有机发光显示（OLED）等高端技术合作，结合两国产学研用平台，进一步提升工艺成熟度，开辟更多应用场景。

三国在生物技术、医疗、电子商务、软件、文化等方面各具优势，中日韩可加强在这些领域的科研合作。比如中韩在高技术合作领域，合作项目包括西安三星12英寸闪存芯片项目、苏州三星8.5代液晶平板显示项目、广州乐金公司第8.5代TFT-LCD生产线项目、无锡SK海力士动态随机存取存储器项目；汽车领域合作项目包括北京现代汽车有限公司第四、第五工厂项目。

加强中日韩科研合作。科研合作是最具潜力的合作领域。科技是第一生产力。中日韩分别将科技创新作为发展战略，中国实施创新驱动发展战略，日本实施科技立国政策，韩国实施创造型经济政策，因此，科学研究是三国进行合作和开展联合行动的最有潜力的领域。

2. 加强数字经济领域合作

以互联网、大数据、人工智能为代表的人工数字经济，被视为农耕文明、工业文明之后的第三次文明，成为未来世界经济增长的新引擎，随着移动通信5G标准的公布实施，数字经济将呈现一个快速发展的态势，中国数字经济的规模已经超过27万亿元，到2020年占GDP比重将达到35%，中国把数字经济作为供给侧结构性改革的一个重要方向，也出台了相关的支持政策，鼓励跨国企业都到中国来投资与合作，在市场准入、数据流动等方面提供便利。中国在网络购物和电子支付共享经济等新的业态积累了优势，日韩在机器人、智能制造领域经验丰富，三方企业在数字经济领域开展合作，将大有作为。

3. 加强金融领域合作

中日韩金融合作很重要。中日韩首脑会议机制就是源于1997年爆发的亚洲金融危机，它是为了预防汇率危机所做出的预防措施，"清迈倡议"就是其中一环。中日韩应进一步加强金融领域合作，完善区域金融安全网。第一，将"清迈倡议"多边化机制尽快改造为亚洲货币基金；第二，大力发展亚洲债券市场；第三，进一步完善东亚金融安全网建设，强化AMRO（东盟与中日韩宏观经济研究办公室）与各国央行间的合作机制等。

4. 加强跨境电商、移动支付、共享经济等新领域合作

中国在跨境电商、移动支付、共享经济等领域具有一定优势，中日韩可加强在这些领域的合作。

5. 加强服务贸易领域合作

中日韩服务业合作发展潜力较大。三方今后可在绿色经济、老年产

业、中小企业、现代农业、技术贸易、旅游、留学等领域大力开展合作，积极发展电子商务、节能环保、文化创意、健康服务等新兴服务业合作，大力发展金融、软件、现代物流及服务外包等生产性服务业，进一步推动三国经贸合作转型升级。

6. 加强能源领域合作

当前，全球能源资源等大宗商品价格大幅波动，对中日韩三大能源需求国影响严重。中日韩三国是亚洲主要能源消费国，能源需求主要依赖进口，在能源问题上三国利益一致。因此，中日韩三国应加强能源合作，抱团取暖。比如，在能源合作方面，2017年12月文在寅总统访华期间，国家能源局与韩国产业通商资源部签署了关于能源合作领域的谅解备忘录，合作项目包括中国广东核电集团有限公司扩建韩国栗村二期94.5万千瓦燃气联合循环发电项目等。中国高度重视生态环境和可持续发展，不断加大政策力度，促进环境质量的提升，现在各行各业都在进行节能减排的改造，城市建设也更加强化了低碳绿色和环保的指标。日韩在这些领域拥有先进的技术和经验，例如日本在混合动力汽车、氢燃料开发利用上具有优势，两国企业可以发挥各自的优势，挖掘在加强节能环保和清洁能源领域的合作潜力。

7. 加强第四方市场合作

加强中日韩重大战略对接。中国已与"一带一路"沿线国家建设80多个境外经贸合作区，为当地创造了24.4万个就业岗位。随着中国"一带一路"倡议的实施，中国与沿线国家和地区在通信、汽车、化工以及装备制造等领域的产能合作不断加强。中日韩三国在"一带一路"沿线国家的产能合作大有可为。积极推动"一带一路"同韩国"新南方"和"新北方"政策的战略对接，积极探讨互利共赢、共同发展的合作模式。

加强"一带一路"框架下的第四方国际产能合作。中国工业化快速发展，目前已逐步形成了技术水平较高的工业体系；日韩具有先进的技术和管理经验；广大发展中国家具有工业化发展的迫切需求，因此中日韩在第四方市场开展产能合作将大有可为，三方可以发挥各自的比较优势，共同开拓第四方市场，发挥亚太价值链的优势，更好地延伸现有的产业链，实现"1+1+1＞3"的效果，最终实现多方互利共赢。

（二）中日韩经贸合作主要路径

充分利用中日韩领导人会议、中日韩部长级会议及多种交流和对话机制，以及"10+1""10+3"、东亚峰会等地区其他机制，同时把中日韩 FTA 谈判作为促进贸易自由化的重要路径，开展协商合作。

积极推动中日韩 FTA 谈判，推动区域经济一体化。中日韩内部贸易合作潜力巨大，中日韩 FTA 合作前景广阔，并能为世界经济增长注入信心和动力。中韩自贸协定自 2015 年底生效以来，实施情况总体顺利，目前已进行四次降税，落实情况令人满意。2018 年 3 月，中国商务部与韩国产业通商资源部在首尔举行了双边自贸协定第二阶段首轮谈判，实现了预期目标。这是中国首次使用负面清单方式开展的自贸协定谈判，体现了中方对中韩经贸关系的高度重视。希望双方彼此照顾对方利益，尽快达成互利共赢的协定，为推动中韩经贸合作取得更大发展注入新的动力。2018 年 5 月，李克强总理在中日韩领导人峰会期间会见了文在寅总统，就双方加强合作达成共识。此次峰会达成了系列成果，包括加快中日韩自贸区、《区域全面经济伙伴关系协定》（RCEP）谈判，引领东亚经济共同体建设，推动区域经济一体化，为世界经济增长注入信心和动力。提出建立"中日韩+X"合作机制，联合拓展第四方市场，并使合作方受益，提高三国国际竞争力。

六、中国加入 CPTPP 的探讨

面对世贸组织（WTO）规则重构和贸易规则高水平发展，中国有必要积极与国际贸易规则对接，适应新时代高水平开放的要求。日本积极推动的 CPTPP 仍是高水平的贸易协定，对推进中国自由贸易区战略不失为一次很好的尝试，应采取积极态度看待。中国有必要提高对 CPTPP 的重视程度，关注新规则对国际贸易规则的影响。当前正是主动对接 CPTPP 的最好机会窗口，这既符合中国未来改革开放的新要求，又能帮助中国尽早适应全球价值链分工对于国际经贸规则的改变。

中国对加入 CPTPP 一直持开放态度。中国主动加入 CPTPP，有利于积极参与全球贸易规则制定，变被动为主动，积极参与全球经济治理体系改革。美国退出 CPTPP 为中国打开了加入 CPTPP 的空间，同时中日关系向好，部分 CPTPP 成员国的支持，CPTPP 门槛降低，都为中国加入 CPTPP 创造了有利条件。当前，中国主动对外开放迈出较大步伐，积极对接国际标准，相关领域取得长足进展，为申请加入 CPTPP 增加了现实可能性。

（一）中国加入 CPTPP 的战略意义

1. 有利于推动国内高水平开放

无论是最初的 TPP 还是现在的 CPTPP，中国一直都持开放的态度，在不损害国家利益的前提下不排除加入这一协定。当时美国主导的 TPP 条款在关税减让、知识产权、国有企业等方面制定了严苛的标准，有些条款对中国的针对性很强，涉及中国的基本经济制度，有些条款当时条件不具备，考虑到不能为加入而加入，而脱离中国改革开放的节奏，做出一些不利于自身的承诺，因此当时并没有申请加入 TPP。近年来，中国及时调整经济结构和相关制度，主动扩大各行业对外开放力度，在中国的积极努力下，某些标准接近 CPTPP 水平或较之前有了很大提升。现在在中国全面对外开放的要求下，十九大提出促进中国产业迈向全球价值链中高端的要求，在这种情况下，中国积极参与脱胎于 TPP 的高标准的 CPTPP 协定，有利于参照 CPTPP 高标准要求倒逼国内改革，在力所能及的条件下，该改革的地方要加快一些，有利于推动国内高水平的开放。

2. 大国战略博弈的需要

国际贸易多边体制推动全球经济繁荣发展。国际货币基金组织（IMF）、世界银行（WB）和世界贸易组织是多边经济体系中三大国际机构，为推动经济全球化、促进全球经济繁荣做出了巨大贡献。特别是以WTO为核心的多边贸易体制是国际贸易的基石，为推动全球贸易发展、建设开放型世界经济发挥了中流砥柱的作用。维护WTO框架下建立的多边贸易体制，既是支持多边主义的具体举措，也是实现全球经济增长的重要保障。

当前，逆全球化的单边主义、孤立主义和贸易保护主义甚嚣尘上，严重冲击了多边贸易体制，加剧了世界经济的不确定性。随着中美贸易战的升级，欧盟与日本签署经济伙伴关系协定，欧美领导人达成通过谈判减低欧美间贸易壁垒等妥协，美日开始磋商推动两国开启双边自贸谈判，美国总统特朗普又在西方七国峰会上提出发达国家实行零关税、零壁垒、零补贴的说法。美欧日拟重塑国际贸易体系，对世界贸易组织（WTO）提出改革要求，可能会在WTO框架内抱团推进针对中国的国际经贸规则改革，迫使我国接受新一轮规则重构。西方发达国家有对华形成"合围"之势，值得警惕。

大型自贸协定成为发达国家重塑全球多边贸易体制、抢夺制定国际贸易新规则主导权的重要平台和路径。CPTPP生效后，将成为亚太地区第一大经济一体化组织，将以庞大的经济总量和活跃的经济、贸易与投资增长态势，进一步强化国际经贸区域化、集团化的势头。CPTPP将与欧盟、北美自贸区形成三足鼎立的世界经贸格局。

在目前情况下，中国应认清大国战略博弈现状，在坚定支持多边贸易体制的同时，应对当前国际自贸区战略的总体格局和发展趋势做出新的判断，提升合纵连横的能力，及时调整部署，确保十九大提出的对外开放一系列重大目标任务的实现。当前中日关系呈现良性互动态势，为两国加强多边领域合作提供了契机。中国应提高对CPTPP的重视程度，适时申请加入，积极参与全球治理，推动中国持续发展，参与国际竞争，取得战略先机。

3. 积极参与全球治理的需要

中国主动加入CPTPP，有利于积极参与全球贸易规则制定，变被动为主动，积极参与全球经济治理体系改革。CPTPP成员国横跨亚太地区，总体经济辐射力较强。根据世界银行数据计算，2017年，CPTPP成员国总计人口规模达到5.05亿人，经济规模（GDP总量）高达10.57万亿美元，占世界经济总量的13.1%。CPTPP全体成员国均来自充满经济活力和发展潜力的亚太地区，包括经贸实力较强的日本、经济开放度较高的澳大利亚、加拿大、新西兰等发达国家和经济成长性较好的智利、马来西亚、墨西哥和越南等新兴经济体。根据世界贸易组织（WTO）和联合国贸发会议（UNCTAD）公布的统计数据计算，CPTPP 11家的进出口总额占世界进出口总额的比重为28.77%，对外直接投资流出与流入规模占世界总规模的34.81%。庞大的经济总量、巨额的对外贸易和投资规模，为CPTPP奠定了较强的经济辐射力。

中国与CPTPP很多国家是第一或第二贸易伙伴关系，中国与CPTPP国家贸易合作发展潜力巨大，应积极引导。以中国加入WTO为例，尽管中国"入世"条件比较严苛，但对于中国来说，"入世"成为国内改革的动力，极大地促进了中国融入经济全球化、融入全球价值链分工体系，提高产品标准，有效提高了市场竞争力。同样，中国应将加入CPTPP作为第二次"入世"，顺应国际高标准贸易制度规则的安排，破除过去被动接受规则的心理和长期形成的跟随机制，从积极融入到参与引领，积极参与全球治理，推动中国发展战略有效衔接，提升国际规则话语权和国际竞争力。

4. 推进中国高标准自由贸易区战略的有益尝试

全球自贸区战略的调整对全球贸易格局的调整产生深刻影响。当前，以区域贸易安排（RTA）为主要形式的区域经济合作蓬勃发展，全球区域经济一体化进入了新一轮快速发展时期，全球自贸区战略的调整对全球贸易格局的调整产生了深刻影响。美欧日及东南亚等各大经济体都有自己的自贸区战略布局，美欧日加快构建高标准自由贸易体系，美加墨达成新的三国贸易协定《美墨加协定》替代北美自由贸易协定（NAFTA），日欧加快落实自贸安排。

国际贸易新格局对中国全球化战略提出挑战，新格局下需要新的判断。战略上要纵横捭阖，坚持自由贸易多边安排的同时更多地参与经济全球化和国际改革，统筹考虑中国的自贸区战略，实现中国自己的战略目标。推动自贸区战略是中国适应经济全球化新趋势的客观要求，是全面深化改革、构建开放型经济新体制的必然选择。

中国坚定不移推进经济全球化，维护自由贸易，推动多边贸易谈判进程，形成面向全球的高标准自由贸易区网络。面对世贸组织（WTO）规则重构和贸易规则高水平发展，中国有必要积极与国际贸易规则对接，关注新规则对国际贸易规则的影响，适应新时代高水平开放的要求。日本积极推动的CPTPP仍是高水平的贸易协定，应采取积极态度看待。适时启动加入CPTPP谈判，为中国高标准推进自贸区战略提供新的尝试，积极拓展国际贸易发展空间。

（二）中国提出加入CPTPP的内外条件成熟

美国退出CPTPP为中国打开了加入CPTPP的空间，同时中日关系向好，部分CPTPP成员国的支持，CPTPP门槛降低，都为中国提出加入CPTPP创造了有利条件。

1. 中国提出加入CPTPP的外部时机成熟

——美国退出TPP且短期难返，为中国提出加入CPTPP提供了契机。当年美国推动TPP，一方面是为了推动所谓的公平贸易和对等开放，实则是为了推行美国标准、美国规则，美国希望通过TPP为全球建章立制，而不是自由贸易。另一方面是为了重返亚太，而重返亚太实质上是为了遏制中国，TPP将中国排除在外。2017年初，特朗普总统上任伊始即宣布美国退出"跨太平洋伙伴关系协定"（TPP），以实现其竞选承诺，他认为与其通过区域化手段推动公平贸易和对等开放，不如通过双边手段推动更有效率。目前来看，美国虽以后有重返迹象，但意愿并不强烈。特朗普表示，如果美国未来回归TPP，将需要增加额外谈判。从特朗普执政风格来看，在其任期内敲定一个比之前好得多的TPP协议极为困难，意味着近两年或六年（特朗普获得连任的情况下）内美国都不太可能重返TPP。这为中国开启了加入CPTPP的空间，现在是中国加入CPTPP的最好时间窗口。同时，美国退出TPP后，中国和韩国曾受邀作为观察员参加TPP成员会议，这为中国重新考虑加入CPTPP提供了可能。

目前来看，CPTPP已生效，正在推动扩容谈判。作为CPTPP的主要推动者，日本正在加紧双边和多边FTA部署，日本与欧盟的经济合作协定（EPA）已生效，EPA成为全球最大规模的自由贸易圈。日美自贸协定谈判正在推进。日本坚持以自由公平贸易为基础的国际经济治理体系，正在力推CPTPP的扩容，提升其影响力。中国对此应积极呼应，借力打力，借助日本之力实现中国战略目标，推动内部改革，于内倒逼高质量发展，于外提升全球影响力。当前，包括泰国、印度尼西亚、哥伦比亚、英国、韩国、中国台湾地区表达了加入的兴趣和开展合作的意愿。中国应充分准备，抓住适当机会，争取在CPTPP扩容之时宣布申请加入。

——中日关系向好，为中国加入CPTPP创造了有利条件。近年来，中日关系持续改善，高层互动正常化，为两国深化多边经贸合作提供了便利。中日关系的改善有利于减少中国加入CPTPP的阻力。

日本主导国际自贸规则影响力提升。在美国的缺席下，日本谈成了CPTPP，并且与欧盟签订了自贸协定（EPA）。可见，日本的谈判能力较强。日欧自贸协定创造了全球最大的自由贸易区，日欧 GDP 占全球 GDP 的 1/3。日欧自贸协定也是巩固国际自由贸易制度，反对贸易保护主义的讯号。目前，日本正在协同中国积极推动 RCEP 尽快达成协议。目前，日本正与美国开展双边谈判，鉴于美墨加协定中的"毒丸"条款，日本担心美国也会让其吞下一颗"毒丸"，日本在政治上难以拒绝，届时将极大限制日本与中国的贸易及 RCEP 的可作为空间。因此，日本希望加快 RCEP 的谈判进程，这与中国有着共同利益。如果 RCEP 能够尽快达成，CPTPP 和 RCEP 将带来巨大经济利益，有利于维护国际自由贸易秩序，有利于发达国家与发展中国家的合作，有利于高标准自贸规则的提升。

日本寻求与中国合作。特朗普政策的率意多变和对既有制度框架的阻碍让日本产生危机感，日本开始寻求与中国的合作。日本是自由贸易的受益者，是以出口立国为导向的外向型经济国家。面对贸易保护主义日趋强化的美国，日本为减少对美国的经济依赖，开始解决自贸区问题。日本先后与欧盟达成自贸协定，主导 CPTPP 的达成，并积极推动 RCEP 谈判，积极推动亚洲区域经济一体化。同时开始寻求同中国建立更加深入的经济往来关系，中日积极开展第三方市场合作。2018 年 5 月，中日签订了《关于中日第三方市场合作的备忘录》和《中日产业合作基金谅解备忘录》。中日就第三方市场合作签署了 52 项协议，总额逾 180 亿美元，且涵盖范围极广，涉及能源、基建、物流、医疗、金融、互联网等广泛领域。中日产业合作基金用于投资中日两国及第三方国家的制造业、通信传媒、医疗、消费等行业企业。中日两国央行签订了有效期 3 年、规模 300 亿美元的本币互换协议。这些实质性的协议将进一步深化中日两国经贸投资合作。在海外投资方面，中日各自具备优势，中国有较完备的资金和政策支持体系，具备价格、高效等竞争优势，而日企海外投资早、积累经验多，具备项目管理、服务、核心技术等优势。"一带一路"第三方市场合作可以成为双方发挥优势、深化合作的平台。

——部分CPTPP成员国支持，为中国提出加入CPTPP创造了良好基础。美国宣布退出TPP后，澳大利亚和智利等成员国曾邀请中国加入。随着特朗普政府推行单边主义和贸易保护主义愈演愈烈，以日本为主的TPP原有成员国坚持继续推动调整后的TPP协议达成，以维护亚太区域多边贸易体制。在此背景下，中国与CPTPP成员国有共同利益诉求，都期望深化双边多边经贸合作降低外部不确定性风险。相比于美国所主导的TPP，CPTPP将中国排除在外的概率降低。按照CPTPP谈判要求，新进入者要与每个成员国开展一一谈判，并征求它们的同意。CPTPP 11成员国中，与中国签有双边FTA的国家有5个（澳大利亚、智利、新西兰、秘鲁、新加坡），正在谈的有1个（加拿大），与中国没有签订双边FTA但同属中国—东盟自由贸易区的国家有3个（马来西亚、越南、文莱），没有签订双边FTA的国家有2个（日本和墨西哥），而近期中日关系改善令中日韩FTA谈判呈现加速态势，中墨全面战略伙伴关系也在不断走深走实，这些积极因素都为中国加入CPTPP增加了助力。

——CPTPP降低谈判标准门槛，为中国提出加入CPTPP提供了便利条件。原TPP条款对于发展中国家来说高不可攀，目前CPTPP留存了TPP的95%协议条款，基本延续了原TPP协议内容的完整性，关税减让和市场准入、数据跨境自由流动、国有企业、环保等核心条款全部保留。但CPTPP通过冻结原TPP的部分条款，降低标准，更符合发展中经济体的贸易环境，更接"地气"，提升了该协定的吸引力。CPTPP冻结了美国曾极力坚持的知识产权保护、劳工标准等"最TPP的元素"，降低了部分标准，让一些经济体经过努力可达标，给中国对接高标准国际经贸规则提供了现实可能。随着全面推进高水平开放，中国在关税减让、知识产权、劳工标准等领域将逐步适应并符合CPTPP的标准规则。因此，CPTPP门槛降低对中国而言也是申请加入的一个有利时机。

2. 中国加入 CPTPP 的内部条件成熟

当前，中国主动对外开放迈出较大步伐，积极对接国际标准，相关领域取得长足进展，为申请加入 CPTPP 增加了现实可能性。

——中国主动对外开放迈出较大步伐。改革开放是中国的既定国策。2017 年以来，我国密集出台扩大开放的政策措施，放宽一些行业外资股比限制、降低关税促进进口、营造良好市场环境、开展高水平投资贸易协定谈判、加强与国际高标准经贸规则对接，深入推进关税减让和知识产权保护，与原 TPP 条款高标准要求的差距明显缩小。中国主动加大全面开放的步伐，已经具备更高水平开放的基础条件。这些成效表明我国的进一步开放缩小了与国际高标准的距离，并为申请加入更高标准的 CPTPP 创造了有利条件。

——中国积极对接国际高标准。近年来，通过新一轮改革开放，中国在关税和知识产权等方面取得长足进展。今后，中国将继续推进高水平开放，坚持自由贸易方向，充分利用十余个自贸试验区尝试更大程度的开放，对接更高标准的经贸规则，对标国际自由贸易港，探索世界最高水平的开放形态。CPTPP 的高标准经贸规则与中国改革开放方向总体一致，为中国加入 CPTPP 奠定了基础。

——中国积极推动面向全球的高标准自贸区建设。党的十八届三中全会提出的"以周边为基础加快实施自贸区战略，形成面向全球的高标准自贸区网络"和十九大提出的"促进自由贸易区建设，推动建设开放型世界经济"的要求正在得到全面落实。党的十九大报告提出，要推动形成全面开放新格局，实行高水平的贸易和投资自由化便利化政策，逐步健全开放型经济新体制。要加强与国际通行经贸规则对接，建设国际一流营商环境，以高水平开放推动高质量发展。近年来，中国在推进自贸区战略方面取得了显著成绩。截至 2018 年底，中国已与 25 个国家和地区签署了 17 个自贸协定。中国积极推进 RCEP 谈判，推进中日韩自贸协定谈判，积极促进中国与英国、中国与加拿大等发达国家的自贸协定谈判，努力构建高质量的自贸协定和面向全球的自贸协定网络。

——中国优化区域开放布局。一是加大西部开放力度。坚持以开放促开发的思路，完善口岸、跨境运输等开放基础设施，实施更加灵活的政策，建设好自贸试验区、国家级开发区、边境经济合作区、跨境经济合作区等开放平台，打造一批贸易投资区域枢纽城市，扶持特色产业开放发展，在西部地区形成若干开放型经济新增长极。二是赋予自贸试验区更大改革自主权。进一步提高自贸试验区建设质量，对标国际先进规则，强化改革举措系统集成，鼓励地方大胆试、大胆闯、自主改，形成更多制度创新成果，进一步彰显全面深化改革和扩大开放的试验田作用。三是继续推进建设自由贸易港，打造开放层次更高、营商环境更优、辐射作用更强的开放新高地，促进开放型经济创新发展。作为一个世界经贸大国，中国在推进自贸区建设方面还有很大的潜力。四是中国"一带一路"倡议取得重大成就。推动了"五通"，即政策沟通、设施联通、贸易畅通、资金融通、民心相通。"一带一路"倡议经过5年的实践，已从理念、愿景转化为现实行动，取得了重大进展。

（三）加入CPTPP需要处理好四个问题

一是处理好推进CPTPP与RCEP谈判的关系。16个RCEP谈判国中有7个是CPTPP成员国，而中国是绝大多数RCEP参与国的第一大贸易伙伴。之前以美国主导的TPP将中国排除在外，为此中国自贸区战略的路线图是早日结束推动"区域全面经济伙伴关系协定"（RCEP）谈判，加快亚太自贸区（FTAAP）和东亚经济共同体建设。倘若中国同时主动申请加入CPTPP，可能会拖慢RCEP谈判进程，甚至引发东盟等成员国的不满。所以，宣布申请加入CPTPP之前，中国应处理好多边自贸区谈判的优先时序，统筹考虑CPTPP和RCEP谈判成员国的积极性。

二是处理好与 WTO 的关系。随着美欧发表零关税联合声明和日欧签署零关税自贸协定，占全球经济总量 55% 以上的美欧日三大经济体致力于达成零关税同盟，形成一个新的高标准自由贸易体系，让中国从中受益的 WTO 规则体系边缘化，而且美欧还打算通过改革 WTO 规则，取消中国发展中国家待遇。面对新一轮国际贸易体系和国际贸易规则重塑，中国应坚持推动以 WTO 为核心、以规则为基础的多边贸易体制，与欧盟共同推动 WTO 规则升级更新，同时顺应国际贸易高标准发展方向，积极参与 CPTPP 等区域自贸协定谈判，使两者并行不悖。

三是处理好与日本的关系。美国退出 TPP 后，日本成为 CPTPP 事实上的主要推动者。对于中国申请加入 CPTPP，日本的态度比较模糊和纠结。如二阶俊博对此持欢迎开放态度；新加坡前总理吴作栋曾表示，日本应率先邀请中国加入 CPTPP。另媒体报称，日本主要担心中国加入会搅局争夺领导权，提高中国影响力。如 RCEP 谈判上，日本就认为中国、印度等发展中经济体为保护本国产业会采取自由化水平较低的方式参与谈判。日本可能以不适应 CPTPP 的高标准要求为由拒绝中国加入 CPTPP。表达加入 CPTPP 意愿之前，中国应积极做好与日本的沟通和交流，摸清日本的态度和要价，努力取得日本的理解和支持。

四是处理好国内改革提速与高水平开放对接问题。中国加入 CPTPP 首先要求国内各行业做好准备。CPTPP 标准虽然有所降低，但核心条款仍是竞争性政策、服务业开放、知识产权、电子商务等条款，保持了原有的高标准、高质量、高层次的总基调。日本已先走一步，关于知识产权、技术转移方面是有技术诉求的，环保、劳工、数据流通、政府采购、国企歧视性等条款反映的是发达国家的利益。满足这些条款需要中国改革开放整体步伐与之匹配，加快国内改革以适应高水平开放的要求，做好第二次"入世"谈判的准备。

（四）相关建议

一是加快推动 RCEP 谈判，为 CPTPP 谈判打好基础。在申请加入

CPTPP 之前，应加快推动 RCEP 谈判进程，争取 2020 年底如期签署生效。一旦 RCEP 谈判成功，中国就要争取尽快开启加入 CPTPP 谈判。同时，以 RCEP 为本底，积极联合东盟、日本、澳大利亚、新西兰等贸易伙伴，吸引 CPTPP 的加拿大、墨西哥、智利、秘鲁等成员国加入，推动 RCEP 扩围升级。

二是做好加入 CPTPP 谈判的前期准备。积极与 CPTPP 11 国交涉沟通，适时表达加入 CPTPP 的兴趣和意愿，支持研究机构加强对 CPTPP 等新规则的研究，与日本等相关国家开展前瞻性联合研究，充分做好申请加入 CPTPP 谈判前期准备，鼓励企业研究分析 CPTPP 的实施生效对自己在海外业务的影响，适时增强企业合规意识。

三是参照 CPTPP 高标准要求深化国内改革。参照 CPTPP 标准要求，深化国内改革，及时调整经济结构和相关制度，主动扩大各行业对外开放力度，使其尽快与 CPTPP 高标准规则相适应；深入分析 CPTPP 核心条款，对电子商务、服务业开放、金融自由化等通过深化改革能进一步达到的，可主动对标加快调整，但对涉及中国基本经济制度（如自主创新权利、国企私有化）等核心利益的，可通过加强商讨作为例外章节保留。

四是争取日本的理解和支持。中日关系明显改善增加了中国与日本密切沟通的空间，可在中国国家领导人访日期间，视前期关于加入 CPTPP 的沟通情况，适时提出加入 CPTPP 的意愿，探讨日本的态度，争取日本的理解和支持，择机可作为领导人互访发布联合声明的一项实质性成果。

五是积极参与推动 WTO 现代化改革。借助加入 CPTPP 的谈判时机，中国应积极参与 WTO 规则改革，重点通过与日本和欧盟在经贸规则谈判上的合作，就 WTO 规则修改问题做好美国工作，让 WTO 新规则的制定反映中国发展权益和共建人类命运共同体的诉求。

七、加强中日韩经贸合作政策建议

（一）持续积累政治互信，维护区域经济共同利益

政治互信是国与国之间经贸合作的基础。对于中日韩来说，由于受到历史问题、冷战遗留问题和区域外大国因素等多重因素影响，三国的政治信任关系薄弱，制约了三国经贸合作的深化。为此，三国应加强政府、企业、智库、民间等各个层面的对话与交往，及时进行沟通与协调，增加彼此间的信任，为三国经贸合作提供政治支撑，维护区域经济共同利益。

（二）全面深化经贸合作，夯实实体经济合作基础

中日韩经济合作是三国整体关系的"压舱石"。三国互为近邻，三国之间经贸往来关系密切，合作领域不断拓宽，经贸合作为中日韩关系注入了持久动力。近年来，中国进一步扩大开放，积极改善投资和市场环境，进一步提高贸易便利化水平，扩大服务贸易合作。中日韩应继续增进相互了解，准确把握市场方向及三国合作大势，抓住中国市场开放及中国投资带来的机会，不断做大合作的"蛋糕"，分享中国改革开放的红利。充分发挥日韩企业优势，扩大优势商品、高端装备、优质服务对华出口。扩大双向投资，为对方企业来本国投资提供公平、透明、可预期的投资环境。加强创新合作，加强创新发展战略对接，发挥好电动汽车、智能制造等合作平台的作用，加强在人工智能、新能源汽车、机器人等新兴产业领域合作。加强中日韩在高新技术、数字经济、金融领域、跨境电商、移动支付、共享经济、服务贸易、能源等重点领域合作。加强在农业、环境保护和气候变化、知识产权、文化教育、医疗健康、体育与旅游、青年交流、地方合作、产品质量与安全等全方位、全领域开展深度合作。

加强在"一带一路"框架下的第四方市场合作，不断拓展"一带

一路"框架下的合作空间，中国将遵循国际规则，坚持开放、透明，致力于高质量、高标准地推进合作项目，实现各国互利共赢。中国作为最大的发展中国家，国内发展水平在提高，开放程度也在大幅提高，中国的市场向全世界开放，欢迎包括日韩在内的各个国家和地区参与"一带一路"建设，中方愿意探讨"一带一路"建设与日本高质量基础设施建设战略进行对接的可能性，愿意推动同韩国"新南方新北方"政策的战略对接，积极探讨互利共赢、共同发展的合作模式。近些年来，中日韩企业在国际市场上更多地展现出竞争的一面，一定程度上削弱了各自的收益。开拓国际市场，三方需要竞争，但更需要合作。市场竞争能带来效率提升，而合作更能扩大市场"蛋糕"。目前看，中日韩产业仍存在互补性，合作互利的空间仍很大。"一带一路"建设为中日韩互利合作和共同发展提供了新平台和"试验田"，亚投行等多边金融机构为三方提供了融资合作的新机会。在这些方面，如果三国企业合作，发挥在工程技术、投资经验、承包能力等方面的比较优势，开展更广泛的务实合作，会形成"1+1+1＞3"的效果，能促进全球化更加包容发展和发展中国家工业化进程。

（三）共同维护自由贸易、多边贸易体制，反对保护主义

中日韩作为世界重要经济体和贸易、投资大国，应共同应对当前全球贸易保护主义挑战。三方应共同维护以世界贸易组织为核心的基于规则的多边贸易体制，遵守现行世界贸易组织规则和履行做出的所有承诺，支持开放市场和自由贸易，坚决反对单边主义和保护主义。支持通过世界贸易组织现有机制解决贸易争端。推动世界贸易组织的现代化改革，促进公平竞争条件并尽快填补争端解决机制上诉机构成员空缺，遵守并探讨继续发展世界贸易组织补贴规则。

（四）加强全球治理合作，加强区域经济一体化

共同推动东亚地区经济合作，进一步加强机制化建设，共同协调立

场支持全球多边贸易体制，维护世贸组织权威，推动包括二十国集团在内的全球治理方面的合作。积极推动中日韩 FTA 谈判，积极推动 RCEP 谈判尽快达成或取得实质性进展，大力推动区域经济一体化。

（五）加强科技和创新合作，共同应对区域性和全球性课题

中日韩合作的重要支柱是开展科研和创新合作。中日韩加强科技和创新合作，提高研发实力，增强产业技术竞争力，共同应对区域性和全球性课题。在信息化和新一轮技术革命不断更新升级的时代，三方应以更加自信、开放的心态来看待技术合作。加强中日韩科技创新对话，开展创新技术交流与合作，推动三国科学家和创新人才合作开展前沿和基础研究，开展政府、高校、科研机构和企业之间的产业创新合作。严格保护知识产权，加大侵犯知识产权惩罚力度。

（六）充分发挥"二轨"平台作用，推动中日韩经贸合作

当前，中日韩经贸关系正处于承前启后的关键时期。中日韩相互之间在政府层面已经建立起不同级别、不同领域的双边对话机制，但作为坦诚务实的民间交流形式，"二轨"的作用是不可替代的，也是非常独特的。中日"二轨"、中韩"二轨"在促进中国与日本和韩国经贸关系方面发挥着重要的积极作用。三国企业家和智库都是三方经贸发展的重要参与者、促进者和维护者。应充分发挥"二轨"的特殊优势和影响力，努力把各方面的合作潜力转化为实实在在的合作成果，进一步参与到中国新一轮改革开放的进程中，积极努力推进中日韩 FTA 谈判，政策沟通协调以及经贸深度融合，为构建相互平等、互利共赢的中韩关系贡献更多的智慧和力量。

（七）扩大人员交流与培训

国之交在于民相亲，中日韩 2000 多年的历史，即使在困难时期，民间友好交流也未曾中断过。增进三国民众的双方向交流和往来，有助于加深互相理解。

中日韩在教育、体育、媒体、宗教等各领域交流合作日益活跃。建议发挥民间力量，通过留学、旅游、培训等方式，扩大人员交流，增进相互理解。加强对日技能实习生合作。

（执笔人：逯新红）

第二章
中日韩投资发展与合作趋向分析

中日韩三国由于地理位置、文化相近，相互之间的经贸和投资关系发展有着深厚的基础和联系，密不可分。1972年和1992年，中国与日本、韩国分别实现邦交正常化以来，中国经济在取得飞速发展的同时，与两国之间的经贸往来亦发展迅速。特别是，随着中国不断推进国内经济的改革和加快对外开放，中国经济与世界经济更加融合，日韩作为中国周边的两大经济体与中国的交往和联结也越来越紧密。中国与日本和韩国不仅互为重要的贸易伙伴，同时也是重要的投资来源国和对象国，从存量上看，日本是中国最大的投资来源国，从流量上看，韩国是中国第二大投资来源国[①]，中日、中韩之间在投资领域的相互联系与合作不断拓宽和深化。

一、中日韩投资合作的发展进程

从历史数据来看，中国与日本和韩国的双边投资波动较大，这一方面与投资活动本身灵活多变的性质有关，另一方面也是受三方国内以及国际经济形势以及双边政治关系的影响较大，但整体来看，无论是中日

---

① 中国商务部2017年的统计数据。

还是中韩之间的投资规模都维持着向上增长的基本趋势。

（一）中日双向直接投资

1. 日本对华直接投资

（1）起步阶段：1979—2001 年

日本对华直接投资是与中国改革开放的步伐同时起步的。1972 年中日两国关系正常化之后，中日经贸关系逐渐向前发展。1979 年 7 月《中华人民共和国中外合资经营企业法》颁布，日本对华直接投资的大门正式打开。以此为起点至 20 世纪 90 年代中期是日本对华开展直接投资的起步阶段。

在此期间，中国相对较低的劳动力及土地等要素成本的优势是吸引日本企业对华投资的主要因素。日本企业将中国作为其产品生产和组装的基地，通过制造产品转而出口第三方市场，在华设立的企业成为其日本母公司向其他国家出口的加工厂和组装车间。从具体产业来看，日本对华投资在 20 世纪 90 年代中期以前主要集中在日本国内已经逐渐丧失成本比较优势而需向外转移的产业，如食品、纺织等劳动密集型产业，以及木材、化工等资源消耗型产业。

经历初期相对缓慢的发展阶段，特别是邓小平的 1992 年南方谈话坚定了中国市场经济的改革方向，从思想意识上激活了中国经济发展的潜力，日本对华投资在此之后得到明显的提速。根据商务部数据统计，1992 年日本对华投资项目总数达到 1805 件，是 1991 年 599 件的 3 倍多，实际投资金额达到 7.10 亿美元，也是 1991 年 5.33 亿美元的 1.33 倍。在此之后的 5 年时间里，日本对华投资也继续保持了高速增长的态势。90 年代中期之后，中国经济高速增长推动国内市场需求扩张加速，这一时期日本对华直接投资逐渐转向面向中国市场的自身需求。在经营方式上也从重视生产向重视生产与市场并重转变，注重对快速增长的中国市场的开拓。日本对华直接投资也开始转向资本和技术比较密集的产业，投资结构向电机、运输机械、钢铁、有色金属等倾斜。1997年日本对华投资达到高峰，当年投资项目总数为2946件，对华实际投入外资金额达到31.08亿美元。

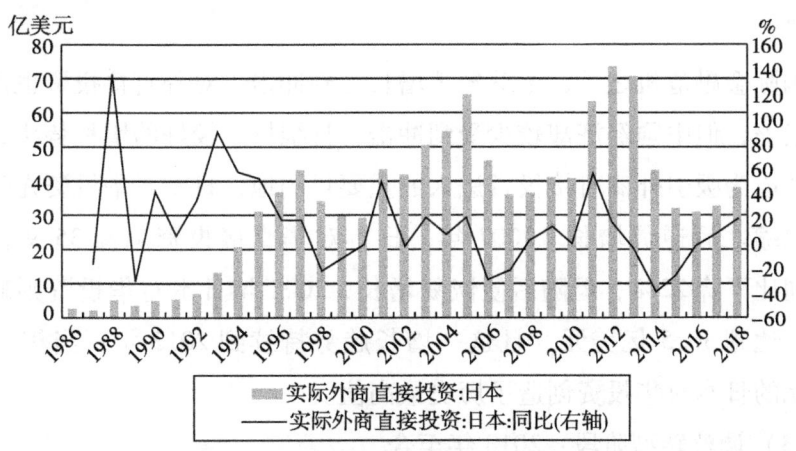

图2-1　日本对中国直接投资及同比增速
资料来源：中国商务部。

受亚洲金融危机及日本国内经济不景气的影响，1997年之后，日本对华直接投资受到较大冲击。之后连续三年，日本对华直接投资均是负增长，增速分别为-21.4%、-12.6%和-1.9%。其中1999年，日本对华投资项目总数由1996年的1742件下降到1167件，下降了33.0%，2000年投资项目数有所回升，但投资总额仍然负增长。

（2）合作深化阶段：2001—2011年

21世纪以来，特别是2001年中国加入世界贸易组织之后，中国的对外开放程度进一步扩大，市场经济体制更加完善，国内市场日益成熟，吸引了更多的日本企业在中国新增或扩大投资。2000—2006年，日本对华直接投资保持快速增长，2005年投资额达到了历史新高，投资金额为65.3亿美元，较2004年增长19.8%，其主要原因是日本在汽车和电子产品等行业内的投资规模的扩大，以增加对中国市场的产品供应。除此之外，日本企业在华化学医药、金融保险、机械等行业的投资也进一步增加。但随着电子电器及汽车等主要产业领域经历投资高峰之后进入调整阶段,以及中国劳动力成本开始上升,日本对华直接投资增速有所放缓,其中2006年日本对华投资同比下降29.6%,调整幅度较为明显。

国际金融危机之后,全球经济增长受到冲击,对外直接投资也出现整体紧缩,但中国经济却较少受到冲击,且维持了较好的增长势头,中国继续成为吸引外商直接投资进入的重要目的地,日本对华投资在经历短暂收缩之后逆势增长。2007年,日本对华直接投资总额35.9亿美元,同比下降22%,但随后便恢复增长,2008年日本对华投资则略有回升,达到36.5亿美元,且这一增长趋势持续到2012年,当年73.5亿美元的日本对华投资创造了历史最高值。

(3) 调整转型阶段: 2013年至今

2012年中日两国之间政治关系的趋冷对日本对华投资产生了较大冲击。两国围绕钓鱼岛领土问题的争端迅速升级,使得中日两国经贸关系陷入低谷,2013年日本企业对华直接投资出现下滑,两国投资进入调整时期。在中国利用外资整体规模增长的背景下,日本企业对华投资继续下降。其中2015年降幅明显,据商务部数据统计,当年日本企业在华开展投资项目643个,同比下降了1.5%,实际投资金额为31.9亿美元,同比下降26.1%,占中国利用外资总额的2.5%,除香港及自由港以外,日本排在新加坡和韩国之后,退居第三位。从具体行业来看,近年来,日本企业新增在华投资逐渐从传统劳动密集型产业退出,转而向新零售、健康、养老等新兴消费市场领域以及通信、半导体、环保、医疗器械等先进制造领域转移,一方面凭借国内产业发展的经验和品牌优势探索中国消费市场的潜力,另一方面积极利用技术优势与中国加强合作。

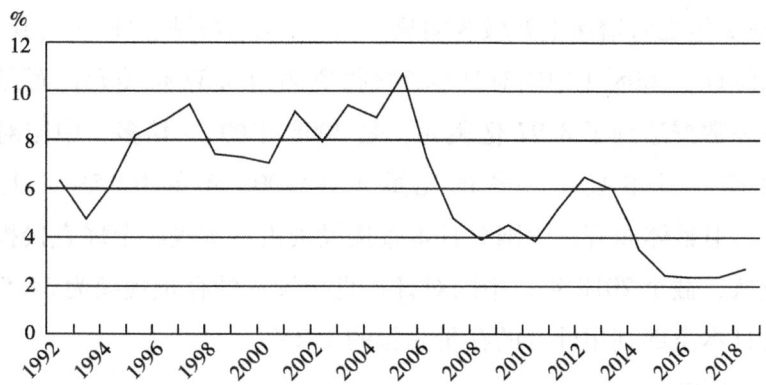

图 2-2　对华直接投资在日本对外直接投资总额中的占比
资料来源：中国商务部。

2. 中国对日直接投资

中国企业的对日直接投资主要开始于 20 世纪 80 年代后期。这一方面是由于中国经济在改革开放初期仍处在起步阶段，企业开展海外直接投资的实力和经验有限；另一方面，中国尚未确立鼓励企业进行海外投资的战略和相应的管理体制也为中国企业走出去造成了障碍。中国开放对外投资的步伐较慢，虽然 1985 年出台了企业海外投资的相关审查标准①，地方审批权限也放宽到 100 万美元以下，中国海外投资出现较快发展的局面。但由于中日在产业结构、要素成本上存在差异等原因，这一时期中国企业的对日直接投资仍然处于摸索阶段。随着国家放宽地方审批海外投资外汇额度权限，中国企业对日投资出现增长势头。根据日本贸易振兴机构的统计数据，1989—1999 年，中国对日直接投资项目累计 476 项，直接投资流量总额为 76.01 亿日元。

21 世纪以来，特别是中国于 2001 年正式加入世界贸易组织，以及"走出去"战略的提出，不断壮大的中国企业开展海外投资的步伐也有所加快。近年来，中国对日本的直接投资总体呈现快速上升的趋势，特

---

① 1985 年 7 月，原外经贸部颁布了《关于在境外开办非贸易性企业的审批程序和管理办法的试行规定》。

别是 2008 年之后增速上升较为明显。根据日本贸易振兴机构（JETRO）的数据统计，2008 年中国对日本直接投资额为 0.37 亿美元，而到 2018 年，这一数据达到了 8.97 亿美元，是 2008 年的 24 倍多，中国对日本直接投资占日本吸引外资的比重也由 2008 年的 0.15%，上升为 8.24%。但整体而言，中国对日本直接投资占日本吸收全球直接投资的比重较低，截至 2018 年，中国对日本直接投资的存量规模为 34.5 亿美元，占日本全部利用外资的存量总额的 1.2%。

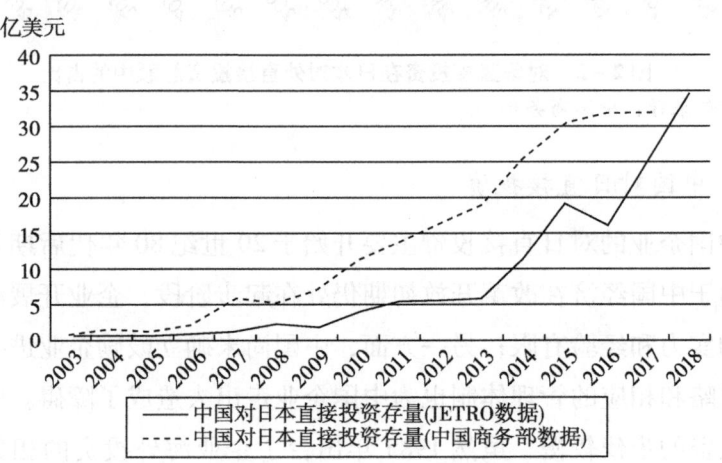

图 2-3 中国对日本直接投资存量

资料来源：中国商务部，日本贸易振兴机构。

（二）中韩双向直接投资

1. 韩国对华直接投资

相比日本，韩国的对华直接投资起步更晚。随着中韩两国经济的不断增长，以及中国在对外开放领域的改革逐步深入，韩国企业对华直接投资在经历了较为缓慢的总量规模增长发展阶段之后得以迅速发展。但与中日双边投资一样，中韩两国投资在受国际及两国国内经济形势左右之外，政治因素也在两国投资关系发展过程中起到一定的影响作用。

韩国对华直接投资稍早于两国正式建交。1988 年起韩国对华直接投资才开始逐渐启动,且项目数量少,投资金额也较小。1988 年至两国建交前的 1991 年,韩国对华直接投资项目共计 200 件,合同外资 1.5 亿美元,实际利用外资仅为 0.66 亿美元。

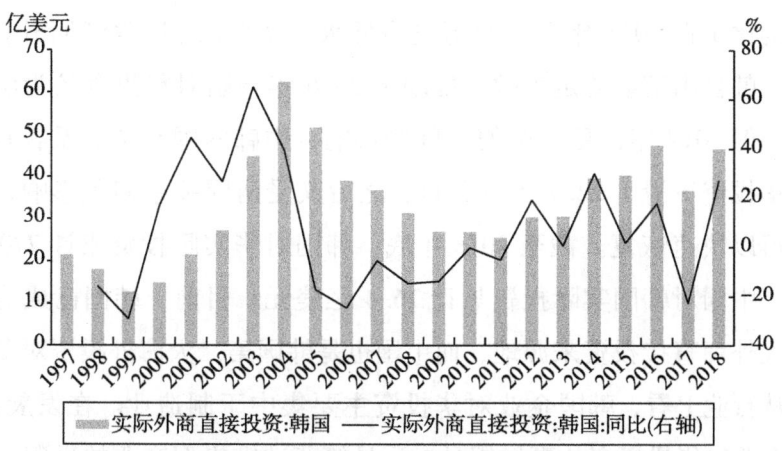

图 2-4　韩国对华直接投资及同比增速
资料来源:中国商务部。

1992 年中韩建交之后,两国经贸往来显著扩大,韩国对华投资增速明显。①1992—1997 年是韩国对华直接投资的第一个高速增长阶段。韩国对华实际投资由 1992 年两国建交时的 1.19 亿美元增加到 1997 年的 21.4 亿美元,增长了 17 倍,来自韩国的投资也占到中国全年吸引外资总量的 4.7%。②1997 年亚洲金融危机对韩国对华投资影响较为明显。危机导致韩国经济陷入困境,大量中小韩国企业破产倒闭,1998 年、1999 年,韩国对华投资连续两年下降,1999 年韩国对华直接投资额下滑至 12.8 亿美元,较 1997 年下降了 55% 年。③2000—2004 年是韩国对华投资的第二个高速增长时期。韩国经济迅速走出危机影响以及中国在 2001 年加入 WTO 共同推动了韩国企业对华投资的快速上升。2004 年,韩国对华投资达到历史最高水平 62.48 亿美元,韩国成为中国最主要的外资来源之一,在中国历年引进外资数量中所占比重也实现了由 1992 年的 1.1% 上升至 2004 年的峰值 10.3%。④2005 年之后,随着中国经济的增长,来自国内企业的竞争加剧,以及劳动力等生产要素成本的上升,韩国对华直接投资逐渐调整放缓。2008年国际金融危机也对韩国对华直接投资产生了负面影响。韩国对华直接投资占中国利用外资的比重在2011年下滑至历史最低水平2.2%之后逐渐回升。2015年底中韩自由贸易协定生效,推动了2016年韩国对华投资较为明显的上升。但2017年,受"萨德"问题影响,中韩两国经贸关系收紧,韩国对华投资下滑了22.7个百分点,之后又受两国关系回稳影响,直接投资得以快速恢复。截至2018年底,韩国对华实际投资累计770.4亿美元,中国对韩国实际投资累计76.4亿美元。目前,韩国已成为中国第二大外商直接投资来源地,而中国也是韩国第二大海外投资对象国。

从行业上看,韩国企业对华投资主要集中于制造业。在发展初期,韩国企业对华投资多从事纺织品、玩具等劳动密集型产业的投资。20世纪90年代后,韩国对华直接投资在资源、汽车、化工、电子机械设备等资本密集型产业投资比重逐步加大。中国企业对韩国直接投资由于起步晚、规模小,目前仍集中于金融、贸易等行业,较少在生产领域进行投资。

2. 中国对韩直接投资

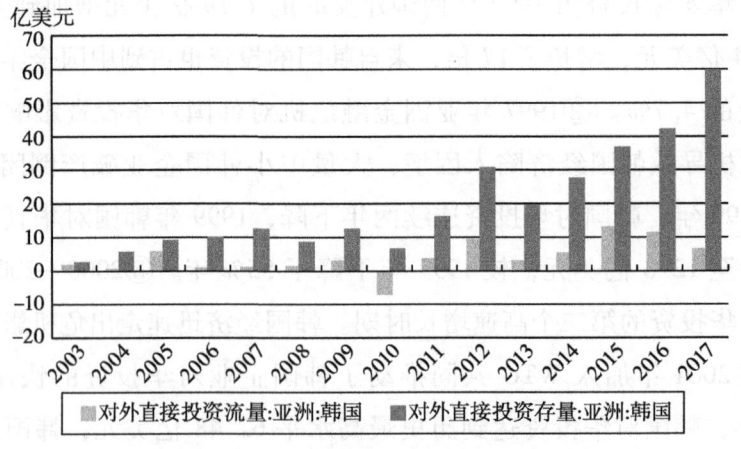

图2-5 中国对韩直接投资流量与存量

资料来源:中国商务部。

中国对韩国直接投资发展较晚，规模也较小，在全部对外投资中的比重较低。从流量和存量上看，中国对韩国直接投资占全部对外直接投资的比重均在1%以下。2013年之后，中国对韩直接投资增速明显。2015年，中国对韩国直接投资13.25亿美元，在上一年5.49亿美元的基础上，增长141.3%，其中，中国对韩非金融类直接投资5.09亿美元，同比增加21.4%。中国也成为韩国的第三大外商直接投资来源国。2016年，中国对韩国直接投资11.5亿美元，同比下降13.3%，但非金融类投资达7.8亿美元，同比增长54.3%。2017年，受两国关系负面冲击影响，中国对韩国直接投资6.6亿美元，较上一年下降了42.5%，其中，中国对韩非金融类直接投资4.2亿美元，同比减少46.3%。

二、中日韩投资合作的形势与变化

（一）中日、中韩双边投资的当前形势

1. 中日双边投资恢复增长

（1）日本对华直接投资

在中国利用外资整体规模增长的背景下，同时受不利政治因素的影响，日本企业对华投资自2012年以来总体呈现下降的趋势。

从近三年的情况来看，2016年日本对华投资呈现出由降幅放缓走向缓慢上升的趋势。据商务部统计，2016年，日本企业对华直接投资共开展投资项目643个，同比下降了1.5%，实际投资金额为103.9亿美元，同比下降26.1%，占中国利用外资总额的2.5%，延续了前两年的下滑趋势。在所有投资来源国中，日本排在新加坡和韩国之后，退居第三位。

2017年，日本对华投资的下滑趋势得以改变。商务部数据显示，当年日本企业对华直接投资达到32.6亿美元，同比增长5.3%。根据日本央行的统计数据，2017年，中日两国双边投资呈现较快的增长。其中，日本对华投资达到96.8亿美元，同比增长2.4%，是近三年来的首

次正增长。

值得注意的是，2017年日本对华直接投资是在其整体对外投资上升的背景下取得的。尽管相对于对传统欧美这两个主要投资目的地投资的下降，2017年日本对华直接投资有所上升，但2017年日本对外直接投资整体增加，其增速仍高于其对华直接投资的增速。2017年日本对外直接投资增长6.1%，这一增速高于对华直接投资3.7个百分点，其中东盟、非洲是日本对外直接投资增速显著增加的区域。此外，日本对华直接投资占其全部对外直接投资的比重延续了2014年以来的趋势，连续第三年下降，但幅度有所减小。2017年，日本对华直接投资占日本全部对外直接投资的5.6%，较2016年的6%低0.4个百分点。

而2018年，日本企业进一步加大了对华投资的力度，金额达到109.6亿美元，同比增长13.3%，是2014年以来的最高增速。而相比日本对华投资的快速增长，日本整体对外投资的规模是在收缩的，2018年日本对外直接投资同比下降1.5%，说明日本企业对在中国市场开展投资更加具有信心，2018年日本对华直接投资在其全部对外直接投资中的占比也较2017年上升0.9个百分点，达到6.9%。

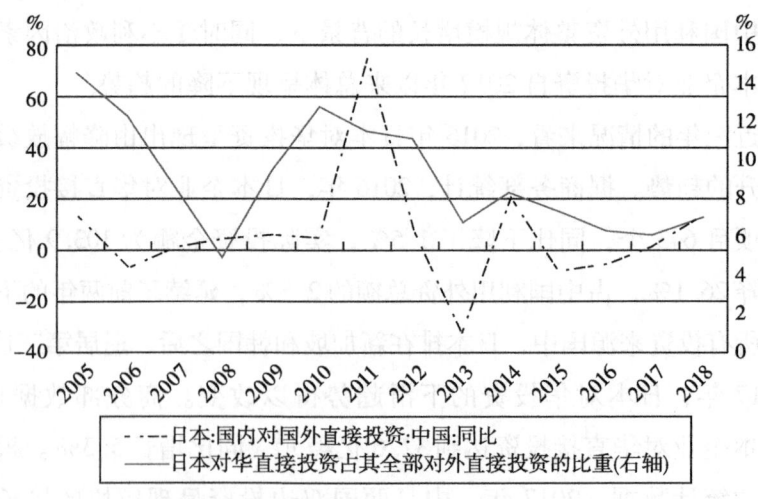

图2-6 中日两国双边投资变化（流量1）

资料来源：中国商务部、日本银行。

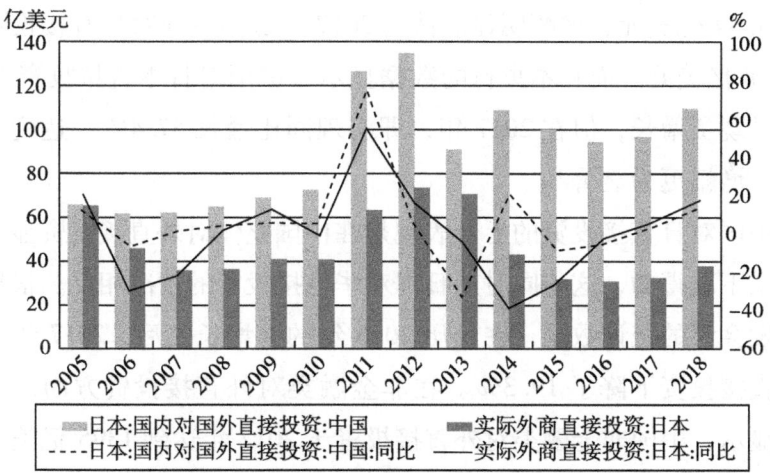

图 2-7　中日两国双边投资变化（流量2）
资料来源：中国商务部、日本银行。

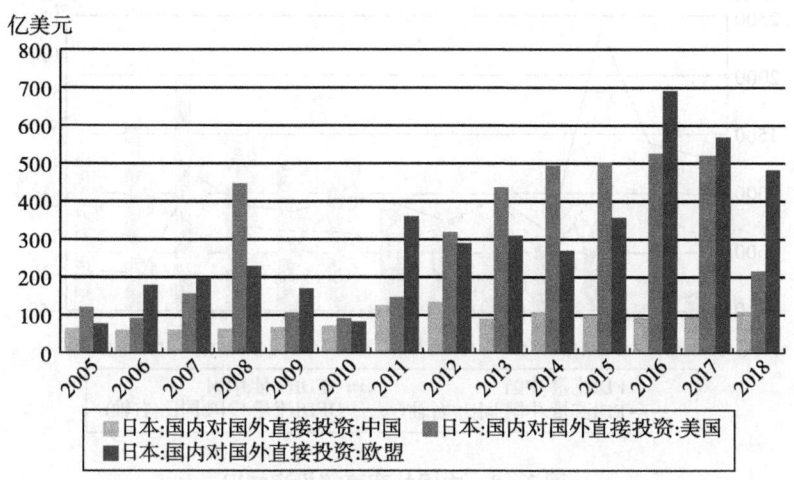

图 2-8　日本对主要经济体投资变化（存量）
资料来源：日本贸易振兴机构。

(2) 中国对日本直接投资

中国对日本直接投资近年来总体保持了较快的增长。根据商务部的统计数据，在经历之前连续两年的负增长之后，2016 年中国对日本直接投资总体回升，当年同比增长 43.1%，在 2017 年同比增长 29.1%，达到 4.44 亿美元，增幅明显。截至 2017 年底，中国对日直接投资存量为 34.8 亿美元。而日本央行的数据显示，中国对日本直接投资在 2016 年则呈现负增长，但在 2017 年，即实现同比增长 57.4%，达到 2.4 亿美元，增幅更为显著①。

中国对日直接投资的上升表现是在中国整体对外直接投资显著下降的背景下取得的，这与同时期日本对华直接投资的情况相反。根据联合国贸发会议的统计数据，在经历 2016 年的高增长之后，2017 年，中国对外直接投资下降了 19.3%。在非金融类对外直接投资方面，商务部数据显示，中国非金融类对外直接投资于 2017 年达到 1395 亿美元，同比下降 23%，而中国对日本非金融类直接投资的下降幅度要大于该数据的整体降幅。

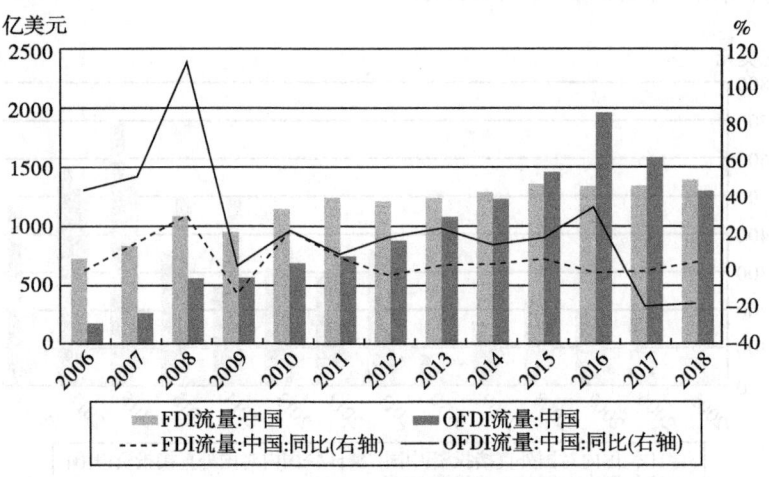

图 2-9　中国外商直接投资情况

资料来源：联合国贸发会议。

---

① 根据日本贸易振兴机构的统计数据，截至 2018 年第二季度，中国当年对日本直接投资累计达到 1.78 亿美元，而上年同期为 0.5 亿美元，同比增长 252%。由于中日口径不同，中国对日投资规模仍然相对较小，受单独项目影响较大，本文以可得的中方统计数据为主进行分析，不单独讨论日方数据。

2. 中韩双边投资合作改善

2016年以来,韩国对外投资规模保持增长,2016年和2017年两年,韩国对外直接投资增速分别达到26.1%和5.7%。相比之下,作为全球吸引外资最多的国家——中国实际利用韩国投资的规模却出现了较大幅度的萎缩。2017年底,韩国累计对华投资项目63385个,实际投资金额723.7亿美元。从2017年全年来看,韩国对华投资项目的数量和资金规模都出现较大幅度的下降,相比上一年的1627个,韩国企业对华投资项目数同比减少19.4%,实际投资36.7亿美元,同比减少22.7%。2018年,随着2017年底两国政治关系的改善,韩国企业对华投资放缓的局面有所改变。2018年,韩国对华投资1882个项目,同比增长15.7%,实际利用46.7亿美元,比上一年增长27.1%。

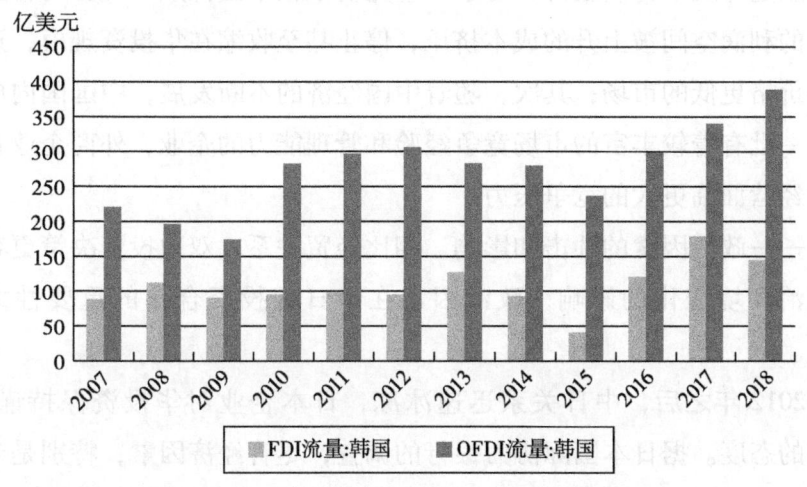

图2-10 韩国对外投资及吸引外资的情况
资料来源:联合国贸发会议。

与韩国对华投资类似,在经历2017年的明显下降之后,中国对韩直接投资在2018年出现回升。根据商务部统计,2017年中国对韩非金融类直接投资4.2亿美元,同比减少46.3%,下降的幅度显著高于中国整体对外直接投资19.3%的下降幅度。截至2017年,中国累计对韩非金融类直接投资46.6亿美元，同比下降46.3%。2018年之后，主要受两国关系改善的推动，中国对韩国非金融类直接投资6.6亿美元，比上一年增长57.1%，增幅明显。

（二）当前中日、中韩投资合作的新因素

从2017年的情况来看，日韩两国对华投资呈现出截然相反的变化趋势。日本对华直接投资扭转了之前连续下行的表现出现回升，而韩国对华投资则一改之前较高的扩张局面，出现较大幅度的下降。但2018年，中国与日韩两国的投资形势均出现了较大的回升。短期和中长期因素共同影响了中国与日韩之间投资合作的形势。

——成本推动与市场竞争。首先，中国经济增速逐渐放缓，而劳动力、土地等成本持续上升，对于一些先前依赖中国低成本优势的行业和企业的利润空间被上升的成本挤压，停止甚至收缩在华投资规模，逐渐寻求价格更低的市场；其次，随着中国经济的不断发展，中国国内成长起来一批有着较丰富的市场竞争经验和管理能力的企业，外商企业在华投资经营面临更大的竞争压力。

——政治因素的冲击和影响。相比经贸关系，双边投资决策更容易受政治环境变化的影响，政治因素在中日韩投资合作的重要性尤其明显。

2012年之后，中日关系迅速冰冻，日本企业对华投资保持谨慎、观望的态度。据日本国际协力银行的调查，尽管经济因素，特别是未来华经济的前景，仍然是日本企业决定是否扩大在中国投资的决定因素（具体问卷调查数据），但中日政治关系的走向同样是多数日本企业开展在华经营考虑的重要方面（具体问卷调查数据）。而2016年以来，同样是由"萨德"反导系统在韩国部署的政治原因导致了中韩两国关系"走下坡路"，给中韩两国的经贸和投资往来带来了冲击，这一点从2017年韩国对华直接投资以及中国对韩直接投资双双出现较大幅度的下降可见一斑，特别是在中国成为全球吸引最多外资规模的背景下，韩

国对华投资却出现较大幅度的下滑，政治问题的影响是显而易见的。

同样的，政治环境的回暖也有助于显著推动投资回升。2018年中韩双边投资规模的增速显著回升，实现了20%以上的高增速增长。其中重要的原因在于，中国与韩日两国投资合作注入了重新焕发活力的重要推动因素，即2017年末以来中韩、中日关系的改善。

三、中日韩投资合作面临的困难与问题

（一）贸易摩擦不断，全球经济不确定性加大、投资规模萎缩

受保护主义以及地缘政治因素影响，全球经济复苏和增长的势头较前两年减弱，世界银行将2019年的全球经济增速由年初的2.9%下调至2.6%；而在对外投资领域，根据联合国贸易和发展会议（UNCTAD）《全球投资报告2019》的数据，2018年全球对外直接投资总额由上一年的1.43万亿美元减少到目前的1.3万亿美元，同比下降了13%。相比全球资本流动规模的下降，中国全年外资流入约1390亿美元，同比增长2.0%，吸引外资规模继续创下历史新高，位列全球第二大外资流入国。同样根据联合国贸发会议数据，在经历2017年受监管加强等方面的影响而大幅收缩之后，中国对外直接投资在2018年恢复增长。2018年，中国对外直接投资达到1246亿美元，同比增长了4.3%。尽管中国目前无论在吸引外商投资还是对外直接投资方面都保持了较好的形势，但外部环境的收紧特别是中美贸易战等贸易保护主义造成的冲突加剧了全球经济和投资环境的不确定性，一定程度上将冲击中日韩的投资合作。

（二）中国与日韩双向投资呈现不平衡性

截至2017年底，中国对日累计直接投资存量为34.8亿美元，但与日本对华直接投资的规模仍然不平衡，这说明中国对日直接投资仍有巨大发展空间。以2017年数据为例，根据日方的统计数据，中国对日直

接投资规模是日本对华直接投资规模的约 1/4。而从非金融类直接投资来看，中国对日本非金融类直接投资仅占到全年总额的约 2.1%，这一数据低于日本对华直接投资占其全部对外投资总额的比重（5.6%）。

（三）受经营成本上升及产业转移加快影响，美国、欧盟、东南亚等国家和地区成为日韩投资增长的重点

劳动力资源廉价且丰富的东盟国家成为日本与韩国对外直接投资增速最快的投资目的地之一。除了成本因素，东盟国家作为新兴经济体中表现较为活跃的地区，本身市场环境逐渐成熟、市场需求也得到了较好的培育，这些也是吸引日韩企业前往的重要因素。根据《在华韩国企业白皮书（2017—2018）》统计，近年来，韩国企业逐渐加大了对越南和美国的直接投资力度。部分韩国在华企业有往外走的倾向，特别是中小企业，向越南等东南亚地区迁移比较多，其主要原因是中国人工成本上升。大企业主导扩大对美投资，主要是通过并购获取美国技术，同时通过在美设厂规避美韩贸易逆差；中小企业是对越南投资的主力，主要是看中越南经济快速增长和低廉的劳动力成本。

（四）中国与日韩之间的双边投资面临结构调整

一方面对成本优势更为敏感的日本、韩国中小企业在华投资减少；另一方面随着中国产业结构升级，日韩两国大企业在华投资规模呈现增加态势，特别是在华投资的高科技、高附加值项目不断增加，中国与日韩直接的双边投资合作，主导对华投资的企业主体、产业以及新技术应用、新业态发展背景下经营模式均面临重新调整，而随着中国企业的不断壮大和经营经验更为成熟，中国企业更有实力和意愿开展对外投资，以更加便利地获取技术、资源和市场方面的竞争优势。

四、中日韩投资合作面临的机遇与挑战

（一）机遇

1. 中日韩政治关系的改善为投资合作创造了更为稳固的基础

2018年是《中日和平友好条约》缔结40周年，两国总理在事隔多年之后于年内实现了互访，促成中日双边关系得到改善，重回正轨。2017年12月以来，因"萨德"问题而出现停滞的中韩关系迎来了转机。2017年末，韩国总统文在寅访华，两国元首就改善发展中韩关系达成重要共识。在经贸合作和人文务实合作领域方面，中韩两国之间呈现了比较明显的改善势头，人员往来规模也在恢复。

2. 中日韩经贸合作不断深入为投资合作带来新的机遇

根据日方的统计数据，2007年开始，中国一直是日本最大贸易伙伴国。2018年中日贸易总额3276.6亿美元，较上年增长8.1%，其中中国出口额1470.8亿美元，较上年增长7.2%，进口额1805.8亿美元，较上年增长8.9%。在中韩方面，双边FTA自生效以来，总体实施效果良好，对加强两国经贸往来起到了积极作用。2018年中韩货物贸易继续保持增长迅速的势头，贸易总额达到3134亿美元，同比增长11.8%，较上一年提高了1.1个百分点，其中中国对韩国出口1087.9亿美元，自韩国进口2046.4亿美元，同比分别增长5.9%和15.3%。

3. 中日韩三国经济互补性强，投资合作空间仍较大

中日韩三国作为全球经济中重要的经济体，有着各自的禀赋和特点，相互之间有着充分的投资合作空间。三国经历了不同的经济发展阶段，尽管随着各自经济发展，差距在三国产业链中高端的分布仍较为明显，但双边贸易是以中间品贸易为主，日韩对华出口的主要产品是中国产业链构成中的重要环节。随着中国在制造业领域逐渐向中高端迁移，

引发的并不必然是相互之间的直接竞争，相反，在技术领域的合作空间反而可以因此有所扩大，通过技术和资本流动融合，实现强强联合。另外，中国有着庞大的人口基数和需求市场，居民收入水平的提高带来了消费能力的提升，这一消费市场规模仍将进一步扩大。此外，中日韩三国同为贸易大国和制造业大国，在反对贸易保护主义，采取积极措施共同维护现有自由贸易秩序、推动世界经济保持开放等领域有着共同利益。

（二）挑战

1. 国际贸易体制受到挑战，国际经济环境的不确定性增强

特朗普上台后，推行单边主义政策，对全球贸易体系形成冲击，增加了对未来全球经济带来的消极影响或不确定性。2018年以来，中美贸易摩擦加剧，美国经济的强劲复苏会给世界经济进一步回暖的预期蒙上阴影；而日本经济也将处于稳定增长状态，可维持1%左右的增长。中日两国互为最重要的贸易伙伴和投资伙伴，相互依存度很高，日本企业不会放弃巨大的中国市场，而中国企业对日本的高端技术和高端零部件也有需求，因此双方经济合作的基本方向不会逆转。

2. 中日韩稳定国内经济增长的压力持续

近年来，中国进入增速换挡阶段，经济增速出现逐渐放缓的趋势，同时也面临防范金融风险，进一步推进供给侧改革，实现经济结构转型升级的重要任务，2018年6.6%的增速尽管高于预期，但仍然是近年来的新低。在日本方面，2016年以来，日本经济持续复苏，加之世界经济形势下行压力减弱，GDP同比增速为0.96%；2017年，日本经济增速有较快回升，达到1.73%；2018年日本实际国内生产总值增长0.7%，放缓明显。韩国经济景气程度2016年中期以来持续改善，2017年韩国实际GDP增速达到3.1%，是其3年来的最高经济增速。但这一局面未能在2018年保持，2018年韩国经济同比增长2.7%，是2012年以来最低的增长幅度。

五、中日韩投资合作的重点与路径

(一) 中日韩投资的重点

1. 传统行业向中高端转型升级

近年来,随着中国劳动力成本的上升,部分劳动力密集的产业开始向东南亚等地转移,但中国经过30多年的发展,在生产制造方面积累了大量竞争优势,包括技术储备、完备的供应链体系、成熟高效的产业集群,在中高端制造业领域相对日韩两国仍然具有比较优势。当前,中国国内的产业正实现转型升级,逐步迈向中高端水平,制造业面临升级改造,需要大幅提升技术水平和满足节能环保需求,意味着中国企业正在进入新一轮生产设备和工艺更新换代期。日本和韩国则在精密机床、仪器仪表、智能制造、清洁装备、系统成套设备等行业具备优势。

2. 战略新兴产业加快成形并逐渐形成规模

中日韩三国在体量上是引领世界经济发展的主要经济体,日本与韩国在二战后经历了较长时期的高速经济增长,逐渐走到科技创新的前沿领域,而中国利用后发优势以及庞大的市场规模,在相对较短时期内通过逐渐消化吸收、自主创新也积累了较好的科技创新的基础,尤其是近几年在互联网新技术应用和新业态推广方面逐渐走在世界前列。未来中日韩三国在先进技术领域的合作空间较以往更加广阔,有必要引导各方积极拓展在互联网技术、新能源等领域合作,鼓励科研与创新合作,培育新的经济增长点,增强经济后劲。为适应中日韩三国经济转型升级的需要,应积极调整投资结构,加大对新一代信息技术、人工智能、生物科技、工业互联网、高端制造等新兴产业领域的投资,促进东亚生产网络的高度化,提升中日韩之间整体供应链的竞争力。此外,在节能环保等产业和技术领域的合作是中国实现产业发展朝向可持续发展的重要内容，同时也意味着潜在的投资领域，并将带动巨大的市场和商机。

3. 第三方市场合作的潜力

中日韩三国政府围绕战略对接，开展投资领域合作，为各自企业发展创造更多的机遇。"一带一路"倡议是中国未来发展的重要战略布局，产能合作为未来，目前中国已经同 30 多个国家签订了国际产能合作协议。通过多边金融机构，如亚洲基础设施投资银行，中日韩三国资本在"一带一路"沿线国家的产能合作有着广阔的空间。此外，2018 年以来，朝鲜半岛问题出现新的变化，朝鲜有望打开对外开放的大门。中韩在未来朝鲜经济发展过程中可以进一步加强合作、实现优势互补。

（二）中日韩投资发展的路径

1. 完善促进投资的制度基础

面对未来广阔的合作前景，深化中日韩三国投资关系，需进一步加快相关制度框架的搭建和完善。2014 年 5 月 17 日，《中日韩投资协定》正式生效，这是中日韩三国间首个促进和保护投资行为的法律文件和制度安排，对推进中日韩自贸区建设进程具有十分积极的意义。中日韩投资协定的生效，为三国投资者提供了更为稳定和透明的投资环境。目前，中日韩 FTA 谈判面临困难，RCEP 框架下各方拥有更强的意愿，但也面临一些挑战，中日韩应着力在积极继续推进中日韩 FTA 谈判实现突破的同时，争取在多边经贸合作体系内做出更多努力，尽早三方以及多边合作框架下实现突破，为三国投资者提供更为稳定和透明的投资环境，应该是未来工作的重点和必由之路。

2. 探索创新投资合作形式

在双边投资领域，探索基于地方特色产业园区的合作形式，通过引进重点投资项目，带动上下游企业，形成集群和集约效应。进一步推动中韩在山东烟台、江苏盐城、广东惠州等产业园建设，探索总结中日韩产业园区合作方面的经验，完善投融资等配套机制，提升产业园区的经营水平,并积累可复制可推广的投资运营经验。同时,在第三方市场开展合作的过程中,也可以借助合作产业园区的形式,实现优势互补。

六、中日韩投资合作的建议

为加强投资领域合作,中日韩三方需进一步增强互信、消除相互之间的投资壁垒,增强互联互通,落实、加强各项投资便利措施和机制、改善营商和投资环境、提振各方经济,共同反对贸易保护主义的单边行为,积极维护国际贸易投资合作的多边体制。

(一)抓住机遇改善双边关系,积累政治互信

二战以来的历史遗留问题和领土争议始终是困扰中日韩三国外交关系的重要因素,成为长期以来阻碍三国间经贸往来进一步发展的政治风险和绊脚石。此外,近年来,韩国部署"萨德"反导系统的冲击也对中韩经贸及投资关系带来了较大的冲击。中日韩之间应围绕有关问题,以真诚的态度开展对话,为消弭历史遗留问题以及妥善处理领土和安全利益等问题上的分歧奠定基础。目前,中日、中韩关系都出现了转暖的趋势。2018年是《中日和平友好条约》缔结40周年,也是中韩战略合作伙伴关系建立10周年,各方抓住机遇,以实际行动,逐渐增加彼此之间的政治互信,减少推动合作进程中的障碍。

(二)加快推动中韩FTA升级版、中日韩FTA以及RCEP等谈判进程

受前两年政治关系波折的影响,中韩FTA生效实施工作持续推进,中韩FTA第二阶段的商谈有所拖缓。2018年3月,中韩双方正式启动相关谈判,确定以负面清单方式推进投资和服务贸易领域便利化机制安排。如按预期进行努力,未来两到三年内第二阶段谈判就会完成。中韩FTA的达成有利于加快中国推进高水平开放。中日韩FTA自2013年启动以来进展总是不尽如人意,区域全面经济伙伴关系协定(RCEP)尽

管多方表态支持尽快完成谈判，但签署生效仍存在困难。当前，中日韩三方应抓住全球经济形势的变化以及区域产业经济结构调整的机遇共同努力，加快推动协商和谈判进程，加速推动相关 FTA 谈判进程，推动达成中日韩双向投资便利化条款，推动投资便利化机制安排，为推动双向投资提供制度基础。

（三）改善国内营商环境，制定双向投资便利化政策

近年来，受经济下行压力加大，产业升级、劳动力要素成本上升以及外汇市场波动等因素的影响，中国在吸引外资方面的表现有所减弱。为此，应从全局出发，多措并举，着力加快改善双边投资环境，出台相关配套政策，包括各级政府、各级部门制定有关外资的政策和地方性法规，深入研究现行外资管理政策法规与国际标准的差距，规范中国外资政策，大力推进中国与日韩的投资便利化，尽可能地消除投资壁垒，构建透明、健康的投资环境。

（四）加强人文交流和民间合作

人的交流是经济合作的前提和基础，中日韩应立足三方经济合作的长远发展，积极推进相互之间的人员交流与合作，建立包括企业家、科研技术人员的交流机制，创造便利条件，拓展投资合作机会，提升合作的层次；积极推动三国之间的民间交流，通过联合举办各种文化交流活动，增进相互了解和理解，为全面深化相互之间的经贸与投资往来以及政府之间的沟通合作和政策体系建设提供重要的民意基础和支撑；加快推进中日韩三国人员往来的自由化和便利化，重点在会议、会展、商务及旅行便利等支持性政策上提供更多便利。

（执笔人：林　江）

第三章
日韩通过技术创新引领产业升级的经验与启示

经过几十年的努力奋斗，中国在关系国计民生的重大关键共性技术领域取得了令人瞩目的成就，载人航天工程、大飞机、核高基（核心电子器件、高端通用芯片及基础软件产品）重大专项等科技发展项目取得了长足发展。这一切与党和政府指出的正确产业发展方向、推行的有效产业政策密不可分。十九大报告指出，"创新是引领发展的第一动力"，提出"深化科技体制改革，建立以企业为主体、市场为导向、产学研深度融合的技术创新体系""发挥国家发展规划的战略导向作用，健全财政、货币、产业、区域等经济政策协调机制"，这些都为中国高端制造业创新发展进一步指明了方向。

但需要看到的是，目前中国技术创新仍然面临自主创新不足、专利技术产业化水平不高、企业管理水平有待提升等困境。随着改革开放的深入，中国与发达国家的技术差距在逐渐缩小，西方发达国家对中国的态度从原来的扶植中国产业发展、努力帮助中国加入全球产业链分工体系，逐渐转变为警惕、遏制中国的技术创新。特别是美国特朗普政府针对"中国制造 2025"提出的一系列遏制手段，更增加了中国技术追赶的难度。

日本和韩国虽然跟美国关系比较密切，但是在由产业链低端向中高端攀爬的过程中也经历了跟中国类似的过程。一开始西方发达国家，特别是美国为了节省成本、提高规模效益，把大量制造业订单交给日本、韩国，让日韩不但赚到了加工费用，还积累了一定的制造技术。但是，随着日本高端制造业在1970年代末的崛起，美国对日本科技发展的态度逐渐由扶持变为打压，甚至不惜用贸易战相威胁，逼迫日本限制出口、限制出台产业扶植政策。后来韩国半导体和汽车产业崛起时也经历了类似的情况。重要的是，日本、韩国并没有被美国限制住，而是通过引进基础上的进一步研发逐渐摆脱了对西方的技术依赖，走出了一条独立自主发展的道路。

一、为什么要支持创新引领产业升级

东亚的产业发展基本遵循了雁行模式所指出的发展道路，日本是所谓的"头雁"，不断开拓新领域，并通过投资和技术转移等方式引领整个区域经济发展，韩国和中国等国家则按照比较优势所决定的产业链分工依次排开，并且不断追赶产业链上端的日本。从日韩的发展历程中可以发现，政府主导产业规划、制定产业政策是一个突出的特点。在现今经济全球化的形势下，各国的科技政策基本目标都是为经济发展服务，因此科技政策基本上是服务于产业政策的，① 有时甚至可以说是产业政策的附属，因此本章把产业政策和科技政策放在一起来讨论。虽然学界对产业政策的有效性还有诸多争论，但是从中日韩的实践可以看出，符合实际的产业政策是能够很好地引导和扶助产业发展的，同时在某些特定产业的发展窗口期，产业政策的扶持更是至关重要。

产业政策的定义有很多，本章主要目的是以半导体和汽车产业为例分析日韩技术创新助推产业升级的情况，所以采取狭义定义，即一国政府为获取全球竞争力，对特定产业推行的发展或限制政策；并且认为地

---

① 李建花. 科技政策与产业政策的协同整合[J]. 科技进步与对策, 2010 (15).

区政策也是产业政策,公共政策不属于产业政策。地区产业政策的定义是"与以往产业政策不同,以不同地区为主体发展特色产业,以缓和地域间差异、促进自主发展为目的的政策"。①

产业政策究竟是否有效?关于产业政策的有效性问题,中外有很多争论。国内有著名的"林张之争"。林毅夫教授根据其新结构经济学理论认为产业政策是否成功要看产业政策的制定是否科学,并在此基础上提出制定产业政策的科学方法:增长甄别与因势利导(GIFF)法,也就是说林毅夫教授认为产业政策的有效性是个技术问题,不存在理论争议。与之相反,张维迎教授认为产业政策完全无效,政府只需要提供法治环境,制定产业政策只能造成权力寻租和逆向选择,其思想来源主要是哈耶克的新自由主义,理论方面试图通过博弈论在原理上证明产业政策的无效,但是缺乏实证研究。海外反对产业政策的主要代表是哈佛大学教授迈克尔·波特,他对日本的产业政策和企业战略有深入研究,认为日本通商产业省(今经济产业省)的产业政策基本上都是错误的,日本企业的成功主要来源于企业发展战略的成功,波特将这种发展战略上的优势命名为竞争优势,用以区别比较优势的概念;日本企业的失败则是错误的产业政策和过时的企业战略合力的结果。日本学者的观点比较平衡,认为企业家精神、技术革新、金融、需求、劳资关系和产业政策对产业发展都有助力。②

从实证角度讲,产业政策不可行的证据有很多,但是反过来说,能够证明没有产业政策就能发展好的证据基本没有。中国的实证研究③认为产业政策有助于民营企业突破行业壁垒和获得更多银行融资支持;日本的实证研究④认为,产业政策对目标产业规模的扩大有正向促进作用。从日韩高端制造业的发展历程也可以看出,尽管产业政策的有效性

---

① 张厚殷. 韓国における地域産業政策の展開とその特徴[J]. 地理科学,2013(68).
② 山内進. 租税特別措置と産業成長[J]. 経営学論集,1997(67).
③ 黎文靖,李耀淘. 产业政策激励了公司投资吗[J]. 中国工业经济,2014(5).
④ 大野健一. 産業政策と製造業のダイナミズム:日米実証比較[J]. 国際経済,1994(45).

是有条件的,但是日韩产业政策的确提高了本国一些重点产业的国际竞争力,推动建立了若干自主品牌,同时帮助取得了核心技术。

为什么要支持创新引领产业升级?改革开放以来,中国产业升级政策经历了数量扩张型、质量提高型和创新驱动型的演进路径,但科技创新仍未成为产业升级的核心动力。① 近年来中国政府已经认识到科技创新引领产业升级的重要性,而且从日韩经验可以看出,科技创新与技术扩散才是产业升级的原动力。

理论上,科技创新引领产业升级有两个过程。首先,科技创新通过提供新的科技供给,促进产业链升级、产品技术升级和开拓新兴产业等路径推动产业升级。随后,在产业实现升级之后,通过微观、中观和宏观三个层面反作用于创新:微观上的需求拉动效应、中观上的地区协同效应和宏观上的国际贸易效应。② 如此循环往复,科技创新与产业升级相互作用,共同推进产业发展。

尽管理论上如此,但不管是微观层面的企业间竞争,中观层面的地方竞争和地方合作,还是宏观层面的国际贸易竞争倒逼创新,如果只是通过引进技术来提高一时的竞争力,不能在搞懂弄通原有技术基础上再创新的话,都不必然带来自主创新能力的提升。因此,如何建立合理机制鼓励自主创新是产业政策的重点。

在实践方面,日本和韩国提供了大量可资借鉴的经验。日本从二战后到1980年代,根据不同时期的情况制定了不同的产业政策,有效推动了日本的科技创新和产业升级;③ 韩国紧随日本脚步,鼓励进口替代、自主创新,并取得了核心技术。

凯恩斯说:"从长期来看,我们都是要死的。"从长期来看,原有

---

① 葛秋萍,李梅. 我国创新驱动型产业升级政策研究[J]. 科技进步与对策,2013 (16).
② 吴丰华,刘瑞明. 产业升级与自主创新能力构建——基于中国省际面板数据的实证研究[J]. 中国工业经济,2013(5).
③ 祁京梅. 日本产业政策及对中国的启示[EB/OL]. http://www.sic.gov.cn/News/456/8697.htm.

的技术优势通过技术扩散、自主研发都能够被熨平，而产业政策的意义就在于根据一国的禀赋条件帮助企业尽量缩短追赶的周期。

二、中日韩三国技术创新的历程

（一）中国的技术创新历程

在科技政策方面，改革开放之后，根据不同时期对科学技术发展的需要，中国不断编制推出了《1978—1985年全国科学技术发展规划纲要（草案）》《国家中长期科学技术发展纲要》《1991—2000年科学技术发展十年规划和"八五"计划纲要》和《全国科技发展"九五"计划和2010年长期规划纲要》等规划，从中产生了863计划、攻关计划、基础研究计划、火炬计划、星火计划和国家自然科学基金等一系列科学研究项目和基金。

在产业政策方面，改革开放以来，中国高技术产业政策经历了四个重要阶段：一是"九五"及以前的选择性产业政策主导阶段；二是"十五""十一五"期间市场化政策与创新政策作用日益凸显阶段；三是"十二五"期间市场化政策与创新政策发挥主导作用、开放政策与绿色政策受到重视的阶段；四是"十三五"及以后开放政策与绿色政策走向前沿的阶段。① 经过几十年的努力，中国形成了长江三角洲、珠江三角洲、环渤海地区三大主要高技术密集区，发展成果举世瞩目。

具体来说，中国高技术产业主要的发展思路是1980年代初确定的"以市场换技术"。"以市场换技术"是对"技贸结合"的概括总结。中国汽车工业公司董事长饶斌在1983年提出《关于汽车行业实行技贸结合试点的报告》，"技贸结合"的建议得到当时国务院领导认可，后来经过冶金和汽车行业先行试点、探索经验之后，逐渐推广开来。1984

---

① 胡鞍钢. 十八大以来我国产业政策逻辑[J]. 瞭望, 2017(36).

年国务院在批转《国家经委关于做好技贸结合和旧设备选购工作的报告的通知》中,对技贸结合给予很多优惠措施。社会各界对"以市场换技术"的效果有很多争议,每个行业的效果也不尽相同,因此要具体行业具体分析。例如,汽车行业整体上没有换来核心技术,但是与先进国家汽车行业的合作促进了中国汽车产业队伍建设,可以说成功换来了人力资源和管理经验,没有外资的进入,就不会有中国汽车产业今天的产能、人才梯队和品牌价值;中国水电设备和高速铁路是用市场换来核心技术的成功案例,特别是高速铁路,如今中国技术实力已经足够与日本、德国等制造业强国分庭抗礼;半导体行业可以说基本是外国产品的天下,市场并没有换来核心技术,这与半导体行业自身的特点和外国对中国的技术封锁都有关系,但是要看到,在全球半导体产业分工中,中国已经从一开始单纯地组装生产逐渐向产业链中高端攀爬,到今天,中国已经拥有了自己的晶圆工厂,研制出了自主品牌芯片,许多产品已经打入国际市场。

（二）日本以政府为主导的技术创新模式

二战后日本经济经历了五个发展时期:经济恢复期(二战结束到1960年代初)、高速成长期(1960年代到1970年代初)、稳定增长期(1970年代初到1980年代初)、结构调整期(1980年代中期到1990年代末)和稳定发展期(2000年至今)。

1. 日本半导体产业

——推行保护性产业政策,同时用产业政策法规规范企业行为,提高生产效率。经济恢复期和高度成长期,日本政府对本国相对较弱的半导体产业采取了保护措施,如20世纪60年代美国半导体企业德州仪器想进入日本市场,但要答应日本政府三个限制条件:一是以合资形式进入,二是3年内限制生产,三是公开芯片专利。[1] 这时候的日本半导体

---

[1] 桑田義弘. 日米同盟下の両国半導体競争[J]. 経済論叢,1990(1-2).

产业还处在向美国买行业基础专利、依赖美国半导体产品供应的初级阶段,通过一段时期的保护性扶持之后,很快扩大开放。通过合资办厂,技术引进,日本逐渐走出一条学习借鉴西方技术基础上的独立发展之路。1969年,日立与美国罗克韦尔公司合作,建设大规模集成电路生产厂,并使用生产出的产品,开发出了世界上首款内置大规模集成电路的计算器。其他还有佳能与德州仪器、理光与AMI公司的合作都非常成功。早在1960年,日本电气试验所就成功试制了集成电路,随着日本半导体技术的不断积累,工厂化生产工序的逐渐完善,从70年代开始日本逐渐实现集成电路国产化,进口率从原来的30%下降到20%,出口率则从0增长到30%。

同一时期,日本政府推出了《电子工业振兴临时措施法》等政策法规,这些法规主要是通过行政干预、共同行为、企业重组和优惠政策来组织协调企业行为,提高生产专业化程度和管理水平,加强大企业与中小企业间的合作。[①] 这一时期为日后日本半导体产业发展提供了技术、资金和人才积累,其成果在20世纪70年代末显现出来。从70年代末日本推出256K的DRAM(动态随机存储器)开始,日本半导体产品在短时间内抢占世界市场,到1981年日美长期的半导体贸易逆差被彻底逆转,日本产的DRAM在世界市场份额占到70%,到1986年世界十大半导体公司日本占了6家(见表3-1)。这一切要归功于日本政府所采取的符合自身特点的产业政策。

表3-1 半导体厂商销售量世界排名

排名	1980年	1986年	1992年	1998年
1	德州仪器 (美国)	NEC (日本)	英特尔 (美国)	英特尔 (美国)
2	摩托罗拉 (美国)	东芝 (日本)	NEC (日本)	NEC (日本)

---

① 张文魁. 日本产业振兴政策的演变[J]. 经济科学, 1990(4).

续表

排名	1980年	1986年	1992年	1998年
3	飞利浦（荷兰）	日立（日本）	东芝（日本）	摩托罗拉（美国）
4	NEC（日本）	摩托罗拉（美国）	摩托罗拉（美国）	东芝（日本）
5	国家半导体（美国）	德州仪器（美国）	日立（日本）	德州仪器（美国）
6	东芝（日本）	国家半导体（美国）	德州仪器（美国）	三星（韩国）
7	日立（日本）	富士通（日本）	富士通（日本）	日立（日本）
8	英特尔（美国）	飞利浦（荷兰）	三菱电机（日本）	飞利浦（荷兰）
9	仙童（美国）	松下（日本）	飞利浦（荷兰）	意法（瑞士）
10	英飞凌（德国）	三菱电机（日本）	松下（日本）	英飞凌（德国）

资料来源：半导体手账2004年版（日本半导体产业研究所）。

——政府主导研发推动创新产业升级。稳定增长期是日本高技术产业集中爆发的时期，日本政府加大了对专门技术的研发资助，同时政府开始参与研究开发活动，鼓励企业间研究合作，促进产官学联合研发。日本通商产业省在20世纪70年代中后期组织了VLSI（超大规模集成电路）开发项目，该项目由NEC、日立、三菱、富士通和东芝五家公司以及日本通产省电气技术实验室、电子技术综合研究所、日本电信电话公社联合参与，为日后日本DRAM产业的大发展奠定了技术基础。①东京大学教授坂村健20世纪80年代初发起了TRON（实时操作系统内核）开发计划，虽然在初期受到美国的制裁威胁，开发计划一度缩水，

---

① 董书礼,宋振华. 日本VLSI项目的经验和启示[J]. 高科技与产业化,2013(7).

并因此没能大举进入个人电脑操作系统领域,①但是在日本通产省长期坚定的支持下,如今 TRON 系统已经在嵌入式实时操作系统领域独占鳌头,根据最新调查数据,2017 年在嵌入式实时系统领域,TRON 已经占全世界市场份额的 60%,是世界上应用最广泛的系统之一,全球有几十亿台电子设备使用 TRON 系统②。2003 年独霸个人电脑操作系统的微软公司也宣布加入 TRON 阵营,向几十年的竞争对手低头。③

——加大基础研究投入,重视自主创新。1990 年代以后,由于日美贸易摩擦升级,美国对日本购买美国高新技术采取限制措施,日本开始重新审视本国技术政策,1995 年制定了《科学技术基本法》,开始加大基础研究投入,重视自主知识产权技术的开发。④

2. 日本汽车产业

二战后日本汽车产业的发展基本遵循雁行模式,从产业链低端不断向上攀爬,先是占领国内市场,之后掌握核心技术,占领国际市场。1960 年代日本汽车产量突破 40 万台,1967 年超过德国成为世界第二大汽车生产国,1980 年超过美国成为世界第一大汽车生产国,1990 年汽车产量达到 1349 万台,2006 年达到 2245 万台,占世界市场的 32%。

战后日本汽车产业面临两次重大挑战。第一次是从 1970 年代末开始的日美汽车贸易摩擦。在稳定增长期,日本制造业逐渐走向产业链中高端,与美国发生了激烈的贸易摩擦,日美贸易摩擦给日本汽车产业发展造成了很大的困难。为了应对美国的贸易攻势,日本汽车产业采取了向海外进军的战略,而日本较高的节能标准和鼓励企业采用节省能源和

---

① 阿久津良和. 再び脚光を浴びる国産アーキテクチャ"TRON"－坂村節がきわ立った"2014 TRON Symposium"記者会見より[EB/OL]. https://news.mynavi.jp/article/20141207－tron/2, 2014.

② 坂村健. 基調講演:"AI + オープンデータ = 未来"——2017 年のTRONプロジェクトと今後の展望[EB/OL]. http://www.tronshow.org/2017－tron－symposium/session－pdf/ja/data.html, 2017.

③ 赵鹏. TRON 伴随生活的另一个操作系统世界[J]. 家电科技, 2009(22).

④ 周锐. 日本产业政策演变过程、特征及对中国的启示[J]. 生产力研究, 2008(6).

资源技术的政策,也客观上为石油危机之后日本汽车产业海外布局打下了基础。第二次挑战是1990年代初的泡沫经济破灭以及之后发生的世界市场需求变化,这令日产这样转型能力不足的企业迅速落伍,直至沦落到被外资收购的命运。

——利用石油危机带来的机遇实现转型发展。1973年和1979年,世界遭逢了两次石油危机。尽管第一次石油危机引发油价高企,小型车逐渐受到市场欢迎,美国车企的大型车销售增长乏力,但是美国车企的经营者固执地认为石油危机是暂时的,长期来看能够赚取高附加值的大型车仍是美国市场的主流,因此并没有为节能环保的小型车研发和生产注入太多精力,而是把小型车的生产外包给日本车企,这给日本厂家打入美国市场创造了机会。

——开发节能环保技术,努力使产品向高附加值转型。日本政府很早就开始重视汽车的节能环保,早在1966年就制定了汽车排放一氧化碳的标准,这是历史上第一个尾气排放的国家标准;1978年,日本更是制定了当时世界上最严格的能效、排放和噪声标准,诱导日本车企向环保、轻量化方向改进和革新生产技术。这些都给后来日本企业抓住机遇大举打入美国市场提供了坚实基础。美国汽车厂商由于路径依赖和战略短视,把本国的小型车市场拱手让给了日本车企,1978年外国汽车在美国的市占率达到18%;到1980年这个指标急速扩大到26%,其中主要是日本汽车,占美国市场20%以上,美国第三大汽车公司克莱斯勒竟被逼至倒闭的边缘。

——采取出口自限的贸易措施,避免贸易摩擦升级。为夺回本国汽车市场,美国大型汽车集团努力游说政府和国会,终于在1981年5月,里根总统发表关于汽车产业贸易救济政策的讲话,要求日本政府对出口美国的日本汽车数量采取自主限制措施。在美国的制裁威胁下,日本被迫在1981年承诺每年对美出口汽车不超过168万辆,为期3年;这个措施在1984年到期之后又延长了1年,上限提高到185万辆;1985年之后又经过多次延长，直到 1994 年才废止，最后出口上限扩大到 230 万辆。从图 3-1 可以看到，1980 年日本对美出口已经达到 170 多万辆，但是受到出口自限 168 万辆措施的影响，1982 年和 1983 年两年出口回落；1985 年之后由于出口上限提高，出口又有所增长，但是在 1986 年由于受到广场协定引起的日元大幅升值影响，达到顶峰之后开始回落。

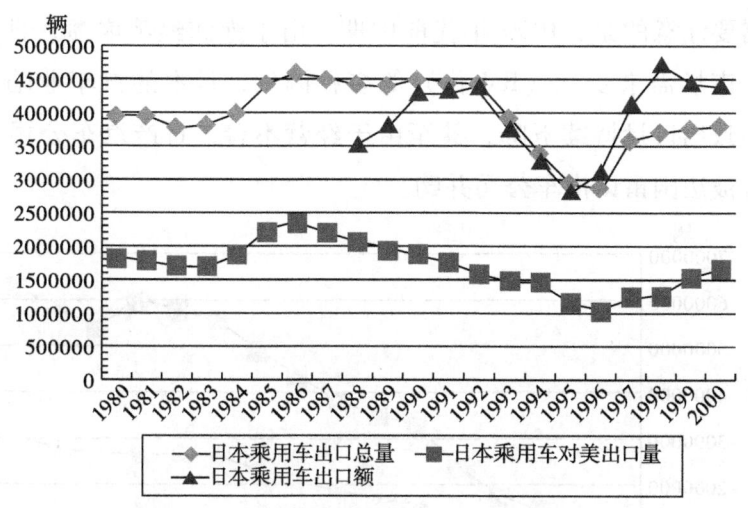

图 3-1　日本乘用车出口数量与出口额变化

资料来源：日本财务省贸易统计和日本自动车工业会。

——通过在美设厂、转型高附加值车规避贸易摩擦。早在 20 世纪 70 年代末，日本汽车企业就开始在海外布局，1980 年代初期，日美汽车贸易摩擦升级之后，更是加快了"走出去"的步伐，大规模在美设厂。虽然日本对美出口汽车自限措施执行了十几年，但是日本车企通过在海外设厂，特别是在北美地区设厂生产，不仅有效规避了出口限制，还使日本汽车产业有了高速成长。从图 3-2 可以看出，日本在北美地区的汽车生产量从 1985 年的不到 43 万辆快速增长到 1994 年的 234 万辆以上。

另外，由于出口量受到限制，日本汽车在美销售价格得到提高，限制措施实际上使日本车企同美国车企结成了价格卡特尔，双方通过价格联盟共同赚取高额垄断利润，受损失的其实是美国消费者。同时，日本企业适时地推出了丰田塞尔西奥、日产西玛等高档车型，在出口数量受限的前提下通过高附加值产品保证了利润，从图3-1可以看出，从1988年到1992年，虽然出口量在逐步减少，但是日本对外汽车出口额一直在增加。

需要注意的是，1990年代前中期，由于泡沫经济崩溃、日元升值和汽车市场需求变化（RV化）等多种因素，日本的汽车业陷入了低迷，导致出口量持续下降，甚至由于经营不善，日产汽车公司于1999年3月被法国雷诺汽车公司并购。

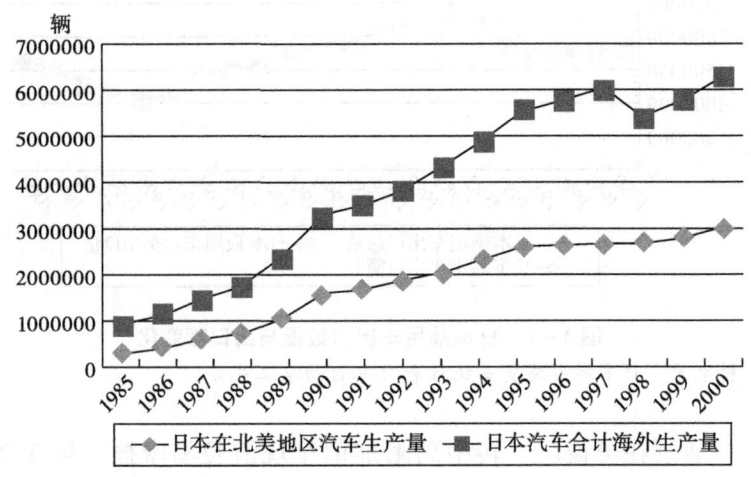

图3-2　日本汽车海外生产量变化
资料来源：日本自动车工业会。

——抓住新能源汽车发展机遇期，坚持氢燃料电池发展路线。日本从1960年代开始制定了一系列产业规划引导国内汽车产业投入电动汽车的研发。新千年以后，日本持续推出了《下一代汽车及燃料计划》（2007年5月）、《下一代汽车普及战略》（2009年5月）、《下一代汽车战略2010》（2010年4月）、《氢与燃料电池战略路线图》（2014年6月）、《汽车产业战略2014》（2014年11月）、《纯电动汽车与插电式混合动力汽车路线图》（2016年3月）等一系列支持新能源汽车的产业规划。

新能源车有纯电动车、混合动力车、插电混合动力车、氢燃料电池车等种类，不管哪一种，电池是新能源车发展的核心技术。电池技术方面，由于镍氢电池在能量密度方面存在明显缺陷而逐渐被边缘化，现在主流的技术路线是锂电池和氢燃料电池两种。锂电池因为起步较早，技术已经打磨得比较成熟，充电桩等基础设施已经初具规模，产业化也比较成功。著名的混合动力车丰田普锐斯（Prius）最开始使用镍氢电池技术，从第四代普锐斯开始丰田逐渐使用锂电池技术。氢燃料电池技术起步很早，可是产业化较慢。虽然早在1968年通用汽车公司就推出了世界上第一款氢燃料电池汽车，由于氢气制备和储存等工序复杂、生产成本较高、安全要求较高以及需要配备辅助电池系统等原因，氢燃料电池的产业化发展受到一定限制。但是，氢燃料电池具有其他技术不可比拟的效率高、启动快、环保性能好、响应速度快等优点，因此被认为是汽车工业的未来。[①] 从2000年以后日本推出的多项产业规划也可以看出，日本政府认为氢燃料电池是未来发展方向，这给丰田等大的汽车厂商发展氢燃料电池技术以巨大的鼓舞和支持。2015年丰田在日本正式发布量产版氢燃料电池汽车Mirai（未来），虽然目前年产量只有3000辆左右，而且全部是手工组装，但是这表明了丰田公司坚持氢燃料电池汽车的决心和定力。

丰田没有随波逐流发展纯电动车，而是从混合动力直接跨入氢燃料电池领域，其发展模式跟世界绝大多数其他厂商都不尽相同，这当然与丰田公司管理者的企业家精神密不可分。但是应该看到，日本政府给氢燃料电池技术的大量补贴是促进其发展的最直接因素。从表3-2可以看出，日本政府对新能源车的购车补贴力度很大，特别是因为氢燃料电池车的成本太高，对其补贴额是对其他车的5~10倍。

---

① 付甜甜. 电动汽车用氢燃料电池发展综述[J]. 电源技术，2017(4).

表3-2 2017年日本政府对新能源汽车主要补贴车型及金额（部分）

类别	厂商	车型	金额/千日元	单次充电行驶里程/千米	指导价/千日元	补贴率
纯电动汽车（EV）	三菱	i-MiEV	120~172	120~172	2105~2430	1/1
	日产	Leaf	228~280	228~280	2526~3678	1/1
	特斯拉	Model S	400	400~613	8001~16394	2/3
燃料电池汽车（FCV）	丰田	Mirai	2020	无	6700	2/3
	本田	Clarity	2080	无	7093	1/1
插电式混合动力汽车（PHV）	丰田	Prius	200	68.2	3020~3910	1/1
	三菱	Outlander	200	60.2~60.8	3388~4250	1/1
	宝马	i3	200	288.9	5157~5722	1/1

资料来源：一般社団法人次世代自動車振興センター　補助対象車両一覧[EB/OL]. http://www.cev-pc.or.jp/hojo/pdf/h30/H30_meigaragotojougen.pdf.

日本现在有100个加氢站，其中有40个在首都圈内，政府对加氢站的建设也给予大额补贴。从表3-3可以看出，三种加氢方式基本补贴率都在一半以上。

表3-3 加氢站补贴方式及金额（部分）

设备规模	供氢能力/Nm^3/h	加氢方式	补贴率	补贴上限/百万日元
中等规模	300以上	on-site	1/2 或 2/3	290~390
		off-site	1/2 或 2/3	250~350
		移动式	2/3	250
小规模	50~300	on-site	1/2 或 2/3	220
		off-site	1/2 或 2/3	180
		移动式	2/3	180
氢集中制造设备			1/2	60
氢液化设备			1/2	40

资料来源：一般社団法人次世代自動車振興センター　補助金額[EB/OL]. http://www.cev-pc.or.jp/hojo/suiso_outline_h30.html.

3. 日本半导体产业与汽车产业在贸易摩擦影响下的发展比较

耐人寻味的是，相对于同一时期对日本汽车的贸易措施，美国似乎对日本半导体产业更加认真。同一时期日美汽车领域的贸易摩擦，以日本出口自限，日本汽车产业向精细化管理、高附加值产品转型而暂时告一段落，从结果上看，实际上形成了日美两国政府联手成立汽车产业价格卡特尔，共同赚取高额垄断利润的双赢局面。反观半导体产业，似乎并没有形成汽车产业似的双赢局面，美国对日本半导体产业一直穷追猛打，直到20世纪90年代中后期日本在DRAM上被中国台湾、韩国赶超，在微处理器上被美国远远甩在身后为止。究其原因有四点：第一，半导体行业与国家安全关系更为紧密，在卫星、导弹和军用飞机上都有应用，美国为了在军需领域不依赖日本半导体产品，必须不遗余力地打压日本，让本国半导体产业一直居于领先地位。① 可以看到，这与今天美国打击中国芯片产业，狙击中国5G发展的"剧情"非常相似。第二，与汽车产业不同，美国对日本半导体产业的价格限制，不仅限于美国，在第三国也同样适用，这就造成了日本半导体产业不但失去了美国市场，连亚洲市场也被韩国、中国台湾等新兴国家和地区厂商夺走。第三，与汽车产业不同，日本半导体产业没能通过大规模在美设厂减少逆差。这主要是因为日本半导体国内市场巨大，几乎可以跟美国半导体市场匹敌，日本厂商没有去美国设厂的动力。这一时期，日本半导体厂商多以国内市场为主，兼顾出口。20世纪80年代日本半导体出口比例在30%左右，而同时期的日本汽车出口比例则在50%以上，可见日本半导体产业主要依赖本国市场。这造成了日本厂商去美国设厂的积极性不高。第四，美国还限制日本对半导体产业的扶植政策。为了防止由产能过剩引起的倾销，《日美半导体协议》约定"两国政府强烈希望控制会导致半导体生产能力过度增加的刺激政策和计划的推出"，这当然成了日后美国限制日本大力投资半导体产业的借口。就此，日本失去了半导体行业竞争中胜出的两个重要砝码：低价和持续的设备投资。② 从

---

① 濱田初美. 日本半導体産業の再生はあるか[J]. 産業学会研究年報,2011(26).
② 吉田秀明. 半導体六〇年と日本の半導体産業[J]. 日経マイクロデバイス,2006(6).

图 3-3 和图 3-4 可以看出，日本无论是半导体还是汽车，整体出口的变化趋势与对美出口的变化趋势基本一致，同时汽车与半导体的走势基本相反。值得注意的是，汽车出口量虽然下降，但是因为海外产量快速上升，整个行业呈现上升态势；而半导体出口总量虽然稳中有升，但是世界市场份额却在逐年下降（见图 3-5）。

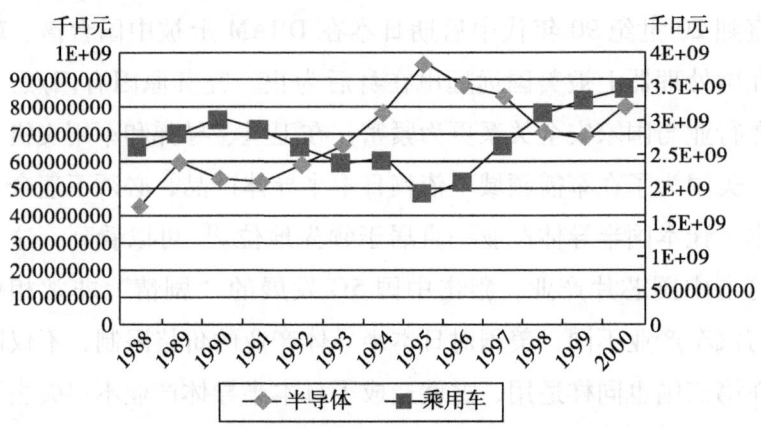

图 3-3　日本半导体与乘用车对美出口额变化

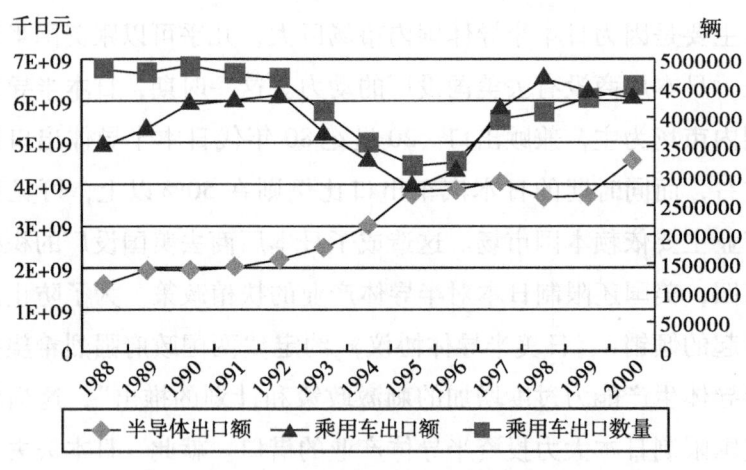

图 3-4　日本半导体与乘用车出口量变化

4. 日本产业政策的特点

日本的产业政策有四个突出特点：一是重视企业层面的合理化产业政策，也即对企业层面制度和机制（会计、工资和现场管理等）的调节。①《机械工业振兴临时措施法》（1956—1970年）和《企业合理化促进法》（1952年）等就是这类政策的典型案例。这类政策决定了日本产业政策不仅能在资源配置层面上引导企业发展，还能通过引导企业建立和完善管理制度，提高企业竞争力和创新能力。二是通过租税特别措施重点对特定产业、大企业进行扶持。租税特别措施在理论上应该是对特定产业短期、临时的税收优惠政策，但实际上日本很多的租税特别措施都长期持续地发挥作用。这些措施能够把有限的资源投入到关系国计民生、未来前景广阔的产业中，但同时也带来了利益固化、社会不公等问题，后来日本产业政策的转向就是对这个问题的调整。三是根据不同产业的特点制定不同的产业支持政策。例如，对纺织等技术变化较慢的轻工业进行直接、短期的政策引导或行政指导；对技术变化较快的汽车产业进行间接的政策引导；对于半导体这种技术激烈变化，同时又是高度技术密集的产业，政府会尊重企业的自主性，主要通过间接的政策引导和方向性的指导来支持。四是注重有节奏的对外开放。日本1980年代主要的对美贸易谈判代表大来佐武郎曾经表示，日本向来的产业政策大体就是，认真选择行业进行发展，在草创阶段采取一些保护措施防止毁灭性的打击，逐渐扶植相关产业直到其能够独立发展，再引进外部竞争。②他还强调，一般这种保护不要超过10年，并应逐步取消，否则本国工业会失去国际竞争力。

此外，日本民间企业非常重视自主研发。在日本，企业的研发费用占到全国总研发费用的70%，巨额的研发投入极大地支持了日本企业

---

① 宋磊. 日本的产业政策失败了么[J]. 现代日本经济,2016(5).
② 大来佐武郎. 发展中经济类型的国家与日本[M]. 北京:中国对外翻译出版公司,1981.

的自主创新发展。据日本总务省数据，2016年日本的研发投入占GDP比值为3.4%，远高于美国的2.8%和中国的2.1%；[1] 根据科睿唯安发布的全球创新企业百强榜单，2017年日本企业有39家上榜，位居世界榜首。[2]

需要强调的是，日本在过去的很多做法都是违反现行WTO规则的，日本在加入WTO之后也进行了相应的改变。中国加入WTO之后，也面临贷款贴息、政府补贴、政府采购和税收优惠等政策工具的适用范围逐渐缩小的处境。但是，WTO《补贴与反补贴措施协议》并不禁止一国政府对产业基础研究进行补助，WTO《政府采购协议》中的安全例外条款支持一国政府通过政府采购扶持国内信息产业，此外一国政府还可以通过制定和修改进口产品标准来保护本国竞争劣势的产业。[3] 因此，当年日本的政府主导经济、重视技术自主研发、注重产业结构合理化调整等做法仍然值得中国学习借鉴。

（三）韩国技术创新历程

韩国在20世纪60年代发展劳动密集型轻工业，70年代发展资本密集型重化学工业，80年代以后开始发展电子、汽车产业为中心的高端制造业。但是，进入90年代之后，随着经济全球化的推进，中国和越南等国家价格竞争力上升，韩国原有的经济政策逐渐失效，经济迫切需要转型升级。

为了应对其他新兴国家和地区的挑战，韩国在1990年代末开始逐渐推出了一系列区域产业政策，强调区域经济协调发展。1987年，韩国民主化宣言之后，政府开始实行区域经济均衡发展的目标，1995年

---

[1] 日本总务省统计局. 平成二十九年科学技术研究调查结果[EB/OL]. http://www.stat.go.jp/data/kagaku/kekka/index.html.

[2] 客观日本编辑部. 全球百强创新企业·研究机构排行榜发布 日本再次位居榜首[EB/OL]. http://www.keguanjp.com/kgjp_keji/kgjp_kj_etc/pt20180213093000.html.

[3] 李燕,张波. 我国产业政策与贸易政策的协调问题研究——基于制度性贸易摩擦背景下的分析[J]. 经济全球化,2012 (2).

恢复地方自治之后,国家和地方自治体两个层面都开始积极加速推进区域产业的发展。金大中政府在1999年制定了韩国第一个区域产业政策,该政策致力于恢复受1997年经济危机影响处于低迷的纺织、机械等产业。

1. 韩国半导体产业

采取跟随战略,模仿日本模式。韩国半导体产业发展最初基本采用日本模式,如政府主导大规模研发、税收优惠支持、代工生产、合作建厂以及专注于DRAM技术等,可以说是亦步亦趋地跟随日本发展脚步。最典型的就是20世纪80年代中期到90年代初期的韩国版VLSI计划,以韩国政府所属的国家电子研究所为主,三星、现代、LG等大企业联合研发超大规模集成电路技术,完全模仿日本模式。

产学研通力合作,结合产业、区域和科技政策,打造韩国硅谷。20世纪90年代以后,韩国半导体产业利用日美贸易摩擦的机遇超过日本半导体产业,可以说进入了属于韩国的独特发展轨道。1993年韩国制定《21世纪电子发展规划》,确立电子工业自力更生的方针,开始重视基础技术研发和行业内共享。2003年卢武铉上台之后,提出地方要在自立基础上均衡发展,制定了《国家均衡发展五年计划》等一系列发展计划。同时,卢武铉政府还尝试结合产业政策、区域政策与科技政策,形成创新产业集群,提高区域产业竞争力。[①] 在《国家均衡发展五年计划》等区域发展战略的带动下,2003年通过国内SOC(Social Overhead Capital)设计技术人才培养和基础建设,在汉城大学(今首尔大学)、全北大学和庆北大学三个大学建设人才培养基地,强化研究力量。[②] 在2001—2005年推动《半导体设计人才培育项目》实施,支持半导体产业技术创新。2008年李明博政府上台,推行广域经济圈政策,提出培育先导产

---

① 李哲雨. 韓国の産業と空間構造の変化[M]//神谷浩夫,轟博志,編. 現代韓国の地理学. 東京:古今書院,2010:13-41.
② 陈德智,陈香堂. 韩国半导体产业的技术跨越研究[J]. 科技管理研究,2006(2).

业、建设大学人才培养基地、推进 30 个重大 SOC 项目三大事业。在这个发展战略之下,韩国的忠清南道和忠清北道被确定为忠清产业圈,以发展科学技术和先进产业为中心,目标是将其建成韩国的"硅谷"。在政府产业政策的不断支持下,韩国半导体产业达到世界领先水平,不仅掌握了核心技术,还在激烈的行业竞争中脱颖而出,产生了三星这样的世界知名自主品牌。2017 年,韩国三星已经超过英特尔,成为世界半导体第一大厂商。

2. 韩国汽车产业

韩国汽车产业的发展可分为三个阶段:吸收阶段(1962—1973)、消化改进阶段(1974—1982)、自主开发阶段(1983—1997)。① 在吸收阶段,1962 年韩国政府颁布了《汽车工业扶持法》,规定组装进口零部件可享受免税,同年又颁布了《汽车工业五年计划》和《汽车工业保护法》,严格限制外国轿车及其零部件进口。在这些法规的鼓舞下,韩国通过与日本(丰田、日产)、美国(福特)和意大利(菲亚特)的汽车公司进行联合办厂、联合开发等合作,逐渐从 SKD(半散件组装)向 CKD(全散件组装)生产模式跨越。在消化改进阶段,1974 年韩国政府提出"长期振兴计划",倡导零部件国产化,要求各公司选定一个车种和车型进行开发,在 1975 年末生产出完全国产化的汽车,同时将零部件厂与主机厂分离加以扶持。政府还在 1975 年颁布了《系统化发展法案》,通过改组联合把全国 90% 以上的产业集中到现代、大宇和起亚三家汽车集团,将三家企业打造成"航空母舰"。在自主开发阶段,韩国政府实施了较为显著的出口导向战略,凭借美国极力打压日本的机遇,韩国汽车大举向海外进军。1986 年现代汽车公司在美国市场成功推出 Excel 轿车。1990 年代初期政府制定汽车工业中长期发展规划"X5 计划",增加研发投入,推进自动化水平,力图使韩国汽车生产能力在 2000 年达到 400 万辆,进入世界五大汽车生产国行列。

---

① 陈德智,肖宁川. 韩国汽车产业引进跨越模式研究[J]. 管理科学,2003(2).

从以上韩国汽车产业发展史,我们可以总结出韩国汽车技术的两次跨越。第一次在20世纪70年代中期,韩国在实现CKD基础上,逐步迈向整车设计、制造的国产化。第二次在80年代中后期到90年代初期,在韩国政府出口导向战略的指引下,韩国逐渐拥有了自己的汽车品牌,并凭借美国打压日本汽车业造成市场空隙的机遇,打入了美国市场。更重要的是,通过"X5计划"指导下的自主研发,逐渐掌握了发动机、自动化生产线等核心技术,成功跻身世界汽车制造强国行列。

三、日韩产业升级的经验和教训

(一) 日本半导体产业的兴衰

1. 20世纪70年代末到80年代的成功经验

针对国内半导体产业,政府主导产业规划,牵头组织合作研发,集中力量办大事,对产业发展起到积极的推动作用。VLSI(超大规模集成电路)开发项目是这方面的成功案例。

针对外国竞争,不盲目排外,通过逐步开放,引进技术,积累实力。80年代IBM推出个人电脑之后,为个人电脑生产微处理器成为半导体产业新的风口。但是由于核心技术专利都在英特尔和摩托罗拉等美国公司手中,日本厂商日立、NEC等只能向两家公司取得授权,生产与其兼容的微处理器芯片,但是经过一段时间的学习,日立公司在1987年研制出了H8、H16和H32三款自主知识产权的微处理器。虽然由于美国政府的打压和美国厂商的先发优势等原因,产品本身没能在商业上成功打败英特尔和摩托罗拉,但是通过授权生产,日本融入了逐渐崛起的个人电脑全球产业链,并积累了生产经验,最重要的是通过在此基础上的自主研发获取了核心技术。

2. 20世纪90年代以后发展的教训

1990年代个人电脑产业大爆发之后,日本半导体产业出现了体制僵化、转型缓慢和持续性增长乏力等一系列问题，日本半导体产业逐渐衰落。这虽然与美国的贸易措施有关，但是日本半导体产业自身的缺陷也加剧了衰落的趋势。具体教训有以下四点：

——以 1986 年"日美半导体协议"为代表的一系列贸易措施严重影响日本半导体产业发展，同时日本政商两界的应对也非常不利。美国不仅通过两国政府正式协议（《日美半导体协议》）的方式把限价、限产（日本政府有义务防止产能过剩）、扩大市场和开放 VLSI 项目专利等措施规定下来，还在 1991 年续签协议时明确提出外国半导体产品要在日本市场占有 20% 以上份额这样的具体要求。这期间，美国企业英特尔和摩托罗拉还向日本开发微处理器的 NEC 和日立两家公司提起知识产权诉讼，迫使两家日本企业放弃了多款研发中和售卖中的微处理器产品。诸多措施的严重后果有两个：一是美国一系列的政府施压与知识产权诉讼使日本彻底失去了跟美国竞争微处理器市场主导权的机会。由于半导体行业技术迭代快、研发窗口期短，美国通过政府与民间企业共同施压，打乱了日本开发微处理器的节奏，致使日本失去了这一大好的发展机会。① 二是最低限价措施使日本在 DRAM 领域被亚洲新兴国家和地区超越，最为致命的是最低限价措施。由于日本半导体产品从一开始就是依靠价廉物美抢占市场，特别是在 90 年代个人电脑大发展之后，市场追求价格低廉、快速应对需求的倾向更加明显，日本企业并没有多少转型高附加值产品维持利润的空间，最低限价措施使日本企业原有的客户转向了成本更低的中国台湾和韩国厂商。从图 3-5 可以看出，日本的半导体出货量占世界市场比重从 1986 年以后持续下降。

——产业方向判断错误。在应对美国打压的过程当中，日本的产业方向和产业政策也产生了一些问题。国际半导体产业的发展趋势是细化分工，架构授权、芯片设计、具体生产分离，从 80 年代末期这种趋势

---

① 堀内俊洋, 坂本進. 日本の半導体企業の浮沈に関する産業組織論考察[EB/OL]. http://www.waseda.jp/fpse/winpec/assets/.../07/WP0902.pdf, 2010.

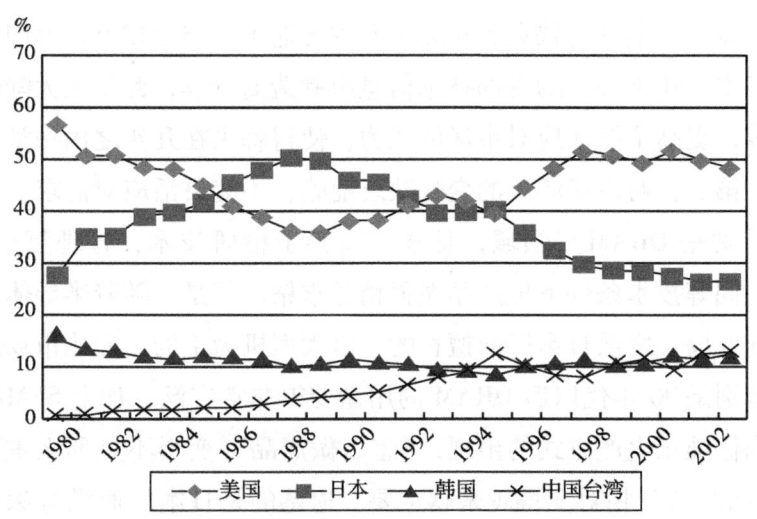

图3-5　各个国家和地区半导体出货量占比变化
资料来源：IC Guide Book 2003年版。

已经初见端倪，专业提供架构授权的ARM和专业提供晶圆代工的台积电等企业的成功，昭示着这种历史潮流的形成。但是，日本企业没有对这一发展趋势给予足够重视，而是固守原先的发展模式，造成了日本半导体产业在技术上成功却在商业上失败的尴尬命运。第一，对生产模式的变化缺乏敏感，顽固坚持原有的一体化生产模式。1987年，美国政府联合英特尔为首的13家半导体公司启动了SEMATECH计划，此计划帮助美国半导体产业在1995年重回世界第一。[①] 此计划有两个效果：一是集中研发，减少重复浪费，并在半导体行业内共享研发成果，为企业减轻负担；二是把半导体制造技术模块化，使设计与制造分离成为可能，促进了资金规模较小的芯片设计行业大发展[②]。这个计划造成了整个半导体产业生态的变化，令习惯于自己做全产业链并且各自为政的日本各大综合电机厂商在竞争中优势不再；同时，日本厂商经营理念封

[①] 方荣贵,王敏. 半导体产业共性技术供给研究[J]. 技术经济,2010(11).
[②] 王敏,方荣贵,银路. 基于产业生命周期的共性技术供给模式比较研究——以半导体产业为例[J]. 中国软科学,2013(9).

闭，不能与时俱进的缺点也在此时暴露无遗了。与之相反，韩国厂商肯于把日本人秘不外传的内部技术信息跟制造商分享，此举大大降低了生产成本，提高了灵活应对市场的能力，使得韩国在几年之内一举超过了日本。第二，对市场潮流的变化缺乏前瞻，不能灵活应对需求。在存储器（特别是DRAM）领域，日本厂商善于精研技术，管理复杂流程，能够在同等技术条件下把产品做得精益求精。但是，随着半导体产业不断向前发展，之前日本厂商擅长的、以大型机为主的一元化市场逐渐转型，特别是90年代以后DRAM的用途变得非常广泛，加上SEMATECH引领的标准化生产方式的出现，"怎么做产品"变得不是那么重要，而"做什么产品"相对变得越来越重要。遗憾的是日本厂商没有深刻把握这样的产业发展脉络，仍然顽固坚持以往的开发模式，太执着于自己企业的设计、细节处理等，使得产品标准化进程缓慢。在微处理器领域也存在类似问题。在1978年英特尔的8086处理器第一次问世之时，并没有引起日本厂商足够的重视，加上日本厂商研发上缺乏专注力，错失了这一机会。

——综合电机厂商为主的产业结构不适应产业发展。日本综合电机厂商的特点是，涉猎各种类型的电子产品，采取设计和制造兼顾的一体化运营方式，资金和人才规模较大。日本学者把这种经营模式形象地称为"百货商店"。综合电机厂商主导日本半导体产业的模式是有其历史贡献的，但是如前所述，随着时代的发展，市场的主流发展模式已经转变为产品专业化、设计和生产分离。① 虽然日本也看到了这一趋势，由通商产业省牵头组织了几次整合，但是由于大财团囿于门户之见，加上半导体行业主导权之争等问题，内部整合一直步伐缓慢，直到1999年才出现尔必达（整合了日立、NEC和三菱的DRAM业务）这样比较成功的整合范例。遗憾的是，它早已错过了行业整合的最佳时机。由于经

---

① 清水誠. 総合電機・半導体メーカーの事業戦略の再構築に向けて[R]. 日本政策投資銀行,2008.

营状况持续恶化，2009 年日本政府出手救助又效果不佳，2012 年尔必达申请破产，后被美国美光科技收购。整合不利导致日本半导体产业推进设计、生产分离式开发和标准化生产进程缓慢，背负巨额设备投资，风险越来越大，发展越来越慢。另外，受 90 年代初日本泡沫经济崩溃的影响，综合电机厂商投资半导体设备的意愿越来越低，原本的规模优势变成了制约发展的劣势。

——产业政策的短视。20 世纪 90 年代以后，日本政府逐渐降低了对日本半导体产业的支持。表 3-4 对比了日本、韩国和中国台湾对半导体产业的扶植情况，可以看到，虽然经过一定程度的改善，但是直到 2008 年日本对半导体产业的扶持力度仍然远远小于韩国和中国台湾。主要原因有三点：一是政府认为日本半导体产业已经实现了赶超美国，能够离开政府的襁褓独立发展，这也与日本一贯的产业政策思路一致。二是日本政界左翼势力抬头，认为这些优惠措施只便宜了大企业，造成社会不公。① 三是由于美国的制裁压力和泡沫经济破灭的影响，无论是政府还是民间，投资热情和能力都大幅降低了。

但是，半导体行业有自己的特点。一是受产业政策影响非常深。有研究指出，中国台湾和韩国在企业所得税比例、设备折旧的年限和设备投资免税等方面的支持力度都比日本要大得多，其产业发展也相应地比日本要好。② 二是研发窗口期非常短、产品迭代非常快，设备投资的时间点非常重要。有研究测算，在 DRAM 新产品投产阶段，投资时间相差一年，利润率竟能够相差 20% 以上。③ 三是先发优势非常明显。英特尔在 20 世纪 80 年代初的短短几年时间垄断了个人电脑微处理器市场，

---

① 中沼尚. 日米半導体貿易摩擦とは一体何だったのか[EB/OL]. http://www.shmj.or.jp, 2015.

② 立本博文. 国際競争力：半導体産業における投資優遇税制の事例[J]. 半導体産業人協会会報, 2012(76).

③ 深谷秀幸. 日本半導体産業の衰退原因と再生への道—メモリ事業を設備投資の観点より考察[D]. 高知工科大学修士論文, 2008.

使后来者再也无法超越。日本政府支持不利，是日本半导体产业被新兴国家和地区超越的一个重要原因。

表 3-4 各国家或地区半导体产业优惠政策比较

制度	项目	日本	韩国	中国台湾
企业所得税率	企业所得税	40.7%	27.5%	25%
	免税年限	无	与外企合资有免税	5年
设备折旧	折旧年限	5年（2007年以前为8年）	4年	3年
设备投资减免税	专用设备投资减免税	有，但是减免额度很小	应纳税额减征3%~7%或者10%	5年内专用设备应缴所有所得税减征5%~20%
	缓征制度	1年	5年	5年

注：表中所示为 2008 年情况。

资料来源：立本博文. 国家特殊の優位が国際競争力に与える影響：半導体産業における各国税制の事例［EB/OL］. https：//www.jstage.jst.go.jp/article/jaibs/1/2/1_KJ00006221311/_article/-char/ja/，2009.

（二）韩国半导体产业的后来居上

1. 准确把握生产模式的变化，将模块化、标准化生产贯彻到底

从 1980 年代中期开始，美国推出了 SEMATECH 标准和通用 MES（制造执行系统）技术等一系列技术标准和生产方式，这些降低了生产的技术门槛，提高了生产效率，引领世界半导体生产向模块化、标准化方向迈进。

SEMATECH 的理念是把设计和制造分离，在行业主要企业共同开发设备和材料的前提下，将制造工艺标准化，为合作企业节约成本、增加市场灵活性。要想实现这一目标，就需要大企业与制造商之间共享技术标准，但是这与习惯于关起门来做全产业链的日本半导体企业的生产模式完全不同，路径依赖过重的日本综合电机厂商拒绝这种生产模式的创新，以致在这样的技术跃迁中逐渐落后。韩国的半导体生产技术原本落后于日本，但是在 SEMATECH 推动的生产标准化逐渐落地之后，韩国半导体企业发现，只要引进最先进的生产设备，同时敢于把内部技术

信息与制造商分享，就能够生产出最先进的 DRAM 产品。这样，韩国企业通过将生产模块化、标准化贯彻到底，大大降低了成本，同时提高了应对市场的灵活性。

同时，韩国和中国台湾的半导体厂家于 1990 年代中期先后导入了美国的 ICT 驱动型通用 MES 技术。这项技术是去除生产流程中冗余和浪费、提高生产效率的一种通用型解决方案。例如，该技术能够计算实时晶圆库存和各工序中的晶圆数，同时与最优晶圆库存和最优的工序中晶圆数进行比对，实时显示两者差距，能够使执行者很直观地掌握如何操作以及以何种频率操作才能使库存最优、投产准备时间（Lead Time）最小。通用 MES 技术可以说是丰田生产方式中"去除一切多余"的理念在半导体行业的翻版。韩国利用该技术，把 DRAM 的投产准备时间从 1996 年初的 90 天缩短到 1998 年的 30 天，实现了生产效率的飞跃。[①]与之相反，日本企业顽固坚持自己的生产方式，各大厂商都各自搞一套 MES 系统，导致生产效率从 90 年代中后期开始落后于其他国家和地区的厂商。

2. 专注于市场需求和成本控制，在发展窗口期迅速抢占市场

1990 年代以后，国际半导体市场的需求结构发生了深刻变化，原有以大型机为主的市场逐渐降为末流，PC 机迅速崛起，成为半导体行业的主流。如前所述，日本半导体行业没有能够抓住时机，而韩国半导体企业适时地进行了革新和转型，加上其成本和技术上的后发优势，令其一举超过了日本，占领了市场。

3. 具有长远眼光，善于逆周期投资

1985 年，受半导体产业周期影响，世界市场出现短暂疲软，64K 的 DRAM 价格由 1984 年 10 月的 4 美元跌至 1985 年 4 月的 0.8 美元。

---

① 中馬宏之,半導体産業における日本勢の盛衰要因を探る：システムアーキテクチャの視点から[J]. Working Paper,2014－12.

在其他公司纷纷削减投资计划时,三星继续为 DRAM 大举投资,这使三星在 1986 年市场恢复时占据了先机。[①] 1996—1999 年,三星再次进行逆周期投资,巩固了存储芯片生产商世界前三的地位。一系列高瞻远瞩的逆周期投资,令 DRAM 领域的传统霸主日立、NEC 等难以跟三星比拼规模优势,随着整合了日本多家半导体事业而组成的尔必达公司被美光科技收购,日本在 DRAM 领域彻底败给了韩国企业。逆周期投资之所以能够成立,跟韩国的财阀体制有关。财阀体制最早起源于日本,随着二战后麦克阿瑟入主日本,进行了一系列改革,其中也包括对日本旧财阀的民主化改革,财阀体制被取消。后来在 1980 年代日美贸易摩擦升级之后,美国又通过贸易施压迫使日本进一步改革了系列企业等旧体制,大企业管理模式逐渐向现代化、民主化方向推进。因为日本并吞朝鲜半岛的影响,韩国后来发展起来的大集团也都模仿日本的财阀体制。韩国财阀体制的优点之一,是能够通过经营者超强的领导力力排众议,进行远期投资,这也是企业家精神创造价值的体现。

4. 80 年代中期到 90 年代中期《日美半导体协议》对日本的打压客观上给韩国提供了上升机会

1980 年代中期日本半导体产业迅速崛起,使美国政商两界对日本科技发展抱有深刻戒心,于是美国政府通过《日美半导体协议》等一系列措施不遗余力地遏制日本半导体产业发展。最致命的是,美国不仅限制日本出口美国半导体产品的最低价格,还强迫日本政府监督日本半导体产品在第三国的售卖价格,以防止间接倾销,这给日本半导体产品以沉重打击,同时也造成了市场真空,给韩国半导体公司抢占市场提供了机会。

(三) 日本汽车产业在夹缝中求存图强的经验

日本式的管理模式和劳动力制度有力地支持了汽车产业的技术革

---

① 汪进,金廷镐. 韩国半导体产业发展的经验与启示[J]. 中国工业经济,1996(7).

新。由于汽车产业技术跃迁相较于半导体产业等高技术产业较慢、技术积累优势明显等特点，日本人一丝不苟的钻研精神和点滴寸进的意志品质对提高制造技术、降低生产成本能够起到很好的作用，而日本式管理和劳动力制度又进一步为日本的成功奠定了基础。

1. 日本式管理模式推动员工不断打磨原有技术，精益求精

"丰田生产方式"是全球最受推崇的制造业生产管理模式，其核心理念是"根除一切多余"，具体包括及时化（JIT）、自动化、看板方式、标准作业和精益化等内容。以"丰田生产方式"为代表的日本式管理方式保证了工人不断打磨原有技术，追求精益求精，逐渐提高工艺水平和效益。需要指出的是，日本式管理方式是内生于日本的社会文化土壤中的，例如日本工厂在质量监督方面，通常发挥主要作用的是班组内部员工的相互监督，这种方式在日本人在意他人看法、互相监督的特殊文化背景下（这在日本人的社区管理中体现得非常明显），能够取得非常好的效果。

2. 终身雇佣制保证了稳定的人才梯队和技术积累

日本式企业管理有三个成功秘诀，分别是终身雇佣制、年功序列制和企业内工会，终身雇佣制是其核心。这种管理模式在日本战后经济高度成长期起到了重要的推动作用。终身雇佣制决定了在日本，大部分的毕业生必须在毕业一两年之内找到一个正式工作，并且一干就要干一辈子；与之相对应的，企业方面也因为雇一个人就要用他一辈子，所以不太看重其专业方向、专业技能和工作经验，而是主要看其个人品格、对企业的忠诚度和团队协作能力等方面。这种劳动力制度对高度成长期的日本高科技发展助力颇大：一是使员工能够长期专注于打磨同一技术，精益求精，不断进步；二是让员工能够安心工作，职位和工资都会根据工龄按部就班地提升，不需要急功近利；三是能提供稳定的人才梯队和经验积累，前辈对后辈的"传帮带"在日本公司非常受重视。需要指出的是，在日本，终身雇佣制不单纯是一种劳动力制度，而是一种社会

制度，它是内生于日本的忠诚、"家"文化等儒家思想观念中的，① 因此尽管很多学者将其总结为日本企业经营的秘诀，但其实在企业管理层面是很难对其进行取舍的，日本企业，特别是大企业采用终身雇佣制是别无选择的。

需要注意的是，终身雇佣制主要的实行主体是大企业，虽然中小企业并不否定它，但是由于其抵抗市场风险的能力较弱，不能完全实行终身雇佣制。另外，日本学界也早就出现了终身雇佣制已经解体的声音。实际情况下，即使是大企业也同样面临市场的挑战、减员增效的需求等课题，特别是在1990年代初日本泡沫经济破灭之后，电子科技、互联网产业的大爆发使技术跃迁变得非常迅速，终身雇佣制的缺点暴露无遗，逐渐由企业发展的动力变为枷锁。在社会大环境不允许彻底废除终身雇佣制的大前提下，大企业不得不通过派遣制、业绩主义、契约社员（合同工）、中途采用（录用跳槽员工）、鼓励提前退休等方式规避终身雇佣制的弊端，虽然有学者将这些做法称为"终身雇佣制的适应性调整"，但这实际上是落后的用人制度在逐渐走向瓦解。

（四）韩国汽车产业的成功经验

韩国政府对汽车产业的扶持力度巨大，配合特有的经济结构，形成了韩国独特的汽车产业发展模式。虽然韩国发展模式模仿日本，例如跟汽车产业先进国家进行联合生产、联合研发和技术引进，提倡使用国货，推出税收优惠政策等，但是由于韩国独特的财阀体制，韩国汽车产业呈现出自己的特点。韩国的经验有以下三点：

第一，推出多项优惠措施促进出口贸易。通过行政手段控制出口产品的成本价格，通过向出口企业提供紧缺原材料、提供低息贷款等措施降低成本。

第二，兼并和快速扩张实现规模经济。在政府干预下，通过改组、

---

① 王默凡. 日本终身雇佣制的历史变迁[J]. 首都经济贸易大学学报，2012(4).

联合形成了现代、大宇、起亚三大汽车集团,其生产集中度达到90%以上。韩国的经验告诉我们,产业扶植政策要重点突出,不能用"撒大网、广覆盖"的模式。特别是汽车这种劳动和技术密集型产业,大企业集团有资金、人才和技术多重优势,要重点扶植大企业。另外,韩国具有独特的财阀体制,国家经济命脉掌握在几家大财阀手里,这也是韩国能够打造"航空母舰"的现实基础。

第三,通过技术引进和坚持不懈的国产化发展独立、完整的民族汽车工业体系。韩国汽车产业没有满足于通过合资提高生产效率和产品竞争力,而是通过进口替代等措施,坚持研发核心技术,创造自主品牌。1991年现代汽车发布第一个内部独立设计的Alpha型发动机,1993年又推出了Beta型发动机,1999年推出了四款新车型:Accent、Centennial、Coupe、Trajet。韩国限制零部件进口,鼓励零部件出口,1990年韩国汽车零部件出口5亿美元,2000年增加到15亿美元。直到1999年6月,韩国政府才为了应对金融危机,开放了汽车业进口产品限制,试图以此来刺激经济。[①]

四、日韩半导体和汽车产业政策的比较

(一)半导体产业

半导体产业具有独特的行业特点,一国不管是想技术跟随还是想技术超越,都需要理解和尊重这些行业特点。在这方面,日韩有一些基本的共通之处,但是又因为经济结构不同,呈现出很多明显的区别。下面从三个方面进行比较:

第一,发展好半导体产业,需要政府持续的优惠政策支持和企业的持续投资。基于半导体产业的特点,政府和企业的支持要具有连续性和

---

① 李永钧. 韩国汽车零部件工业[J]. 上海汽车报,2003(4).

逆周期性。即使半导体产业进入低谷时期，为了跟上技术更新换代的步伐，也需要巨额资金进行研发和生产设备更新。在这一点上，日本半导体产业界表现出了犹豫不决。日本政府方面对半导体产业的支持力度逐渐减小，释放了消极的政策信号；企业方面，日本大企业并没有像英特尔那样选择主动放弃 DRAM 产品，而是对其发展采取了消极观望的态度：一方面拒绝或者拖延行业整合，另一方面对集团内部的 DRAM 事业并没有持续投资，妥善经营。韩国在这方面则比较果断，政府大力支持加上企业的逆周期投资，促成了韩国 DRAM 方面世界领先的地位。

第二，重视技术的同时，要认真研究市场趋势。既要"低头拉车"，也要不忘"抬头看路"。20 世纪 90 年代个人电脑大发展以来，特别是 2007 年智能手机兴起之后，灵活应对市场需求变得越来越重要，以往日本式的技术至上主义逐渐遭遇瓶颈。韩国在这方面比较灵活，虽然在技术细节上跟日本有一定差距，但是因为导入了先进的生产模式和生产设备，具有规模和成本优势，所以能够在市场上胜出。

第三，及时调整产业结构，以适应新的产业发展方向。半导体产业发展日新月异，不仅表现为产品迭代速度快，也表现为开发模式、生产方式的不断更新。在产业起步阶段，日韩的引进——再创新路径基本相同，而且都起到了很好的效果，实现了自主创新和自主品牌建设。但是，随着生产标准化、开发模块化的不断推进，日本企业本来非常擅长的细化打磨原有技术和生产流程的方式逐渐失去优势；而韩国企业通过引进最先进的生产设备和生产模式，能够迅速实现规模经济，这致使日本拥有的一点点品质优势，在快速更新的产品线和巨大的市场需求面前显得微不足道。

（二）汽车产业

汽车产业虽然与半导体产业同属高端制造业，但是技术迭代较慢，相对比较重视技术积累。日韩汽车产业虽然都通过引进—再创新掌握了核心技术，但是发展各具特点。

第一,日韩与外资合作的路径基本一致,都是通过技术引进和合资办厂等方式实现,只是两国对合作的限制程度有所不同。日本采取的是鼓励技术引进,限制合资办厂的方式;韩国虽然在一开始鼓励合资,但是在自身技术达到一定水平之后,果断结束了与外资的合作。

第二,初期发展模式不同。日本因为技术实力比较雄厚,在二战之前已经能够生产自主品牌的整车,因此二战之后日本汽车产业一开始就采用出口导向型战略;而韩国汽车技术起步较晚,初期主要依靠进口替代政策,提高零部件国产化率和自主创新水平。

第三,产业集中度不同。韩国政府为了提高产业集中度,对整车组装企业和零部件生产企业都进行了兼并重组;而日本政府并没有通过行政命令人为地调整汽车产业集中度,日本汽车的零部件生产也主要依赖众多与大汽车公司关联的中小企业。

总体来说,日韩汽车产业发展模式的不同是由两者发展阶段的不同、技术积累的不同带来的,并没有孰优孰劣。可以说,日韩汽车产业发展都非常成功,未来是否能够保持竞争优势,实现可持续发展,主要取决于在新能源汽车技术上的竞争。

五、中国通过科技创新助推产业升级的困境与政策建议

第一,技术创新助推产业升级效果比较明显,但是自主创新贡献不足。我国高技术产业升级过程离不开技术创新,例如汽车产业从开始的散件组装,到整车设计、生产,再到新能源汽车的研制,每一次的产业升级都离不开技术创新的驱动。

但是,在产业升级过程中自主创新贡献较少,引进国外先进技术较多,而且消化吸收不够。这一点集中反映在产业升级对技术创新的拉动作用太小方面上。理论上,随着中国市场化进程的不断深入,产业升级的不断推进,能够同时带动经济发展,提升自主创新能力。这样创新助推产业升级,产业升级之后促进技术再创新,形成良性循环。但实际

上，虽然中国产业升级不断推进，但是每次升级都依赖国外技术和成型经验，形成引进—落后、再引进—再落后的怪圈，这一点在汽车产业上表现得尤为明显。

以汽车产业为例，想要在自主创新上有所突破，新能源汽车给中国带来了新机遇。目前锂电池技术虽然已经渐趋成熟，但是技术发展遭遇一定瓶颈，在其无法取得实质性突破的前提下，氢燃料电池技术将是未来一个发展方向。因此，中国要在完善锂电池技术的基础上，学习日本经验，大力发展氢燃料电池技术，扶持一两家大型汽车企业，着力开发车用氢燃料电池系列技术，争取在10年以内将自主品牌的氢燃料电池汽车市场化。

第二，产业化水平亟待提升。中国实行以市场为导向的改革以来，跟过去计划经济时代最大的不同就是任何技术创新是否可行都要拿到市场上来检验。虽然从技术发展史上来看，半导体、互联网、CDMA等技术都是从军工项目发展而来，但是，这些技术之所以能够迅速发展成熟，创造巨大商业价值的同时为广大老百姓谋福利，都是源于产业化。从实验室到工厂，再到市场，每一步都是艰难的跨越。某项技术本身即使很先进，如果不能通过产业化形成产业链，获取上下游产业的支持协作，也无法最终得到发展。例如，2001年"方舟1号"CPU问世，这是改写中国"无芯"历史的重大创新。但是，实际运营这一项目的方舟科技公司并不想开拓更广阔的市场，结合上下游产业链增加配套、开展创新，而是盯住支持国货、采购量大、来钱比较快的政府采购。因为缺乏软件环境的配套，造成方舟公司的NC（网络计算机）跟其他主流电脑之间不能进行文件交互，用户使用成本非常高昂，很快连政府采购订单也失去了。纵观改革开放以来中国半导体产业的发展史，不乏"方舟1号"这种个别技术上的创新和突破，但是这些单点突破并没有最终形成完整产业链，更没有推动产业升级。

以半导体产业为例，要解决上述问题，一是半导体产业要及时调整产业结构以适应新的产业发展方向。半导体产业技术迭代很快，技术进步不仅能影响技术路线，还能直接造成产业结构的变化。例如，制造技术的标准化直接导致了以 ARM、高通为代表的设计公司大发展，造成了设计与制造的分离。中国目前芯片设计具有一定水平，但制造领域包括材料、工艺、装备等方面还相对落后，因此美国英特尔那种一体化的生产方式中国很难学习，设计、制造分离的产业结构更加适合中国目前的发展。二是学习日本 VLSI 项目和美国 SEMATECH 项目模式。政府组织行业领军企业横向联合、开发底层技术，然后会员实行技术共享，给整个行业提供发展机会。三是重视技术的同时，要认真研究市场趋势。既要"低头拉车"，也要不忘"抬头看路"。半导体市场从1970年代末以来经历了大型机、个人电脑、移动设备等几次大的消费转型，企业要提高对市场的嗅觉，灵活应对市场需求。

第三，企业管理水平亟待提升。很多企业没有建立现代企业制度，缺乏与企业规模相匹配的职业经理人队伍建设。有很多民营企业还处在家族式管理阶段，仅仅是"父传子，家天下"也就罢了，有一些连主要的部门负责人都是创始人的裙带关系，这种模式在创始人一代可能还行得通，但是长期来看将严重限制企业的革新动力；一些国有企业官僚气息浓重，管理者角色定位不清，搞不清自己是官员还是经营者。"中兴事件"就集中反映了个别国企内部管理混乱、权责不清和官僚气息浓重等问题。

要解决上述问题，需要通过合理化产业政策规范企业内部管理行为，引导整个行业走向标准化、专业化。

第四，美国对中国的技术封锁与打压严重影响中国技术创新步伐。目前，中美贸易摩擦正处在胶着状态，在此前美方开出的几项条件中，就有关于停止高科技领域政府补贴、限制出口等条款①，回顾日美贸易

---

① The U. S. Delegation. Balancing the trade relationship between the United States of America and the People's Republic of China[N]. The Wall Street Journal, 2018 - 05 - 04.

史可以看到，这些手段跟当初美国对日本的措施如出一辙，曾经给日本半导体产业以沉重的打击，所以必须慎重应对。比如，《日美贸易协定》规定，日本市场对美开放之后，外国产品要占日本市场份额的20%，这一条后来成了美国的"杀手锏"。因为美日之间对市场份额的计算存在差异，美国坚持认为外国产品在日本市场份额不足20%，不断要求日本开放市场，日本为此付出了沉重的代价。

中国要以日本为戒，一方面认清相关条款的危害，在谈判中注意避开美国设置的陷阱，警惕美国制约中国高科技发展的图谋；另一方面，如前所述，合理化产业结构，鼓励自主创新，争取突破美国的技术垄断。

（执笔人：李浩东）

第四章
中日韩制造业发展与合作趋向分析

2018年，中日韩三国人口总量为15.71亿，经济总量为20.33万亿美元，是亚洲重要国家和世界主要经济体，三国人口总和占世界人口的21%，经济总量占世界的24%，堪称世界经济版图和国际经贸合作的稳定增长极。

二战后，中日韩国家经历了不同的制造业发展历程。

日本主导产业大致经历了农业—轻工业基础材料型重工业—加工组装型重工业—知识密集型产业等几个阶段。20世纪80年代，制造业是日本经济的主体，"广场协议"① 后日元升值，建立在日本国内相对低廉的劳动力成本优势基础上造就的具有强大国际竞争力的日本汽车、电机等产业，此后，其成本优势丧失，日本制造业海外生产步伐加快，日本制造业走向世界。日本家用电器转向东南亚等经济增长较快的发展中国家和地区。汽车转向美国生产，以缓和贸易摩擦。同时，造纸、纺织、食品、化学等制造业也加大了海外布局的力度。但对于高端装备制造业而言，日本始终坚持自主研发，占领战略高地。从2018年8月份

---

① 1985年9月22日，美国、日本、联邦德国、法国以及英国的财政部部长和中央银行行长（简称G5）在纽约广场饭店举行会议，达成五国政府联合干预外汇市场，诱导美元对主要货币的汇率有秩序地贬值，以解决美国巨额贸易赤字问题的协议。因协议在广场饭店签署，故该协议又被称为"广场协议"。

日本发布的《日本制造业白皮书2018》可见，报告中引用了大量的数据，证明其生产力困境（Productivity Slump）的严重性。报告认为，目前日本纯粹的自动化产品竞争非常激烈，难以形成高的附加值，因此，日本制造业希望通过采取自动化与数字化融合的解决方案，获得更高的附加值。报告认为，相较而言，美国制造业更容易获得高附加值的市场机会。报告还认为，在劳动力短缺进一步加重的情况下维持和提升现场力，成为当下的重要课题之一，要利用数字化工具、人才培养和工作方式变革等手段，推动制造现场力复兴。报告提出了以突出"工业"的核心地位的"互联工业"，"互联工业"才是日本制造的未来。日本一直坚持装备立国，发展以装备为主的外向型经济。日本统计数据显示，2018年上半年，日本对中国的装备设备出口，延续2017年的增长态势，特别是机器人和自动化装备，一直被中国制造企业大量采购。同时，日本众多中小企业围绕大型企业形成了完整的产业链，开展对外贸易，形成了独特的竞争优势。

20世纪60年代，韩国加入关贸总协定（GATT）初期，通过利用本国廉价劳动力和纺织工业优势，发展劳动密集型的出口加工业，获得了资本和技术积累。20世纪70—80年代末，石油危机带来的西方资本主义国家经济衰退与贸易保护主义抬头，韩国劳动密集型的轻纺工业品出口受阻，迫使韩国一些积累了一定资本、技术力量以及经营管理经验的企业逐步地转型到汽车、造船、石化、钢铁和机械制造等行业，并逐渐构筑了可在国际竞争中立足的骨干出口行业；同时，推动电子机械、家用电器等高新技术产业的形成和发展，这一时期韩国整体进入重化工业时期。20世纪80年代末至21世纪初，韩国加速推进劳动和资本密集型产业向技术和知识密集型产业转化，汽车、电子产品和半导体成为韩国主要工业。20世纪90年代，以WTO为标志，国际分工推进了新一轮产业调整，韩国构筑了积极参与发达国家先进技术的分工体系，以缩小与发达国家的差距；同时推进产品差异化、生产当地化等，提高产品与发展中国家的竞争力,实现在国际分工中有比较优势的产业调整。

新中国成立后的 29 年中,中国按照"苏联模式"建立了较为完整的制造业体系,制造各类工业和消费产品,但当时制造业总体偏向于工业制造,满足人们生活需要的消费品短缺。1978 年到 80 年代末,中国制造业崛起于满足人们消费需求的电子产品和轻工产品。90 年代初到 20 世纪末,中国经历了由计划经济向市场经济转型,尤其是南方谈话后,我国民营制造业崛起,以外资制造业为主的外商投资大幅增长。据统计,1986—2001 年,中国进出口总额年均增长 13.7%,同期外商投资企业进出口额年均增长 34.7%。外商进出口额占进出口总额的比重由 4% 上升到 50%,工业制成品占外商投资企业出口额的 80% 以上。这一时期的外资主要来源于日本、韩国、美国、中国香港和台湾地区以及维京群岛。从 2010 年起,我国制造业占全球比重的 19.8%,跃居世界第一。但中国制造业水平整体偏低,随着中国人口红利的消失,制造产业亟待转型升级与工业自动化。

一、中日韩制造业合作的基础与现状

(一) 中日韩制造业合作的基础

中国改革开放以来,特别是邓小平南方谈话后,中日韩经济来往频繁,产业合作与转移持续深化,制造业[①]合作基础不断强化。制造业的合作主要基于以下几方面原因:

1. 中国与日韩要素禀赋的互补性及需求的相似性是中日韩制造业合作的基础

中国土地面积大,农业资源和矿产资源丰富,广阔的中西部地区还

---

① 中国的制造业分为三类:一类是轻纺工业,包括食品、饮料、烟草加工、服装、纺织、皮革、木材加工、家具、印刷等,占我国制造业的比重为 30.2%。一类为资源加工工业,包括石油化工、化学纤维、医药制造业、橡胶、塑料、黑色金属等,占 33%。还有一类为机械、电子制造业,包括机床、专用设备、交通运输工具、机械设备、电子通信设备、仪器等,约占 35.5%。

处于待开发阶段。日本与韩国资源相对匮乏,能源及工业原材料主要依赖进口。以中日韩三国在自然资源方面的互补性为例。根据 RIETI① 研究所数据库中中日两国贸易数据整理,1980 年,中国对日出口总额为 43.08 亿美元,其中,初级产品占贸易总额的比重为 58.22%,初级产品中石油和煤炭占 82.44%,其次是石、黏土、玻璃和混凝土产品等自然资源类初级产品;中间产品占贸易总量的 26.7%,中间产品中被用来加工的商品里还是石油和煤炭占比最大。1990 年,中国对日出口的初级产品占贸易总额的比重下降为 31.13%,但石油和煤炭依然占初级产品对日出口总额的 67.16%,可见,这一时期中国是日本自然资源类产品的重要进口国。1992 年,邓小平南方谈话后,中国经济进入快速发展阶段,国内对能源产品的需求增大,出口日本的能源类初级产品逐年减少,对日出口初级产品占贸易总额比重仅为 0.06。中日韩在国际能源市场上逐渐呈现相似的需求,形成竞争与合作的关系。

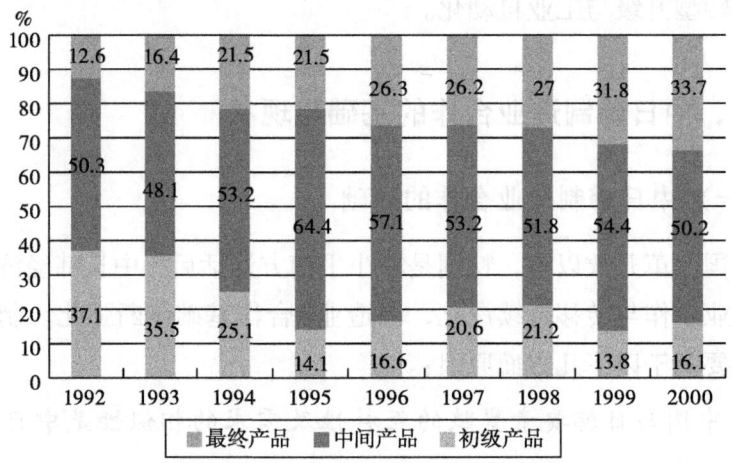

图 4-1　1992—2000 年中国出口韩国制造业产品结构变化
资料来源:RIETI 研究所数据库。

---

① RIETI 是 2001 年在日本成立的一个从事经济、贸易和产业研究的政策智库。该智库致力于利用理论和实证研究活动,提出政策建议,以最大限度地发挥协同效应,参与决策,该研究院高度重视日本和海外的经济活动。

中韩两国1992年建交以来，两国贸易快速发展，根据RIETI研究所数据库中有关中日两国贸易数据（见图4-1），1992年，中国出口韩国制造业产品贸易额为37.24亿美元，其中，初级产品、中间产品和最终产品占制造业出口额比重分别为37.1%、50.3%和12.6%。合作初期，初级产品占比高，初级产品出口中，食品出口韩国排在第一位，其次是原油和煤炭；中间产品中，纺织品半成品出口额占比最高；最终产品出口中，排在第一位的还是食品。可见，1992年，中国对韩出口以加工层次和附加值低的商品为主。随着两国制造业合作不断深入发展，初级产品占制造业出口比重呈现明显下降趋势，出口产品结构也发生了变化。到2000年，中国出口韩国制造业产品贸易额为127.99亿美元，是1992年的6.5倍，其中，初级产品占制造业出口比重下降为16.1%，初级产品出口额排第一位的是原油和煤炭，其次是食品；中间产品占中国对韩制造业出口额的比重变化不大，但是产品结构发生了较大的变化，排在第一位的是钢铁、有色金属，其次是电机零配件，第三是纺织品的半成品；最终产品的出口占比上升到33.7%，其中，出口额排第一位的是电机，其次是纺织品。总体而言，中国对韩制造业出口产品从结构上来看，中间产品出口逐渐占到了出口的主要比重，商品出口的层次及商品附加值明显提高，但从中国对韩出口的中间产品占比来看，要素产品出口依然占较高比重，中韩两国资源要素互补性明显。

1992年，韩国对华制造业出口额为26.23亿美元，其中，初级产品、中间产品、最终产品占制造业出口额比重分别为1.1%、88.2%、10.7%。1992—2000年（见图4-2），韩国对华出口中间产品占到80%以上，初级产品占比极小。1992年，中间产品出口中，出口额排在第一位的是钢铁、有色金属的半成品，其次是化学制品的半成品。2000年，韩国对华制造业出口额232亿美元，是1992年的7.1倍，其中，中间产品出口中，排在第一位的是化学制品的半成品，其次是电机的零部件，第三是纺织品的半成品。出口中国的最终产品占比有一定程度的增加，主要以通用机械为主。中韩两国建交初期，韩国对华投资以劳动密集型和来料加工型项目为主，这些产业技术水平低，主要聚集在山东、辽宁、吉林等地，以中小企业为主。此后，为拓展中国市场，韩国对华投资制造业范围逐渐向上海、江苏等地区扩展。

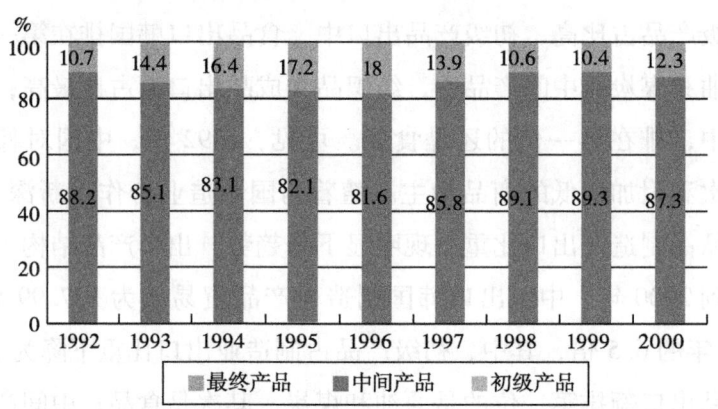

图 4-2　1992—2000 年韩国出口中国制造业产品结构变化
资料来源：RIETI 研究所数据库。

在劳动力资源上，中日韩三国存在较大的互补性。1980 年，中国有 9.87 亿人，是人口大国，日本是 1.17 亿人，韩国仅 3817 万人；2018 年，中国人口总量为 13.95 亿人，日本 1.27 亿人，韩国 5046 万人。中国庞大的人口数量，意味着丰富的低成本劳动力资源，日韩国家人口密度大，经济发展程度高，生产规模大，但人口老龄化，劳动力资源不足，劳动力成本高。同时，改革开放后，中国经济社会全面发展，人民生活水平不断提高，产生了巨大的市场需求，为日韩制造业发展提供了广阔的市场空间。相比之下，日本和韩国都是独立的岛国，人口少、面积也小，自然资源和市场都有限，只能发展外向型经济，产业链分散在外，容易受到来自外部风险的冲击；而中国国土面积大，人口众多，地价相对低廉，人力资源成本偏低，仍具有低成本优势，可以依托内需市场实现内生性增长，海外产业链出现断裂后，短期内可以迅速转移到国内进行修补。

此外，中国地域广阔，各地为发展经济，纷纷出台各类优惠的招商投资政策，不断营造良好的营商环境，比如低成本工业用地成本、灵活的退出机制、完备的基础设施条件等。

2. 企业国际化经营推动了中日韩制造业合作

随着全球市场扩张，日韩企业在追逐全球市场进程中不断扩大生产规模，推进企业全球生产布局，以实现企业国内外生产经营的国际网络不断趋于合理化。受中日韩三国地缘关系影响，日韩较长一段时期都是中国重要的外资来源国，日韩企业的跨国经营推进了中日、中韩产业转移和经济合作。中国加入 WTO 后，中国在全球市场的地位和作用日益突出，日本国内所有的制造业企业都加紧了对中国市场的布局，掀起了继邓小平南方谈话后的新一轮投资，据日本大藏省统计，2000—2004 年，日本对华直接投资中对制造业投资的比重为 81.11%。据韩国进出口银行（2006）统计，2001—2005 年，韩国对华投资比重分别为 12.3%、27.7%、40.8%、38.4% 和 40.3%，呈现逐年上升趋势，其中，2003 年制造业占韩国对华投资的 74.6%，2005 年该比重扩大到 90.26%。随着中日韩三国制造业融合加深，日韩的大企业越来越重视对中国本地资源的利用，逐渐由原来的产、销向产、销、研一条龙发展转变。

3. 中日韩经济结构上表现为梯度分布的分工体系

20 世纪 80 年代以来，中国承接日本、韩国转移的产业，成为全球的加工贸易中心和制造中心，日韩在高端零部件生产上形成了独特优势。当前，中国与日本、韩国在汽车、钢铁、石化等产业存在竞争，但总体而言，中韩日分别位于制造业产业链的低端、中端和高端，经济具有很强的互补性。比较长的一段时期，日本、韩国利用中国的人件费低成本优势，在中国投资建厂，建立其本国主导的"产业内分工"体系，这种以跨国公司为主的"产业内分工"增强了本国总部公司在高附加值领域的优势。中日韩三国形成了以产业内垂直分工为主的产业梯度转移。

4. 区域相对稳定的政治环境与积极的贸易自由化政策是推动包括中日韩在内的东亚地区生产网络稳定发展的关键

冷战结束以后，尤其是柬埔寨战争结束以后，东亚地区没有发生过国家之间的战争，是全世界冷战后保持和平的少有地区，这种和平稳定为东亚地区区域合作提供了极为有利的政治环境。而20世纪90年代末，全球贸易自由化加速为东亚地区生产网络快速发展起到了极为重要的推动作用，区域内自由贸易协定及跨区域贸易协定呈现多元化发展，主要的贸易政策有：WTO框架下的多边贸易政策、亚太经合组织的跨区域合作、区域合作"10+3"与"10+6"以及双边贸易自由化等，中国—东盟自贸区的全面建成以及一直处于谈判进程中的中日韩自贸区等。区域贸易政策通过削减关税与非关税壁垒，有效降低了贸易成本，扩大了贸易规模，促进了区域内自由贸易统一市场的形成。

（二）中日韩制造业合作的历史与现状

近年来，中日韩三国之间因诸多敏感问题所带来的各种不确定性，使三国经贸合作受到影响。但人工智能、3D打印、数字经济等新产业的蓬勃发展，为三国经贸合作带来了更多机遇，其中制造业合作依然是中日韩三国合作的首选，日韩尤其是日本对华制造业投资表现明显回暖。据中国商务部统计，2018年中日两国贸易总额近3300亿美元，比上一年度增加了8.1%；日本企业对华投资实际使用金额达38亿美元。截至2018年底，日本累计在华投资达到1120亿美元，在国别排名中居第一位。据中国商务部统计，改革开放以来，进驻中国的日本中小企业也很多，共计超过5万家。目前，行业也从制造业扩大至服务业，日本将中国的定位从生产基地变为巨大的消费市场。据中国海关统计，2018年中韩进出口总值达20669.4亿元人民币（约合3134.285亿美元），增长8.9%，其中中国从韩进口增长12.3%，出口增长3.1%。据韩国进出口银行统计，2018年，韩国对中国投资额为30.74亿美元，占韩国对外投资总额的9%。其中,对华制造业投资占其对华投资总额的92%。就中国而言,2018年我国利用外资量稳质优,制造业利用外资占比升至30.6%,高技术制造业利用外资增长35.1%。

据中国商务部统计,1995—2016年,在外商直接投资中国制造业合同项目数(见图4-3)中,1995—1999年,外商直接投资制造业合同项目数呈现逐年回落的趋势,但随着全球化发展,尤其是2001年中国加入WTO后,外商直接投资制造业合同项目数出现明显的大幅度增长,2004年达到最高值30386个,2004—2009年出现逐年回落,2010—2011年金融危机后又有小幅增长,2016年,外商直接投资制造业合同项目数回落到4013个。2004年制造业合同项目数是最高的,但从制造业实际使用外商投资金额(见图4-4)来看,使用金额最高的年份是2011年,制造业实际使用外商投资金额达到521亿美元,比2004年高21.16%,说明单个外商直接投资制造业合同项目投资规模是增大的。2010年,外商对华投资中,制造业实际利用外资占总投资比重为43.22%,制造业项目数占外商直接投资项目数的40.29%。2016年,外商对华投资中,制造业实际利用外资占总投资比重下滑至26.54%,较2010年下降了19.36个百分点。

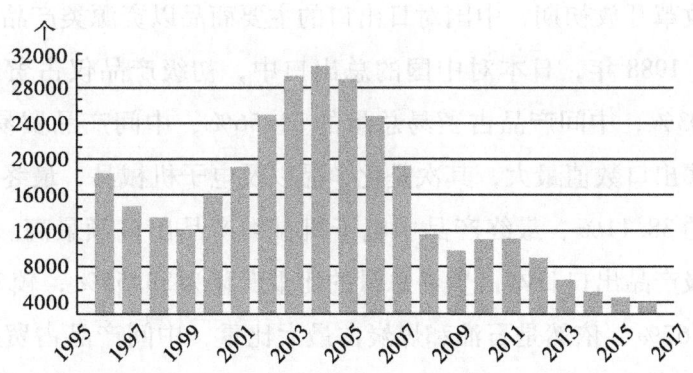

图4-3 1995—2016年外商直接投资中国制造业合同项目数
资料来源:Wind.

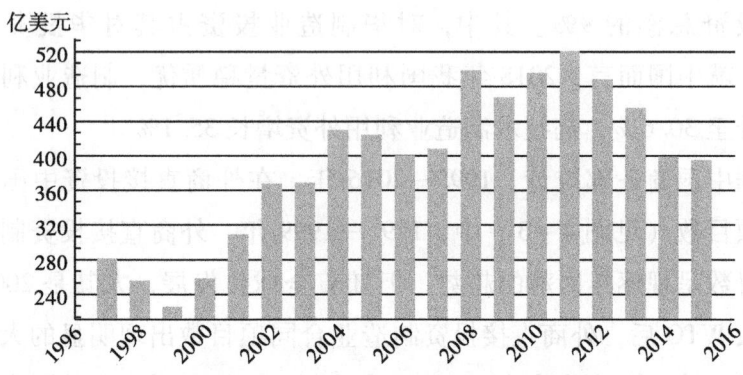

图 4-4 1996—2016 年我国制造业实际使用外资金额
资料来源：Wind。

1. 中日制造业合作的历史变迁

——中日制造业贸易结构变迁。根据 RIETI 研究所数据库中中日两国贸易数据整理，1980 年，中国对日出口总额为 43.08 亿美元，其中，初级产品占贸易总量的比重为 58.22%，初级产品中石油和煤炭占了最大比重，中间产品占贸易总量为 26.7%，中间产品中被用来加工的商品里石油和煤炭占最大比重，其次是纺织品，最终产品占贸易总量的 20.1%，最终产品中出口额最大的是食品，其次是纺织品。从上述数据可见，改革开放初期，中国对日出口的主要商品以资源类产品和传统产品为主。1988 年，日本对中国的总出口中，初级产品仅占贸易总量比重的 0.03%，中间产品占贸易总量的 61.56%，中间产品贸易中钢铁、有色金属出口数值最大，其次是化学品以及电子机械品，最终产品占贸易总量的 38.11%，最终产品中电子机械类产品出口额最高。1988 年，我国初级产品出口日本占贸易总量的比重变化为 33.55%，较 1980 年减少了 24.67%，依然是石油和煤炭占最大比重，中间产品占贸易总量的 29.16%，中间产品中被用来加工的商品里还是石油和煤炭占最大比重，其次是纺织品，最终产品占贸易总量上升为 37.29%，最终产品中出口额最大的依然是食品，其次是纺织品。从这一组数据可以看出，改革开放初期，中国与日本产业内贸易发展相对缓慢，但这一时期，日本对中国能源类以及纸浆、纸张和木材等初级产品需求量大，中间产品贸易业主要发生在中国境内经过初级加工的能源类产品和纺织品。

随着中国经济的发展，中国对日本出口产品结构发生了明显的变化，改革开放以来，中国对日出口的初级产品占对日出口总额的比重逐年降低（见图 4 - 5），到 2015 年，对日出口的初级产品仅占对日出口总额的 1.35%，并且初级产品出口结构也发生了变化，2006 年，中国对日出口的初级产品中，原油与煤炭出口总额排在第一位，与改革开放初期结构保持一致，只是出口总额在逐年减少，但到 2015 年，中国对日出口的初级产品中，出口总额排在第一位的是纸浆、纸张和木材，其次是石、黏土、玻璃和混凝土产品，原油与煤炭排在第四位，这与中国生产资料消费结构变化有关，也与国内对出口产品结构调整及国际能源市场变化有很大关系。进入 21 世纪，中国政府出台支持汽车工业发展的《汽车产业发展政策》，日系汽车企业抓住时机，大规模增加中国投资，启动长达 5 年的新一轮大规模投资。中国对日出口的中间产品占出口总额比重自 1997 年到 2005 年，持续保持在 40% 以上的状态，在 2006—2008 年分别回落到 35.1%、36.23%、37.94%，受金融危机影响 2009 年下降至 31%，随后几年又逐年回升，2015 年又上升到 36.69%，这反映了中日两国制造业生产网络已经相对成熟，中国对日中间品出口总额占比相对稳定，但中间产品出口结构是变化的。2000 年，中国对日出口的中间产品中，出口总额排在第一位的是电力机械，其次是通用机械，第三是化学品；2015 年，中国对日出口的中间产品中排在前三位的分别是电机、化学品、通用机械，并且电机、化学品、通用机械出口规模分别是 2000 年的 4.55 倍、5.26 倍、3.92 倍，中国为日本提供大量的中间产品，日资企业在中国完成中间产品加工后，出口日本，经过再加工，销往包括中国在内的世界各国。在汽车工业、通用机械等行业，中国通过《汽车产业发展政策》引进世界最先进的汽车生产技术和管理经验，但同时也造就了重要的汽车组装基地，国内汽车工业是否在这一轮开放市场中获得了技术，是否有足够的竞争力还有待观察。2006年以来，中国出口日本的最终产品占比有一个大幅度上升，从2005年的45.66%上升到2006年的61.7%，此后，除了2008年只有58.53%外，其他年份都在60%以上。最终产品出口结构呈现以下变化：2000年，中国对日出口最终产品总额排在第一位的是纺织品，并且纺织品遥遥领先于第二位的食品以及第三位的玩具和杂货。2015年，中国对日出口最终产品总额排在的第一位的是电力机械，其次是纺织品，第三位的是通用机械，并且出口金额远高于2000年的水平。这反映了2006年以后，中国电力机械、通用机械等资本技术密集型商品的竞争力明显上升，使日韩等国从中国进口的资本货物迅速增加；同时，纺织品及玩具等劳动密集型商品依然具有较强竞争力。

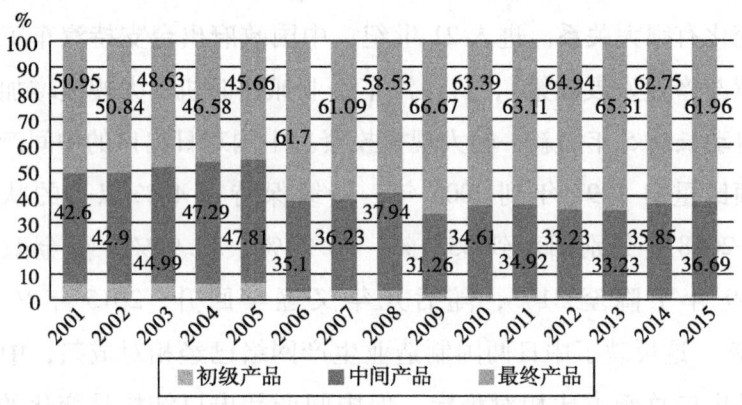

图 4 - 5　2001—2015 年中国出口日本制造业产品结构变化
资料来源：日本 RIETI 研究所数据库。

日本对华出口产品结构也有较为明显的变化，分析这种变化有助于发现中日两国产业结构的变化。从图 4 - 6 可见，2001 年起，日本对华出口中间产品占制造业出口总额比重从 71.08% 逐渐下滑至 2015 年的 64.38%，而最终产品的占比却从 26.97% 上升到了 33.3%，中国消费者日益青睐日本国内制造的产品，这种情况也表现在"中国大妈"在日本市场的"扫货"上。

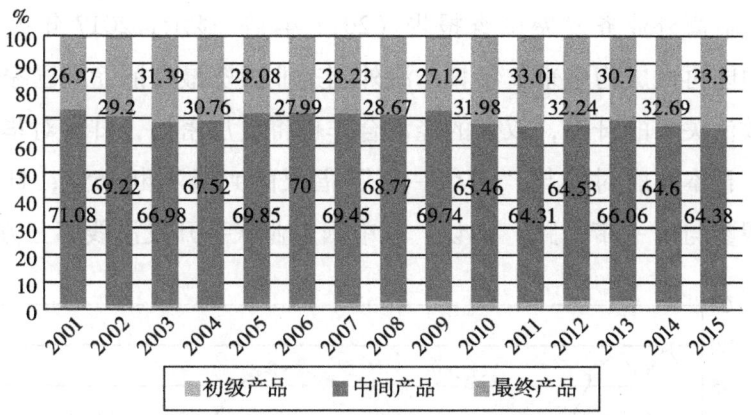

图 4-6 2001—2015 年日本出口中国制造业产品结构变化
资料来源：日本 RIETI 研究所数据库。

——日本对华直接投资变化。与 2010 年相比，日本对华投资金额占中国实际使用外资金额比重自 2012 年的 6.07% 滑落到 2015 年的 2.32%，该比重是自 1987 年以来的历史最低点（见图 4-7），日本对华投资金额也从 2012 年的 735156 万美元，回落到 309585 万美元，回到 1995 年的水平。从图 4-8 来看，日本对华投资金额变化似乎有一个周期性的规律，第一个周期是 1993—2000 年，第二个周期是 2001—2008 年，第三个周期是 2009—2015 年，每一个周期变化都与国内外诸多因素相关联。其中影响第一个周期的最大因素当属 1992 年邓小平南方谈话，推动了中国进一步的经济体制改革与对外开放，对日本企业投资中国产生了极大的吸引力；影响第二个周期日本对华投资的最大因素是中国加入 WTO，加快了中国融入全球产业链的步伐，凭借特有的比较优势吸引外商投资；影响第三个周期日本对华投资的最大因素是金融危机爆发，发达国家需求疲软、国际经济环境相对恶化，但中国正逐渐成长为消费大国，市场潜力大，吸引日资企业进行了新一轮的对华投资。金融危机后，随着中国经济发展，原有的土地、劳动力、原材料等比较优势逐渐减弱，印度以及东南亚等新兴国家开放程度和投资环境改善，吸引部分劳动密集型企业撤离中国。根据国际协力银行《日本制造业企业海外业务发展调查报告（2017年）》显示，2017年度调查显示，中国再次成为未来3年日本海外制造业投资最有前途的国家。随着两国政治关系的升温，双方的经济合作也将更加密切，日本对华投资正回暖。日本政府对参与"一带一路"倡议的兴趣不断升温，日本经济界渴望参与"一带一路"倡议，和中国企业联手开发沿线第三方市场。

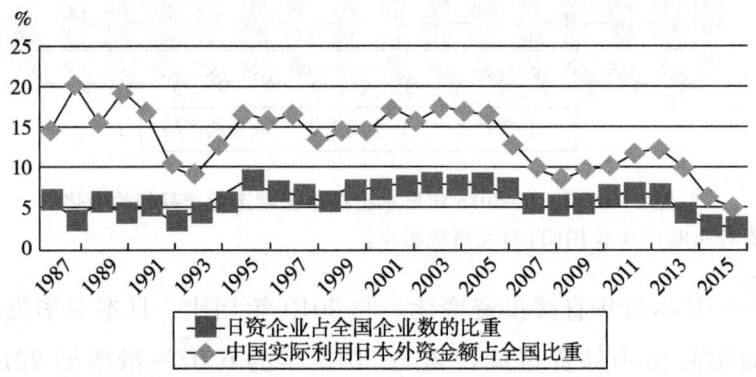

图4-7　1987—2015年日本对华投资情况
资料来源：中国投资指南网站。

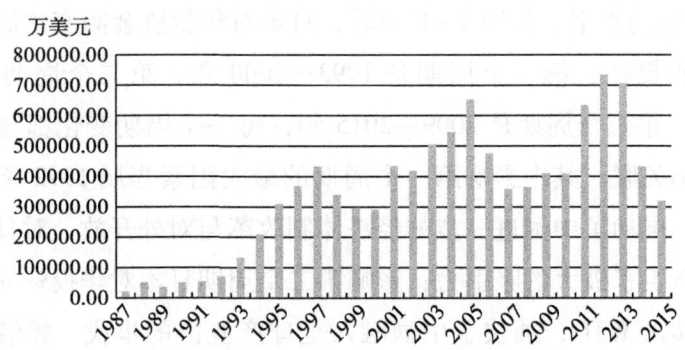

图4-8　1987—2015年中国实际使用来自日本的外资金额
资料来源：中国投资指南网站。

2. 中韩制造业投资与贸易历史变迁

——中韩制造业贸易结构变迁。据日本RIETI研究所数据库统计

(见图4-9),中国加入WTO后的第二年,即2002年,半成品及零部件中间产品出口额占韩国对华出口的制造业产品总额比重下滑近10个百分点,从85%下滑至75.5%,75%左右的比重一直持续到2015年,2002—2015年,最终产品出口占韩国对华出口的制造业产品总额比重也基本保持在22%上下,这反映中韩两国制造业合作已经趋于稳定和成熟。2002—2015年,韩国对华出口的中间产品中,出口额最高的是电机零部件,其次是化学制品的半成品,并且电机零部件对华出口规模逐年扩大,2015年的出口额已经是2003年的7.5倍,是2010年的1.64倍,最终产品出口额最高的是精密机械。从数据来看,中国加入WTO后,韩国企业逐渐调整在华投资的方向,由以来料加工为主向机电等技术密集型产业转型。

1992年以来,中国对韩制造业出口规模逐年扩大,中韩两国制造业合作不断加深,2015年中国制造业对韩出口额为834.7亿美元,是1992年的22.4倍、2003年的3.8倍。从2001—2015年出口结构来看,中国对韩出口的制造业初级产品比重呈现逐年下降趋势(见图4-10),中间产品占比却逐年升高,最终产品出口保持在30%~40%。2001年,中间产品中,中国对韩制造业出口额排在第一位是机电零部件,第二位是钢铁、非金属半成品,第三位是化学制品的半成品;出口韩国的最终产品中,第一位是纺织消费品,第二位是电机资本品。2005年开始,中间产品中,出口产品结构发生了明显的变化,中国对韩制造业出口额排在第一位的是钢铁、非金属半成品,第二位是机电零部件,韩国从中国大量进口钢铁、非金属半成品和机电零部件经过产业链上的某些环节的加工,再出口中国,汽车、运输机械等在中国经过组装,形成新的机电零部件或者制成品,在中国市场销售或出口其他国家。因此,到2006年,中国对韩出口的最终产品也发生了变化,出口额排在第一、二位的分别为作为资本品的机电与通用机械。2009年,机电零部件首次超过钢铁、非金属半成品,此后,这种结构基本稳定下来,到2015

年,机电零部件出口额已远超过钢铁、非金属半成品,说明中国机电零部件加工技术水平不断提高。

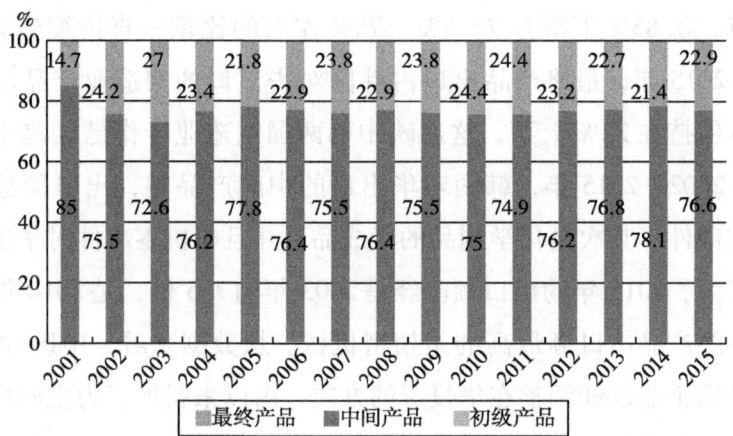

图4-9 2001—2015年韩国出口中国制造业产品结构变化
资料来源:日本 RIETI 研究所数据库。

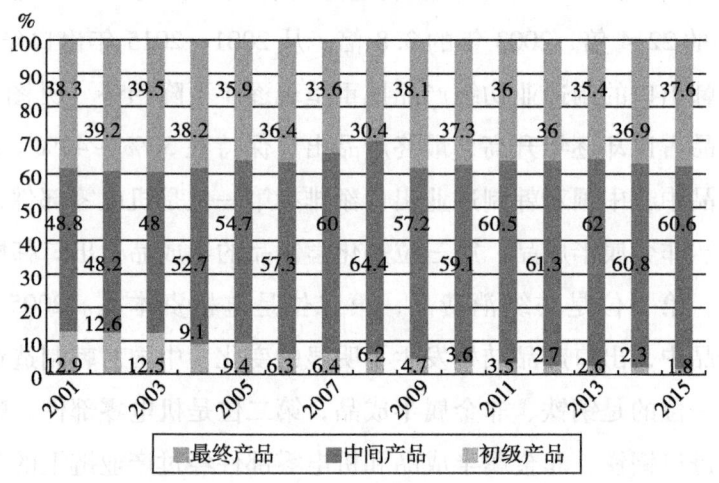

图4-10 2001—2015年中国出口韩国制造业产品结构变化
资料来源:日本 RIETI 研究所数据库。

——中韩制造业投资的变迁。1992年,邓小平南方谈话,韩国与中国建交,之后,日韩企业开启了对华投资热潮,并且主要投资领域是制造业。中国加入 WTO 后,中国开放的投资环境极大地吸引了韩国投资，到金融危机前，制造业占韩国对华全部投资极大的比重。《2015—2016年在华韩国企业白皮书》的调查数据显示，2003年，制造业约占韩国对华投资的74.6%，到2005年该比重提高到90.26%，到2010年下滑至75.7%，2014年又增长到80.9%，占压倒性的态势。韩国进出口银行统计显示，1992年中韩两国建交到2007年，韩国对华基本保持逐年增长的状态（见图4-11），到2007年达到最高水平56.92亿美元，此后，受金融危机影响，2009年有所下降，2009—2013年也基本保持逐年递增，2014—2018年，韩国对华投资基本稳定在30亿美元左右。同时，从行业来看，制造业投资是韩国对华投资的重点，1991—2018年，韩国对华制造业投资占其对华投资总额比重都处于60%~80%（见图4-12）。2001年以来，根据《2015—2016年在华韩国企业白皮书》的调查数据分析韩国对华投资的目的，2015年，为进入当地市场的投资为71.8%，这一比重较2010年增加了10.3%，而且，为利用低薪对中国投资的比重为5.2%，与2010年相比减少了10.4%，意味着韩国企业越来越重视中国迅速扩大的内需市场而不断增加投资。从韩国对华投资主体来看，2014年，大企业为83.3%，中小企业为14.7%；随着大企业的投资比重增加，大企业的平均投资规模也在增加，显示出对华平均投资规模持续扩大。

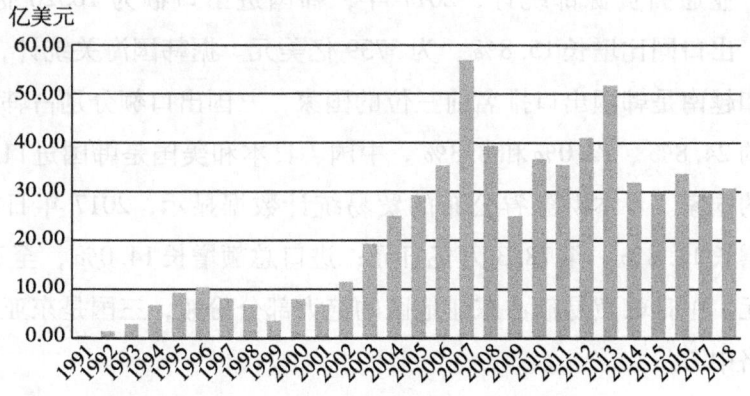

图4-11 1991—2018年韩国对华投资总额变化

资料来源：韩国进出口银行。

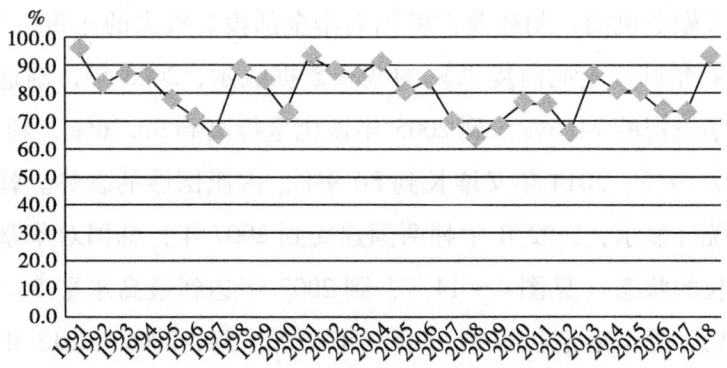

图 4-12 1991—2018 年韩国对华制造业投资占其对华投资总额比重
资料来源：韩国进出口银行。

3. 中日韩是东亚地区生产网络的中心

国际贸易中心（ITC）数据库数据显示，以中日韩为中心的东亚地区生产网络中，中日韩三国的产品供应国家集中度都低于1%，与产品供应国的平均距离都在5000公里以上（表4-1），中国和日本进口产品国家是非常分散的，尤其是中国产品出口和进口国家的集中度都比较低。2012年以来，东亚地区制造业出口额占全球的比重超过32%（见图4-13），2017年中国货物贸易进出口总值27.79万亿元人民币，同比增长14.2%，其中中国出口额15.33万亿元人民币，增长10.8%。韩国产业通商资源部统计，2017年，韩国进出口额为10520亿美元，其中，出口同比增长15.8%，为5739亿美元。据韩国海关统计，中国、美国和越南是韩国出口排名前三位的国家，三国出口额分别占韩国出口总额的24.8%、12.0%和8.3%。中国、日本和美国是韩国进口排名前三位的国家。日本财务省公布的贸易统计数据显示，2017年日本出口总额增长11.8%，至78.3万亿日元；进口总额增长14.0%，至75.3万亿日元。中日韩贸易额占东亚地区的绝大部分份额，三国是东亚地区生产网络中心。

表4-1 2016年中日韩三国进出口额占世界份额以及集中度

东亚地区生产网络	出口额占世界份额/%	出口国家集中度	与出口目的国平均距离/公里	进口额占世界份额/%	产品供应国家集中度	与产品供应国平均距离/公里
中国	13.2	0.07	6407	9.9	0.05	6153
日本	4.1	0.09	6116	3.8	0.09	6107
韩国	3.1	0.1	5351	2.5	0.08	5504

资料来源：国际贸易中心（ITC）数据库，http://www.trademap.org/.

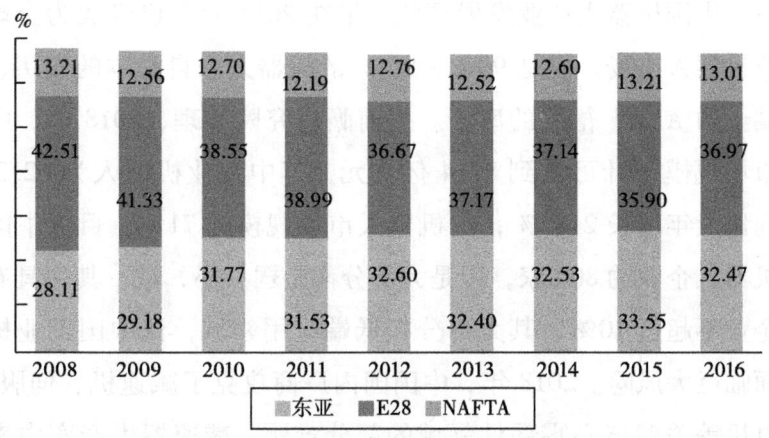

图4-13 东亚地区制造业出口额占全球比重

资料来源：联合国贸发会议统计数据库。

4. 以工业机器人为例，看中日韩三国产业链分工

工业自动化的需求，推动中国工业机器人的需求大幅度增长。现以工业机器人为例，分析中日韩机器人产业链的分工情况。

——工业机器人产业链较短，可分为上中下游。上游是关键零部件生产厂商，技术壁垒高。上游核心零部件主要包括控制器、伺服电机、减速器，其中，控制器包括关节控制器和处理器；伺服电机包括伺服驱动器、伺服电机、指令机构；减速器包括滤波齿轮、摆线针轮、RV、谐波、精密行星。中游是机器人本体制造环节，是机器人的支撑基础和执行机构，属于重资产环节。主要有直角坐标型、球坐标型、圆柱坐标型、关节坐标型、平面关节型。下游是系统集成商，根据不同的应用场景和用途进行有针对性的系统集成和软件二次开发,收益率高但技术含量低导致竞争激烈。系统集成主要包括焊接、激光加工、真空、喷涂、搬运;应用行业有汽车工业、电子工业、金属加工、化学制品、食品饮料等。根据产业链的技术和资本要求,商业模式可分为五种:单一本体、系统集成、核心零部件、本体生产+系统集成、全产业链。日本的零部件技术突出,形成全产业链进行设计—开发—生产过程。

——中国机器人产业发展现状。早在2013年就已经成为全球最大的工业机器人市场,但是90%~95%的机器人来自日本的安川、发那科,瑞士的ABB、德国的库卡。据前瞻研究院整理,2018年,中国机器人市场规模预计可达到87.4亿美元,其中工业机器人为62.3亿美元,同比上年增长21.7%,占机器人市场规模的71%。目前中国生产工业机器人企业约800家,但是大部分都是弱、小、散。其中具有竞争力的企业不超过10%,其大部分在低端应用领域,让中国工业机器人产业面临巨大风险。2018年,中国国内厂商攻克了减速机、伺服控制、伺服电机等关键核心零部件领域的部分难题,减速器生产商中南通振康、绿的谐波两家企业已实现大批量生产,绿的谐波在国内谐波减速器市场渗透率超过80%;控制器方面国内外企业技术差距较小,新松机器人、固高科技均已实现量产;在应用于3C和物流等主导产业的"本体+系统集成"领域,代表企业有雷柏科技、中科德睿等。伺服电机等机器人关键零部件企业发展也十分迅速,以埃斯顿发展最为突出;服务机器人产业部分细分领域异军突起的代表企业有神州云海、中智科创等。在特种机器人领域,中国已初步形成了特种无人机、水下机器人、搜救/排爆机器人等系列产品,并在一些领域形成优势。但核心零部件只是机器人的核心技术之一,核心技术是机器人技术和产业发展的一项系统性工程,从基础前沿技术、共性关键技术、核心部件、核心软件、核心器件,到工业机器人和应用工艺系统解决方案等多个方面。突破核心技术必须进行全面的突破,且协同发展,才能推动中国工业机器人和整个机器人产业的快速发展。

——中日韩三国企业在工业机器人的产业分工。核心零部件占机器人总成本的75%左右，其中减速器系统占36%，伺服系统占24%，控制器系统占12%。而本体的机械结构仅占25%，因此机器人本体企业对核心零部件价格波动较为敏感。日本纳博特斯和哈默纳科全球机器人减速器市场份额超过75%，住友、新宝都是重要的减速器生产商；中国的主要减速器企业有上海电机、秦川机床、双环传动、中大力德等，但技术上与日本企业差距依然很大。伺服系统的日本企业主要有松下、安川、三菱、台达、三洋等；伺服系统的中国企业有汇川技术、英成腾、埃斯顿、华中数控、广州数控等。控制器的日本企业主要有发那科、安川、爱普生、OTC、川崎重工、那智不二越等；韩国有现代重工；中国的企业有新时代、汇川技术、英成腾、埃斯顿、华中数控、图高科技等。中游机器人本体主要工作是将各个零部件组装以形成完整的结构体，相对上游零部件厂商缺乏核心技术，竞争激烈，利润微薄。中游机器人本体的主要日本企业有发那科、川崎重工、那智不二越、安川、松下；韩国有现代重工；中国企业有新松机器人、拓斯达、埃斯顿、新时代、亚威股份、上海沃迪等。下游系统集成处于机器人产业链的下游应用端，为终端客户提供应用解决方案，负责工业机器人应用二次开发和周边自动化配套设备的集成。与零部件和本体环节相比，系统集成的壁垒相对较低，竞争激烈，与上游议价能力较弱；且在不同行业之间横向拓展困难，企业发展存在一定的瓶颈。日本的企业主要有发那科、安川等。据控制工程网的数据，截至2017年11月，中国共有437家工业机器人企业，其中系统集成商278家，约占64%，主要企业有新松机器人、拓斯达、埃斯顿、博实股份、亚威股份、安徽埃夫特等，系统集成是国内工业机器人行业主要布局的领域，但系统集成企业向纵深拓展受限于本体与核心零部件技术壁垒，横向发展受困于行业间工艺的不互通，不易通过并购扩张业务。

从以上分析可见，在工业机器人领域，中国企业主要分布在系统集成部分，日本企业是全球减速器行业集中度最高的国家，是核心技术的主要控制者，并且随着中国下游需求增多导致减速器供不应求，本体厂商相对上游企业议价能力低，同时，中国机器人厂商上游零部件主要采用外购方式，相比于外资品牌更没有议价权，采购成本较高，成为制约国产机器人发展的主要瓶颈。而日本发那科、安川在全球机器人四大家族中占了第二、第三的位置，是全产业链的机器人公司。韩国在工业机器人领域的主要参与者是现代重工。

（三）中日韩制造业合作呈现的主要特点

中国改革开放以来，特别是邓小平南方谈话后，中日韩经济来往频繁，以制造业为主的产业合作与转移持续深化，制造业贸易总量不断攀升，相互投资合作不断深化推进，总体呈现以下特点：

1. 中日韩贸易总量总体保持稳定增长

日本、韩国自20世纪60—80年代以来，相继采用出口导向型的发展战略，保持较高的贸易开放度，制造业在全球市场的占有率不断提升，在全球市场占有重要地位。20世纪80年代中国的改革开放促使中日韩三国制造业区域内贸易快速增长。日本RIETI研究所数据库的数据显示（见表4-2、图4-14），1989年，中国与日本制造业进出口总值为228.75亿美元，中国与韩国制造业进出口总值17.58亿美元；日韩两国为303.45亿美元，中日韩三国之间的制造业进出口总值达549.78亿美元；到邓小平南方谈话后的第二年即1994年，中日韩三国之间的制造业进出口总值达1052.22亿美元；到2001年中国入世后的第三年2004年，中日韩三国之间的制造业进出口总值达3471.14亿美元；2010年后，中日韩三国之间的制造业进出口总值迈入6000亿美元，并在2011年达到最高值7050.12亿美元。但2015年，中日韩三国之间的制造业又滑落至2010年的水平。1989年，中日韩制造业进出口总值占东亚地区的 21.1%；2010 年，该比重达到 29.9%，2011 年达到最高值 30.2%，此后，该比重稍有回落，到 2015 年，回落到 28%。1989 年以前，中日韩制造业进出口主要在日韩、中日之间进行；2010 年后，中日韩三国制造业进出口主要集中在中日两国的进出口以及韩国对中国的出口，其中，中国对日本的制造业进出口从 2012 年起首次呈现由逆差转为顺差，2015 年，日本对中韩两国的制造业进出口都出现明显下滑。

表4-2 中日韩三国之间的制造业进出口总值

年份	中日韩制造业进出口总值/亿美元	中日韩占东亚地区制造业进出口总值比重/%
1989	549.78	21.1
1994	1052.22	20.6
2004	3471.14	29.2
2010	6060.12	29.9
2011	7050.12	30.2
2012	6848.63	28.6
2013	6706.46	28.3
2014	6748.43	28.3
2015	6051.66	28

资料来源：日本 RIETI 研究所数据库。

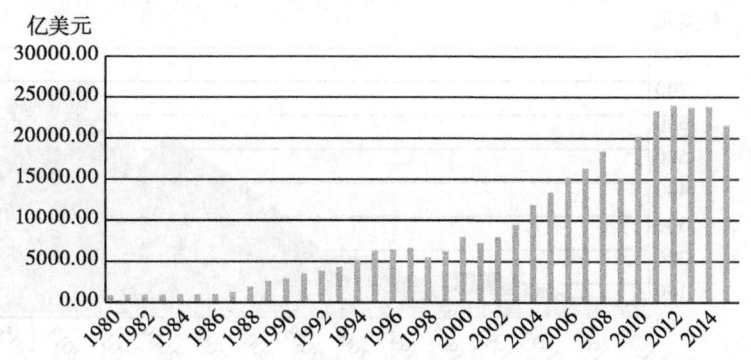

图4-14 1980—2015 年东亚地区制造业进出口总值变化

资料来源：日本 RIETI 研究所数据库。

2. 中间产品贸易是中日韩制造业贸易总量增长的主要推动要素

从中日韩三国制造业贸易构成来看，中间产品贸易是中日韩三国制造业贸易总额增长的主要推动要素,中间产品贸易在中日韩三国制造业贸易中所占的比重是不断升高的。图4-15中,1989年,三国制造业贸易中,初级产品贸易仅占制造业贸易总额的7%,中间产品占52%,最终产品占41%;2004年(中国"入世"后第二年),初级产品、中间产品与最终产品占制造业贸易额的比重分别为3%、58%和39%;到2015年,则分别为2%、61%和37%,中间产品贸易已经占了很大比重。而与1989年相比,初级产品在三国制造业贸易中的占比越来越小。最终产品贸易业呈现萎缩的趋势。由于三个国家在钢铁、造船、电子等主导产业存在较大的重叠,而日本处在零配件、材料、设备等高端技术领域,韩国和中国分别处在中端和低端技术领域,这种技术上的级差,表现为中国从日本、韩国进口零部件等材料以及机械设备等设备,在国内加工,再将加工后的产品向全球出口,而其中进口的核心部件及机床等主要来自日本。在全球化进程不断推进、供应链日益复杂的大环境下,中日韩制造业合作关系随着供应链的复杂化而变得更加网络化和复杂化,使得中间产品贸易在制造业贸易总量的占比不断攀升,成为贸易总量增长的主要推动因素。

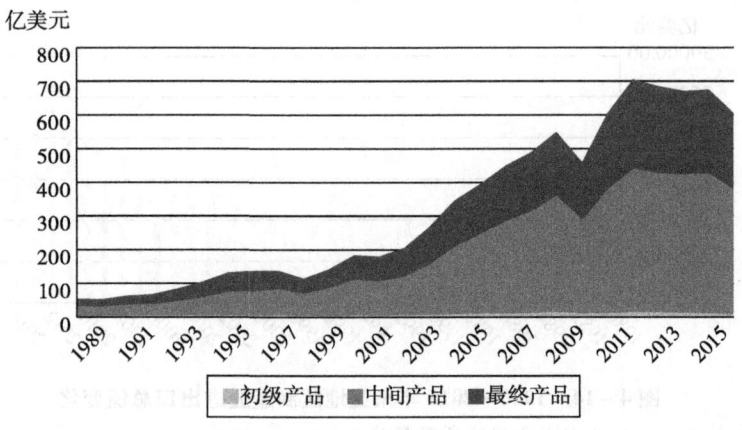

图4-15　1989—2015年中日韩制造业贸易结构变化
资料来源:日本RIETI研究所数据库。

3. 中日韩制造业合作的产品层次不断向高端演进

随着中国劳动力成本和土地成本的上升，中日韩制造业之间的合作已从劳动密集型产业不断向资本密集型和技术密集型产业迈进。从韩国贸易协会的各国出口量调查资料来看，21 世纪以后，中国在电视、空调、电脑、冰箱、通信机器、芯片等方面已经超过了韩国。像海尔（家电）、华为（通信）、联想（电脑）等一样，登上相关领域全球首位的中国企业陆续出现。同时，中国企业在信息化、软件开发、人工智能、大数据等方面具备一定优势。而日本在零配件、材料、设备等领域拥有全球最强的技术实力，比如汽车的零部件生产将来会有更大的市场，现在的汽油车，未来的电动汽车、新能源汽车、无人驾驶汽车等需求量大，日本汽车零部件将继续保持更大的市场份额。以中日制造业贸易为例，2017 年上半年，日本对华制造业出口贸易额排在前三位的产品分别是：电气设备及其零部件；核反应堆、锅炉及机械类；铁道及电车道车辆以外的车辆。这三类分别占贸易总额的 25%、21%、9.7%，增长率分别为 7.4%、23.4%、30.6%。对华制造业进口贸易额排在前三位的产品分别是：电气设备及其零部件；核反应堆、锅炉及机械类；服装及衣着附件（针织或钩编除外）。这三类分别占贸易总额的 27.2%、18.3%、4.9%，增长率分别为 3.6%、4.9%、0.5%。韩国贸易协会统计，2017 年，韩国从中国进口的十大产品分别是半导体、电脑、无线通信设备、钢板、精密化学原料、产业用电子机器、服装、平板显示屏与传感器、船用条钢与钢筋、汽车零部件；韩国对中国出口十大产品（见表 4-3）分别是半导体、平板显示屏与传感器、合成树脂、石油化学中间原料、石油制品、无线通信设备、基础油、汽车零部件、钢板、光学仪器。从进出口贸易来看，中日韩制造业合作的产品层次不断向高端演进，新产业合作需求增加。

表4-3 2017年韩国对华十大贸易产品　　　　单位：亿美元

出口产品	金额	进口产品	金额
半导体	393	半导体	132
平板显示屏与传感器	149	电脑	74
合成树脂	70	无线通信设备	65
石油化学中间原料	70	钢板	46
石油制品	64	精密化学原料	43
无线通信设备	63	产业用电子机器	38
基础油	40	服装	34
汽车零部件	35	平板显示屏与传感器	32
钢板	30	船用条钢与钢筋	15
光学仪器	29	汽车零部件	14

资料来源：韩国贸易协会 K – stat.

4. 中日韩传统制造业呈现合作与竞争关系

以汽车为例，20世纪中日韩三国分别将汽车工业作为国家的重要支柱产业。20世纪30年代起，日本政府通过颁布"汽车事业法""汽车振兴法"以及实施"第一次设备合理化计划"等一系列产业扶持和引导政策，创造了日本汽车制造业发展的奇迹。20世纪60年代初期开始，韩国政府实施汽车产业战略，先后制定和颁布了"汽车工业保护法""汽车工业振兴长期计划""国民车"计划等，实施汽车工业综合培植计划和出口鼓励政策，在政府主导下，韩国汽车工业也实现了迅速成长的奇迹。20世纪50年代，中国也实施了汽车工业扶持政策，在80年代，汽车工业列入国民经济支柱产业，20世纪末有了较快的增长。据中国汽车工业协会统计分析，2018年，中国品牌乘用车共销售997.99万辆，同比下降7.99%，占乘用车销售总量的42.09%，占有率比上年同期下降1.79个百分点。德系、日系、美系、韩系和法系乘用车分别销售508.05万辆、444.63万辆、247.79万辆、118.05万辆和30.70万辆，分别占乘用车销售总量的21.43%、18.75%、10.45%、4.98%和1.29%。与2004年相比，中国在乘用车市场已增加了一倍以上的规模,从507.11万辆增加到997.99万辆,但中国汽车庞大的生产能力主要体现在组装加工等低端位置,占国内很大比重合资汽车以及汽配的产销量,则主要采用日本、韩国、中国台湾地区及东南亚国家等亚洲其他地区进口零部件和原材料,组装加工为成品,再出口或内销。因此,也造成了中国与日本呈现贸易摩擦不断,却存在甩不掉的汽车技术依赖,同时,日本汽车公司通过采取中国汽车企业合资的方式经营,把核心的研发部门与零部件生产线留在日本,牢牢掌握着核心技术。中日双方既是合作伙伴关系,又是一种战略上的竞争关系。

中日韩在造船业上也存在明显的合作与竞争关系。据联合国贸易与发展会议统计整理,2016年,中日韩船舶、船只、浮动结构出口占世界比重分别为18.2%、26.8%、10.4%,合计占世界比重的55.39%。2015年,韩国散货船以36%的市场占有率排名全球第一,日本以29%的市场占有率排名第二,中国以28%的市场占有率排名第三。在中日韩三国造船业中,韩国以高精尖产品居多,日本则是稳健型选手,但受到全球航运低迷以及日元汇率影响同样亏损严重。中国则是以量取胜,但附加值并不很高。当前各国造船业都被迫进行改革重组,产能过剩、产品结构相对单一的中国造船业更是如此。

5. 中日韩三国制造业之间的垂直分工结构转变为产业内垂直分工结构

零部件贸易是基于产业分工的贸易形式,在同一区域内,产业分工越细,零部件贸易越活跃。从中日韩三国零部件贸易变化来看,中国出口日韩的零部件出口值占出口东亚地区的比重(见图4-16),从1991年的10%快速上升到1996年的30.2%,说明这一时期,中国在零部件产品生产加工方面利用自身优势快速成长,积极融入中日韩制造业分工体系,成为日韩两国重要的零部件供应伙伴。此后,这一比重基本维持在30%上下。高端技术零配件设备生产是日本专长,从图4-17可见,在东亚地区,日本零部件出口越来越依赖于中国、韩国市场,1989年,日本零部件出口中国和韩国占出口东亚地区的比重是 29.89%，到 2000 年，这一比重达到 31.91%，2010 年，达到 49.18%，2015 年，依然保持住了 49.17% 的占比。从图 4-18 可见，韩国零部件出口中国和日本占出口东亚地区的比重从 1989 年到 1999 年都保持在 32.36%~39.5%，2000 年，该比重达到 43.96%，2003 年已经突破 55%，到 2010 年，该占比达到 62.34%，2015 年是 64.9%。1989 年，尤其是 1992 年后，韩国零部件出口中国、日本的增量绝大部分来自中国，说明韩国零部件出口正越来越依赖于中国市场。同时，从表 4-3 可见，中韩十大贸易产品中重复产品数量，从 1992 年的 0 个增长到 2017 年的 5 个；2017 年上半年，日本对华出口与进口前三大产品中有电气设备及其零部件；核反应堆、锅炉及机械类为重复产品，中韩、中日产业之间垂直分工结构明显转变为产业内垂直分工结构。总体而言，建立在商品价值链和生产环节专业化分工基础上的中日韩三国零部件贸易在三国制造业合作中扮演着异常重要的角色，反映了三国产品内分工程度不断提高，制造业依存越来越紧密，意味着三国制造业生产网络不断走向稳定成熟。

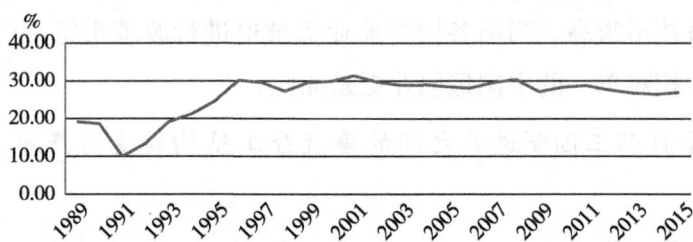

图 4-16　1989—2015 年中国零部件对日韩出口值占出口东亚地区比重变化
资料来源：日本 RIETI 研究所数据库。

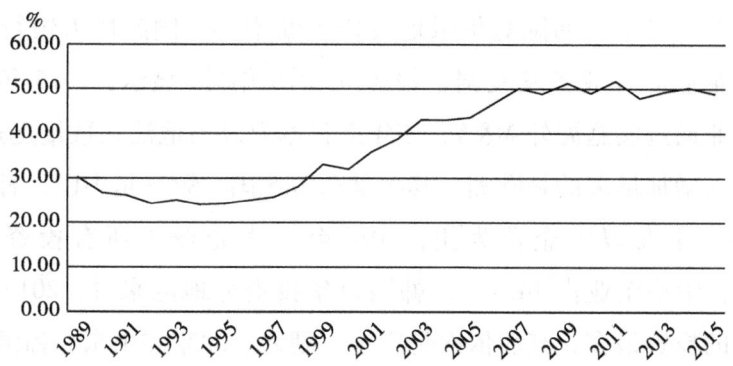

图 4-17 1989—2015 年日本零部件对中韩出口值占出口东亚地区比重变化
资料来源：日本 RIETI 研究所数据库。

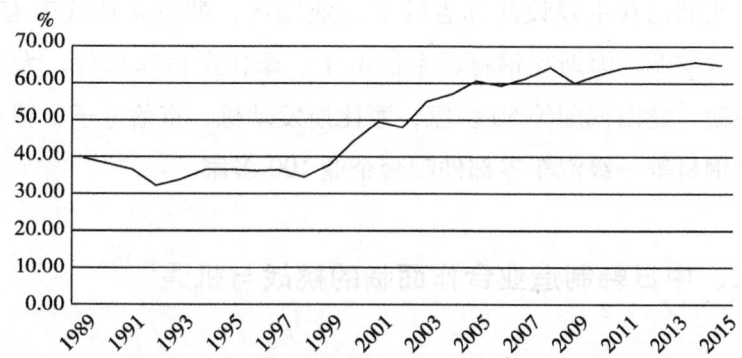

图 4-18 1989—2015 年韩国零部件对中日的出口值占出口东亚地区比重变化
资料来源：日本 RIETI 研究所数据库。

6. 中日韩制造业合作形式多样化

据韩国进出口银行统计，2018 年，韩国对华投资总额位于韩国对外投资的第二位，仅次于美国，分别占其对外投资比重的 23.2%、8.5%。其中，对华制造业投资占对华直接投资比重的 92.4%，排在韩国对外制造业投资的第一位。据中国日本商会和日本贸易振兴机构披露，日本企业对华投资在 2017 年扭转了连续下滑趋势，2018 年又再度发力，增加了对相关项目的投资。日本贸易振兴机构最新统计显示，其对华投资最多的行业是汽车、机械、医药等，投资件数最多的是新能源汽车领域。日本、韩国对华绿地投资不断增加，国际协力银行《日本制造业企业海外业务发展调查报告（2016年）》显示，2015年度，因日本企业通过实施海外 M&A，该年度日本海外当地法人数量迅速增加，海外法人增加最多的是欧洲，其次是东盟5国，第三是中国。韩国对华投资中，主要以大企业为主，2014年，大企业占所有投资主体的83.3%，中小企业占14.7%；韩国对华投资分地区来看，2014年，对江苏省的投资最多，其后依次是广东、湖北、北京和山东，韩国对华投资前10个地区中，除吉林外，其他都集中在东部沿海，前10个地区所占比例为90.6%。在中国，有专门的韩资、日资工业园承接日韩对华投资，比如已获批建设江苏省韩资工业园区，韩资企业代表有韩一模塑、斗源空调、海斯克钢材、京信电子、摩比斯汽车部件、大昌弹簧、东国注塑、龙山汽配等50多家，摩比斯发动机、京信电子、韩一模塑、海斯克钢材等一级汽车零部件配套企业100多家。

二、中日韩制造业合作面临的挑战与机遇

（一）面临中国经济发展方式转变的挑战与机遇

日本经济学家藤本隆宏在谈到中日制造业之别时指出，中国的人工费在不断增长，但日本的生产效率是中国的3~5倍，这对中国出口企业来说非常艰难。2016年，日本对华投资总额30.95亿美元，同比减少了3.2%，并连续4年呈现下降趋势。据日本商会分析，主要是中国人工费上涨，劳动力难以确保等原因引发了日本对华投资下滑，2010年以前，日本企业主要是以纺织、服装等轻纺工业的当地生产为中心，利用中国的廉价劳动力，2010年后，则主要是以汽车、计算机、电视机等加工组装型工业的当地生产为中心，利用中国相对廉价的劳动力，日本将中国作为出口基地进行投资的传统形式已进入转型期。日本贸易振兴机构在2015年10—11月对进驻中国的日资企业开展问卷调查，结

果显示，对以出口为主的日资制造业企业来说，中国的优势在逐渐减弱。但以内销为主的企业则将中国视为有潜力的市场，并将继续加强对中国市场的开拓。对日资制造业企业今后业务发展方向及出口与内销比例的调研显示，日资制造业企业34%将扩大投资，其中，食品业扩大投资的意愿最强烈，其次是运输机械设备业，第三位的是化学和医疗行业，普通机械设备、电气机械设备以及铁、有色金属和金属等传统行业扩大投资的意愿都低于制造业总体；制造业企业中，以出口为主的企业占42.1%，以内销为主的企业占57.9%。因此认为，2015年是日资企业对华投资战略发生转变的重要拐点。2017年、2018年，受日本国内经济稳健发展、中国营商环境改善、日本在华企业利润增加（日本贸易振兴机构2018年针对在华日本企业的一项调查显示，42.3%的企业经营利润持续增加，35.3%的企业经营利润与2017年持平）等因素的影响，2017年以来，日本对华投资连续两年增长。2015年中国第三产业占GDP的比重首次超过50%，意味着中国经济模式正从投资主导型向消费主导型转变，中日韩制造业合作将面临中国经济模式转变。

1. 中国强大的消费市场及消费升级是日韩制造业企业对华贸易的最大吸引力

中国国家统计局数据显示，截至2018年末，中国人口总数是13.95亿。2018年，全国居民人均可支配收入23821元，与2010年相比实际增长近一倍。城乡居民消费升级非常明显，2017年，中国城镇居民人均消费支出从2001年的5350元增长到2017年的24445元，年均实际增长7.4%；农民人均消费支出从2001年的1803元增长到2017年的10955元，年均实际增长8.6%。家庭消费日趋现代化、科技化，移动电话、计算机、汽车进入寻常百姓家。2017年，城镇居民平均每百户拥有移动电话235部，计算机80.8台，家用汽车37.5辆。占中国人口大部分的农村居民消费不断升级。国家统计局数据显示，2018年农村居民平均每百户汽车拥有量为19.3辆，比2012年增加13.3辆，增长

221.7%；计算机拥有量为29.2台，比2012年增长36.4%，移动电话拥有量为246部，比2012年增加48部。此外，2016年农村居民平均每百户空调拥有量为48台，比2012年增长87.6%，2018年1—12月，社会消费品零售总额380987亿元，比上年增长9.0%，中国消费市场平稳增长。这都反映了中国强劲的消费能力和强大的消费市场，居民消费升级营造了巨大的消费空间。日本贸易振兴机构发布的2016年度亚洲、大洋洲日资企业活动实况调查（中国篇）显示，今后1~2年业务开展的方向中，36.3%的制造业企业有业务扩大意愿，较上年增长了1.4个百分点，5.3%和1.8%的制造业企业回答"缩小"或"撤退、转移到第三国（地区）"，较上年降低了3.4个百分点。回答"维持现状"的企业占比为52.8%，较上年增长了1.5个百分点。中国强大的消费市场成为吸引日韩企业对华投资的主要推动力，并且是日韩两国贸易逆差的主要来源。

2. 日趋严峻的行业竞争是中日韩制造业不可回避的事实

据韩国现代经济研究院2014年1月26日发布的题为《中日韩分工结构 韩国份额在减少》的报告，他们对2000—2011年14个制造行业通过出口取得的附加值进行了比较，并分析出三国之间的合作和竞争关系。结果显示，中国在区域内的竞争力急剧增强，而韩国对中国依赖度逐渐提高，相对利益却在减少。2011年，韩国从日本和中国获得的附加值比例分别为6.8%和11.5%，在区域内的附加值依赖度高达18.3%，与2000年相比，区域合作进一步加强。同一时间，日本在区域内获得的附加值占比由2.8%猛增到8.8%，中国却从7.4%下降到5.6%。2011年，在纺织、石化、橡皮塑料、非金属、金属、机械、电气和光学设备以及运输设备八大核心制造业中，韩国和中国对地区附加值贡献度最高的产业各有一个，即石化和纺织。日本在其余六个产业方面最具竞争力。报告指出，2000—2011年，中国的石化、金属、机械、电气和光学设备对地区附加值贡献度分别提高10.5%、6.9%、7.2%

和10.0%，紧追韩国和日本。单纯从汽车市场占有率来看，2015年数据表明，日本车的市场占有率高达75%，中国自主品牌在本土的市场占有率仅为45%，而日系车在东盟市场则占有绝对的市场份额。

（二）面临制造业合作内外部环境变化的新挑战

互联网时代，传统制造业面临转型的挑战，但互联网给传统制造业提供了一个新维度，通过互联网、大数据，消除了信息不对称；同时，互联网制造业的每一环节的作用是不一样的，制造业本身还是需要将产品做好。比如日本的电饭煲和马桶盖把传统制造业与智能化相结合，形成了中国消费者在日本的"扫货"现象。日本提出了"社会5.0"、韩国提出了"制造业革新3.0战略"以及中国提出的"中国制造2025"等，都反映了各国传统制造业存在不同程度的产能过剩、亟待转型升级以及竞争加剧等问题，而传统的壁垒以及营商环境变化依然对中日韩三国制造业合作形成影响。在成本方面，作为中日韩制造业主要生产基地的中国正面临周边发展中国家的挑战，并且中国与日本、韩国的工资差距也在不断缩小，比如中国与日本的工资已经从十年前的10:1缩小到1.9:1，成本优势正在逐渐消失，对中日韩几十年来形成的生产网络体系可能形成冲击。

制造业受国际市场影响波动很大，同时制造业布局也发生了很大的变化，客户的变化很大，而商品的周期也变得越来越短，给生产企业带来了挑战。出口型的制造业必须更加聚焦供应链管理，面临如何控制上游企业材料供给、半成品供给及运输、货物的追踪、成本计划、产品出厂计划安排、国外清关速度以及人为的失误要素等方面的改善，以及制造业解决物流需求变化的配套、知识产权保护、特殊产品的仓储要求等问题。国际高端市场的壁垒已由传统的关税、法规的壁垒转为由知识产权壁垒所代替，要进入高端市场，自主创新能力的提升是必须解决的问题；对市场更加贴切的分析与判读，对客户需求与市场准确的分析，关注服务等，都是中日韩制造业面临的挑战。

就中国而言，经过"入世"后的发展，中国制造业已成为世界第一的制造业大国，人民币升值、成本上涨，迫使制造业由低档次、低技术向高新技术、个性化、智能化方向发展，制造业伴随着消费升级，向卖品牌、卖服务、卖技术转变，要求未来的制造业更加贴近客户要求，制造业在提升效率的同时必须要求提升质量，提供良好的有利于创新的环境，知识产权的保护，要不断推进金融改革，在技术进步上做基础性的工作。中低端向中高端迈进时，要与比较优势和发展步骤相匹配，有些产业我们可以一步登天，但是多数产业一定要合理定位，要看到我们现有的创新优势和发展优势。以前都认为中国的产品是低质量、低成本、无品牌的，这与当时的发展相匹配，随着中国制造业的发展，产品质量、品牌价值也在慢慢成长。

2015年以来，中日韩三国贸易额与日韩两国对中国投资逐渐减少，有诸多影响因素。就制造业而言，受全球经济增速放缓、国际经济贸易需求大幅度减少、贸易摩擦增加、地缘政治等因素的综合影响，中日韩制造业贸易总量以及日韩两国对华制造业投资呈现一定的下滑趋势，但总体还处于相对稳定的状态。总结下降的主要原因有：第一，各国需求有所放缓，全球制造业相对产能过剩，制造业向服务业领域转型，制造业投资放缓是原因之一。第二，金融危机后，美国前总统奥巴马曾致力于"制造业重返美国"，以及现任美国总统特朗普，在刚刚就任总统后不久，就召集诸多美国制造业 CEO 聚集白宫，商讨相关经济政策的制定。已经实施的重启石油管道项目、移民禁令以及最近公布的美国税改方案等政策，2018年不断升级的中美贸易摩擦，对中日韩制造业已形成的产业链存在较大的冲击。2017年3月1日 IHS Markit 与 ISM 等机构公布全球主要经济体2月制造业 PMI，其中：全球52.9，美国57.7，欧元区55.4，英国54.6，日本53.3，俄罗斯52.5，印度50.7，东南亚50.3，各国制造业景气指数都大幅提升。2014—2016年，美国吸收 FDI 占全球流量分别为8.3%、21%、25.7%，这其中包括日韩两国企业考虑到对中国的投资市场依赖性比较大,出于政治和安全的因素,扩大对中国以外地区的投资,尤其是美国制造业回归的强劲吸引力,必然会使日韩增加美国制造业投资。但中国对日韩两国来说仍是具有吸引力的市场,虽然它们对中国投资的增长率在迅速放缓,但投资的存量与绝对值下滑幅度不大。第三,中国市场劳动力成本的上升,推动了日韩劳动密集型企业向东南亚、印度等市场进行投资转移,这是最主要的因素。因此,可以说中日韩生产网络,尤其是以中国为中心的制造业生产基地正遭受发达经济体"制造业回归"与低收入国家成本优势的双重压力,亟待改善国内营商环境,适应新的挑战。

三、中日韩制造业合作的前景分析

(一)中日韩合作推动制造业整体转型

日本 RIETI 研究所公布的数据显示,2010 年,中日韩三国之间的制造业进出口总值迈入 6000 亿美元,并在 2011 年达到最高值 7050.12 亿美元。但 2015 年,中日韩三国之间的制造业又滑落至 2010 年水平。1989 年,中日韩制造业进出口总值占东亚地区的 21.1%;2010 年,该比重达到 29.9%;2011 年到达最高值 30.2%。此后,该比重稍有回落,到 2015 年,回落到 28%,即便如此,在东亚地区生产网络也占有极大的分量,也显示了中日韩三国几十年来的制造业合作成果显著,推进三国制造业的优势互补、合作共赢,为东亚地区生产网络的发展成熟作出了极大的贡献,并奠定了良好的合作基础。

就投资而言,1987—2016 年,日本对中国的累计投资额投资存量在 1000 亿美元以上,高于美国对华投资存量 243.32 亿美元。1992 年中韩建交至 2015 年末为止,韩国对中国的投资额累计达近 680 亿美元。中国对日本和韩国的直接投资近年来增长较快,但总的来说,存量还比较低。中国对日本直接投资截至 2015 年底为 27 亿美元。中国对日本的投资规模较小，投资水平也较低。这和中国过去自身国力有关，也和日本经济社会内部比较封闭的市场与排外的商业行为习惯有关。这些都属于非关税壁垒事项。中国对韩国的投资好于日本，2015年，中国对韩直接投资额为19.7亿美元，同比增长70.6%。中国对韩投资的层级和水平总的来说还比较低端，主要集中在房地产开发租赁业、文化娱乐业等服务业领域，以及食品、机械装备、电子等制造业领域，中国对日本与韩国的投资属于刚刚起步，但是增长较快，投资潜力巨大。但是，由于日本与韩国国内比较内向的商业习惯，中国对日本、韩国两国的投资还有诸多障碍，难以形成迅速扩大的局面。随着中国经济稳定健康增长，中国对外投资规模和投资水平都在不断进步，基于良好的合作基础，未来中国对日韩投资将保持一个相对强劲的增长态势。

日韩两国资源相对紧缺，劳动力相对匮乏，尽管中国经过改革开放近40年的发展，环境承载力下降，劳动力成本上升，资源日趋紧张，但中国自然资源和劳动力资源相对日韩而言依然具有较大的比较优势；同时，工业门类齐全，工业基础不断增强，劳动力素质不断提升，创新能力不断增强，为中国继续保持东亚地区乃至全球制造业生产基地提供了良好的基础。应对来自内外部环境的制造业发展压力，需要中日韩三国继续携手合作，共同努力，实现新的时代背景下的合作共赢。2014年，韩国发布了"制造业革新3.0战略"，两国于2014年7月签署了《中韩产业合作谅解备忘录》，涉及的合作领域主要集中于汽车、钢铁、船舶、机械、石化、平板显示等传统领域。2015年10月，总理李克强访韩期间，与韩国签署了《中韩推进"中国制造2025"与"制造业革新3.0战略"交流合作的谅解备忘录》（以下简称《备忘录》），基于中韩制造业的互补性和未来合作的巨大潜力，《备忘录》重点围绕制造业领域开展交流，加强创新、智能制造、高端技术研发等合作，助推两国经济转型升级，促进地区互联互通，更好地实现互利共赢、共同发展。日本提出的旨在推动第四个工业革命和超智能社会的"社会5.0"计划，中国提出的"中国制造2025",也是突出信息化与工业化的融合发展,推进高端智能化,加强三国交流与合作,同样有利于中日韩三国制造业整体提升,共同发展。

(二)中日韩制造业合作空间广阔

日本、韩国、中国制造业分别处于制造业的高中低端,制造业分工明确,是制造业合作的基础。2016年,日本是中国第三出口贸易大国和第二进口贸易大国,韩国是中国第四出口贸易大国和第一进口贸易大国,日韩两国都是中国重要的贸易伙伴。中国进口的核心零部件以及机床主要来自日本,中国的高端制造业领域关键核心技术缺失;技术基础支撑能力薄弱;自主品牌的发展相对滞后;中国还处于粗放式的发展方式,形成了中国当前大而不强的装备制造业现状。但日本是全能型的装备制造强国,拥有完整完备的装备制造体系,两者之间制造业存在较大的技术级差,在高端制造业及其他领域中日合作空间巨大。而这种技术级差也存在于中韩两国,在高端制造业领域中韩两国的合作同样存在巨大的空间。据日本国际协力银行的问卷调查《日本制造业企业海外业务发展调查报告》,选择中国作为"今后3年有潜力业务发展所在国家和地区"在2015年度的得票率为38.8%,与印度尼西亚并列第二位。关于中国有潜力的理由排在第一位的是"当地市场现有规模"(67.9%),排在第二位的是"当地市场未来的成长性"。中国市场规模巨大的现实也是日韩制造业合作的重要因素,随着中国消费升级,并且中国正在推动制造业转型,制造业产品迈向中高端,需要处在产业链中高端的日韩企业积极参与,共同推进、共同成长。同时,日本从中国进口的发展趋势来看,进口贸易回暖趋势明显。数据显示,日本人均网购的消费金额为1164美金,相当于中国人均消费的2倍,并且超过了美国人均网购消费1156美金,日本电商市场已经成为全球五大电商市场之一,逐步成为中国出口跨境电商的下一个"蓝海"。国家统计局数据显示,2016年中日贸易总值为2750.8亿美元,占中国外贸总值的

7.5%。据日本贸易振兴机构统计显示，2016年，日本自中国进口的主要商品为电气设备及其零件、核反应堆、锅炉及机械类，服装及衣着附件分别占其进口总额的28.5%、16.9%和10.9%。在日本市场上，中国的劳动密集型产品依然占有比较大的优势。

韩国的"制造业革新3.0战略"强调了制造业与信息技术的融合，即通过制造业与信息技术的充分融合，实现智能工厂的普及，促进智能革命，提高制造业的智能化程度，从根本上提升制造业整体能力和水平。2015年5月公布的"中国制造2025"是中国制造业发展的一项重大战略部署，其核心是加快推进中国制造业转型升级、提质增效。2016年1月22日，日本提出超智能社会"社会5.0"计划。总体上看，"中国制造2025"、韩国的"制造业革新3.0战略"、日本"社会5.0"计划具有很多共同点。例如，突出信息技术与制造业的深度融合，大力推进智能制造、绿色制造，强调创新的重要作用。在三个战略的实施过程中，有很多的契合点，在很多方面可以相互借鉴。日本与韩国先后提出的"社会5.0"计划、"制造业革新3.0战略"和"中国制造2025"战略以应对新一轮全球竞争，三国可借此机会加强合作与对接，相互借鉴，不断增加企业间试点示范项目，推进三国制造业合作发展，形成你中有我、我中有你，彼此借力，在合作中竞争、在竞争中合作，共同成长。

（三）中日韩制造业合作相对容易达成共识

中国作为靠成本竞争力兴起的制造业大国，正在经历制造业向高价值阶段急剧变化的过程中，朝着技术更先进的制造模式迈进，以与全球创新型市场接轨。尽管早在2010年以前中国的劳工成本已经超过东南亚国家，但是不少日韩企业依然无法将生产基地搬离中国，中日韩三国几十年的合作形成了成熟的生产网络尤其是供应链网络，是新兴的劳动密集型国家无法替代中国的主要原因。有数据显示，一件电子产品需要30多个工厂的配合与沟通，在东南亚或者其他国家，这30多个不同种类的工厂可能分布在整个东南亚大区的各个角落,而在中国,特别是深圳,方圆 20 公里,就可以找到整个供应链。这是中日韩合作的优势,也是推进中日韩制造业合作在某些方面容易达成共识的原因。同时,中国现有供应链网络可借鉴日本供应链管理的先进经验做进一步的改善,比如日本丰田汽车公司通过应用精益生产,不仅拉动了精益物流,也拉动了供应商的供应链协同。与之配套的企业又应用了丰田的方法再拉动下面的供应商进行供应链协同,而这样一个个核心企业不断地向外向上下游拉动,推动供应链协同就会形成气候,从而推动整个制造业的进步与发展,这是未来我国制造业亟待改进和面对的问题与挑战。中日韩制造业深厚的合作基础决定了中日韩制造业合作相对容易达成共识。特朗普上台后实施了一系列贸易保护主义举措,作为美国的重要贸易伙伴,中国、日本和韩国均受到影响,中日韩三国制造业未来都面临美国贸易保护主义的冲击,在一些共同利益领域可率先达成共识。当前,美国对中国铝箔采取贸易保护主义;提出对韩国钢铁征收 50% 的关税;在与日本的贸易关系上,除废除跨太平洋伙伴关系协议(TPP)外,特朗普还指责日本操纵汇率,让日元贬值,获取对美国贸易竞争优势。在制造业和贸易的周期性复苏,亚洲经济体预期将保持相对强劲经济增长的大背景下,中日韩三国首先在制造业领域达成合作共识有利于三国共同应对来自全球外部尤其是美国贸易保护主义对中日韩制造业的影响。

（四）中日韩中间产品贸易和生产者服务贸易不断提升

在中间产品贸易方面,中日韩三国中间产品贸易占制造业贸易总额的比重不断增大,并且中间产品贸易的技术等级不断提升。其中,2010年以来,日本对华出口的中间产品总量是不断增大的,中间产品贸易额占制造业贸易总额的比重是缓慢下降的,但韩国对华出口的中间产品贸易额占制造业贸易总额的比重以及绝对总量都是不断上升的,日韩对华出口的中间产品中电子零部件、家用电器、普通机械等中间产品贸易总量不断上升,同时中间产品贸易技术等级不断提升。随着"中国制造

2025""创新驱动发展战略"的实施,以及近些年中国政府"互联网+"政策对制造业影响的不断渗透,中国对日韩出口中间产品占制造业贸易总额的比重也将继续增大,并且技术等级不断提升。从而中间产品贸易在三国制造业贸易总额中的比重将会处于一个稍有上升的状态,产品技术等级也将不断上升,进而推动三国制造业合作中的技术水平整体上升。生产者服务贸易作为货物商品和其他服务生产过程的投入品服务,已与货物贸易密不可分,由于商品和要素价格均等化,投入呈规模报酬递增,在服务—要素贸易下的收入要高于纯粹商品贸易,对利润的追逐驱使服务出口国更加急切地推进服务贸易自由化,而中日韩三国现有的合作基础与区位优势,以及日韩与中国之间制造业技术级差也将有利于促进与制造业相结合的资本知识复合投入品跨境流动,因此,生产者服务贸易自由化将在中日韩乃至东亚地区的生产网络中扮演更为重要的角色。

四、中日韩制造业合作的重点领域与途径

中日韩制造业在国际市场依然具有不同的比较优势,在全球制造业周期性回暖的大背景下,中日韩制造业面临朝着智能化、先进化、高端化、绿色化、数字经济与制造业融合发展等方向合作升级不可错失的机遇,重点应加强以下领域的技术交流与合作。

(一)中日汽车产业的投资与合作

在电动化、智能网联化的大背景下,未来开放、协作、融合创新将成为汽车产业的一个必然发展趋势。开放是中国的基本国策,也是中国汽车产业的基本方针。随着更多的科技巨头更深入地进入汽车的研发、制造各个环节,汽车产业将以更加开放的姿态来迎接一个时代的变化。

1. 日韩系汽车在华销售现状

据中国汽车工业协会统计分析,2018年,乘用车共销售2370.98万

辆，同比下降4.08%，10年连续成为世界第一位。中国品牌乘用车共销售997.99万辆，同比下降7.99%，占乘用车销售总量的42.09%，占有率比上年同期下降1.79个百分点。德系、日系、美系、韩系和法系乘用车分别销售508.05万辆、444.63万辆、247.79万辆、118.05万辆和30.70万辆，分别占乘用车销售总量的21.43%、18.75%、10.45%、4.98%和1.29%。与上年同期相比，德、日和韩系品牌销量呈小幅增长，美系和法系明显下降。

2. 中国汽车市场的前景与汽车产业发展趋势

日本汽车企业认为，鉴于中国良好的市场前景，日系汽车零件制造在日本整车制造厂的订单短期内很好，中长期来看，考虑一大半日企的现状，有必要在中国扩大与中国本地企业和非日资企业的交易。主要基于以下理由：

一是中国汽车产业的竞争力正在不断提升。日本专家调研发现，近几年，中国当地企业的产品质量不断提高，正成为中国生产电装品日系制造商的竞争对手。同时，日本在访问中国本地整车制造厂的时候，对中国工厂的省人化的进展感到惊讶。

一直以来，低价格是中国本地整车制造厂和零部件制造商竞争力的源泉，但是近年来随着中国汽车技术水平的上升，中国本地企业制造6万元（约100万日元）的SUV，在设计、技术等方面还是非常吸引消费者的。一家日系制造商说，日本和美国的汽车产品确实是技术性能高，尤其是日本在引擎和静音技术等方面做得较好。但是他们调查发现，在中国第一次购买汽车的人首先重视的是低价格，其次是设计，质量相对就排在后面了。这是中国汽车市场情况的新变化。

二是中国汽车产业政策的方向性很明显。目前，中国政府基于节能和环境保护的需要，正在推动电动汽车（EV）化，中国的汽车市场从轿车到SUV都在随着整个政策的变化调整。

据中国汽车协会统计，2018年，新能源汽车产销分别完成127万辆和125.6万辆，比上年同期分别增长59.9%和61.7%。其中纯电动汽车产销分别完成98.6万辆和98.4万辆，比上年同期分别增长47.9%和50.8%；插电式混合动力汽车产销分别完成28.3万辆和27.1万辆，比上年同期分别增长122%和118%；燃料电池汽车产销均完成1527辆。从近年情况来看，中国汽车市场的新能源汽车销售表现极为出色，其中国产新能源汽车表现更为亮眼。随着"双积分"政策的正式启动与关税政策的调整，合资和进口汽车中新能源车迎来进入中国市场的大机遇。

当然，日本国内汽车制造企业对中国新能源汽车的发展也存在较多疑虑，有人认为，新能源车市场份额也只不过是2.7%，现在消费者选择的不是新能源车而是汽油发动机车。也有人认为，除了政府相关人员，购买EV还没有那么大的势头。同时EV汽车还存在电池性能的极限，续航距离短，价格高，充电站的网络现在不够充足等问题。对于用户支持的汽油引擎车可能会早早地从市场上消失的问题，日本的发动机零部件制造商认为，"如果向EV转型，是很困难的，但10~20年还没问题"。同时，虽然中国政府在EV车的普及上给予补助金的支持，但是2020年中央政府的补助金就结束了。也有人说，"新能源车如果没有补助金的话，会输给汽油车的价格竞争而卖不出去""越是拥有优秀的汽油引擎技术的制造商，越是向EV转型消极"。

但是日本的企业也看到了，中国政府环境保护和节能的趋势是不可逆的。他们认为，中国政府对汽油发动机车的降温和对EV的推动发展，一下子改变了外资汽车的产业优势。此外，即便是对EV的补助政策结束，今后中国仍会出台EV使用环境的相关政策。

目前，中国对外资汽车制造还是有股比限制的合资企业，其中对于纯电动汽车制造是没有限制的。2018年4月17日，国家发展和改革委员会表示，2018年（商用车2020年，乘用车2022年）新能源车和特殊用途车（专用车）对外商没有投资限制。同时，在交通堵塞严重的大城市进行车牌限制,其中对EV车是没有限制的,这也会推动EV车的增加。2017年,中国政府《汽车产业中长期发展规划》指出,2020年中国新能源车的年生产和销售台数为200万台,2025年新能源车占汽车的生产和销售总额达到20%以上,2025年中国EV生产和销售台数将超过400万台,到2030年达到1000万台。中国市场规模巨大,即使EV在中国汽车市场的占有率仅有百分之几,但从台数来看依然对日、韩、美、德系汽车制造商有着巨大的吸引力。

3. 中日企业合作机遇

一是日系汽车企业在EV技术研发领域不断取得新成效。以几家大的汽车企业为例,丰田作为电动汽车的鼻祖,在电动汽车领域有着非常深厚的技术积累,1997年普锐斯上市以来,电动化车型的累计销量达到1147万辆。2017年电动化车型销量创下历史新高,达到152万辆(同比增长8%)。目前,日本丰田已经计划在2020年代初将在全球市场推出逾10款电动汽车(EV),首发中国市场,到2030年零排放电动汽车和燃料电池汽车的年销量达到100万辆左右。丰田表示,为了实现这一目标,需要投资逾130亿美元开发和制造电池。丰田预计,到2030年,电动汽车将占其全球销量的一半左右,届时该公司还计划每年销售450万辆油电混合动力汽车和插电式混合动力汽车。丰田还表示正在与松下开发下一代汽车动力电池;同时,还与铃木和马自达合作开发电动汽车。

2018年3月底,日产发布了最新的"M.O.V.E"战略计划,该计划指出,在2022年以前日产将会以纯电动汽车以及自动驾驶作为核心内容,在目前日产聆风的基础上推出8款纯电动车。预计到2025年电动车将占公司总销售额的40%,其中,中国为最大的销售市场。日产计划到2025年,电动化车型将占英菲尼迪全球销售的50%左右。日产表示,将通过多品牌共同发力,在中国市场积极投入电动汽车产品。日产2017财年的报告显示,其新能源汽车Leaf车型在全球的销售量上升了 15%，达到了 54451 台。2017 年 8 月底，东风汽车集团股份有限公司与雷诺日产联盟宣布将建立一家新的合资企业，以联合开发电动汽车并在全球销售。

根据本田规划，2025 年以前，本田将推出 20 款以上的电动化车型，本田未来将推动电动化、拓展新事业、加速开放式创新，提供更加便利舒适的移动价值。而为了配合这一战略规划，本田在中国的第三座生产工厂也在紧锣密鼓地建设中。据本田公司透露，即将投产的第三座工厂也考虑了电动化车型的生产。到 2030 年，本田旗下电动化系列产品将占其全球汽车销量的 2/3，约为 65%。本田汽车社长八乡隆弘预计，这 65% 的电气化产品中，10%~15% 的销量来自纯电动版车型，剩下的 50%~55% 的销量则由混合动力车型和插电式混合动力车型贡献。

二是日系的零部件制造商在努力扩大与中国本地企业的交易。日本专家认为，针对价格特别严格的中国市场而言，激烈的市场竞争使得汽车零部件供应商如果想从供应链的中途进入的话，将会遇到其他行业所没有的困难。目前，由于要求在经营管理、品质提高、人才培养、省人化等方面存在一定区域范围的共享，中国本地零部件生产优势并不突出；同时，在中国的日系汽车零部件制造商认为，日系在刹车等有关生命安全的零件、环保部件制造上是有优势的。同时，旧车淘汰、新车购买群体增加，对汽车的要求水平提高，也会扩大日企的商业机会。

三是适应中国市场要求。日本专家认为，适应中国市场最大的挑战就是必须意识到中国企业对速度的要求。通常欧美和日本的汽车零件在生产与销售时，订购者和接受订单者联系紧密，在设计图的制作和磨合时，决定规格、订货的流程。但中国企业则不同，接受订货者方会被要求迅速向订货者提供零件的试制品。中国企业的特长就在于经营速度。而日系的零部件制造商，在当地做批发的情况下，试制品需要通过日本总公司的审批，从提交到决定要花费一个月左右的时间，而在中国则从与对方的接触到拿样品仅需要 5 天。有人做了比较,"普遍来说,全球化的企业从设计开始到生产开始需要 2 年的地方,中国企业的情况是 1.5 年""欧洲和日本企业的生产领先时间大约是 2 年,而中国企业则是 3 个月到 1 年"。当前,中国整车制造厂对零部件制造商的要求水平也越来越高。

4. 重点加强中日在 EV 汽车和无人驾驶汽车领域的合作

从汽油引擎车向 EV 转型的情况下,汽车产业的供应链是有很大变化的,目前,日本在汽车的电池和马达等制作上还是存在优势的。在制造方面成为大国的中国,正在推动制造业高质量发展。日系企业对高端技术相对落后的中国而言,存在技术优势,汽车产业也不例外。以 EV 用的电池为例,中国的 EV 电池在能量比、能源密度上跟不上发展的需要。目前,质量高的东西供应不足,质量低的东西却供应过剩。

同时,从汽车智能化趋势来看,中国 IT 企业正从汽车业界不断聚集人才。中国在自动驾驶、语音导航、汽车导航领域是世界上最先进的国家,相应地,汽车本身必须与高性能、高规格与之相匹配。日本专家认为,日系汽车企业如果不与百度、阿里巴巴、腾讯等中国 IT 企业合作交往的话,未来是不可能成功的。

2018 年 5 月,李克强总理访问日本丰田,丰田公司社长丰田章男一见面就对李克强总理表达了与中方合作的强烈意愿,"当今的汽车行业正经历着百年一遇的大变革,而引领变革的就是全球发展速度最快的中国,我们将与时俱进,全力追随中国的发展步伐"。

李克强总理说:"当前中国正在加强创新体系建设。我此次访问日本,同日方就加强两国创新合作与对话达成共识,希望包括丰田公司在内的日方企业抓住机遇,进一步深化对华合作,实现从'制造'到'智造'的升级,实现更高层次的互利共赢。"

中国 EV 与无人驾驶汽车正成为中日企业合作的重点方向。

（二）中日韩集成电路产业合作

集成电路是先进制造业的核心，其中芯片制造是集成电路产业链的核心基础。当前，日本、韩国在中日韩先进制造业分工体系中处于产业链高端，如韩国三星的存储器芯片、SK海力士的DRAM和NAND Flash，三星、日本瑞萨、东芝等企业与英特尔公司一起分割全球半导体市场。中国是全球集成电路市场规模最大的国家，中美贸易摩擦不断升级，技术大国加紧对中国的技术遏制，更是为中日韩三国加强合作提供了前所未有的机遇。

1. 中日韩集成电路的发展现状分析

（1）日本半导体产业发展进程与现状

据学者分析，1970—1985年，日本半导体产业迎来了迅猛发展时期。20世纪70年代，美国半导体产业对日本奉行技术全公开宗旨，为其日后高速发展奠定了基础；当时微型计算机热潮兴起，计算机开始使用半导体内存，半导体市场需求持续增长；1976—1979年，日本政府联合富士通等五大企业及研究所投资720亿日元发起"VLSI（超大规模集成电路）计划"，经过15年的发展，日本电子产业产值增长5倍，内需增长3倍，出口则增长了11倍之多。其中，在DRAM市场中，从64KB时代到1MB时代，全球最大供应商一直被日本企业占据。1986年，日本企业在世界DRAM市场所占的份额接近80%。在巅峰时期的1988年和1989年，日本的半导体产业占据全球半壁江山，在排名前十位的公司中，日本占有6席，NEC、东芝和日立囊括前三。1989年，日本芯片全球市占率高达51%，远高于美国的36%，同期欧洲占11%，韩国仅占1%。当然，日本也迎来了日美半导体贸易战。在1985—1991年的贸易战中，最终以1991年6月日美两国政府签订了五年期的新半导体协议结束，美国希望于1992年底以前外国半导体产品在日本市场占有的份额能超过20%。此后，美国半导体企业的竞争力有所恢复，韩国半导体产品异军突起，到1995年第四季度，按日本方面的计算方法，外国半导体产品在日本市场的占有率超过了30%。2000年以后，日本GDP增长停滞，日本电子产业总体衰退。2013年，日本电子产业的产值不到峰值时（26万亿元）的一半（见图4-19）。到2017年，全球市场份额已不到10%。日本是全球半导体存储，特别是DRAM的领导者，而目前，被竞争对手，尤其是韩国和美国的存储产品彻底压制，其在行业市场发声渐微，已经退出第一阵营。在集成电路Fabless和IDM企业当中，日本厂商的影响力越来越小，也只有Toshiba、Sony和Renesas这三家在支撑，但排名已经比较靠后。而日本曾经引以为豪的显示面板业务，特别是昔日的行业霸主Sharp，已经没有多少市场份额，几乎要靠卖相关专利维持。但是在一些细分领域日本仍具有较强的竞争力，比如在材料、精密机械、基本的物理化学数学等方面的科研能力仍有影响力，历史累积的专利与专业人才仍然很强。半导体是一个集成性的行业，一个芯片的产生需要近1万人的工作量，同时需要多年的经验积累才能有所创新。日本半导体根基很深，目前可能发展得比较慢，未来抓住好的市场机遇，日本的半导体产业仍会有很好的竞争力。

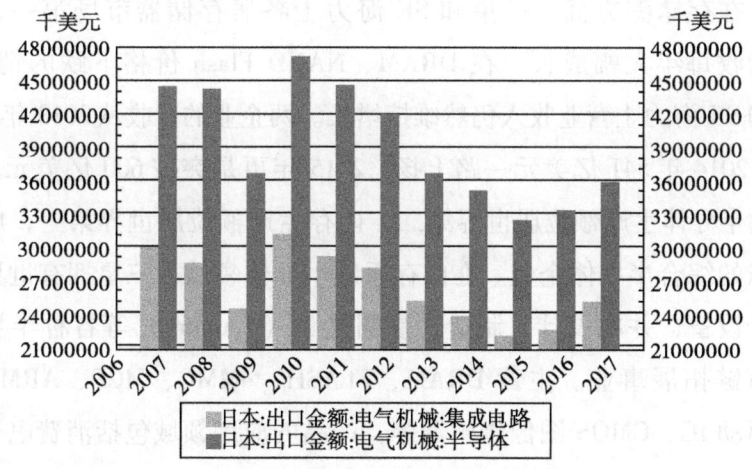

图4-19　2006—2017年日本集成电路与半导体出口额
资料来源：Wind.

(2) 韩国半导体产业发展现状

韩国半导体设备市场原本由美国及日本独占,韩国半导体的快速发展按照循序渐进的方式,即引进、合作、自主融合。内部技术与外部技术的整合,尤其是2009年底,韩国开始重点推进低温化学气相沉积、蚀刻设备、铜制程化学机械研磨设备、关键点测量设备、离子掺杂设备等7个商业化项目。在韩国大力推动国产化下已逐渐有成效,开始取代进口产品,总体而言,这是韩国半导体能迅速崛起的一个捷径选择。

目前,韩国共有400多家半导体及相关产品制造企业,主要分为元件、设计、设备、材料四类。大部分中小企业群由设备及材料企业组成,总数在100家左右,它们将生产设备或材料销售给元件企业,并与元件企业合作进行产品的开发。余下300多家主要是部件制造企业,生产相关产品。韩国半导体产业已形成垄断局势,市场集中度极高,产业的产品构成非常不平衡。

世界半导体市场以非存储型为主,存储型和非存储型半导体的比重为35∶65。韩国半导体市场是以存储型为主,存储型占到80%以上的比例;非存储型半导体占比低,国产化率只有20%左右,其余80%依靠进口。在存储型方面,三星和SK海力士各居存储器市场第一、第二名,营收每年大幅成长。在DRAM、NAND Flash价格下跌的情况下,三星和SK海力士营业收入仍然维持增长。两企业的营收从2013年459亿美元、2014年541亿美元一路上扬,2015年更是突破600亿美元。三星电子的半导体生产额位居世界第二,内存生产额位居世界第一,成为领导全球的综合半导体企业。在内存系统半导体领域,三星拥有世界顶级的生产设备,并在设计、制造、晶圆代工(Foundry)等各种半导体生产价值链拓展事业。主营DRAM、FLASH、eMMC、MCP、ARM CPU、显示驱动IC、CMOS图像传感器等,产品的应用领域包括消费电子、便携设备、仪器仪表、通信/网络、交通/汽车。SK海力士是半导体生产额位居世界第五、内存生产额位居世界第三的半导体制造企业。主营

DDR2 SDRAM、DDR3 SDRAM、DDR4 SDRAM、EMMC、NAND Flash、CMOS 图像传感器；其应用领域包括医疗电子、通信/网络、交通/汽车、工业/自动化。

在非存储型领域，韩国集中了以三星、LG 等为主的全球 OLED 面板生产厂商。LG 显示（LG Display）是全球第一大液晶面板制造商，主要为电视生产大型面板。客户包括苹果、惠普、戴尔、索尼、东芝、联想等消费电子制造商。在 OLED 方面，主要集中于 OLED 电视和 OLED 照明。

三星电子旗下的三星显示器，主要生产应用于手机的中小型面板。在 OLED 方面主要针对智能手机等消费类电子，苹果便是三星的大客户之一。

SFA 为韩国平面显示器及半导体设备制造商，是领先的 OLED 设备企业，由三星宇航工业旗下的自动化部门分拆出来。2016 上半年，SFA 在面板与半导体设备事业排名韩国业界第一。

Semes 是韩国最大的预处理半导体设备与显示器制造设备生产商，可称其为"韩国半导体设备/LCD 前工程核心设备第一大厂"。2013 年 7 月在中国西安市高新区成立外商独立全资企业法人。

Wonik IPS，从 1991 年气柜生产开始，该公司成功地生产和商业化了原子层沉积设备（ALD），2001 年该公司开发并开始供应 PE – CVD 设备，以降低韩国半导体工业的生产成本，推动了半导体工业国产化。制造的半导体设备主要有：由 CVD 设备、BruteTin、Db21、AKRA 组成的 SMC 扇区，其中 CVD 是用于制造半导体的主要加工设备，以及 TFT – LCD、AMOLED（手机屏）面板图案形成所需的干法刻蚀机、无机/有机真空蒸发（镀膜）设备。

KC Tech 为三星电子及 SK 海力士 CMP 设备供应商。主要产品包括显影机、清洗机、气体储柜等。世界上大多数的面板制造商都是使用 KC Tech 研发技术的客户。2014 年该公司成功国产化 CMP 设备，市场占有率迅速提升。目前，KC Tech 已在中国建立办事处。

J&C Technology 主要产品为光学量测系统，如光源量测系统、穿透及反射、环境对比度、光源均匀度与校正及频谱仪。

2017 年，8GB 内存条的最高峰单价突破了 800 元，涨价幅度高达 400%。受益于价格大涨，三星一举超越了英特尔，成为半导体界的新王。2018 年第一季度三星财报显示，三星半导体业务的收入达到了 20.78 万亿韩元（合 192.5 亿美元），营业利润为 11.55 万亿韩元（107 亿美元）。第二季度营收预计同比下降 4.9%，至 58 万亿韩元（约合 517.7 亿美元）。SK 海力士 2018 年第一季度财报显示，运营利润达 4.37 万亿韩元（约 39.02 亿美元），较上年同期增长 77%，创下该公司有史以来第二高纪录。2018 年第二季度财报显示，SK 海力士该季度总营收 10.4 万亿韩元（约 92.9 亿美元），同比增长 55%；净利润 5.6 万亿韩元（约合 50 亿美元），同比增长 83%。

目前，SK 海力士打算未来两年总投入 134 亿美元建内存工厂，提高市场竞争力。

韩国贸易、工业和能源部于 2018 年 7 月 18 日宣布，6 月的信息和通信技术（ICT）产品出口总值超过 191 亿美元。月度出口数字是有史以来第二高的。ICT 商品出口同比增长 20.4%，2016 年 12 月起连续第 19 个月实现同比增长两位数。ICT 进口同比下降 3%，达到 86 亿美元，该行业的贸易顺差为 105 亿美元。每月 ICT 出口的两位数增长是由半导体、计算机和外围设备所主导的。

(3) 中国集成电路及半导体行业发展现状

2017 年，全球半导体产业销售额 4197 亿美元，同比增长 23.8%，是 2011 年以来增速最快的一年。据中国半导体行业协会数据显示，2017 年（图 4-20）中国集成电路产业销售额达到 5411.3 亿元，同比增长 24.8%。其中，集成电路制造业增速最快，2017 年同比增长 28.5%，销售额达到 1448.1 亿元；设计业和封测业继续保持快速增长,增速分别为26.1%和20.8%,销售额分别为2073.5亿元和1889.7亿元。

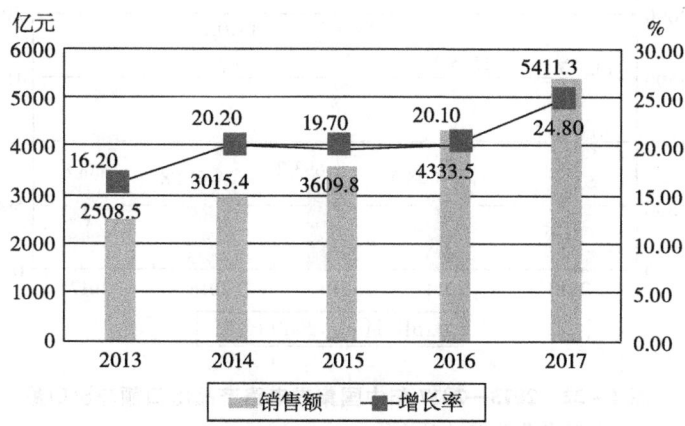

图4-20 2013—2017年中国集成电路产业销售额及增长率
资料来源:中国半导体行业协会。

根据海关统计(图4-21),2017年中国进口集成电路3770亿块,同比增长10.1%,进口金额2601.4亿美元,同比增长14.6%;2017年中国出口集成电路2043.5亿块(图4-22),同比增长13.1%,出口金额668.8亿美元,同比增长9.8%。

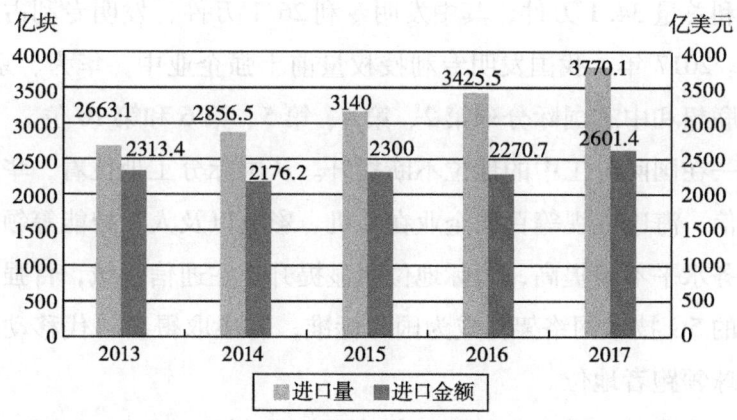

图4-21 2013—2017年中国集成电路产品进口额与进口量
资料来源:中国半导体行业协会。

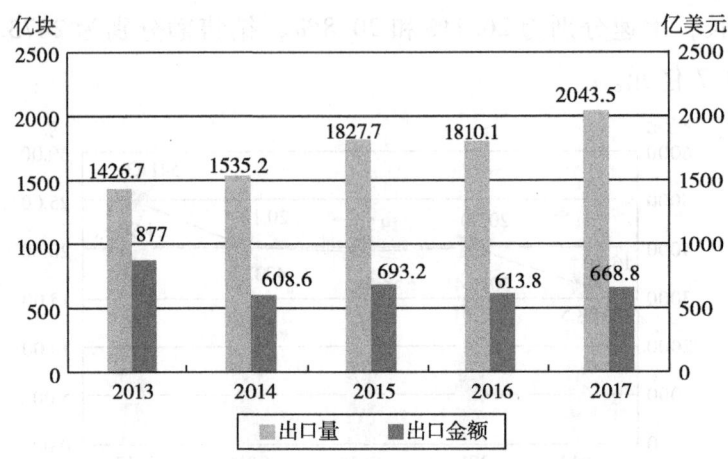

图 4-22 2013—2017 年中国集成电路产品出口额与出口量
资料来源：中国半导体行业协会。

当前中国集成电路及半导体行业发展特点及趋势。

——研发能力逐步提升。2018 年，中国电子信息百强企业发布会统计，百强研发投入合计 2194 亿元，与收入增速保持同步，平均研发投入强度达到 6.3%，超过全行业平均水平 2 个百分点以上。研发人员合计 45 万人，占全部从业人员比重达到 22.1%。截至 2017 年末，百强企业专利总量 34.1 万件，其中发明专利 26.1 万件，发明专利占比达到 76.6%。2017 年，我国发明专利授权量前十强企业中，华为、京东方、中兴、联想和中芯国际分列第 2、第 4、第 5、第 6 和第 10 位。

——在国际分工中的地位不断提升。从国际分工地位看，华为、小米、海信、海康威视等百强企业在手机、彩电以及人工智能等领域的产品和服务水平不断提高，国际地位明显提升。在通信领域，百强企业参与研发的 5G 技术网络架构成为国际标准，有望取得新一代移动通信领域的全球领跑者地位。

——战略转型进一步加快。华为研发出麒麟 970 智能芯片，飞腾、龙芯、兆芯等国产 CPU 性能持续提升，京东方首条柔性屏生产线实现量产，结束了国外企业的垄断局面；同时，电池隔膜材料、微电机系统传感器、石墨烯等基础产品也打破国外垄断，解决了一批"卡脖子"问题。

——产品和服务不断向高端化、智能化方向迈进。智能手机、智能电视市场渗透率超过80%，智能可穿戴设备、智能家居产品、虚拟现实设备等新兴产品种类不断丰富。在虚拟现实/增强现实、无人驾驶、人工智能、无人机等新兴领域，百强企业的技术和应用在全球处于领先位置。

——正在积极布局新兴领域和未来技术高点。云计算、大数据、工业互联网、人工智能等新技术加速推广应用；5G、下一代互联网、超高速大容量光传输技术、量子通信等前沿技术的研发和商用进程不断加快。

面临的主要问题：

——中国国内集成电路自给率仍然处于较低水平。据中国半导体协会统计，从2013年起，中国进口集成电路的价值就超过2000亿美元，在2017年再次创下历史新高。2017年集成电路进口价值为2601亿美元，而2017年原油进口1623亿美元，远远低于进口芯片价值。其中有集成电路大幅涨价的因素，但进口芯片价值超过2000亿美元毋庸置疑，由此产生的贸易逆差达到1932亿美元。

——未来市场需求依然庞大。随着汽车电子、智能手机等前沿应用领域快速发展，国内集成电路市场迅速扩大。

——技术追赶难度增加。半导体是一个庞大的产业，从大类上讲，包括集成电路（IC）、光电子、分离器和传感器等，其中IC的规模占80%以上。在这个产业链上，国内企业的差距是全方位的同时，我们正面临美国技术封锁与遏制。在生产设备上，全球三大巨头应用材料、科林和ASML，美国独占前两席，而且应用材料在除光刻机以外的几乎所有领域都领先，包括蚀刻、薄膜沉积等。在芯片设计行业，全球三大EDA软件（用于芯片设计）巨头铿腾、明导和新思，均为美国企业，全世界几乎所有芯片设计和制造企业都离不开它们。在高端芯片方面，包括ADC/DAC（数模转换）、FPGA、高速光通信接口等芯片，目前也都依赖美国厂商，包括德州仪器、赛灵思、亚德诺等。三种主流的芯片架构X86、MIPS和ARM，前两种都是美国血统。其中，英特尔的X86架构，与微软的Windows系统结盟，称霸台式机市场。ARM架构虽然是英国血统，却离不开安卓和iOS系统的支持，两者合计占有全球95%以上的手机市场。差距最大的是光刻机，三星、台积电即将投入7纳米工艺，而国内上海微电子的光刻机仍停留在90纳米量产的水平。在材料方面，日本是全球领先，在制造芯片的19种主要材料中，日本有14种位居全球第一，总份额超过60%。全球近七成的硅晶圆产自日本，那是芯片制造的根基。国内晶圆等芯片制造技术落后于三星、台积电达2~3代。

——发展环境不友好。半导体行业的发展不仅面临各国政府的干预，同时，芯片制造是人类历史上最复杂的工艺，加工精度为头发丝的几千分之一，需要上千个步骤才能完成。而国际市场上，多年形成的垄断巨头们不但自身可以使出很多种手段惩戒后来者，甚至还组建产业联盟扼杀后来者，国产化面临巨大被绞杀风险。

——人才匮乏。数据显示，我国未来需要70万半导体人才，存在很大缺口，最主要是缺工艺工程师，而这类人才很难靠引进来满足。当然，除了欧美国家的归国人才，韩国和中国台湾地区也是半导体人才的重要来源。而国内存储器的跨越式发展，离不开日本、韩国、中国台湾技术人员的贡献。

2. 中日韩半导体行业合作的重点与方式

当前，全球半导体行业向中国转移的大趋势不会改变，日韩企业都应该看到这一点。另外，摩尔定律在工艺上逐渐趋近极限，中国追赶机会增加；同时，"中兴事件"后，中国推进半导体行业国产化的决心更加坚定，给日韩企业带来的不仅是挑战，也是联手合作共同发展的机遇。

（1）三国可发挥各自优势加强高端领域的技术合作

面对更为严峻的国际竞争，全新发展的先进技术，各国通过技术研发、市场开发等合作才能获得最大利益。中日韩半导体行业之间亟待建立长期共享利益的合作机制。目前，半导体行业已成为决定第四次工业革命的关键行业，也是各国产业政策冲突的敏感地带，同时要突破被美国带队的国际联盟包围的情况，亟待巩固中日韩半导体行业相互信赖的基础，设法推进深层次合作，防止出现三国你死我活的竞争格局。中国更要防止被国际同行孤立。

（2）加强中日韩资本合作与生态共享

目前，加强中日韩资本合作与生态共享是建立长期共享利益的合作机制最为关键的方面。以存储为例，国际市场上，中国通过收购国外企业来解决技术与原材料等各方面问题的可能性越来越小，美国对中国进入半导体行业高度警备，中国推进单个项目的风险大，需要缓冲风险，融入生态链，必须加强合作。从韩国存储行业来看，目前处于称霸的状况并非长期的，就韩国自身的经济与市场规模而言是不大的，在决定未来存储半导体需求变化的新产业领域已经落后于美国、中国。云计算、人工智能、物联网等领域，都需要世界级规模产业容量，韩国不可能达到这个规模。同时，韩国半导体生态体系也是不完备的，在核心设备和材料等方面也依赖于美国和日本。日本在核心设备和材料具有全球领先的优势。同时，中国已经建立了资金规模较大的半导体基金，韩国也建立了规模约 1.7 亿美元的"半导体成长基金"。在此强调，未来中韩之间资本与半导体生态链的合作可重点通过以下路径实现：

——引导中国半导体基金或民间投资基金参与韩国半导体基金，共同投资中韩两国的中小半导体企业。中国也应该给韩国资本开放半导体行业的投资机会，共同推进资本、技术与市场等领域的合作，实现生态共享。

——推进中国资本与韩国半导体基金结合，共同开展兼并、收购、联合、参股等多种形式国际并购重组。积极避开美国等的外资并购审查，共同出资收购全球的半导体企业，积极融入全球半导体生态体系。

——中韩两国还可以进行半导体设备和原材料企业之间的直接合作。设备和原材料是两国的弱势，两国企业可以在两国设厂，联合采购，联合研发，共同成长。

（三）传统精细化工制造业的高端化合作

中国居民出境旅游、购物、消费规模逐年增长。CADAS 数据显示，2017 年中国赴日本 735.58 万人次，同比增长 15.4%。中国赴日本规模已由 10 年前的 100 万人次增长到 700 万人次。韩国法务部发布的 2017 年出入境统计资料显示，中国赴韩游客数为 439 万人次，同比减少 46.9%。日韩高品质化妆品、食品药品等受到中国消费者的追捧。日韩企业正是抓住中国消费者的新需求，在高端消费领域取得了极大的成功。中国与日本、韩国在汽车、工程机械、精细化工、制药等传统制造业的高端领域还存在较大差距。加强传统制造业高端技术合作依然是未来中日韩制造业合作的重点与方向。下面以精细化工和制药等传统制造业为例，重点分析三国之间的优势弱势，推动三国在传统产业向高端迈进进程中实现合作共赢。

精细化工是综合性较强的技术密集型工业，是传统化工产业结构升级调整的重点。各国产品分类上也不甚一致，大体可归纳为：医药、农药、合成染料、有机颜料、涂料、香料与香精、化妆品与盥洗卫生品、肥皂与合成洗涤剂、表面活性剂、印刷油墨及其助剂等 40 多个行业和门类。生产过程中工艺流程长、单元反应多、原料复杂、中间过程控制要求严格，应用和涉及多领域、多学科的理论知识和专业技能。随着社会经济的进一步发展，人们对电子、汽车、机械工业、建筑新材料、新能源及新型环保材料的需求将进一步上升，电子与信息化学品、表面工程化学品、医药化学品等将得到进一步的发展，全球范围内精细化学品市场规模将保持高于传统化工行业的速度快速增长。

1. 日本精细化工发展现状与优势领域

据2016年版《精细化学品年鉴》,日本精细化工行业分为4个领域和36个分行业。日本各个精细化工分行业在1990—2015年的销售额发展趋势出现分化。医药、印刷油墨、化妆品、香料、表面活性剂行业销售额呈现持续增长趋势,农药、黏合剂、合成洗涤剂行业销售额变化不大,而触控面板和太阳能电池领域专用化学品近几年在快速发展。比如,日本排名前五的化工企业分别是信越化学、东丽集团、三井化学、住友化学、三菱化学控股。这五家企业都是全球性的跨国企业,主营业务分别是:信越化学主要生产PVC、功能学化学品、有机硅、半导体硅、电子功能材料等;东丽集团主要生产纤维纺织、树脂和化成品、信息通讯材料、碳纤维复合材料等;三井化学主要生产功能树脂、聚氨酯、基础化学品等;住友化学主要生产能源功能材料化学、石油化学所需化学品、情报电子化学等部门所需的材料;三菱化学控股主要生产工业化学品、聚合物材料以及用于健康保健和功能性设计材料等。

精细化工行业在中国行业统计中分类为专用化学品制造业。在2017年中国环保部公示的新化学物质常规申报清单中,按照申报人所属国家区域登记数量统计来看,日本占1/3以上,其中,国内申报人申报数量,很大部分是日本和欧美客户委托,日本公司登记的产品包括中间体、油墨、功能性材料等。日本在华的化学及相关公司主要有三菱化学在宁波的PTA、三菱瓦斯在重庆的大甲醇、三井化学的双酚A和PTA、宝理塑料的聚甲醛等中国基础化学品领域的薄弱项目,以及信越化学公司、昭和电工公司、大日本油墨化学公司等众多精细与专用化学品公司。

同时,日本对中国大量出口(表4-4)有机化学品、无机化学品等,油墨及塑料制品的出口额也比较高,但后者主要在中国实现本地化,满足中国市场需求。日本医药行业的发展也不可小觑。据日本有关统计,2015年,仅日本小林制药在日本面向中国游客的销售额就达到

43 亿日元（约合人民币 2.54 亿元），而前一年不过 23 亿日元，仅向中国游客销售的金额就占到了总销售额的 3%。为了能够获得更大的中国市场，小林制药在 2017 年初公布计划称，未来三年将投资约 300 亿日元（约合人民币 17.72 亿元）用以在中国为主的海外市场收购当地企业，扩大医药品的海外销售。2018 年 3 月，小林制药已完成对中国江苏中丹制药有限公司的全资收购，其制药板块正式进军中国，并计划 10 年后实现在华医药品销售额增至 40 亿日元（约合人民币 2.5 亿元）。根据小林制药 2017 年财报显示，其营收为 1567 亿日元（约合人民币 92.59 亿元），实现净利润 229.25 亿日元（约合人民币 13.53 亿元）。21 世纪以来，受人才、国际经验、语言等因素的制约，日本制药采取了内部整合和外部扩张的战略，进入仿制药市场，通过系列政策支持和鼓励医药企业创新研发，实现了生产跟上、创新跟随、销售发力的新局面。

表 4-4　2013—2018 年上半年日本对华主要化学类产品出口额

单位：千美元

化学类产品名称	2013 年	2014 年	2015 年	2016 年	2017 年	2018 年上半年
无机化学品、贵金属等的化合物	1707295	1953123	1860597	1643695	2054928	1343110
有机化学品	2865951	2978476	2871833	2789303	3079123	1837471
药品	255333	243918	261659	244584	239622	133128
肥料	231074	218384	250222	212266	213370	119713
鞣料、着色料、涂料、油灰、墨水等	261592	276233	244088	244335	244804	149257
精油及香膏、香料制品及化妆盥洗品	322608	319743	309504	315417	309873	160362
洗涤剂、润滑剂、人造蜡、塑型膏等	214356	213089	202408	241502	254857	131088
蛋白类物质、改性淀粉、胶、酶	185213	184942	152401	144601	156904	78252
炸药、烟火、引火品、易燃材料制品	20780	25154	21740	25962	31067	16647

资料来源：Wind.

2. 韩国精细化工发展现状及优势

韩国是世界第五大化工生产国，是亚洲第三大化工生产国。韩国化工大体经历了20世纪70年代末到90年代末由政府主导的时代，这一时期，各大化学公司相继成立，世界化工中排名前50的韩国化工企业也主要诞生于这一阶段，这一阶段是韩国化工从净进口到净出口的腾飞阶段。1998年亚洲金融危机后，韩国化工进入私有部门主导的重要时代，通过兼并重组，韩国化工企业实现扩大规模对外投资的第二次腾飞，快速成长为全球第五大石化工业国家。据统计，2001年跻身于世界五大塑料生产国之列。2007年，韩国石化产品出口金额达288亿美元，位居世界第五位。2014年韩国化工行业是韩国制造业的第三大产业，销售额是1542亿美元。2016年，韩国乙烯年产量为3255万吨，是世界第七大乙烯生产国。中国是韩国化工最大的出口市场，据统计，多年来，中国市场的份额已占其全部出口额的45%以上。

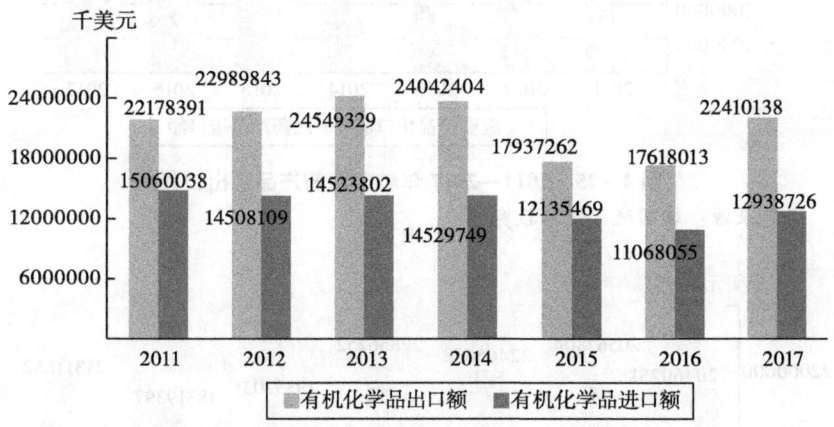

图4-23　2011—2017年韩国有机化学品进出口额
资料来源：韩国统计信息服务。

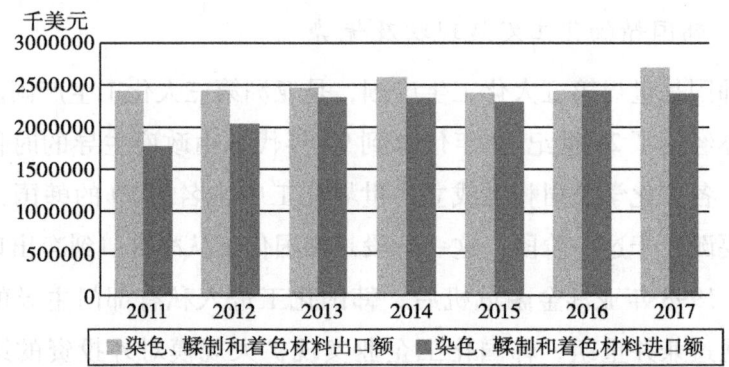

图4-24 2011—2017年韩国染色、鞣制和着色材料进出口额

资料来源：韩国统计信息服务。

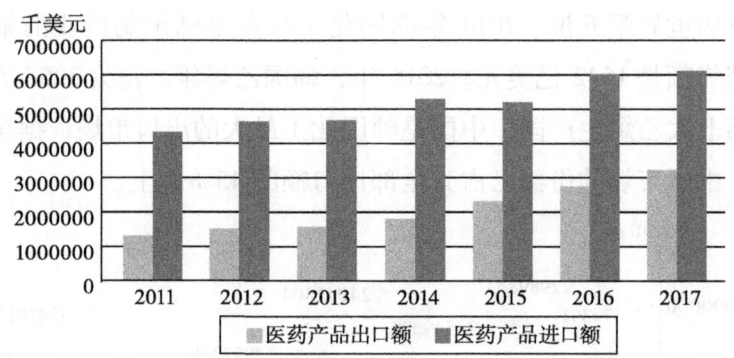

图4-25 2011—2017年韩国医药产品进出口额

资料来源：韩国统计信息服务。

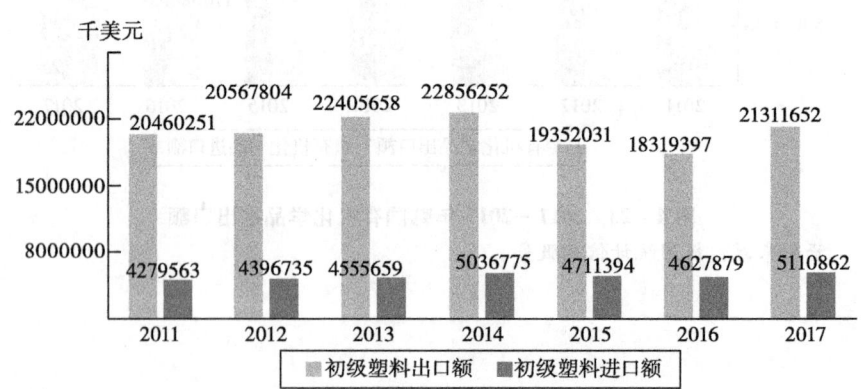

图4-26 2011—2017年韩国初级塑料进出口额

资料来源：韩国统计信息服务。

表4–5　2013—2018年上半年韩国对中国的主要化工产品出口额

单位：千美元

化工产品名称	2013年	2014年	2015年	2016年	2017年	2018年上半年
有机化学品	2502950	2514257	2238593	2296219	2817529	1744362
药品	307294	336778	400078	450220	313073	181510
鞣料；着色料；涂料；油灰；墨水等	373757	410766	388838	380574	424690	232458
精油及香膏；香料制品及化妆盥洗品	39094	47280	55913	75944	79543	42222
洗涤剂、润滑剂、人造蜡、塑型膏等	88961	83488	85580	78274	84384	48507
蛋白类物质；改性淀粉；胶；酶	106735	101148	99441	83810	87286	48415

资料来源：Wind。

从韩国的统计数据来看，2014年韩国主要化工品产量是7990万吨，基础石化产品占比37%，中间体占比21%，合成树脂占比17%，合成橡胶占比14%，合成材料占比11%。从图4–24、图4–25、图4–26可以看出，2013年以来，韩国在有机化学、初级塑料的出口额远大于进口额，染色鞣制剂和着色材料的进出口额基本持平，药品进口量远大于出口量。据中国韩国商会统计，1992年中韩两国建交以来，韩国对华主要投资行业有：钢铁、汽车、造船、建设/房地产、能源、石油化工、电子、视频、制药/医疗、化妆品、纺织/服装、信息通信、文化/娱乐、餐饮、航空/旅游、流通/物流、银行、保险。制药医疗、化妆品是韩国在华投资的重要板块，韩国还诞生了备受中国消费者欢迎的品牌化妆品，这与韩国的精细化工行业发展有着密切的关系。在韩国有名的化工企业主要有LG化工、三星第一毛织、GS加德士、韩国南海化工股份公司、KCC、BEXEL、SK化工、SSPC化工、韩国国都公司等。

韩国化工的最大优势在于大宗化工原料、专业化学品和化工新材料领域。企业通过打造自己在技术创新、营销管理等方面的能力，以期与欧美老牌企业平起平坐。如 SK 能源公司大力降低成本，改变原料模式和优化工艺过程。三星道达尔石化公司正在投资节能项目，同时加强其作为聚丙烯、苯乙烯和对二甲苯主要生产商的地位。LG 化学公司在可充电电池和电子材料方面快速发展，而韩华化工则瞄准了太阳能电池业务。

3. 中国精细化工发展现状与趋势

2001 年中国"入世"以后化工行业的整体主营业务收入已经由当初的 8069 亿元发展到 2017 年的 9.1 万亿元，增长了 11.3 倍，并且于 2010 年首次超过美国，并确立了世界头号化工大国的地位。近年来中国精细化工行业已取得较大的发展，以作为国民经济的基础行业的化学原料和化学制品制造业为例，2005—2016 年，中国化学原料和化学制品制造业的主营业务收入由 1.62 万亿元增长至 8.77 万亿元，业务规模扩大超过 5 倍。

中国与发达国家在高性能产品、下游产品、新材料领域还存在较大差距，中国化工行业精细化程度不够，比如氢氟酸产品，长期以来先以低价出口基础级别产品，再用高价进口国外精深加工的高端产品。但随着中国经济走势趋于平稳，产业结构的升级优化，在化工领域，中国对于外资技术与投资的依赖变得越来越小。2009 年德国化工企业巴斯夫投资 10 亿美元建设 MDI 生产工厂，2016 年万华的 MDI 产量已经跃居全球第一。日本三菱、住友等把持高端化学品技术，也将随着中国国内化工行业的发展，以及国内环保整治力度的不断加大，进驻中国市场成本增加，市场可能逐步萎缩。那么，中日韩化工产业合作的重点在哪些方面呢？

4. 中日韩精细化工合作重点与方式

——共同开发第三方市场。美国化学会旗下的《化学与工程新闻》（C&EN）杂志发布全球化工 50 强排行榜中，全球化工行业 50 强中欧美地区占据 30 席，日韩各有 8 家和 4 家企业入围，中国和泰国各有

2家。日本三菱化学和韩国 LG 化学等化工企业对化工整个价值链的很多种业务都有涉及。在过去数十年中，欧美日韩老牌化工巨头运营路线非常一致：基于雄厚技术积累和资产基础，致力于利润增值，并在立足本土市场的基础上，在经济高速增长的新兴市场国家寻找机会。随着中国企业的发展，中国化工企业也积极参与到这一行列中，中日韩化工企业都在加速东南亚市场布局。

2018年初，三菱化学、住友、宇部兴产等众多企业纷纷宣布东南亚市场投资计划，业务范围涉及 TPE，TPS，PE/PS，PVC 等主要化工原材料，根据各家企业投资计划，预计2020年底日本企业将完成东南亚市场投资布局并投产使用。依靠前期打开的市场渠道，日企将由输入模式转变为"产地直销"。届时，日本化工企业的重心预计将全部转移至东南亚市场。同时，中国企业在沿线国家"走出去"的步伐日益加快。在东南亚，泰国东部走廊以及马来西亚柔佛半岛石化基地正在建设，在皎漂港工业园区建设氮肥、复合肥等项目正在稳步推进之中。韩国的投资也正往印度、泰国、越南等国家集中。尽管东南亚市场潜力巨大，然而各国发展情况参差不齐，基础设施落后，化工行业发展关键在于如何真正带动下游行业的投资，开发消费市场。这需要中日韩三国企业共同合作、合理分担，才可实现在第三方市场的互利共赢。

——中国化工市场技术"短板"领域是中日企业合作的重点。日韩化工行业整体发展水平高于中国，随着中日韩产业之间沟通合作的逐渐增加，市场竞争也愈加激烈，比如《锂电池产业发展报告》数据显示，2017年全球锂动力电池出货量达到62.35GWh，而前十企业均来自中日韩三个国家，合计为49.88GWh，占比达到80%。业内专家称，中国动力电池产业"蛋糕"虽然很大，但其整体竞争格局远未形成，日韩企业将进一步向中国市场发力并抢占中国市场份额，中国将会成为动力电池市场的主战场。同时，技术"短板"和化工环保领域，中日韩合作的空间依然巨大。中国碳纤维、聚碳酸酯等高端工程塑料需求量大，各类细分领域的新材料需求旺盛，一些新兴产业出现所需的新型化工材料亟待中日韩三国企业联合技术攻关。

——加强制药领域的合作与研发。中日韩医疗体系的基本结构有相似之处。目前，日本药企的数量正逐年减少，但从规模来看，日本的中小型药企的月产值仍相对平稳。从行业集中度来看，日本在全球百强药企的收入占比约为75%，中国为23%。尽管从数据上看，中国没有优势，但有专家表示，中国医药企业的集中度会越来越高，再加上两票制、仿制药一致性评价等政策的影响，未来中国将有诸多药企被淘汰，这是必须要经过的一个过程。从创新角度来看，由于日本国内市场规模较小，如果只依赖于本土市场，药企并不会得到较快的发展。因此，很多日本药企都将目光投向了海外市场。为改善业绩，日本药企也通过并购的方式不断完善自己。而在中国，政策鼓励、市场需求都在拉动中国药企进行创新研发，它们也渐渐进入国际市场，并购重组国内外药企，形成更强、更新的核心竞争力。未来中日韩可在2012年中日韩生物技术协会共同签署的生物医药领域"三小时创新合作圈"合作备忘录的基础上，加强医药产业的投资与合作，实现互利共赢。

五、推进中日韩制造业领域合作的政策建议

中国已经历了40年的改革开放，在"引进来"与"走出去"相结合，统筹国际国内两个市场中，构建了以制造业为主的国民经济产业结构体系，中国制造业不仅已高度融入全球产业链，并且在有效承接国际产能向中国转移的过程中，通过学习先进技术，借鉴先进经验，逐渐发展形成了产业门类全、技术水平较高的工业体系，成长为世界制造业大国，正在努力建设制造业强国。日韩作为发达国家，制造业的先进技术和管理经验，与中国推进制造业技术创新，实现"中国制造2025"战略目标对技术与管理经验的需求形成优势互补，并且中国拥有14亿人口，正在逐步迈入中等收入国家行列，伴随消费升级同时对日韩国家的

中高端产品的需求将不断扩大，消费市场潜力巨大。但三国之间在制造业发展战略上存在较大分歧，因为竞争加剧导致的防止技术外溢的各种壁垒繁多、贸易摩擦增多，各方出于政治考虑引发的各类"突发事件"都会影响中日韩制造业的深入合作，中美贸易摩擦也将成为未来三方制造业合作的重要影响因素。而中日韩制造业合作将有利于充分发挥各国比较优势，实现各方优势互补与互利共赢，这需要各国共同努力，加强政治互信，达成合作共识，建议从以下几个方面入手，推进中日韩三方合作。

（一）营造有利于各方合作的氛围

随着中日韩各方制造业竞争加剧，欧美国家的贸易保护主义思想逐渐抬头，加上三国各自的战略诉求不一致，对加强合作认识的出发点与角度存在很大的分歧，日本、韩国的政治与外交政策，对中日韩自由贸易区的建立及东亚地区的经济合作产生了极大的阻碍作用。中国的战略诉求相对简单明确，中国期待通过和平发展，加大同周边国家全面合作，促进地区和谐、世界和谐局面的出现。中国共产党十八大以来，更加坚定全球化思维和对外开放基本国策。中国在中日韩三国的经济合作当中，坚持推动中日韩三国自由贸易协定的达成，推进东亚国家区域全面经济伙伴关系（RCEP）早日实现，并一贯支持东盟十国主导东亚地区的经济合作。中日韩三国政府应该理性分析三国合作的利弊，要以发展的思维思考合作的必要性，并在国内营造积极参与合作的氛围。作为中国而言，2018年4月，中国国家主席习近平在博鳌亚洲论坛年会开幕式上说过，过去40年中国经济发展是在开放条件下取得的，未来中国经济实现高质量发展也必须在更加开放的条件下进行。他多次强调，中国开放的大门不会关闭，只会越开越大。中国推动更高水平开放的脚步不会停滞！中国推动建设开放型世界经济的脚步不会停滞！中国推动构建人类命运共同体的脚步不会停滞！中国始终置身于全球化的浪潮中，发挥自身优势，积极参与国际分工，与世界各国互学互鉴、竞争相长,以更好地适应、把握和引领国内经济新常态,在更高水平上构建开放型经济强国。

(二)在贸易投资便利化方面推行一些更有效的政策,放松投资限制

在中日韩三国自由贸易协定尚未达成的情况下,三国政府要秉着有利于合作共赢的态度,在可能形成良好合作关系的领域,以开放、包容的态度,共同协商、共同推进,形成有利于务实合作的政策。中国正在建设开放型经济新体制,但也要切实放松对外资的限制。对除关系到国家安全的特殊领域和产业外,应赋予内外资同等的市场准入资格。制定路线图和时间表放宽汽车、医疗、信息技术与服务、基础设施等领域的外资股权比例。对外籍高层次人才及家属出入境、居留等方面提供便利措施。放宽对外资企业的再投资限制。尽快在全国推广自由贸易账户,提高跨境资金双向流动性,保障外资企业合法利润的正常汇出。

(三)进一步推进中日韩政府交流谈判和发挥"二轨"对话的作用

中日韩三国广泛存在进一步优势互补、合作共赢的空间,中日、中韩企业、政府要有一个共同向前看、积极开拓的态度,但是关键还是在于促进中日、中韩关系的正常化。2015年11月,中日双方在东京举办了首轮中日企业家和前高官对话。2016年11月,中日双方在北京举办了第二轮中日企业家和前高官对话,在全体会议上,双方达成《联合声明》,双方共同认为加强中日韩自由贸易区及RCEP(区域全面经济伙伴关系)、FTAAP(亚太自由贸易区)等地区经济合作对于推进中日两国乃至亚洲和世界经济发展是必不可缺的。双方一致同意为了早日且高标准实现上述经济合作,中日经济界将推动两国政府加快谈判进程。在贸易、投资、金融、先进制造业服务业创新、基础设施、能源与环保等领域,交流了各自的观点和看法,并就今后的合作可能性交换了意

见。关于先进制造业服务业创新，双方愿在智能城市、物联网、机器人、人工智能等广泛领域内进一步探讨协同合作的方法。而在 2016 年 11 月在日本举办的第十一次中日韩经贸部长会议，三方重申加快中日韩自贸区和区域全面经济伙伴关系协定（RCEP）谈判、共同反对保护主义，进一步加强多边贸易体制，加强在亚太经合组织和亚欧会议框架下的合作，积极推进区域经济一体化。从当前的情况来看，加强中日、中韩"二轨"对话，搭建两国工商界思想交流和观点展示的平台，对推动中日、中韩经贸合作，改善双边关系发挥积极作用。

（四）积极开展三国发展规划和政策的对接研究，充实中日韩务实合作内涵

2014 年韩国发布了"制造业革新 3.0 战略"，2015 年中国和日本政府分别公布了"中国制造 2025"和"机器人新战略"，三个战略的共同点都在于推进信息技术与制造业融合，但又彼此差别很大，中日韩三国智库应加强三国发展规划和政策的研究，挖掘三国产业合作的空间，提出既有利于三国充分发挥各自优势，有利于合作共赢，又符合三方发展战略要求、符合中日韩人民利益的合作方向，为深化三国务实合作做好智力支持。在中国大力加强"一带一路"建设的大背景下，三国智库也要加强"一带一路"倡议与中日韩三国的规划对接研究，让"一带一路"在三国制造业合作方面发挥有效的推进作用。

（五）搭建三方有效对接的合作平台

中日韩三国政府与智库应积极为推进和加强三国政府、企业、产业园区的对接合作搭建好的平台，及时总结和推广中日韩制造业贸易和投资合作的成功案例，促进各国政府、机构、企业在更为广泛、更多的领域开展务实合作。按照三方各自明确的重点区域、领域，通过各自国家的企业、金融机构、行业协会以及地方等多种渠道，开展项目对接、项目促进和经验交流，定期沟通进展情况，增进企业双向信息交流，并针对第四方投资合作中可能遇到的共性问题提出相关建议。

（六）中国推进中日韩制造业合作的工作重点

总体而言，中日韩制造业深化合作还存在诸多障碍，从中国角度来看，推进合作可从以下几方面入手：

一是加强智能制造战略对接。应加快推进中日韩智能制造业战略的对接与互补，发挥各国优势，加强智能制造的高端技术研发合作。2015年，李克强总理访韩期间，中韩两国签署了《中韩推进"中国制造2025"与"制造业革新3.0战略"交流合作的谅解备忘录》。但中日之间推进制造业智能化发展的战略合作协议尚未启动签订，战略对接不够。要适时推进中日签署"中国制造2025"与"社会5.0"交流合作的谅解备忘录。

二是加强先进制造薄弱环节互补合作。拥有芯片主导权，是中国推进先进制造业向中高端迈进，提升核心竞争力的关键。要掌握核心技术主导权，提高进口替代率，既要加强自主创新，也要善于借力突破技术难题。要创造条件，加强与日韩企业在高端技术领域交流与合作，积极引进日韩高端技术人才，鼓励与日韩合作培养技术人才。完善向国内外进行重大关键技术招标采购研发服务的机制与模式。

三是加强传统制造业高端领域合作。一方面，鼓励引进国外优质商品和服务，满足中高端消费需求。另一方面，加强三国技术性贸易措施的研究和应对工作，引导国内传统制造业企业加强与日韩高端技术合作研发，采用先进标准提高产品质量，推动传统制造业向中高端迈进。

四是加强绿色制造的合作。一方面，中日韩在制造业各领域的合作中，要在全周期管理中植入绿色理念，设计好绿色门槛；另一方面，加强重点领域、重点区域的绿色技术合作，突破关键技术瓶颈，实现绿色制造"引进来"再逐步"走出去"。

五是推进数字经济与制造业融合发展。加强移动支付、零售电商交易等领域的互补合作，共同探索线上销售与线下流通、生产数字化，在数字制造、柔性制造等领域共同实现全球领先。

此外，还要探索中日韩合作在华建立智能汽车、新能源汽车、无人驾驶、智能机器人等领域的创新中心与重点实验室。建立中日韩制造业合作与创新数据库，及时总结和推广中日韩制造业合作升级的成功案例。推动包括关税、投资、服务、知识产权保护、竞争、技术交流、人才流动等各领域便利化安排。积极为推进和加强三国政府、智库、产业园区、企业的对接合作搭建好平台，促进各国政府、机构、企业在更为广泛、更多领域的务实合作。

（执笔人：李　娣）

第五章
中日韩能源环境发展与合作趋向分析

资源环境无边界，中日韩三国比邻而居，保障能源资源供应、共同治理环境问题，应作为中日韩能源资源合作的重点领域。三国能源资源合作应该采取多种方式协同推进的模式，以取得实际成效为目标。

一、中日韩能源环境合作的现状与特点

（一）三国能源环境现状特点

在能源方面，中日韩三国在能源消费结构上具有很大差异。中国"富煤、少油、贫气"的特点决定了中国以煤炭为主的能源消费结构，韩国和日本由于资源匮乏，主要通过能源进口来解决能源问题，韩国能源消耗量常年居于中国和日本之后。

1. 三国都存在传统能源消耗量大及对外依存度高的问题

中国作为世界上最大的能源消耗国、最大煤炭生产和消耗国家、世界第二大石油消耗国和进口国，具有总量丰富、人均拥有量低、分布不均衡、开发难度大的特点，其中煤炭储量丰富，石油储量相对不足，天然气储量较少，能源结构性矛盾突出。在煤炭储备上，中国煤炭资源总量位居世界第三，主要分布在昆仑山—秦岭—大别山以北地区和大兴安

岭—太行山—雪峰山以西地区，在地域分布上存在北多南少的特点。与煤炭储量相比，中国的石油储备量相对不足，主要分布在西北、东北、华北和东部沿海浅海大陆架地区。目前，中国石油进口来源的国家和地区主要包括中东地区、俄罗斯、西非、美洲中部以及部分亚太地区国家。[1] 在天然气方面，我国储量相对较少，但油页岩、煤层气等非常规化石能源储量潜力较大。

日本化石能源的资源有限，是石油、煤炭和天然气等主要能源资源匮乏的国家，日本100%石油、96%的天然气是通过进口，能源自给率仅有18%，如果将核能源除去则只有4%。日本仅有的能源资源储备中主要是无烟煤和烟煤。日本的石油生产量非常低，主要依靠进口。日本最大的天然气田位于西海岸的南长岗，该区域生产了近40%的日本国内天然气。由于日本国内天然气资源有限，所以日本必须依赖于大量进口来满足经济发展对天然气的需求。韩国地处朝鲜半岛，能源资源也相对匮乏。由于国内资源储量不足，韩国也成了世界主要能源进口国之一，韩国是世界上仅次于日本和中国的第三大煤炭进口国家。在石油方面，韩国所需要的石油几乎全部依赖海外进口。

表5-1 中日韩三国原油消耗状况　　　　　　　单位：千桶/日

年份	中国	日本	韩国
2006	7432	5174	2320
2007	7808	5013	2399
2008	7941	4846	2308
2009	8278	4387	2339
2010	9436	4442	2370
2011	9796	4442	2394
2012	10230	4702	2458
2013	10734	4516	2455
2014	11209	4303	2454

---

[1] 刘雅馨，张用德，吕古贤. 后石油时代中国新能源战略的思考[J]. 化工管理，2011 (7): 7-9.

续表

年份	中国	日本	韩国
2015	11986	4139	2577
2016	12381	4037	2763
份额	12.80%	4.20%	2.90%
排名	2	4	8

资料来源：BP 统计年鉴 2016。

表5-2　中日韩三国天然气消耗状况　　　单位：亿立方

年份	中国	日本	韩国
2006	59.3	83.7	32
2007	73	90.2	34.7
2008	84.1	93.7	35.7
2009	92.6	87.4	33.9
2010	111.2	94.5	43
2011	137.1	105.5	46.3
2012	150.9	116.9	50.2
2013	171.9	116.9	52.5
2014	188.4	118	47.8
2015	194.8	113.4	43.6
2016	210.3	111.2	45.5
份额	5.90%	3.10%	1.30%
排名	3	5	19

资料来源：BP 统计年鉴 2016。

表5-3　中日韩三国煤炭消耗状况　　　单位：百万吨

年份	中国	日本	韩国
2006	1454.7	112.3	54.8
2007	1584.2	117.7	59.7
2008	1609.3	120.3	66.1
2009	1685.8	101.6	68.6
2010	1748.9	115.7	75.9
2011	1903.9	109.6	83.6
2012	1927.8	115.8	81

续表

年份	中国	日本	韩国
2013	1969.1	121/2	81.9
2014	1945.5	119.1	84.6
2015	1913.6	119.9	85.5
2016	1887.6	119.9	81.6
份额	50.60%	3.20%	2.20%
排名	1	4	7

资料来源：BP统计年鉴2016。

表5-4 中日韩三国核能消耗状况　　　　单位：百万吨

年份	中国	日本	韩国
2006	12.4	69	33.7
2007	14.1	63.1	32.3
2008	15.5	57	34.2
2009	15.9	65	33.4
2010	16.7	66.2	33.6
2011	19.5	36.9	35
2012	22	4.1	34
2013	25.3	3.3	31.4
2014	30		35.4
2015	38.6	1	37.3
2016	48.2	4	36.7
份额	8.10%	0.70%	6.20%
排名	3	18	5

资料来源：BP统计年鉴2016。

表5-5 中日韩三国水电力消耗状况　　　　单位：百万吨

年份	中国	日本	韩国
2006	2865.7	1164.3	403
2007	3281.6	1180.1	425.4
2008	3496.8	1183.7	442.6
2009	3714.7	1114	452.4
2010	4207.2	1156	495

续表

年份	中国	日本	韩国
2011	4713	1104.2	517.6
2012	4987.6	1106.9	531.2
2013	5431.6	1087.8	537.2
2014	5649.6	1062.7	540.4
2015	5814.6	1030.1	545.5
2016	6142.5	999.6	551.2
份额	24.80%	4.00%	2.20%

资料来源：BP 统计年鉴 2016。

2. 重视可再生资源的发展是三国能源结构转型的共同点

根据 2018 年全球 BP 能源展望，低碳的能源结构转型将会继续发展，可再生能源成为增长最快的能源来源，占据超过 40% 的能源供给量，在所有能源中占比最高。一次能源比例逐渐降低，以煤炭消费为例，随着中国的煤改气工程，全球煤炭消费增长停滞，在一次能源中占比低至 21%，达到自工业革命以来的最低值，而天然气占比增长最快，未来能源结构将更加多元化。

日本在经济高速增长过程中也曾经历严重的环境污染以及"痛痛病"等四大公害，但当前的日本已经有效地解决了能源供给并成为世界环保先进国家。作为技术先进的发达国家，日本对太阳能、海能发电、热泵等可再生资源的技术研究较早，在对可再生资源的处理和利用以及能源节制利用方面，对比中韩两国有着丰富的经验和完善的法律体系。作为全球最大的太阳能光伏发电市场之一，日本已是世界较大的太阳能电池制造国之一，生物能、风能等也是日本着力发展的新能源。

韩国从 20 世纪 80 年代启动发展新能源技术，制定了一系列总体规划指导新能源产业的技术开发，如《替代能源开发促进法》《可再生能源开发利用普及及促进法》等为新能源技术开发提供了阶段性路线图及产品化路线图等。为推动电力改革，政府还对可再生能源发电成本进行补贴，但从 2012 年起，韩国政府取消了 FIT 政策，全面引入"新再生能源投资组合标准（RPS）"政策，迫使发电企业必须用一定比例的可再生能源发电，规定可再生能源发电比重从 2012 年的 2% 上升到 2020 年的 10%。韩国政府的新能源战略以发展太阳能和风能为核心，将太阳能电池、风能、氢燃料电池和煤气化联合循环发电列为优先领域。在政府的大力推动下，韩国加强了在新能源领域，尤其是太阳能、风能和新能源汽车的技术开发和专利申请力度。

与日本、韩国的情况不同，中国的新能源产业发展起步较晚，初期具有自下而上的特征。随着政府支持力度的加大，中国的新能源产业出现高速增长，可再生能源已成为我国新增电力主力，光伏、风电等新能源的增长尤为突出。中国在光伏设备制造市场份额、太阳能热水器普及、风能设备制造等方面已经开始超越韩国。2017 年，我国可再生能源发电装机容量约 6.56 亿千瓦，新增装机规模占全球增量 40% 左右。风电、太阳能发电装机在建规模稳居世界第一，成为全球非化石能源发展的引领者。

（二）三国环境保护问题现状及特点

在环境问题上，中日韩三国同属于亚洲地区经济发展较为迅速的国家，工业技术先进以及能源消费必然导致严重的环境污染，如酸雨、雾霾、沙尘暴等。随着全球气候变暖，减少一次能源消费，降低二氧化碳等温室气体的排放成为世界各国经济发展主要关注的重点。据此针对中日韩三国的环境问题找出共性和合作的方向。

1. 三国同为能源消耗大国，仍存在碳排放量规模大的问题

中日韩是能源消耗大国，也是世界温室气体排放量大国，近年来三国二氧化碳排放量如表 5-6 所示。可以看出中国碳排放量占比世界接近 1/3，排名第一。日韩两国碳排放量占据世界前十。因而，降低碳排放量是三国共同面对的问题。

表5-6 中日韩三国近年来碳排放量及2016年碳排放量占世界份额

年份	中国	日本	韩国
2006	6661.6	1252.2	520.8
2007	7223.9	1266.0	545.4
2008	7362.3	1273.1	556.8
2009	7692.5	1110.2	559.0
2010	8118.7	1182.4	609.8
2011	8806.7	1192.1	645.6
2012	8979.4	1284.1	644.1
2013	9218.8	1274.6	646.5
2014	9224.1	1240.8	644.3
2015	9164.5	1206.6	654.0
2016	9123	1191.2	662.1
份额	27.3%	3.6%	2.0%
排名	1	5	7

资料来源：BP能源统计年鉴。

2. 三国在大气、海洋、核污染等方面存在环境问题

除了碳排放问题，酸雨污染和二氧化硫也是主要的环境问题之一，由于大气环流，中国的酸雨污染给日本、韩国等邻国带来了一定的环境污染。由于中日韩三国比邻，海洋环境也是三国共同面临的问题：由于对邻近海域的污水排放量没有严格的控制，国家的沿海环境日趋恶化。近年来不断的核泄漏、倾倒核废料，东北亚地区海洋沿岸国家的海洋污染问题已经相当严重。此外，沙尘暴也是一个严峻的环境问题，全球环境都已受到沙尘暴的影响。随着每年发生次数的增加、波及范围的扩大，对环境和经济造成的损失是不可预测的。虽然中日都针对沙尘暴建立了预警系统，但仍难以解决这一区域性问题。

3. 三国积极推进能源环保政策

随着全球变暖，气象灾害和生态系统的破坏逐渐成为全世界共同面对的问题，这些环境问题严重威胁着人类的生存和发展，中日韩三国也积极制定出台相关能源环境政策。在大力发展环保新技术上，中日韩三国也高度重视，采取了许多行之有效的政策措施（见表5-7）。如日本从20世纪90年代起开始实施的回收利用法，鼓励并引导国民对废弃物进行分类及回收利用，使日本成为清洁卫生的国家，同时努力发展环保产业，设立环境立国的目标，推出了《21世纪环境立国战略》，目标是"建立一个低碳化社会""循环型社会"和"与自然共生的社会"，向世界传播"日本模式"，为世界作贡献；韩国也相继出台了的许多绿色环境发展战略，如《低碳绿色增长战略》《新增长动力前景及发展战略》和《绿色增长国家战略及五年行动计划》，确定了韩国2009年至2050年绿色增长总体目标和具体政策，提出在2050年跻身世界绿色五强的国家目标。绿色交通、绿色技术发展、促进绿色产业、刺激绿色经济、转变经济结构等是未来韩国关注的重点；中国政府也越来越重视"绿色发展"。以2017年为例，中国推出了《"十三五"节能环保产业发展规划》，提出要加快将节能环保产业培育成中国国民经济的支柱产业的步伐，此外继续推动节能减排政策、生态保护红线、环保税、垃圾分类等各项环保政策频繁出台，环保立法逐渐规范和完善，可持续发展稳步地不断推进。

表5-7 近年来中日韩能源环保政策

项目	中国	日本	韩国
能源环保政策	提出能源生产与消费革命；淘汰煤炭落后产能，注重煤炭的清洁利用；支持分布式能源发展；重启核电项目建设；加大减排力度，积极治理雾霾天气*	调整和优化能源结构；大力开发利用可再生能源；摆脱依赖核电社会；完成清洁能源革命；确保能源的稳定供应；修改矿业法	提高天然气、核能及其他可再生能源比例；重视节能与环保；增加石油储备

注：*景春梅. 中国能源环境政策最新进展 [J]. 国际石油经济，2013（5）：56-59.

（三）三国能源环保合作基础及特点

中日韩三国比邻而居，地区的临近性、相似性、包容性等特点构成了区域合作交往的基础；此外，中日韩三国的文化思想、饮食习惯等还具有很多相似地方。地缘因素促使三国之间人员的不断往来、物资的交换和资本交流更加便利，奠定了三国合作的良好基础。长期以来，中日韩三国在能源与环保领域开展了良好的合作，通过国际多边与双边机制、政府合作和民间交流等推动在能源开发、新能源技术与融资、气候变化等方面的合作。

1. 共同利益成为三国能源环保合作的强劲推力

空气污染、公海污染、能源威胁是三国面临的共同问题，制约着三国的经济发展。三国同为能源消费大国，能源供给依赖进口，面临着能源安全及能源稳定供应问题。以石油进口为例，中日韩均为石油进口国，且大部分进口来自中东地区，需要通过海上运输，而由于政治、经济等多方面原因，中东地区原油出口亚洲的价格总是高于出口欧美国家的价格，这种"亚洲溢价"行为造成中日韩多年来的利益损失。同时，中东地区政治经济不稳定，海上运输的不安全因素也会导致三国能源供应的稳定和安全。因此，三国开展能源合作，可以增强亚洲地区在与欧佩克各国进行石油定价的议价能力，从而节约各国开支，保障能源安全，促进三国利益最大化。

在环境问题上，三国也有着共同的利益诉求。东北亚的区域环境问题主要有气候变化、跨海环境、土地沙化日益严重、生物多样性锐减、空气污染加重及化学品污染的跨水域跨地域传播等问题，这些跨境环境问题使三国必须合作起来共同治理。在新能源与绿色经济领域三国具有共同的目标。三国都主张大力发展清洁能源和可再生能源。因此既能通过合作，保障传统产业部门能源资源供应，保持经济稳定增长，也能通过可再生能源、新能源汽车、节能环保技术、智能电网等领域的合作，提高环境保护能力，为能源资源领域的新技术提供更多的市场机会，为经济发展找到新的增长点。

2. 三国地理相连，具有能源合作的地缘优势

中日韩三国比邻而居，地区的临近性、相似性、包容性等特点构成了区域合作交往的基础。[①] 此外，中日韩三国的文化思想、饮食习惯等还具有很多相似的地方，地缘因素促使中日韩三国之间人员的不断往来、物资的交换和资本交流更加便利，奠定了三国合作的良好基础。同时，与其他产业部门的合作相比，三国之间在能源资源领域的生产、加工、运输等方面的互补性十分明显，加强区域合作可以最大程度地发挥各自优势，取长补短，实现共赢，促进三国经济的稳定、长期、可持续增长。环境合作由于与敏感的历史问题交叉层面少，不容易引起争执，这样在促进政府间交流的持续与深入过程中，中日韩三国多边关系的改善，更会带动三国在经济等领域的合作，有助于中日韩在东北亚地区其他相关领域的合作持续推进。

3. 三国能源与环境合作中各要素具有较强的互补性

中日韩由于发展程度不同，在能源生产、加工、运输等方面具有很强的互补性。首先，日本作为资源小国，非常注重能源技术的研究与发展，因而拥有世界先进的清洁利用煤炭技术；同时，日本还是世界最重要的能源部门的资本与设备出口国，为世界各地能源项目提供工程、金融、项目管理等服务。此外，日本在储备煤炭、能源外交上拥有丰富的经验，在节能环保上具有领先的技术和资本优势。日本在新能源发展领域起步较早，发展至今也取得了显著的成效，但是，由于日本国内新能源资源较少，新能源市场也难以促进新能源的有效发展。随着日本经济的不断发展，日益高昂的人工成本也在一定程度上阻碍了新能源的发展。因此，从目前的情况来看，同别国展开合作是日本发展新能源的有效途径。

韩国在石油储备上的经验也比较丰富，炼制能力也比较强，在节约能源、市场运作等方面也有较强之处。中国作为能源生产大国，同时也

---

① 罗伯特·吉尔平. 国际关系政治经济学[M]. 上海：上海世纪出版集团，2006.

是日本、韩国重要的煤炭供应国，拥有地理广阔、劳动力丰富、市场广大的优势，但是对先进的新能源技术和节能技术需求很大。另外，中国具有广阔的市场和优秀的人才。这样一来，三国依托技术、资本、劳动力等要素的互补性，形成了特色的合作模式，如江苏宜兴环保科技园就是一个利用中国的市场、日本的技术和宜兴的环境建设起来的中日环保技术合作基地。

4. 三国政府在能源与环境领域推动多层次、多形式、多领域的合作

中日韩三国之间既有双边合作又有多边合作，且合作领域广泛。在能源领域，中日在就两国能源形势和政策取得共识的同时，为了研讨在能源领域的合作，举行了"中日能源部长级会议""中日节能环境综合论坛""中日能源谈判"等；中韩能源合作中，中国与韩国在石油勘探、能源深加工领域都有合作，如中石化和韩国SK能源株式会社在武汉共同合作的乙烯项目，这一项目还是中国中部首个大型乙烯项目。在新能源和节能技术方面展开了相关合作，中日韩也达成了广泛的共识，包括争取在地区层面降低能源密集度、推进能源的有效利用，鼓励节能、减排和清洁能源技术的研发和推广，并在保证核能安全和不扩散的前提下合作开发民用核能项目。在环境合作上，中日韩在大气污染的治理、酸雨监测系统、区域海洋污染治理、沙尘暴的检测与管理等方面开展了颇有成效的合作，同时也有以东北亚地区环境合作会议、环境合作高官会议、三国环境部长会议等形式进行的多边合作，并且同其地区间的环境合作也通过东盟"10+3"框架和西太平洋行动计划等在不断地加强。就目前而言，中日韩三国围绕能源与环境领域的合作已经建立了常态化的官方对话与民间交流的合作机制。中日韩三国之间现在有泛黄海中日韩经济技术交流会、中日韩产业交流会等交流合作平台，能源资源领域合作也一直是这些会议的主题。中国汽车技术研究中心与日本丰田汽车公司签署新能源汽车战略合作协议，双方将在技术合作、产品研发、产业促进等多个层面展开交流。这些都为三国加强、深化能源资源领域合作创造了有利的条件。

——中日韩领导人会议。中日韩三国之间既有双边合作又有多边合作，且合作领域广泛。中日韩领导人会议，源于东盟与中日韩领导人会议。2008年12月，中日韩领导人首次在东盟与中日韩（"10+3"）框架外在日本福冈举行会议，决定建立面向未来、全方位合作的伙伴关系。三国决定，在保留"10+3"领导人会议期间会晤的同时，将三国领导人单独举行会议机制化，每年在三国轮流举行。以2008年三国第一次领导人会议为顺序，可以从表5-8中看出三国近年来的主要合作和关注点。

表5-8 中日韩三国领导人会议时间表

会议日期	地点	主要议题	相关成果
2008年12月13日	日本福冈	·提出三国合作现状及未来发展方向 ·主要地区及国际问题：东北亚局势、东亚地区合作、气候变化、环境等	·三国领导人会议定期化 ·与三国合作相关的4项文件协议
2009年10月10日	中国北京	·提出三国合作现状及未来发展方向 ·主要地区及国际问题：朝鲜核问题、国际金融及经济问题、应对气候变化 ·韩国提出设立常设事务局	·通过《三国合作十周年纪念共同声明》和《可持续发展共同声明》 ·就成立三国合作事务局的必要性问题达成共识 ·达成关于促进自由贸易协定的产官学共同研究的协议
2010年5月29日至30日	韩国济州	·提出对三国合作的评价及未来发展方向 ·主要地区及国际问题：G20、气候变化、核安全、国际经济、共同应对金融危机、亚洲地区合作、裁军和不扩散、联合国改革等	·通过《成立三国合作事务局备忘录》《三国合作展望2020》等4项共同文件 ·三国就"天安舰事件"达成合作意向
2011年5月21日至22日	日本东京	·提出对三国合作的评价及未来发展方向 ·主要地区及国际问题：强调为解决核问题，中日韩要加强合作；就东北亚地区合作、裁军、不扩散、国际经济动向等交换了意见；2012年举办核安保领导人会议，确保中日合作等	·通过中日韩领导人会议宣言 ·核安全合作，灾害管理合作，再生能源、能源合作 ·通过了通过提高效率实现可持续发展等附属文件 ·三国合作局成立协定生效

续表

会议日期	地点	主要议题	相关成果
2011年9月1日		中日韩合作事务局成立	
2012年5月13日	中国北京	·三国合作评价及今后的合作方向 关注灾难结构、核安全、地震共同研究方面的合作； 表明了为防止日本的灾难，支持7月召开高层会议的立场； 鼓励就非传统安保问题（海盗、传染病、能源、网络安全、大规模杀伤性武器扩散等）加强合作； 对朝鲜核试验和后续挑衅持反对立场并就此合作达成一致意见； 以相互信任、互惠及共同发展等为基础，中日韩三国就加强面向未来的合作伙伴关系达成一致意见	·通过共同宣言：加强政治互信、深化经济商贸合作、扩大社会及人文交流，在地区和国际问题方面就深化沟通、加强合作等50个项目达成一致意见 ·在政治上通过扩大高层人士的交流来加强沟通与合作 ·中日韩自贸协定年内开始协商 ·签署《投资保障协定》：三国经济领域的第一个法律框架（三国投资自由化，保护知识产权，对象国政府国有化决定造成损失的合理补偿方法，制定纷争不能解决时的仲裁程序制度）
2015年11月1日	韩国首尔	·在民间核安全领域，协商通过增进地区合作进程加强三国合作 ·就核安全问题继续加强三国间合作达成一致意见 ·加强信息共享技术合作，旨在加强灾难的预防和救援能力以及传染病预防	·对第八届中日韩核安全监管负责人会议及第三次核安全高层监管者扩大会议上提出的论题进行了评议，就通过增进地区合作进程加强民间核安全领域合作进行磋商
2018年5月10日	日本东京	·朝鲜半岛核问题 ·加快中日韩自贸协定和《区域全面经济伙伴关系协定》的谈判	·发表了《联合宣言》 ·同意建立"中日韩+X"合作机制

资料来源：林恩廷，高丽娟．中日韩核能合作与韩国的作用 [J]．当代韩国，2018 (1)：55 - 70．

——中日韩环境部长会议。中日韩环境部长会议（TEMM）成立于1999年，该会议机制在东北亚地区设立，旨在落实三国首脑会议共识，探讨和解决共同面临的区域环境问题，促进本地区可持续发展。中日韩环境部长会议是东北亚地区一个重要的环境合作机制，也是中日韩三国建立最早、成果最为丰富的合作机制之一。TEMM 主要针对沙尘暴监测、东亚酸雨监测和环境教育在网络中实施、培养和发展环境开发人才等方面展开了对话。这种区域内的环境领域部长之间的对话机制，对世界范围内国家间建立高级官员之间的对话机制起到了很好的示范作用。推动本地区内的环境合作和确定双边访问时三国领导人达成环境合作的意向是该机制的最终目标。第二十次中日韩环境部长会议在苏州举行，中国生态环境部部长李干杰、日本环境省大臣中川雅治、韩国环境部部长金恩京分别率团出席会议，对中日韩环境合作的发展前景和未来方向进行了展望和探讨，通过并签署了《第二十次中日韩环境部长会议联合公报》，以 2010 年起为顺序（见表 5-9），可以看出三国近年来的主要合作和关注点。

表 5-9 中日韩三国环境部长会议时间表

会议日期	地点	主要议题	相关成果
2011 年 4 月 28 日	韩国釜山	·气候变化，绿色增长，生物多样性，DSS 和废物 ·韩国推出了低碳，绿色增长政策，四大河流恢复项目等，并建议加强在生物多样性和水行业的合作	·韩国提出低碳，绿色增长政策，三个国家同意合作应对灾害造成的环境破坏，并继续与 DSS 合作；和学生、企业代表通过介绍和讨论探讨了联合合作措施
2012 年 5 月 3 日	中国北京	·电子废物的非法越境转移，生物多样性，包括遗传资源的获取和惠益分享、绿色经济、绿色增长和低碳发展、灾害应对合作、跨界空气污染和 DSS 应对政策等	·中国重申致力于实现《联合国气候变化框架公约》（UNFCCC）及其《京都议定书》的目标和原则，并将共同努力实现《联合国气候变化框架公约》及其《京都议定书》的最终目标。
2013 年 5 月 5 日	日本北九州	·跨界空气污染，包括 PM2.5、沙尘暴（DSS）、气候变化和生物多样性等全球和区域环境问题	·日本：提出了新的环境政策，更安全的生活环境、环境服务质量和社会的可持续性 ·韩国：加强制度和政策创新以及执法，促进生态文明的实际实施，加强环境管理改革，提高环境质量 ·中国：明确意图是环境、经济和社会可持续的重要方向
2014 年 4 月 28 日	韩国大邱	·审议了 TEMM12 通过的《环境合作三方联合行动计划（2010—2014）》的实施进展情况	·通过了 2015—2019 年三方环境合作的新优先领域

续表

会议日期	地点	主要议题	相关成果
2015年4月29日	中国上海	·审查了《环境合作三方联合行动计划（2010—2014）》三方合作进展情况 ·发表相关演讲	·通过并承诺将稳步实施《环境合作三方联合行动计划（2015—2019）》，提交三方首脑会议并提交这三个国家的目标和联合行动以及TEMM16通过的九个优先领域
2016年4月26日	日本静冈	·在民间核安全领域，协商通过增进地区合作进程加强三国合作 ·就核安全问题继续加强三国间合作达成一致意见 ·加强信息共享技术合作，旨在加强灾难的预防和救援能力以及传染病预防	·通过了两个重要的国际框架，即《2030年可持续发展议程》和《巴黎协定》 ·交换了各自国家应对全球和区域环境问题的主要政策：日本的"全球和区域环境问题的关键政策"，韩国的"应对区域和全球环境挑战"和"共同促进三方"，中国的"实现区域绿色发展的环境合作"
2017年5月10日	韩国水原	·分享自TEMM18以来各国环境政策的最新进展 ·评审TEMM17会议上通过的《环境合作三方联合行动计划（2015—2019）》的进展情况	·合作完成巴黎工作方案到2018年达成协议 ·确认三个国家承诺制定长期低温室气体排放发展战略

资料来源：http://www.temm.org/.

——东北亚环境合作会议。东北亚环境合作会议成立于1992年，参与国家包括中日韩三国和蒙古及俄罗斯。东北亚地区环境合作会议是东北亚地区的多种区域环境治理合作的综合治理机制中相对明显与卓有成效的机制之一，中日韩三国在环境保护问题中实施了相对完善与深入的合作。其重要议题大致涉及在东北亚地区区域内的沙尘暴控制、防范与治理，如中国与俄罗斯、蒙古三国之间建立了跨境自然保护区建设；西北太平洋地区污染治理；东北亚地区的酸沉降治理；东北亚地区循环经济的实施以及黄海地区的保护与发展等问题。

——东北亚区域环境治理合作高级官员会议。东北亚环境合作机制（NEASPEC）于1993年成立，由联合国亚太经济社会环境与可持续发展司提出建立。中国、俄罗斯、日本、朝鲜、韩国和蒙古六国作为成员国参与了这一区域性的环境合作机制的创设。NEASPEC主要致力于东北亚地区的空气污染、化学污染和生态多样性等问题。东北亚环境合作机制作为政府间会议，虽然没有实质的决策权，但作为较早成立的多边合作机制，在每年举行一次的高级官员会议中，东北亚地区内各国开展涉及环境保护的积极合作与交流，为东北亚地区开展更为积极的区域环境治理提供了必要的便利。

——东亚酸沉降监测网（EANET）。东亚酸沉降监测网于1998年由日本发起并组织，致力于开展东亚地区环境合作实施与环境问题治理。东亚酸沉降监测网是一项区域性合作计划，目前已召开了17次政府间会议。该网络旨在推动东亚国家酸沉降监测技术和数据交换；提高公众意识；通过国际监测合作评估东亚地区酸沉降状况，以便在不同层次作出决策，防止跨国际酸沉降污染危害。

——西北太平洋行动计划（NOWPAP）。中日韩三国参与的专项环境合作机制还有西北太平洋行动计划（NOWPAP）。西北太平洋行动计划（NOWPAP）是以西北太平洋为主要参与地域，促进在西北太平洋地区内的各国开展区域性的跨国环境治理的区域性环境组织。这一组织的全称为"西北太平洋海洋和沿岸地区环境保护、管理和开发的行动计划"，是联合国环境规划署区域海洋项目的组成部分，成立于1994年，已召开了20次政府间会议。参加这一行动计划的国家有：中国、俄罗斯、朝鲜、韩国和日本，包括了除蒙古外的所有东北亚地区的国家。联合国环境规划署理事会在第15次会议上通过了将"西北太平洋和黑海区域海洋项目"作为活动之一列入"环境基金活动的1990—1991的补充计划"的决定。NOWPAP下设4个区域活动中心，中国承担了数据与信息网络区域活动中心（DINRAC）的工作，负责数据与信息网络建设和区域海洋环境政策研究，组织召开每年一届的DINRAC联络员会议，为每年的政府间会议提供工作报告和具体技术支持。这一行动计划是联合国环境规划署所积极推进的区域海洋项目的一个组成部分。

5. 民间交流和企业合作推动了三国能源与合作进程

在政府的支持和倡导下，中日韩三国围绕能源与环境领域进行了广泛的民间交流，既有双边合作也有多边合作。中日韩三国之间现有泛黄海中日韩经济技术交流会、中日韩产业交流会等交流合作平台，能源资源领域合作也一直是这些会议的主题。

在双边合作上，日本丰田公司早在2007年决定提供1100万日元，在中国计划种植植被500公顷；2010年，中国汽车技术研究中心还同丰田汽车公司签署新能源汽车战略合作协议，在技术合作、产品研发、产业促进等多个层面展开交流。这些都为三国加强、深化能源资源领域合作创造了有利条件。日本地球绿化中心（会员约800名）是专门进行环境保护的民间团体，在1993年成立之初便已经派出了多名志愿者到内蒙古毛乌素沙地（伊金霍洛）、长江（重庆）上游、八达岭长城（北京延庆）等地开展植树。中韩合作中，中国与韩国在石油勘探、能源深加工领域都有合作，如中石化和韩国SK能源株式会社在武汉共同合作的乙烯项目，这一项目还是中国中部首个大型乙烯项目。

在新能源和节能技术方面展开了相关合作，中日韩也达成了广泛的共识，包括争取在地区层面降低能源密集度、推进能源的有效利用，鼓励节能、减排和清洁能源技术的研发和推广，并在保证核能安全和不扩散的前提下合作开发民用核能项目，其中化工大省山东作为毗邻日韩的"桥头堡"，凭借已有的产业合作基础，率先建立中日韩经贸合作先导区和中日韩石化产业合作基地，其中海洋化工、绿色轮胎、环保产业等领域的合作成为焦点。

二、中日韩能源环境合作的机遇和挑战

中日韩三国是东亚区域内最大的经济体，也是亚洲最具影响力的经济体。中日韩三国的人口总数超过15亿，三国经济总量大约占全世界

的1/5，在推动世界和平与发展上具有重要意义，努力加强三国的能源与环境合作不仅对三国未来的发展，更对促进全世界可持续发展具有"1+1＞2"的正向效应。

（一）三国能源环境合作新机遇

1. 三国能源合作顺应全球大环境发展需要

联合国2030年可持续发展议程为三国能源与合作提供了目标和方向。2015年，联合国会员国在可持续发展峰会上发布了《改变我们的世界：2030年可持续发展议程》。这一涵盖17项可持续发展目标（简称SDGs）和169项具体目标的纲领性文件旨在推动未来15年内实现三项宏伟的全球目标：消除极端贫困、战胜不平等和不公正以及保护环境、遏制气候变化，已经形成了社会、经济与环境三大支柱的格局。《2030年可持续发展议程》（以下简称"2030年议程"）是对千年发展目标的重大改进与提升，它的实施将动员世界各国将可持续发展目标切实贯穿于各自发展的全球与国家战略之中。通过对该议程的解读，环境目标已经成为与社会、经济目标同等重要的可持续发展支柱，环境要素在全球发展议程中的重要性与日俱增。

在2030年议程中提出的五大目标中，地球位居第二，议程提出"我们决心阻止地球的退化，包括以可持续的方式进行消费和生产，管理地球的自然资源，在气候变化问题上立即采取行动，使地球能够满足今世后代的需求"。而在17个目标中与能源和环境有关的目标有5个，分别为：目标7，确保人人获得负担得起的、可靠和可持续的现代能源；目标12，采用可持续的消费和生产模式；目标13，采取紧急行动应对气候变化及其影响；目标14，保护和可持续利用海洋和海洋资源以促进可持续发展；目标15，保护、恢复和促进可持续利用陆地生态系统，可持续管理森林，防治荒漠化，制止和扭转土地退化，遏制生物多样性的丧失。其中环境问题的重要性可见一斑。在目标17，加强执行手段，重振可持续发展全球伙伴关系中，也提出要在技术上，加强在科学、技术和创新领域的南北、南南、三方区域合作和国际合作，加强获取渠道，加强按相互商定的条件共享知识，包括加强现有机制间的协调，特别是在联合国层面加强协调，以及通过一个全球技术促进机制加强协调；在能力建设、贸易、多利益攸关方伙伴关系上，加强全球可持续发展伙伴关系，以支持所有国家，尤其是发展中国家实现可持续发展目标。

中日韩三国比邻而居。在能源与环境问题上，三国面临着相同的问题，在政策支持上又有共通之处，三国在新能源领域上都开展过一定的双边合作，如中日绿色援助计划、中韩新能源计划及三国相关企业间的技术支持和经济合作等。因而建立更高层次的合作网络，共建共享、优势互补、相互借力，对于促进环境保护、遏制气候变化、提升全球新能源开发建设速度及促进世界可持续发展都具有重要意义。

在联合国倡导，全球呼吁的世界背景下，三国作为东北亚地区最具活力的经济体，更应该肩负起大国责任，鼎力合作，履行2030年议程，在与自然和谐共处的同时，促进世界经济、社会和技术进步。

2. 美国奉行贸易保护主义，有利于促使三国加强合作

随着经济全球化遭遇发展瓶颈，特朗普政府实施"全球收缩，美国优先"的经济政策，对内通过减税和加息等政策措施来推动制造业回流，对外通过惩罚性关税和设置技术壁垒保护本国产业。这一贸易保护主义政策有着逆全球化、单边主义特征，试图推动以创新为导向的制造业全产业链模式在美国复苏。

首先，特朗普于刚上任便宣布退出TPP（跨太平洋伙伴关系协定），放弃通过亚洲再平衡战略制约中国的策略，而更多选择"美国优先"的双边谈判和单边措施，这一举动使其在亚太地区的忠实拥趸——日本受到致命打击，即使日本积极与其他成员国组成了跨太平洋伙伴关系协定（CPTPP），但因缺少了美国的加入，其协定中的很多条例都遭到冻

结,同时由于中国本身与其中许多成员国都有 FTA 合作,TPP 对遏制中国发展的效益也非常低,这使得日本需要认真考虑是否应当和中国缓和关系,抱团取暖。

最近,特朗普又向中国发起贸易战,势必会影响亚洲其他国家,因为亚洲国家现有一个非常著名的亚洲生产网络,这个网络是全球价值链的合作体系。中国出口美国的商品,包含了大量从亚洲各个国家的进口,减少中国出口,也会影响其他国家的贸易输出,从而带来一定的经济损失。中日韩三国都受损于特朗普的贸易政策。日本此时也愿意"做两手准备",因其首相安倍晋三 2018 年 4 月访美,希望缓解日美经济摩擦,特朗普却公开指责日本对美国保有巨额贸易顺差,拒绝在钢铝关税上给予暂时豁免,日本也希望加强邻国合作,以获得制衡华盛顿的影响力。特朗普政府的喜怒多变客观上加快了中国和日韩两国相互抱团靠拢的步伐;此外,特朗普政府退出《巴黎气候协定》、退出《伊核协议》等诸多"退群"行为,都使得世界各国重新审视与美国的关系。面对美国的"逆全球化"行为,奉行多边主义是中日韩三国发展的内在需求,新能源和高新技术产业合作也是三国不可忽略的重要话题。

3. 三国政府积极构建合作网络

一是中日关系重新起航,合作深入发展成为可能。2018 年是《中日和平友好条约》缔结 40 周年,也是开启中日两国和平发展的新纪元。国务院总理李克强赴日本出席第七次中日韩领导人会议并对日本进行正式访问。此次出行是李克强任内首次访日,也是中国总理时隔 8 年再度访问日本,标志着中日高层交流和互访的恢复,也被视为中日关系"破冰"的重要信号。

二是"中日韩+X"提案,提供三边合作新方式。第七次中日韩领导人会议在日本东京举行。三国领导人就中日韩合作以及地区和国际问题交换看法,三方都表示共同维护自由贸易,推动区域经济一体化,建立面向未来的合作伙伴关系至关重要。此次会议对"朝鲜半岛无核化目标"和"中日韩自由贸易区"表达共同立场,并发表三国共同宣言。时隔两年半再次召开的中日韩领导人会议将重拾三国合作势头,地区国家对三国合作充满期待。加强三国合作对维护地区和平稳定、推动东亚经济共同体建设、构建开放型世界经济具有重要意义。三国应集聚三方优势,通过"中日韩+X"模式,在产能合作(Production Capacity Cooperation)、防灾减灾(Disaster Prevention and Mitigation)、节能环保(Energy Saving and Environmental Protection)等领域实施联合项目,带动和促进本地区国家实现更好更快发展。

4. 共建"一带一路"倡议促使三边互利共赢

中国提出的"一带一路"倡议以共商、共建、共享为指导原则,通过加强国际合作,对接各国彼此发展战略,实现优势互补,带动亚欧大陆国家及其他相关地区实现共同发展,携手构建人类命运共同体。其中,能源合作是共建"一带一路"倡议的重要基础和支撑。"一带一路"连接着欧亚两大能源消费市场和中东、中亚、俄罗斯等主要能源输出国,覆盖两大优质化石能源富集区:俄罗斯—中亚地区和海湾地区,以及能源技术先进、绿色能源使用广泛的西欧地区,集中了俄罗斯、中亚国家及中东地区的重要油气资源国,覆盖了全球五成以上的石油供给潜力和七成以上的天然气供给潜力。中国已和沿线国家建立起四大互联互通能源战略通道:西北中哈原油、中亚天然气通道,东北中俄原油通道,西南中缅油气通道与东南海上油气通道,同时建成了多个油气合作区,有效保障了中国的能源供给。中日韩由于地缘关系,面临着相同的"马六甲困境",日韩两国可以借此加入"一带一路"建设中来,与中方共同建设陆上能源运输通道,如进行油气输送管道互联互通和能源基础设施建设,降低能源运输风险,保障三国能源安全;同时,中日韩三国可以共同投资、共同开拓沿线国家的电力市场。

5. 三国在能源环境领域出现合作新机遇

一是传统能源合作的新机遇。作为能源消费和进口大国,以及能源进口渠道相似，中日韩三国拥有相似的能源进口战略，因而在能源进口方面总是竞争和合作机遇并存。亚洲溢价行为的存在，使得中日两国都将原油进口政策转向与俄罗斯能源合作。在俄罗斯输油管道建设中，中日也开始了在原油运输项目上进行竞争，如早期中日之间有关俄罗斯"安大线"与"安纳线"运输管道的竞争问题，使得俄罗斯的项目方案一改再改，也使得对东北亚的能源输出开发项目一再拖延。近年来，中日韩又增强了对俄罗斯进口石油的依赖。中俄原油管道二线工程在黑龙江省加格达奇地区开工建设，自欧佩克成员国签署石油减产协议之后，韩国从中东地区进口石油的成本提高，韩国也逐渐恢复从俄罗斯进口石油。因此，中日韩可以就此时机进行区域合作，建立石油储备体系。一方面，三国可以组成区域财团参与俄罗斯相关的基础设施投资和上游资源开发；另一方面，三国可以建立区域能源储备库，避免由于政治和社会经济的不确定性导致的石油供应中断问题，保证三国的能源安全。

二是发展非传统能源为中日韩三国的合作带来新的机遇。非传统能源指的是相对于煤炭、石油等常规能源以外的新能源，包括生物能、核能、可燃冰等。在化石能源市场全球竞争日益激烈的今天，大力发展非常规能源对保障东北亚各国能源供给稳定、为经济发展提供充足动力具有重要作用。[1]为了减少对一次能源的消耗以及环境保护，三国都出台了相关政策，不断调整能源结构。自中国经济发展步入新常态之后能源发展也表现出能源利用效率提升、能源结构优化调整、能源国际合作全面拓展等特征。其中，中国政府启动一批重大项目，加强核电、水电、风能和太阳能等发电基地和配套电力送出工程建设，积极推进电动车等清洁能源汽车产业化等。日本作为一个资源匮乏的国家，其能源利用率非常高，新能源发展多元化，并且具有新能源研发的高新技术。日本一直大力投入新能源技术的开发和应用，如2018年日本研发出了新的碳

---

[1] 王绍媛，刘莎莎，张晓磊.非常规能源技术进步视角下东北亚能源合作新机遇[J].东北农业大学学报（社会科学版），2013（3）:4.

纤维量产新工艺，比传统产出工艺速度快了10倍，同时降低了二氧化碳的排放量。韩国也是世界上最早重视新能源发展的国家之一，韩国的新能源发展具有自上而下的特征，初期通过政府启动，韩国从20世纪80年代启动发展新能源技术，制定了一系列总体规划指导新能源产业的技术开发。截至2015年，韩国政府计划累计投入20万亿韩元促进太阳能产业发展。① 在大力推行新能源产业发展的同时，三国也面临着新能源产业的高成本问题和新能源产业入网难的问题。因而，三国可以利用对新能源产业积极推广的共性进行技术、人才的交流合作，降低产业成本，共同解决这些问题，促进三国经济更好更快发展。

三是节能环保合作领域带来的新机遇。在"中日韩能源与资源合作前景国际研讨会"上，中日韩三方都已经认识到，在节能减排领域的合作潜力巨大。日本和韩国企业在节能减排技术方面已经达到世界先进水平，可以将先进、成熟的节能减排技术投入到中国市场上，在为中国节能减排作出积极贡献的同时，也为自己赢得更多的商业机会。中国企业在某些领域也有自己的优势，例如，中国节能投资公司开发的离子筛废水处理技术，就具有领先性，能够运用在因核事故造成的受核辐射污染的水处理上。②

（二）存在的问题和挑战

中日韩三国关系时好时坏，面临着复杂的国际政治问题以及三国多年来在能源市场上的零和博弈问题。

1. 历史因素及领土主权问题等政治因素导致三国缺乏有效的政治互信和认同基础

区域合作需要具备良好的政治基础，否则会影响能源与环境合作关

---

① 康燕家. 韩国新能源产业发展及其与中国相关产业的比较[J]. 中外企业家，2016（3）：53-55.
② 国务院发展研究中心对外经济研究部"中日韩产业合作研究"课题组，隆国强，张琦，许宏强. 中日韩能源资源合作前景和模式分析[J]. 发展研究，2012（3）：4-8.

系的可持续发展,然而中日韩三国之间存在较深的历史纠葛、领土纷争等诸多问题。作为被日本侵略过的国家,中韩两国人民存在一定的民族主义情绪,这种民族情绪难免会影响三国的合作机制,影响三国能源与环境的顺利展开。同时,中日韩三国存在一定的领土争端,使三国之间的合作形势充满挑战,从双边关系的层面上影响着地区能源合作的进展。最为明显的例子就是中日东海(ECS)油气田开发问题和中日钓鱼岛争端问题。在对东海油气田勘探问题上,双方各自利用相互竞争的国际法原则来支撑其海洋诉求;而在钓鱼岛问题上,不仅涉及共同资源的开发问题,还牵扯到中日之间的领土争端问题、历史问题以及两国人民之间的民族感情。除此之外,日韩之间对独岛的领土纷争问题、韩日之间的海洋划界问题都导致了双方的互不信任和政治局势紧张,影响三国合作进程。

2. 三国合作也面临复杂多变的国际因素

影响中日韩能源与环境合作进程的因素除了三国之间的差异与争端,还存在一定的国际影响。首先,在维护半岛和平问题上,中日韩三国一直存在利益冲突。三国在朝鲜半岛问题上的立场和利益存在分歧,致使中日韩三国在维护朝鲜半岛和平稳定上很难实现路径统一。近年来,由于朝鲜屡次进行核试验,威胁韩国国家安全和地区稳定,各主要国家围绕半岛问题的矛盾冲突逐步升级,国家间交流合作受到影响,阻碍三国合作进程。此外,美日、美韩同盟关系也阻碍了中日韩合作制度化的进程。以美日关系为例,特朗普的亚太政策远未明朗,鉴于其"不按常理出牌"的特质,今后美日关系发展的不确定性恐怕有增无减,需要密切关注,妥善应对。

3. 三国合作制度化程度相对较低

中日韩三国的合作与东盟等国的合作相比,更多地偏向于民间合作,政治对话不足。三国之间的合作在很大程度上被东北亚地区权力和观念的结构所制约,缺乏一个强有力的推动区域环境合作以及符合可持续发展原则的机制。中日韩三国的能源与环境合作大多都是通过商界和学术界的推动，如在能源方面，中日韩通过"东北亚天然气管道国际会议"等论坛对各国关心的能源问题进行交流和探讨，而缺少官方的正式沟通协调机制。在环境保护上，中日韩三国也具有共同利益，但三国并未建立国家间环境合作机制。以中日新能源合作为例，虽然两国都认识到两国合作的优势所在，但由于缺乏明确的指导方针，很多企业都是处在观望阶段。以功能性为首要目的的环境合作已经取得了一定的成绩并且促进了中日韩三国对于环境合作工作的开展。

4. 三国能源进口呈现同构性竞争态势

中日韩三国都属于能源需求大国，依赖于进口，在煤炭、石油、铜和铁矿石的进口中也存在强烈的竞争关系。尽管中国对绝大多数能源具有自我供给的能力，但仍然无法满足经济增长的能源需求。中国作为能源进口大国，石油进口早已超过50%的红线，根据国际通行的观点，已经进入能源预警期；韩国是世界第五大石油进口国，日本的一次能源基本全部依靠进口。多年来，三国之间的国际能源关系主要是基于需求的同构竞争，而非互补性的合作竞争。以中日能源为例，日本在早期的《在变化的亚洲考虑对中国的关系》中明确提出，对中国确立了"对话中抑制"的能源外交政策，采取"非此即彼"的相对获益能源竞争路径，其不仅关注自己本身的获益程度，而且期望中国获得更少的利益。

5. 三国在能源环境合作上尚存在一些阻碍因素

一方面，三国能源进口具有同构性竞争。一是三国都非常依赖中东石油，却不得不接受"亚洲溢价"；二是为了降低对中东地区石油的依赖，三国又都把增加从俄罗斯、中亚里海等地区的石油进口作为能源安全战略的重要一环，这又加剧了三国在拓展能源进口来源地的竞争。中日的"安大线"和"安纳线"之争，导致俄罗斯一直发出自相矛盾和复杂多变的信息，加剧中日之间的竞争。

另一方面，三国之间面临的能源战略与环境保护的侧重点不同。虽然中国已经成为世界第二大经济体，同时也是世界经济增长速度最快的国家之一，但仍处于大力发展工业阶段的发展中国家。相比，日本已经进入后工业时代，韩国也进入发达国家之列。由于三国发展程度不同，三国所面临的能源战略和环境保护的侧重点可能也存在差别。在能源资源问题上，三国的能源战略不同导致利益需求不同，以 ESPO 输送石油的价格为例。由于三国在俄罗斯出口的能源价格不能达成一致，运输石油和天然气的数量或者利益相关各方的贡献分配也未确定，能源价格中的这些问题以及谁来承担投资成本、管道路线等问题不能解决，导致东北亚能源合作无法开展。

在环境保护方面，作为发展中国家，中国在进行环境合作的过程中始终坚持与发达国家"共同承担但是有区别"的原则，对于和本国发展条件不对等的环境保护义务一直持有拒绝的态度；而日本方面，由于核泄漏和公海污染问题，其更偏重于采用双边的合作方式和现有的国际机制来开展合作。又如在中日环境合作中，由于其新能源、节能环保技术发达，虽然不断向中国输出技术人才等，但为了保证其环保产业等的先进地位，并不会输出其核心技术；韩国能源与环境合作主要是为了保证更好地发展国内经济以及能源安全。中日韩之间国家利益的不同，对展开多边合作也造成一定的障碍。基于经济基础的差别，各国面临的能源与环保问题的侧重点也有不同。如日本更倾向于新能源的技术开发投资，而污染较为严重的中国则更注重加大在本国环境治理上的投资。所以，中日韩所关注的能源环境领域不同，也会影响三国在能源与环境合作的资金投入问题，阻碍中日韩合作的顺利进行。此外，中日韩在环境保护技术的发展上也有很大差异。韩国处于增长阶段，中国属于初期阶段，而日本却达到了发达水平。环境技术支持层面的发展水平不对等，也成为中日韩环境合作的阻碍因素。

三、中日韩能源环境合作趋势与目标

随着全球化的不断推进,国家与国家之间的竞争也变得越来越激烈。虽然由于较多的历史原因,三国之间的国民感情有所恶化,中日韩三国关系一度陷入停滞阶段,但作为亚洲最有国际影响力的三个国家,如果能够开展广泛的合作,势必给各国带来经济的发展及更大的国际影响力。而面对能源产业机构的调整与环境治理上的共同问题和共同责任,能源与环境的合作可能会成为打破三国关系停滞不前的润滑剂。中日韩能源与环境合作前景如下。

(一) 在传统能源方面有一定的合作空间

近年来,中日韩三国作为能源消耗大国不断调整其能源消费结构,但短期内不能改变对传统能源的消费依赖进口的现状,虽然三国在能源进口上一直存在同构性竞争的问题,但仍可以从最基本的能源领域进行合作。当前能源供需国家之间已经在区域之间形成了能源联合体,不仅缓和了各成员方的能源供需矛盾,而且对全球能源关系的稳定与均衡起到了促进作用。

基于三国之间在历史问题、地缘政治因素以及大国干预的情况下,实现"共同体"式的战略略显困难,但能源市场是一个卖方垄断市场,其来源是"政治化"的,但价格却是"经济性"的,所以,基于相同的消费性结构而在能源采购价格方面进行充分的战略协调与合作就显得更为务实与可行。

由于三国对中东能源进口的依赖程度较高,同时又都受到"亚洲溢价"的影响,如果三国仍就一方产品进行竞争的话,会增加各国的买者竞争利润。如果三国能够在购买中东原油时取得共识,将在很大程度上减少三国所付出的买者竞争利润。因而"能源采购联合体"的建立可以整合中日韩三国的消费能力并将其转化为不容忽视的议价能力,

降低三国的内部竞争成本，而且在东亚区域内形成"能源进口消费国集团"，对国际石油进口的稳定与均衡产生促进作用。

此外，三国如果就传统能源的进口问题达成联合，将促进三国之间的外部矛盾转变为各方在组织框架下的内部合作，促进三国的政治互信，提升在国际能源市场的地位。

（二）新能源技术合作具有发展前景

在新能源的开发、环境等方面进行合作是中日韩能源与环境合作的重大趋势。为了减少对一次能源的消耗以及环境保护，三国都出台了许多政策，不断调整能源结构。

虽然，中日韩三国在新能源开发和技术研发上存在发展不平等的问题，但是三国也都面临着共同的问题，即新能源的研发成本较高。日本、韩国由于在新能源开发上拥有先进的技术和众多的技术专利，日韩新能源设备生产企业虽然不需要像中国企业一样支付高昂的专利费用，但人工成本较高。在政策上面，三国政府都大力推动新能源产业的发展。

在新能源领域，日韩两国新能源资源贫乏，且缺乏市场，而中国面积大，新能源资源丰富，新能源潜在的发展空间很大，具有市场优势。如果将三国的技术、市场、资金结合起来，进行专业性、功能性较强的科技研发和项目建设领域的经验交流与合作将对三国的能源共同体的形成起到很好的促进作用。通过共同受益的技术和市场层面的合作，可以实现三国经济利益的最大化发展，甚至促进区域的一体化合作。

在大力推行新能源产业发展的同时，三国也面临着新能源产业的高成本问题和新能源产业入网难的问题。因而，三国可以利用对新能源产业积极推广的共性进行技术、人才的交流合作，降低产业成本，共同解决这些问题，促进三国经济更好更快发展。同时，中日韩未来可以利用地缘优势，充分展开新能源技术的开发与合作。如展开对东海油气的合作开发。众所周知，天然气是清洁能源之一，如果可以用天然气代替煤炭、石油等传统能源，将给环境保护带来极大益处。如果能够把东海天然气提供给位于中国东部的沿海城市，这不仅对当地的环境保护是大大有益的，也有利于日韩两国的环境保护。中日韩在新能源开发和技术合作时具有广阔的前景，为三国未来更广泛的合作奠定了坚实基础。

（三）在共同培育新兴产业上具有合作潜力

新兴产业的出现是新经济发展的产物，新能源技术等科技的发展必然催生出了新形态的产业，为经济带来全新的增长点。为了促进经济的不断增长，三国都大力发展新兴产业，如新一代信息技术、生物、高端装备制造、新能源、新材料、新能源汽车等行业，这些新兴产业对国家的科学创新技术具有较高要求，市场入网门槛较高。中国虽然在相关产业的先进经验和研究成果较少，但由于中国政府的大力支持，新兴产业的发展潜力巨大，市场前景广阔，为日韩企业提供了巨大的商机。

三国在新兴产业上除了存在竞争（新能源汽车、高铁等），同样存在很大的互补性，加强新兴产业的合作是三方的共同利益所在，这对于增强两国创新转发展的能力，培育新的经济增长点，实现经济可持续增长，都有十分重要的作用。并且近年来，中国与日韩两国已经就某些产业的发展达成合作关系，如在沈阳举行的第三届中国东北三省—韩国经济合作论坛上，三省及韩国贸易协会相关人员就新兴产业合作达成共识，希望双方能够在生物能源、新能源汽车和电子信息等领域开展更多合作，实现双赢。与此同期举行的"2014中韩高新技术及产品对接洽谈会"上，40余家韩国企业参加了洽谈，范围涵盖了生物医药、节能环保、医疗机械、自动化装备等多个领域；而中日能源环境合作发展较久，中国也一直学习和借鉴日本的环保技术和环境产业，中日双方许多企业已经达成了民间合作。因此，三国在新兴产业上达成合作将会给未来发展带来更大的经济增长点。

（四）环境治理合作逐步加快

中日韩三国在环境治理上一直保持着长期的合作。自 1999 年中日韩环境部长会议开展以来，三国在各自环境问题领域已经开展了一系列的环境合作项目。对大气污染、水污染、沙尘暴、酸雨、臭氧层破坏等问题用环境合作的方式进行了处理。2015 年，三国环境部长签署了《中日韩环境合作联合行动计划（2015—2019）》，共同应对沙尘暴、雾霾、汞污染等环境问题。2018 年，在第十八届中日韩环境部长会议后，中国生态环境部部长陈吉宁在新闻发布会上表示，过去一年中，三国充分调动各种资源，在空气质量改善、生物多样性保护、农村环境政策对话、绿色金融和环保宣传教育等领域取得积极进展，推动了各自国家环境管理水平的提高，为促进区域可持续发展作出了有益贡献。中国将继续本着睦邻友好、合作共赢的精神，与日韩两国携手加强对话与合作，共同促进区域及全球的可持续发展事业。会前，作为落实第六次中日韩领导人会议精神的具体行动，三国环保部门签署了《中日韩环境污染防治技术合作网络谅解备忘录》。在以"一带一路"为代表的区域可持续发展倡议下，中日韩在环境保护上也能达成更好的合作。

四、中日韩能源环境合作路径

中日韩三国作为重要的能源消费大国和能源进口大国，在国际能源经济领域有着广泛的共同利益和诉求，在应对气候变化、环境保护等方面，有着共同的关注点。长期以来三国在能源领域竞争大于合作，在新能源与环境保护方面合作不足，从未来角度出发，三国应当不断加强制度化建设，增强政治互信。

到目前为止，中日韩三国的能源与环境合作大多都是通过商界和学术界的推动实现的，如在能源方面，中日韩通过"东北亚天然气管道国际会议"等论坛对各国关心的能源问题进行交流和探讨，而缺少官方的正式沟通协调机制。在环境保护上，中日韩也具有共同利益，但三国并未建立国家间环境合作机制。又由于三国的发展水平不同，在能源结构和战略目标上的定位也有所不同，为保护各国的利益，确保三方共同发展，建立制度化机制具有重要意义。

制度化的建设可以有效地预防合作国家主动或故意违反合作机制的行为。此外，制度化的建设具有服务功能，它可以为合作方提供更多有效信息，促进各国交流。由于中日韩有着历史、文化等多方面纠葛的问题与矛盾，制度化的建设可以对三方国家进行约束，对提升三国之间的政治互信度具有很大帮助。因此，加强三方合作的制度化，提升三国之间的政治互信度，是中日韩三国能源与环境合作长期友好持续的重要保证，也是中日韩三国能源与环境合作新阶段的主要目标。

加强三国合作的重点途径包括：建立统一的石油储备和应急反应机制；建立石油过境运输优惠机制、区域内统一的节能税收优惠措施、区域性液化天然气开发计划、共同合作开发利用可再生新能源、共同保障国际能源运输航线的安全以及环保领域的合作、建立"东北亚能源合作论坛"和东北亚能源信息共享机制等。

（一）在传统能源上建立统一规划机制

一是在油气领域建立统一的石油储备机制。中日韩三国都是能源消耗和进口大国，且能源供给不足、依赖进口，尤其是日韩两国，三国都面临着能源安全及能源稳定供应问题。战略储备的作用可以减少因主要能源供给国的各种政策不稳定等所带来的供应混乱和中断，减轻能源价格的剧烈波动对三国发展的影响。针对"亚洲溢价"等问题，三国可以建立石油储备制度，即建立能源库存。建立石油储备制度，在一定程度上能够调节石油市场的供需问题，抑制"亚洲溢价"等价格波动。目前中日韩都已建立起了相应的石油储备体系。其中日本已经具备165天的石油储备能力，韩国具备约135天的石油储备能力。相对而言，中国石油储备建设相对滞后。因此，中国应该适当增加石油储备，使中国和东北亚地区在国际石油定价中获得更多话语权。在此过程中，中日韩不仅需要完善石油储备基础设施和增加库存，还要加强制度层面的合作。相比于日韩两国，中国刚刚建立石油战略储备制度，还不是国际能源组织（IEA）的正式成员。在此情况下，中日韩三国能源部门要建立起相应的协调机制，整合各国的石油储备资源，提高各国之间的沟通和协调，形成一个统一的石油储备机构，制定相关法律法规，对石油储备进行共同管理和投资运营，增强三国在国际能源市场上的议价能力，同时保证三国的能源安全。

二是共同推动油气基础设施建设。由于中日韩三国都增强了对俄罗斯的油气需求，那么三国应化竞争为合作，共同推动基础设施建设，可以有效地减少三国的油气运输成本。随着俄罗斯的油气出口重心向东移动，逐渐加强与中日韩三国的油气合作，三国以此为契机，加快跨境管道的建设，加强油气企业和政府层面的沟通协调，建立一定的沟通机制。三方在基础设施建设上的合作，能为三方在油气获得和定价上获得更多的话语权。

三是展开能源运输和投资建设上的合作。在能源运输方面，由于中日韩能源进口的运输路径比较单一，三国85%左右的石油进口都要途经马六甲海峡。那么中日韩加强合作，保障马六甲海峡的安全，对三国的能源安全具有重要意义。由于三国缺少像美俄等在海上警报和船舶追踪上所拥有的先进技术，因此更应建立联合机制，进行技术研发和战略合作，共同打击马六甲海峡的海盗分子，同时还可以利用各方优势加强海洋战略协调，共同维护马六甲海峡安全。为维护能源运输的安全，中日韩各国除了加强在马六甲海峡的安全协作，还可以共同开辟新的能源运输航道，通过多元化的能源供应和能源运输通道来分散风险。如泰国计划建设开凿的克拉地峡运河，建成后大型油轮可绕过马六甲海峡，直接从阿曼达海进入泰国湾。由于造价较高，泰国政府极力引入外资合建，三国可以就此契机达成投资合作意见，对投资、线路的设计等达成一致，从而使三国的成本最小化，保证三国未来能源运输的共同利益。此外，作为亚洲地区能源需求旺盛的三个国家，中日韩还可以从建立能源融资体系和联合能源数据库上展开合作。

（二）继续扩大新能源、节能领域的合作

在新能源方面，中国与日本、韩国一直有着广泛的合作。日本和韩国由于多年来坚持节能发展和新能源的开发利用，对比中国等发展中国家具有完备的法律和先进的技术，不过中国具有较密集的劳动力和广阔的市场，为三国的环境合作打下基础。目前中日韩三方都大力推进新能源产业的发展，在新能源的开发、利用上也有很大的合作空间。因而，三国可以建立可持续的能源系统为总目标展开新能源的技术合作：一是三国要在发展新能源技术（如能源负载、运输和储存的新技术、对与能源企业相关的二氧化碳等污物的处理技术等），开发新能源产品（如新能源汽车、燃料电池等）技术创新上展开合作，共同提高各国新能源的生产能力；二是促进中日韩三国企业间的合作，实现新能源产业化的发展，形成产业链，建立产业化配套服务体系；三是继续大力推动示范性项目合作，如电动汽车、楼宇管理、智能电网、节能系统等，切实推进三国能源资源领域合作；同时，要注重建立新能源合作的组织机构和健全新能源开发与技术转移的法规和机制，保证中日韩能源与环境合作的长期稳定。

（三）继续展开环境保护的机制对话

中日韩三国虽然有各种形式的环境合作会议，但是会议的形式主要为协商的性质，三国环境合作之所以没有快速发展，根源就在于缺乏地区性的有力约束和管理机构。韩国前环境部部长韩明淑表示，中日韩三国环境部长会议这一最高级别的环境合作机制将是整个东北亚

地区进行区域环境合作的核心机制。三国可以就碳减排指标的互补性合作、海洋污染的共同治理和环境保护等多个平台继续展开合作对话，建立一个能够推动三国环境可持续发展和区域环境合作的强有力的环境合作机制。

（四）共同促进东北亚地区能源安全合作机制建设

随着三国就"中日韩+X"提案达成共识，三国应共同促进东北亚能源安全建设。东北亚区域合作一直发展缓慢，缺乏有组织的制度化合作。东北亚地区的多边能源合作方式大多停留在油气贸易上，区域能源市场、共同石油战略储备、建立区域能源共同体等许多合作方式还没有纳入合作的范畴，能源安全的共同利益与合作方式尚不明确。三国应抓住机遇，共同促进东北亚地区能源安全合作机制的建设。三国可以借鉴欧盟和北美区域能源合作的成功经验，伴随着中日俄东北亚石油能源合作的深入发展，在适当的时候与东盟国家联合，成立范围更大的、涉及整个东亚和亚太地区的石油能源合作体系，共同保障石油能源安全。利用"一带一路"所倡导的以基础设施为载体的运输通道及互联互通建设，同时借助其多元化的合作机制，为东北亚能源合作提供进一步发展的可能。建立区域能源合作组织，为东北亚各国政府加强政策协商提供平台，同时规定组织结构、基本宗旨、运作原则、职权范围和行动议程等相关章程对成员国行为进行规范和协商，指导各成员国的石油能源合作。减少大国之间的零和博弈，建立一个公正的、透明的协调机制。

五、中日韩能源环境合作相关政策建议

推进三国能源与环境合作，实现三方互利共赢及促进全球经济发展，本章从对内提高中国能源战略储备能力、建立完善相关法律政策、促进新能源产业的发展、加大对企业对外合作的支持力度，对外加强政

治互信、完善国际合作相关政策和规定及全方位开展能源合作等方面提出建议。

(一) 提高中国国家能源战略储备能力

根据 2018 年 BP 能源统计年鉴,到 2030 年,中国将分别成为世界上最大经济体以及能源消费国,未来 20 年,全球煤炭需求净增长将全部来自中国和印度,全球 94% 的石油需求净增长、30% 的天然气需求净增长,以及 48% 的非化石燃料需求净增长都将来自中印两国。在这种情况下,建立战略石油储备,使中国能够进入国际能源机构的储备网络中就显得很有必要。当前,中国已建成包括舟山、舟山扩建、镇海、大连、黄岛、独山子、兰州、天津、黄岛国家石油储备洞库等 9 个国家石油储备基地,储备原油 3325 万吨,但距离"90 天消费量"的标准还相差甚远。为增加中国石油储备,除了建设石油战略储备基地,还应选择已经勘探好且具备开采条件的油田,或者对已经开采的油田停采封存作为国家石油战略储备资源,尽快达到国际石油战略储备标准,增加中国在国际石油交易市场的话语权,提高能源自给能力。

(二) 继续推进能源体制改革,激发新能源产业创新发展

目前中国新能源产业还存在开发利用技术成本高、技术创新管理体制滞后等问题。因而在推进能源改革上,中国政府可以从以下几点出发:一是完善能源税收和消费政策,即对于新能源企业,尤其是技术开发型企业给予税收优惠以降低开发成本,对新能源发电企业进行政府补贴、实行差别化的能源价格、减少因电力基础设施差异带来的经济损失;二是完善新能源产业投资政策,即加大对新能源产业技术发展的基础设施的改进升级力度以及建立相关科学研究和共性技术研究的支持机制,促使新能源产业形成产学研一体化的完整的产业化链条;三是加快对"智能电网+特高压电网+清洁能源"的能源互联网建设,依托互联网技术、以可再生资源为主要能源、以电力系统为核心将电力系统与

天然气网络、供热网络以及工业、交通、建筑系统等紧密耦合,实现电、气、热、可再生能源的"多源互补"和"源、网、荷、储"各环节高度协调,生产和消费双向互动。

在环境保护方面,继续完善节能减排的相关税收政策,建立和完善生态补偿机制,推进环境保护税立法工作的实施;同时加大对节能提效、能源资源综合利用和清洁能源项目的资金支持、继续推进绿色产业发展、研究相关激励政策。此外,在全面教育上,中国还可以在学校、民间等层面加强对环保节能意识的宣传教育,形成全民节约的社会环境,充分发挥社会公众和民主团体的监督作用,协助政府进行社会监督,做到节能环保、人人有责。

(三)加大支持力度,以政促商推动企业对外合作

企业是产业合作的主体,政府应该鼓励能源企业积极进行对外合作,通过政策、资金上的支持为中国一些企业的海外并购和投资做好服务工作,增强企业抵御境外政治经济风险的能力。例如,对一些需要政府主导才能推进的大型项目,政府可以参与到项目的实施中去。同时,由于能源产业是一国的经济命脉,政府可以通过建立能源企业境外投资风险管理基金,为企业提供风险管理和资金支持,也可以借鉴欧盟的经验,设立产业技术合作发展基金,鼓励三国企业联合申请能源资源领域合作项目。对于三国企业的合作项目,在人员往来、市场机遇、税收等方面给予政策优惠。

此外,还要发挥地方政府的作用,推动能源资源产业的项目合作。由于地方政府对当地的产业发展情况和能源资源项目需求信息更为了解,通过地方政府推动三国能源资源等产业领域的合作,在项目的选择、组织、落实、跟踪反馈等方面,政策支持的效果会更加直接明显、会更加贴近市场。例如,中国青岛市与日本北九州市在循环型城市建设方面的合作,重庆市和韩国合作建立中韩产业合作园等。

(四)坚持互利共赢的原则,增强与各国政府间的协调和磋商

中日韩三国由于政治制度、历史、领土等问题存在巨大分歧,因此,无论在政治层面还是在民间层面都缺乏了解和信任。从三国人民的根本利益和本地区的长期稳定出发,照顾彼此重大关切问题,加强政治交流与沟通,寻求经济上平等对话,增强政治互信。在与日韩进行能源与环境合作中,中国首先要以互利共赢为原则,以能源与环境合作,化解三国之间的矛盾,争取提高政治互信,带来更多的经济、政治、文化的合作。中日关系受历史问题的困扰一直不能顺利开展,但历史问题毕竟不是中日关系的全部,在能源问题上必须加强与日本的对话。中韩两国在地缘政治方面没有明显的对抗面,中韩两国的能源合作不存在明显的障碍,在外交平衡政策、和平共处和共同从事地区经济开发方面容易达成一致。即使存在一些不利因素也不会影响大局,可通过能源外交与合作将其转化为有利因素。

(五)以"一带一路"为契机,全方位开展能源国际合作

共建"丝绸之路经济带"和"21世纪海上丝绸之路"的战略构想,得到社会关注和相关国家的积极响应。"一带一路"倡议构想顺应了周边国家和地区对发展和合作的诉求,使得"能资"合作受到广泛的支持。在构建中日韩能源与环境合作机制中,中国仍应加强以"一带一路"倡议为支撑的"能资"合作项目,提高中国在能源市场上的话语权。继续强化"五通"建设,通过高层互访和政府合作,巩固重点国家和资源地区油气产能合作,积极参与国际油气基础设施建设,促进与"一带一路"沿线国家油气管网的互联互通。加强与资源国炼化合作,多元保障石油资源进口。加快建设上海国际能源交易中心,加强东北亚、国际能源署、能源宪章、上海合作组织等能源合作,推动建立区域能源市场,推动核电等标准国际化,不断提高中国话语权和影响力。

（六）完善国际合作的相关法律法规体系

完善国际合作的相关法律法规体系，一是政府做到简政放权，推动企业"走出去"。相对于日本和韩国拥有较完备的能源与节能环保上的法律法规，中国在海外投资以及经济环保上的法制建设存在欠缺。以海外投资为例，目前中国对企业海外投资的审批和管理，是由多个不同部门分别执行，这种多头管理造成了海外投资项目的审批环节过多、效率不高。因而，建议中国政府能够简化审批制度，规范审批流程，为企业的海外投资创造公平、公正、公开的投资机制和环境。同时，可以制定一些鼓励支持发展循环经济的财政、投资、税收等相关经济政策，以政府引导、市场运作发展循环经济，制定和完善循环经济实施中的监督、管理机制和激励、处罚机制。二是建立相关法律机构，为在"走出去"战略的实施过程中所引发的一系列问题提供必要的法律咨询及法律援助，减少不必要的纠纷，以此才能更好地在建设中赢得公众的支持、理解与参与。

（七）推进产融一体化

推进产融一体化，一是要拓宽新能源企业的融资渠道，降低新能源开发利用和产业化成本，保障可再生能源的资金充足。二是在"一带一路"能源国际合作中，提前布局发展海外能源金融产业，降低不可预知的投资风险，提升中国能源产业海外话语权。三是鼓励中国能源企业积极参与海外金融市场，融资上市，在能源合作模式中添加金融因素，提高中国能源企业海外投资项目的生命力，同时推进中国碳金融市场体系的建立，为中国能源企业获取合理、合法的碳排放量，提前规避未来可能发生的他国通过征收碳关税来提高中国海外能源投资项目生产成本的风险。四是发展中国能源期货市场，并配套加强非美元石油结算体系建设，从而打破欧美对国际石油市场整套环节的垄断性控制，提升中国、亚太能源消费大国集团、新兴经济体在国际能源市场上的议价能力和话语权,同时有效分散全球能源市场的系统性风险,防范美元恶性涨跌对全球能源市场造成意外破坏。五是大力发展绿色金融,通过绿色金融工具撬动社会资本,弥补资金缺口,加速中国经济社会的绿色转型,引导地方做好绿色金融与绿色产业发展的改革与创新。

(执笔人:元利兴)

第六章
深化中韩经贸合作重点领域及路径建议

2017年5月以来，中韩政经关系进入新阶段，两国重新相向而行，妥善处理"萨德"问题，坚守推进自由开放的贸易和投资体系的承诺，继续致力于经济自由化和构建开放型世界经济。当前世界经济复苏受阻，全球贸易面临较大的不确定性，威胁到世界各国的利益，也对东亚供应链和产业链构成破坏。在此形势下，中韩两国应进一步加强合作，共同应对抵御各类贸易保护主义、单边主义的威胁，主动抓住区域和平发展机遇，深化双边经贸合作，提升合作的层次和质量，积极推动经济全球化进程。

一、当前中韩经贸合作的现实基础

中韩两国是互为近邻的重要合作伙伴。1992年两国建交以来，中韩两国在经济、政治、外交、安全和司法等各个领域进行密切合作，不断推动中韩关系稳步健康发展。其中，中韩经贸关系在其中发挥了"压舱石"的重要作用。中韩两国政府签订了大量经贸合作协议（表6-1），两国企业开展了多个项目合作（表6-2）。经过双方多年的共同努力，目前中国是韩国第一大贸易伙伴国和第一大出口、进口市场，而韩国是中国的第三大贸易伙伴国和第三大外资来源国。2018年是中韩战略合作伙伴关系建立 10 周年，2019 年是中韩建交 26 周年，中韩关系正迈入发展新阶段。在国际和区域形势更加复杂的背景下，推动中韩经贸合作持续深入，既面临发展机遇，也存在不少挑战。

表 6 - 1　近年中韩双边经贸合作协议

序号	生效日期	主要内容
1	2018 - 07 - 01	《亚太经贸协定》第四轮关税减让成果文件《亚太贸易协定第二修正案》正式生效，包括中国、韩国、印度、斯里兰卡、孟加拉国和老挝在内的 6 个国家将对 10312 个税目的产品消减关税
2	2017 - 12 - 14	中韩两国签署了《关于推动中韩自由贸易协定第二阶段谈判的谅解备忘录》，中韩自由贸易协定第二阶段谈判正式启动
3	2017 - 12 - 14	中国进出口银行与韩国输出入银行签订《互惠风险参与协议补充谅解备忘录》
4	2017 - 10 - 13	中韩货币互换协议延长 3 年，至 2020 年，规模 560 亿美元（规模与 2011 年协议相同）
5	2016 - 12 - 20	两国签署扩大认证机构关于电子电气产品相互认证范围的协议。根据协议，韩国认证机构签发的检测报告与中国强制性产品认证（CCC）目录中的 104 种电子产品实现相互认证
6	2015 - 12 - 20	《中韩自由贸易协定》正式生效，涉及关税减让、市场开放等主要议题
7	2014 - 10 - 11	两国续签本币互换协议，有效期 3 年
8	2014 - 07 - 03	中国进出口银行与韩国输出入银行在互惠风险参与协议项下有关超大型节能环保型船舶融资协议
9	2014 - 07 - 03	中华人民共和国国家新闻出版广电总局与大韩民国未来创造科学部关于广播电视和数字内容领域合作谅解备忘录
10	2014 - 07 - 03	中华人民共和国海关总署与大韩民国关税厅战略合作安排
11	2014 - 07 - 03	中国人民银行与韩国银行关于在首尔建立人民币清算安排的备忘录
12	2014 - 07 - 03	中华人民共和国商务部与大韩民国产业通商资源部关于加强两国地方经贸合作的谅解备忘录
13	2014 - 07 - 03	中华人民共和国工业和信息化部与大韩民国产业通商资源部产业合作谅解备忘录
14	2014 - 07 - 03	中华人民共和国国家发展和改革委员会与大韩民国企划财政部关于携手创新促进经济可持续发展的谅解备忘录

续表

序号	生效日期	主要内容
15	2013-06-27	关于加强应用技术研发与产业化合作的谅解备忘录
16	2013-06-27	海洋科学技术合作谅解备忘录
17	2013-06-27	关于进一步加强节能领域合作的谅解备忘录
18	2013-06-27	关于提升中韩经贸合作水平的谅解备忘录
19	2011-10-26	关于设立中韩电子商务政策协议会的谅解备忘录
20	2011-10-26	中韩货币互换协议扩大至560亿美元，并延长协议至2014年。该协议规模占韩国货币互换安排的45%
21	2011-09-06	关于共同支持建立中韩产业园的谅解备忘录
22	2010-05-28	关于启动雇用许可制劳务合作的谅解备忘录
23	2009-04-20	中韩签署260亿美元货币互换协议
24	2008-08-25	关于中国—韩国自由贸易区官产学联合可行性研究的谅解备忘录

表6-2 近年中韩合作主要项目

合作类型	开工时间或宣布时间	项目内容
重大项目	2017-02-08	媒体报道，SK海力士将在无锡启动第二工厂建设，总投资达86亿美元。第二工厂预计2018年底竣工，将导入10纳米级别的尖端技术及产品。SK海力士半导体（中国）有限公司自2005年在无锡设立以来，历经5期重大投资建设，累计投资额达105亿美元
	2017-07-13	韩国产业银行对海口机场扩建项目投资1.3亿美元。2017年7月13日，韩国产业银行表示，在韩国通过私募基金（PEF）募集1.3亿美元用于投资中国海南省海口国际机场扩建项目，该项目是"一带一路"倡议的一部分
	2017-11-09	2017年11月，沈阳乐天城项目建设重启，有望于2020年竣工。乐天集团在沈阳投资建设乐天城项目，计划投资3万亿韩元（约合人民币178亿元），实际已到位资金1万亿韩元
	2017-12-26	LG旗下的LG Display确认将在广州建设大尺寸OLED面板工厂，该合资项目总投资规模为5万亿韩元（约合人民币305亿元），其中LG Display持股70%，中方持股30%
	2018-03-28	2018年3月28日，三星公司追加投资70亿美元建设的西安半导体存储芯片工厂二期工程在西安开工奠基。该项目将生产三星最尖端的存储芯片。2012年，西安高新区成功引进三星电子存储芯片项目，一期项目总投资达100亿美元

续表

合作类型	开工时间或宣布时间	项目内容
重大项目	2018-05-15	据韩国物流企业 CJ 大韩通运 2018 年 5 月 15 日消息，其旗下大型物流发运中心在中国沈阳正式投入使用，占地面积达 9.763 万平方米。该物流中心运营 4.8 万平方米的大型仓库，货件仓储功能得到重大提升，还设大型停车场，可容纳 100 余辆车停放
	2018-09-27	SK 集团在中国瑞安投资打造全生态型供应链金融综合体项目
地方合作	2015-10-31 至 2015-11-02	中韩两国签订《中国商务部与韩国产业通商资源部关于在自贸区框架下开展产业园合作的谅解备忘录》，确定两国在中国的山东烟台、江苏盐城以及广东和韩国的新万金项目地区建设中韩产业园。2017 年 12 月，国务院正式批准在烟台、盐城、惠州三地建设中韩产业园
	2015-10-31	2015 年 10 月，烟台被确定为中韩产业园首批合作城市。中韩（烟台）产业园将立足于烟台的资源条件和产业基础，在高端装备制造、新能源与节能环保、电子信息、海洋工程及海洋技术等新兴产业，物流、商贸、检验检测认证、金融保险、电子商务、文化创意、健康服务、养生养老等现代服务业方面与韩国企业开展务实合作。烟台与韩国经济交往密切，早在 2014 年，烟台对韩贸易突破百亿美元大关，占中韩贸易总额的 1/27；累计 3550 多个韩资项目投资烟台，投资额 53 亿美元，占韩国企业对华投资的 1/12
	2015-10-31	2015 年 10 月，盐城被确定为中韩产业园首批合作城市。中韩（盐城）产业园以国家级盐城经济技术开发区为核心区，形成"一园三区"发展格局，重点发展汽车（新能源汽车、智能网联车）和新一代信息技术产业，预期 2020 年中韩（盐城）产业园 GDP 将突破 1000 亿元
	2018-06-07	2018 年 6 月 7 日，中韩（惠州）产业园正式启动。长期以来，惠州与韩国一直保持紧密的经贸合作。目前，已有 LG 集团、晓星集团和 SK 集团等 250 家韩企在惠州投资兴业。2017 年，惠州对韩贸易近 900 亿元，约占全国对韩贸易的 5%
	2019-05-28	韩国 bnk 釜山银行与江苏南京市签署合作协议在中国江苏南京市开设 bnk 釜山银行南京分行
中国企业在韩投资产业园区建设	2017-01-13	中国企业在韩投资韩中工业园。2017 年 1 月 13 日消息，重庆东泰华安国际投资有限公司（由重庆市地产集团、东兆长泰投资集团有限公司合资成立）计划在韩国全罗南道务安郡计划投资建设韩中工业园，以汽车制造为主导。计划投资 3.6 亿美元，规划面积 3.96 平方公里，分三期建设，其中一期规划 1.98 平方公里。主导产业：汽车、摩托车、船舶零部件，以及生物技术、物流及批发业等

续表

合作类型	开工时间或宣布时间	项目内容
	2018-10-17	中国企业在韩国筹建高科技园区。由中国金跃集团和哈工大机器人集团共同出资组建的企业联合体 2017 年 10 月 17 日与韩国京畿道政府签约，在京畿道板桥科技谷园区内筹建"中国创新经济科技园区"。该园区初期占地面积 2 万平方米，规划建设面积 10 万平方米，主要分为中国企业"走出去"国际化基地、中韩科技技术对接基地、创新创业成果示范基地三个板块
	2016-11-23	新世界集团 5 家子公司与支付宝签订合作协议。新世界集团 2016 年 11 月 23 日表示，其旗下 5 家子公司与中国网上支付服务商"支付宝"签署合作伙伴协议，将合作范围扩至房产、超市、时装等多个领域
	2017-01-05	中外合资大连乾注发展有限公司董事长高在男先生和韩国株式会社 HAEHANDLE（海韩）会长金洪湧先生在大连签订了规模达 1.6 亿元人民币的干海参进出口协议
企业战略合作	2017-01-12	澳柯玛与韩国大有公司正式签署战略合作协议。2017 年 1 月 12 日，在韩国首尔大有总部，澳柯玛股份有限公司与大有公司正式签署战略合作协议。双方将就冰箱、冷柜产品在两国及全球其他市场的生产、销售等展开全面而深入的合作
	2017-06-07	百度联手现代汽车开发的"互联汽车"（Connected Car）首次亮相于上海举办的第三届亚洲消费电子展"CES ASIA 2017"
	2017-06-26	张家港至仁川的集装箱航线开通。据仁川港湾公社 2017 年 6 月 26 日消息，韩国天敬海运公司与上海仁川国际渡轮有限公司将从 30 日起开通张家港—太仓—仁川集装箱班轮航线，每周发 1 班
	2018-02-02	韩半导体企业布局中国物联网市场。2018 年 2 月 2 日，据业内消息，韩国无厂半导体专业厂商 eWBM 公司前日在沈阳成立旨在筹建韩中合作物联网半导体公司的事务所。eWBM 总裁吴尚根表示，将集中力量研发闭路电视等的安全解决方案，争取到 2020 年在华实现销售额超千亿韩元（约合人民币 5.8 亿元）
	2014-11-06	中国交行在韩正式启动人民币清算业务。韩联社首尔 2014 年 11 月 6 日报道，韩国境内首家人民币清算行 6 日正式挂牌成立。中国交通银行当日在首尔分行举行挂牌仪式，正式启动人民币清算业务
金融便利化合作	2016-08-31	韩国 KEB 韩亚银行在华首推韩元外贸贷款服务。KEB 韩亚银行 2016 年 8 月 31 日表示，该行中国法人——韩亚银行中国有限公司在华率先推出韩元外贸贷款服务
	2019-05-16	韩国产业银行同中国工商银行签署 2 亿美元的货币互换协议，为期 1 年，可延长 2 次。协议采用承诺信用额度方式，以当前汇率为准，产业银行可获资 13 亿元，中国工商银行可获资 2200 亿韩元

(一) 中韩经贸关系迅速发展且重要性日益凸显

不管是从历史还是从地理的客观条件来看,中韩关系都有着持续、深入发展的客观要求和有利因素。1992年两国建交以来,中韩经贸合作取得迅速发展,并对东北亚等地区发展产生积极影响。近年来,中韩经贸交流合作愈加活跃,逐渐向多元化方向拓展,在中国对外经济关系中日益重要,且呈现出一些新的发展特征。

1. 双边贸易增速明显好转,但受中美贸易摩擦升级的负面影响显现

经历2015—2016年的短暂挫折后,2017年中韩关系开始重修于好,开启了深化合作的新征程。中国海关统计数据显示,2018年,中韩贸易额为3134.3亿美元,同比增长11.8%。其中,中国对韩出口1087.9亿美元,中国自韩进口2046.4亿美元,分别比上年增长5.9%和15.3%,贸易逆差为958.5亿美元(表6-3)。受中美经贸摩擦等因素影响,2019年,中韩进出口额达到2845.76亿美元,同比下降了9.2%,其中出口额为1110.01亿美元,同比增长2.1%,而进口额为1735.75亿美元,同比下降15.2%。

表6-3 中韩双边贸易额及增速变化

年份	进出口总额/亿美元	出口额/亿美元	进口额/亿美元	贸易差额/亿美元	进出口额增速/%	出口额增速/%	进口额增速/%
1995	169.83	66.89	102.93	-36.04	44.80	51.90	40.60
1996	199.93	75.11	124.81	-49.70	17.70	12.30	21.20
1997	240.45	91.16	149.29	-58.13	20.30	21.50	19.60
1998	212.64	62.69	149.95	-87.26	-11.60	-31.10	0.40
1999	250.36	78.08	172.28	-94.20	17.70	24.90	14.70
2000	345.00	112.93	232.07	-119.15	37.80	44.60	34.70
2001	359.10	125.21	233.89	-108.69	4.10	10.90	0.80
2002	440.71	154.97	285.74	-130.77	22.80	23.80	22.20

续表

年份	进出口总额/亿美元	出口额/亿美元	进口额/亿美元	贸易差额/亿美元	进出口额增速/%	出口额增速/%	进口额增速/%
2003	632.31	200.96	431.35	-230.38	43.40	29.40	51.00
2004	900.68	278.18	622.50	-344.31	42.50	38.40	44.30
2005	1119.31	351.09	768.22	-417.13	24.30	26.20	23.40
2006	1343.05	445.26	897.79	-452.52	20.00	26.80	16.90
2007	1598.98	561.41	1037.57	-476.15	19.10	26.10	15.60
2008	1861.13	739.51	1121.62	-382.11	16.20	31.00	8.10
2009	1562.32	536.80	1025.52	-488.72	-16.00	-27.40	-8.50
2010	2071.71	687.71	1383.99	-696.28	32.60	28.10	35.00
2011	2456.33	829.24	1627.09	-797.86	18.60	20.60	17.60
2012	2563.29	876.81	1686.48	-809.66	4.40	5.70	3.70
2013	2742.48	911.76	1830.73	-918.97	7.00	4.00	8.50
2014	2904.92	1003.40	1901.52	-898.12	5.90	10.10	3.90
2015	2758.15	1012.96	1745.18	-732.22	-5.00	1.00	-8.20
2016	2525.76	937.08	1588.68	-651.60	-8.40	-7.50	-9.00
2017	2802.60	1027.51	1775.08	-747.57	10.90	9.60	11.70
2018	3134.30	1087.90	2046.40	-958.50	11.80	5.90	15.30
2019	2845.76	1110.01	1735.75	-62.57	-9.20	2.10	-15.20

资料来源：中国海关总署。

2. 形成以中间品为主的贸易结构

据中国海关总署统计数据，2018年韩国与中国双边货物进出口额为2686.4亿美元，增长11.9%。其中机电产品、化工产品和光学医疗设备是中国自韩进口的主要产品，自韩进口额分别达到880.4亿美元、223.3亿美元和136.2亿美元，同比增长19.2%、14.1%和下降6.3%，合计占中国自韩进口总额的76.5%。机电产品、贱金属及制品和化工产品是中国对韩出口的主要产品。2018年中国这三类产品对韩出口额分别为504.1亿美元、121.7亿美元和114.6亿美元，其中机电产品增长10.3%，贱金属及制品下降6.1%，化工产品增长26.4%，占中国对韩出口总额的47.4%、11.4%和10.8%。综上,机电产品与化工产品都是双方进出口的重点品种（表6-4和表6-5）。可见,中韩两国已形成以中间品为主的贸易结构,中韩之间形成了更加紧密的生产网络。

表6-4 中国对韩分行业出口情况（HS分类） 单位:百万美元

HS 行业类别	2012年	2013年	2014年	2015年	2016年	2017年	2018年
第16类 机电、音像设备及其零件、附件	38372.39	43088.87	46048.67	48139.91	43576.47	47169.54	50598.30
第15类 贱金属及其制品	13416.37	11642.75	14016.79	11623.01	11081.45	12213.24	10986.54
第6类 化学工业及其相关工业的产品	5900.05	6266.25	6939.71	6583.48	6650.42	8479.65	10813.16
第11类 纺织原料及纺织制品	5783.19	6692.50	8002.91	8876.60	7548.32	7892.81	7723.43
第18类 光学、医疗等仪器；钟表；乐器	4469.88	4253.39	4210.00	4385.23	3748.79	3855.97	4065.68
第20类 杂项制品	2513.92	2301.68	2884.63	3535.90	3594.90	3803.66	4063.09
第13类 矿物材料制品；陶瓷品；玻璃及制品	2072.81	2251.77	2646.32	2944.07	3039.16	3005.54	3264.12
第7类 塑料及其制品；橡胶及其制品	1806.93	1927.48	2159.11	2413.06	2246.63	2860.25	3224.13
第5类 矿产品	2683.87	2455.22	2538.24	2052.21	1867.61	2882.40	2834.56
第17类 车辆、航空器、船舶及运输设备	3808.20	2854.12	2135.98	2274.52	2157.11	2198.43	2343.70
第4类 食品；饮料、酒及醋；烟草及制品	1435.11	1648.70	1874.28	1617.31	1870.00	1982.19	2169.70
第1类 活动物；动物产品	1338.68	1281.01	1537.83	1370.54	1391.97	1346.74	1604.69
第12类 鞋帽伞等；已加工的羽毛及其制品；人造花；人发制品	901.03	1114.72	1632.38	1778.91	1369.32	1400.79	1451.28
第2类 植物产品	1266.88	1337.38	1337.24	1257.92	1312.99	1338.38	1366.30

续表

HS 行业类别	2012 年	2013 年	2014 年	2015 年	2016 年	2017 年	2018 年
第 8 类 革、毛皮及制品；箱包；肠线制品	851.52	939.60	1087.81	1196.94	992.44	1009.09	1037.23
第 10 类 木浆等；废纸；纸、纸板及其制品	397.99	451.48	487.92	482.28	548.39	587.80	554.29
第 9 类 木及制品；木炭；软木；编结品	520.36	565.08	649.96	595.17	535.01	512.27	468.84
第 14 类 珠宝、贵金属及制品；仿首饰；硬币	59.37	57.11	109.87	143.72	98.30	89.22	95.98
第 22 类 特殊交易品及未分类商品	58.89	23.50	11.59	0.47	37.58	80.91	83.22
第 3 类 动植物油、脂、蜡；精制食用油脂	22.50	21.36	22.34	18.94	32.45	37.40	32.94
第 21 类 艺术品、收藏品及古物	0.96	1.70	6.48	5.97	8.47	4.86	5.69
第 19 类 武器、弹药及其零件、附件	0.46	0.22	0.30	0.25	0.39	0.27	0.40

注：以 2018 年出口额降序排列。
资料来源：中国海关总署。

表 6-5 中国对韩分行业进口情况（HS 分类）　　单位：百万美元

HS 行业类别	2012 年	2013 年	2014 年	2015 年	2016 年	2017 年	2018 年
第 16 类 机电、音像设备及其零件、附件	79593.70	92629.14	94163.82	98951.65	88872.35	104111.85	123777.15
第 6 类 化学工业及其相关工业的产品	17374.18	19326.56	18485.20	15843.58	16352.17	19831.92	22767.85
第 18 类 光学、医疗等仪器；钟表；乐器	24779.58	23606.39	22367.33	21064.84	17390.08	15018.20	15302.76
第 7 类 塑料及其制品；橡胶及其制品	13008.50	13787.46	13613.40	11926.11	11065.58	12023.70	12630.15
第 5 类 矿产品	11792.68	10466.21	9758.15	6858.50	6327.96	8270.32	11470.19

续表

HS 行业类别	2012 年	2013 年	2014 年	2015 年	2016 年	2017 年	2018 年
第15类 贱金属及其制品	9989.58	9628.02	9741.03	8834.97	7959.42	8632.34	9311.63
第17类 车辆、航空器、船舶及运输设备	4661.52	5725.76	5904.92	5125.83	4604.23	3160.88	2677.00
第13类 矿物材料制品；陶瓷品；玻璃及制品	462.10	716.15	821.58	1064.78	1638.81	2071.22	2331.72
第11类 纺织原料及纺织制品	2643.89	2630.16	2462.41	2154.07	1876.21	1883.35	1883.84
第4类 食品；饮料、酒及醋；烟草及制品	372.53	449.05	547.09	647.04	778.85	703.57	830.21
第10类 木浆等；废纸；纸、纸板及其制品	492.48	428.65	345.81	335.72	322.62	440.49	522.28
第8类 革、毛皮及制品；箱包；肠线制品	517.62	596.10	587.53	547.35	402.94	355.41	301.24
第20类 杂项制品	541.16	517.84	487.54	517.58	469.32	355.65	266.52
第14类 珠宝、贵金属及制品；仿首饰；硬币	100.01	2060.69	10482.19	366.70	350.31	115.63	152.05
第22类 特殊交易品及未分类商品	1985.20	145.28	100.05	2.12	180.38	252.72	148.88
第1类 活动物；动物产品	161.17	197.21	140.51	134.29	163.69	116.22	101.38
第2类 植物产品	73.42	63.73	57.12	62.42	52.32	92.79	77.44
第12类 鞋帽伞等；已加工的羽毛及其制品；人造花；人发制品	81.63	77.08	62.15	62.62	48.71	58.68	70.42
第3类 动植物油、脂、蜡；精制食用油脂	6.99	12.60	8.53	6.47	5.53	4.18	6.82

续表

HS 行业类别	2012 年	2013 年	2014 年	2015 年	2016 年	2017 年	2018 年
第 9 类 木及制品；木炭；软木；编结品	9.58	7.39	9.77	6.92	5.52	8.00	6.21
第 21 类 艺术品、收藏品及古物	0.29	1.16	5.98	4.55	0.74	1.06	3.69
第 19 类 武器、弹药及其零件、附件	0.01	0.00	0.00	0.08	0.00	0.00	0.00

注：以 2018 年进口额降序排列。
资料来源：中国海关总署。

3. 双向直接投资增速回升

韩国是中国第二大外资来源国，中国是韩国第二大投资对象国。中国商务部数据显示，2018 年，韩国对中国投资 1882 个项目，比上年增长 15.7%，中国实际使用韩资 46.7 亿美元，比上年增长 27.1%，继中国实际利用韩资连续 10 年下降后首次出现增长（表 6-6）。截至 2018 年底，韩累计对华实际投资额 770.4 亿美元。2018 年中国对韩投资 6.6 亿美元，比上年增长 57.1%。截至 2018 年底，中国累计对韩投资 76.4 亿美元（表 6-7）。在工程承包合作领域，2018 年，中韩新签工程承包合同额为 7.9 亿美元，比上年下降 42.6%；完成营业额 4.1 亿美元，比上年增长 10.7%。截至 2018 年底，中国对韩工程承包合作累计签署合同额 78.2 亿美元、完成营业额 42 亿美元（表 6-8）。

表 6-6　中国实际利用外资金额及占比情况

年份	实际利用外资金额/亿美元				实际利用金额占比/%			
	日本	韩国	中国香港	中国台湾	日本	韩国	中国香港	中国台湾
1997	43.26	21.42	206.32	32.89	9.56	4.73	45.59	7.27
1998	34.00	18.03	185.08	29.15	7.48	3.97	40.71	6.41
1999	29.73	12.75	163.63	25.99	7.37	3.16	40.58	6.45
2000	29.16	14.90	155.00	22.97	7.16	3.66	38.07	5.64
2001	43.48	21.52	167.17	29.80	9.28	4.59	35.66	6.36
2002	41.90	27.21	178.61	39.71	7.94	5.16	33.86	7.53

续表

年份	实际利用外资金额/亿美元				实际利用金额占比/%			
	日本	韩国	中国香港	中国台湾	日本	韩国	中国香港	中国台湾
2003	50.54	44.89	177.00	33.77	9.45	8.39	33.08	6.31
2004	54.52	62.48	189.98	31.17	8.99	10.30	31.33	5.14
2005	65.30	51.68	179.49	21.52	10.82	8.57	29.75	3.57
2006	45.98	38.95	202.33	21.36	7.30	6.18	32.11	3.39
2007	35.89	36.78	277.03	17.74	4.80	4.92	37.05	2.37
2008	36.52	31.35	410.36	18.99	3.95	3.39	44.41	2.05
2009	41.05	27.00	460.75	18.81	4.56	3.00	51.18	2.09
2010	40.84	26.92	605.67	24.76	3.86	2.55	57.28	2.34
2011	63.30	25.51	705.00	21.83	5.46	2.20	60.77	1.88
2012	73.52	30.38	655.61	28.47	6.58	2.72	58.69	2.55
2013	70.58	30.54	733.97	20.88	6.00	2.60	62.42	1.78
2014	43.25	39.66	812.68	20.18	3.62	3.32	67.97	1.69
2015	31.95	40.34	863.87	15.37	2.53	3.19	68.42	1.22
2016	30.96	47.51	814.65	19.63	2.46	3.77	64.65	1.56
2017	32.70	36.90	989.20	47.30	2.50	2.82	75.51	3.61
2018	38.10	46.70	960.10	50.30	2.82	3.46	71.13	3.73

资料来源：国家统计局，中国商务部。

表6-7 中国对韩国直接投资额及其占比

年份	对韩投资流量/亿美元	对韩投资存量/亿美元	对外投资流量/亿美元	对外投资存量/亿美元	对韩投资流量占比/%	对韩投资存量占比/%
2003	1.54	2.35	48.58	332.22	3.17	0.71
2004	0.40	5.62	75.02	447.77	0.54	1.25
2005	5.89	8.82	142.66	572.06	4.13	1.54
2006	0.27	9.49	176.34	750.26	0.15	1.27
2007	0.57	12.14	265.06	1179.11	0.21	1.03
2008	0.97	8.50	559.07	1839.71	0.17	0.46
2009	2.65	12.18	565.29	2457.55	0.47	0.50
2010	-7.22	6.37	688.11	3172.11	-1.05	0.20
2011	3.42	15.83	746.54	4247.81	0.46	0.37

续表

年份	对韩投资流量/亿美元	对韩投资存量/亿美元	对外投资流量/亿美元	对外投资存量/亿美元	对韩投资流量占比/%	对韩投资存量占比/%
2012	9.42	30.82	878.04	5319.41	1.07	0.58
2013	2.69	19.63	1078.44	6604.78	0.25	0.30
2014	5.49	27.72	1231.20	8826.42	0.45	0.31
2015	13.25	36.98	1456.67	10978.65	0.91	0.34
2016	11.48	42.37	1961.49	13573.90	0.59	0.31
2017	6.61	59.83	1582.28	18090.37	0.42	0.33
2018	6.60	76.40	1298.30	17279.51	0.51	0.44

资料来源：中国商务部。

表6-8 中国对韩国承包工程及劳务合作情况

年份	对韩承包工程合同数量/份	对韩承包工程合同金额/万美元	对韩承包工程营业额/万美元	对韩承包工程年末在外人数/人	对韩劳务合作年末在外人数/人
2005	62.00	24983.00	21215.00	303	51785
2006	62.00	10862.00	32149.00	929	57689
2007	65.00	62233.00	17618.00	1154	55913
2008	32.00	23926.00	24969.00	623	39028
2009	—	24000.00	61318.00	628	36592
2010	101.00	19001.00	9871.00	697	38229
2011	116.00	20004.00	21088.00	130	40941
2012	77.00	19422.00	10164.00	146	26793
2013	34.00	192383.00	20152.00	17	12762
2014	18.00	29428.00	39342.00	60	14465
2015	20.00	27734.00	27393.00	87	13207
2016	223.00	77482.00	33612.00	92	11029
2017	—	137000.00	37000.00	2059	11000
2018	—	79000.00	41000.00	—	—

资料来源：中国商务部。

4. 双向投资结构呈现转型升级特征

近年来，中韩双向投资总额有所下降，但企业投资合作项目数量和质量稳步提升。《2017—2018在华韩国企业白皮书》显示，韩国企业在华主要投资领域集中在汽车、电子、化妆品、文化娱乐、钢铁、造船、房地产、能源、石油化工、视频、制药医疗、纺织服装、信息通信、餐饮、航空旅游、流通物流、银行、保险等行业。区域分布上主要集中在北京、上海、天津、苏州等地，并有向中西部转移的趋势，即韩国企业在西安、重庆、兰州等地投资呈现增长趋势。部分韩国在华企业有"往外走"的倾向，其主要原因是中国人工成本上升，特别是韩国中小企业，向越南等东南亚地区迁移的比较多。尽管韩国中小企业在华投资减少，而随着中国产业结构升级，韩国大企业在华投资规模呈现增加态势，特别是在华投资的高科技、高附加值项目不断增加。2018年3月，三星公司追加投资70亿美元建设西安半导体存储芯片工厂二期工程，仅此一项投资额已超过2017年全年韩国对华投资额。2018年9月，SK集团在中国瑞安投资打造全生态型供应链金融综合体项目，是继同年5月份SK集团下属SK创新表示在中国投资5799亿韩元（33.7亿元人民币）新建电池厂之后落地的又一投资项目。截至目前，中国企业在韩国投资主要为房地产、金融服务业、批发和零售业等领域。随着中韩投资便利化谈判达成，预计中国企业赴韩投资的规模将有所增加，投资的行业领域将更加广泛多元。

（二）中韩经贸合作的竞争性增强但潜力亦在扩大

当前国际政经形势依然复杂多变，不同程度地影响到中韩经贸关系未来发展走势。作为亚洲两大开放型经济体，中韩经贸合作对推动区域一体化发展至关重要。在错综复杂的国际形势下，中韩经贸关系发展遇到挑战，也面临重要机遇。

1. 半岛局势趋于稳定给中韩合作发展带来新机遇

经韩朝冬奥外交后，韩朝领导人实现历史性会晤，半岛局势迎来和平发展的春天。尽管朝美第二次首脑会谈遭遇挫折，但朝韩半岛和平发展的努力仍在持续，朝美启动第三次首脑会晤的机会仍在。随着围绕朝

第六章 深化中韩经贸合作重点领域及路径建议

鲜半岛局势，区域六方首脑对话达成诸多共识，半岛局势有望取得积极进展，将为中韩营造良好的外部环境，构成中韩经贸合作的积极因素。新形势下在经贸领域，韩国是中国极其重要的合作伙伴，是中国双边经贸合作的典范。

一是韩国目前是中国的第三大贸易伙伴国、第一大进口来源国和第三大外资来源国，中韩自贸协定（FTA）已进入第二阶段升级版的谈判，韩国可以作为中国尝试高水平开放的最佳对象；与其他双边 FTA 相比，中韩 FTA 具有独特性，包含了有关地方合作的条款，支持两国地方结对开展产业合作，可为中国未来推进 FTA 进程提供重要借鉴。

二是韩国是中国正在参与谈判的两个最重要多边 FTA 的主要成员，即中日韩 FTA 和区域全面经济伙伴关系协定（RCEP）的谈判成员国，而且在两个谈判当中都能发挥很重要的作用。

三是韩国是中国参与全球治理的枢纽型伙伴。韩国目前是包括二十国集团（G20）、经合组织（OECD）等诸多全球治理机制中的重要一员，同时又是受儒家文化熏陶，属于东方思维的国家，这些都有助于其与中国的相互理解。这一点在全球治理层面表现尤为明显，中国与韩国在多边机制中的合作逐步深化，如 G20 峰会、中日韩领导人会议和东盟"10＋3"合作机制等，韩国都将发挥更加重要的作用，可以成为中国很好的合作伙伴。

四是中韩双边贸易是以中间品贸易为主，韩国对华出口的主要产品是中国产业链构成中的重要环节，深化中韩供应链合作，有助于保障和强化东亚生产网络的产业安全。尽管当前美国贸易保护主义和逆全球化抬头给世界经济带来更多不确定性，但外部压力也会对改善中韩两国经贸关系起到一定的促进作用。

五是加强中韩经贸民间交流合作。2018 年 6 月，中国国际经济交流中心与韩国大韩商工会议所共同在北京举办首轮中韩前高官及工商领袖对话会；同年 11 月，商务部国际贸易经济合作研究院与韩国对外经济政策研究院共同在北京举办中韩发展战略对接和"一带一路"合作"1.5轨"研讨会。2018年11月,第17次泛黄海中日韩经济技术交流会议在韩国举行,会议主题"推动地区间交流合作,创新开拓新产业、新市场,构建泛黄海地区经济合作新模式",会议形成了一系列共识,并举行了产业投资对接活动。2018年12月,由韩国产业通商产业资源部主办的中韩经贸合作峰会在北京召开。另外,2018年,包括四川、江苏、吉林、山东、陕西、辽宁、湖北、四川、天津、重庆、广西等在内的多个省市与韩国开展多种经贸投资洽谈活动,有力地推动了中韩经贸投资合作。2019年1月,中韩产业园工作会议暨政策培训会在江苏盐城市召开,就2019年中韩产业园合作重点工作进行交流研究。2019年2月,第二届中国国际进口博览会推介会在韩国首尔举行。2019年4月18日,"一带一路"与韩国:合作前景与展望论坛在韩国首尔举行。

2. 区域贸易自由化和投资便利化进程有望加速

中韩自贸协定(FTA)推动了中韩双边关系和整个区域的发展。目前,中韩FTA的第二阶段谈判主要是以负面清单方式推进投资和服务贸易领域的便利化机制安排,有望两年内达成,对扩大中韩贸易投资规模形成利好,推动中韩经贸关系再上一个台阶。2018年5月初,第七次中日韩领导人会议取得积极成果,李克强总理提出打造"中日韩+X"模式,促进地区可持续发展。

探索双边多边更高水平的FTA已成为中国构建开放型经济新体制的重要举措。加快区域经贸便利化机制安排将有利于补充和强化基于规则、自由开放、透明、非歧视、包容和以世界贸易组织为基础的多边贸易体系,有利于推动中韩经贸合作向覆盖面更宽、融合度更深的方向发展。中国将实施外商直接投资的负面清单制度,通过深入推进"放管服"措施进一步优化国内营商环境,逐步将自贸试验区的经验复制推广到全国,这意味着中国主动扩大开放,构建全面对外开放的新格局。中国主动扩大进口,举办进口博览会,降低汽车及零部件、日用消费品等商品的关税,在逆全球化和美国加快推行贸易保护政策的背景下,表明中国进一步扩大开放、促进全球贸易与合作、维护世界贸易多边体制的决心与信念。

3. 中美经贸摩擦将对中韩合作产生重要影响

2019年5月,中美贸易谈判出现波折,摩擦再度升级,美国提高对中国加征关税规模和税率,并拓展到科技、教育、人才等多领域,这种形势对中韩之间合作产生影响。一方面,当前的中美贸易摩擦可能给中韩之间进一步加强合作创造了良好机会,会使中韩之间的合作更加紧密,合作领域进一步拓展。但另一方面,中美贸易摩擦可能会对韩国在华新增投资产生重要影响,美国的"长臂管辖"将会对韩国企业产生不利影响,可能会导致与美国相关的韩资企业撤出中国,当前一些韩国企业对中美贸易摩擦密切关注,对中国新增投资和项目处于观望阶段,经贸投资领域可能会出现一些波动。尽管2018年的中韩贸易增长较快,但2019年前5个月中国从韩国进口总值同比连降,特别是3月份,同比下降高达15%,这表明中美贸易摩擦也同样影响着中韩之间的商品贸易,特别是机电产品、化工产品等中间品贸易领域。

4. 中韩两国产业转型升级造成互补性降低和竞争性增强

过去20多年,中韩两国产业发展遵循"雁形模式",通过纵向分工和产品分割发挥各自优势,形成面向世界市场的紧密生产网络。韩国凭借在精密电子、精细化工等技术密集型行业的竞争优势,长期大量向中国出口电子元器件、零配件和其他中间产品,同时作为主要的投资目的地,中国承接了很多来自韩国企业的产业转移,凭借在廉价劳动力及配套组装能力方面的优势,发展两国制成品的产业内贸易,将最终产品销往全球各地。虽然过去中韩两国劳动密集型和资本或技术密集型产品贸易互补度较高,但是随着中国相关产业逐步迈向中高端,2009年以后两国资本或技术密集型产品互补度呈下降趋势,中韩贸易整体的结合度和互补性也有所降低,有些产业开始展现出一定的竞争性。如在显示面板、晶圆加工领域，京东方、中芯国际等中国企业已开始与韩国三星公司开展竞争。

5. 消费升级和服务经济发展将扩大未来中韩合作的空间

公平的市场竞争不会对双边合作带来阻碍，反而会倒逼中韩两国产业不断革新来满足消费升级的需要。传统产业加速升级的同时，新技术、新产业、新业态和新模式的不断涌现拓展了中韩两国产业合作的新空间。过去中韩两国的服务贸易主要集中在运输、旅游等传统服务业上，而新兴的现代服务业的合作较少。现阶段，中国经济已转向高质量发展，经济结构逐步转向以消费和现代服务业为主，而结构调整的结果意味着中韩两国在生产性服务业和生活性服务业上有较大的合作潜力。比如，中国在电子商务、网络支付、金融科技等领域有发展优势，而韩国在电子元器件、存储器、显示面板等领域有比较优势，双方将把资金、市场、技术和制造能力等多方面的各自优势结合起来，进一步提升供应链和产业链紧密合作的程度，不断深化两国产业合作的内涵与空间。

二、今后中韩经贸合作的重点领域

中韩两国都已进入高质量发展的新阶段，两国经济发展的互补性仍在，中韩 FTA 升级版将激发贸易增长，与此同时双向投资水平也亟待提升，两国产业竞争性虽然会因此有所增强，但随着消费升级驱动供给质量提升，中韩两国不仅在传统产业升级合作上有一定的拓展空间，而且在数字经济、先进制造、海洋经济等新兴产业领域的合作空间更大。此外，中韩企业推进"一带一路"倡议和"新南方新北方政策"对接及开展第三方市场合作具有光明前景。总的来说，贸易、投资、先进制造、现代服务、能源和环保、现代农业和海洋经济、第三方市场等领域的合作将会是未来中韩经贸合作的重点领域。

（一）贸易

——中韩 FTA 升级版。加快推动以负面清单模式重点在服务贸易、数字贸易、跨境电商等领域实施更加自由化的机制安排，包括推动制定区域数字贸易规则，跨境电商、电子商务和网络支付等便利化政策措施。

——货物贸易。在推动货物贸易规模平稳增长的基础上，加快适应全球及两国经济结构的变化，优化货物贸易结构，韩方可主动抓住中国扩大进口的机遇，满足中国高质量消费的需要。

——服务贸易。充分利用中韩 FTA 升级版，推进海运、空运、教育、医疗、养老、金融、保险、电信、IT 服务、信息咨询、文娱、影视、技术服务等领域贸易合作多样化。

——数字贸易。加快推进数字经济合作，深化跨境电商、电子商务等领域合作。加强移动支付、零售电商交易等领域的互补合作，共同探讨线上销售与线下流通、生产数字化、在数字制造、柔性制造等领域共同发展。

（二）投资

——双向投资便利化政策。在 FTA 升级版中，推动达成双向投资便利化条款，推动投资便利化机制安排，为推动双向投资提供制度基础。

——战略新兴产业投资。为适应两国经济转型升级的需要，积极调整投资结构，加大对新一代信息技术、人工智能、生物科技、工业互联网、高端制造等新兴产业领域的投资，促进东亚生产网络的高度化，提升中韩整体供应链的竞争力。

——中韩产业园区投资。继续加快协调推进山东烟台、江苏盐城、广东惠州等中韩产业园建设，探索两国产业园区合作的投融资模式，联合投资建设重点项目或标识性工程，提升产业园区的投资效益和经营水平，并积累可复制可推广的投资运营经验。

（三）先进制造业

——先进制造发展计划。抓住第四轮工业革命的历史机遇，加强中国制造业高质量发展战略与韩国"制造业革新3.0战略"的对接，推动两国制造业智能化、高端化、绿色化发展，提升在价值链中的位置，以及细分市场中的份额。

——电子信息产业。推进中国物联网产业与韩国半导体芯片、显示面板等产业的融合发展，提升电子信息产业科技水平和生产能力。

——汽车制造产业。抓住汽车市场转型升级的机会，强化两国在新能源汽车开发、智能汽车研制、自动驾驶技术及零部件研发等领域的合作。

——高端装备制造。推进中韩在机器人、高精密机床、高性能工程设备、新型化工装备、轨道交通装备等领域的合作。

——生物医药制造。通过中韩生物科技、制药企业合资合作，项目共建、技术研发与授权等形式，加强在生物技术、药品研发、生产和临床试验等领域的合作。

——新材料产业。加强中韩双方在前沿新材料领域的合作，重点在金属新材料（如软铜复合层压板）、精细化工新材料（如有机发光装置发射材料）、陶瓷新材料（如锂电池正极活性材料）以及纤维新材料（如高性能碳纤维）等领域开展合作。

（四）现代服务业

——航运航空服务。充分发挥区位交通优势，加强在航运、航空、供应链物流等方面的深度合作，构建东北亚快捷物流国际作区。

——文化旅游服务。依托中韩人文融合的基础，开展影视、动漫、创意设计、会展等文化领域的合作，推进旅游领域的合作，通过简化签证、入境及边防管理，扩大人员交流的规模，提升文化旅游合作的效率和层次。

——医疗养老服务。发挥双方技术、市场、管理等比较优势，重点在医疗服务、整形美容、健康管理（如体检）、养生养老等服务领域开展合作。

——金融创新服务。借助中国主动扩大服务业开放，特别是金融业开放的历史机遇，加强中韩在金融科技、互联网金融、数字货币等金融创新领域的合作，支持两国金融机构联合开展境外发债、商业贷款、融资租赁等跨境金融合作。

——法律咨询服务。加快推进两国在法律服务领域的合作，支持两国法官、律师等专业人士加强合作，为解决双方贸易投资争端提供优质服务；鼓励两国法律咨询机构或企业重点在第三方市场合作中开展法律咨询领域的合作，严格遵照国际法律法规要求，发挥各自专业优势，协助两国企业解决在第三方市场中面临的各类经济纠纷问题，降低投资风险和经营损失。

（五）能源和环保

——化石能源。作为世界重要的油气进口国和化石能源消费国，双方可加强在煤炭、原油、天然气等国际能源贸易、市场开发、能源开发储备、能源基础设施、期货市场、项目开发和技术研发等领域的全方位合作。

——清洁能源。为优化国内能源结构，中韩可加强电力、电网、天然气发电光伏、风电、核能等领域的政策、项目、技术合作。

——大气污染治理。加强中韩在大气污染治理方面的合作，在东北地区、京津冀地区和山东半岛等重点地区尝试开展雾霾治理，将韩国先进环保技术应用在这些地区，全面提升这些地区大气环境的质量。

——水污染和土壤污染治理。在水和土壤污染治理方面加强双方合作，包括重点项目、技术许可、人才培训等方面。

——生活垃圾综合处理。加强在城市生活垃圾发电等资源化利用方面的合作，共同研发先进的处理技术，降低现有垃圾填埋或焚烧造成的二次污染。

(六) 现代农业与海洋经济

——现代农业。加强两国在农业生物技术、品种改良繁育、生态农业、饲料生产、农产品加工、合作农场、农业机械、化肥农药、农业教育等领域务实合作，提升中韩现代农业发展的质量和保证食品安全。

——海洋经济。加快推进中韩捕捞渔业、水产育苗养殖、海洋产品加工、海底资源开发、滨海岸线旅游、海洋文化创意、海水综合利用等产业领域的密切合作。

(七) 第三方市场

——对外投资政策对接。推进"一带一路"和"新南方·新北方"进行对接与整合，加强企业深度合作，共同开发第三方市场，相互借力，协同发展，互利共赢。

——基础设施互联互通。随着半岛局势缓和，东北亚地区迎来新的机遇，中韩两国可发挥各自优势，推进与朝鲜基础设施的互联互通，辐射联通蒙古、中国东北地区和俄罗斯远东地区，激发东北亚地区的经济活力。加强中韩在全球基础设施建设领域的深度合作，包括联合招投标重大基建工程、重大基础设施融资合作、全球基础设施建设运营、技术人才劳务交流合作。

——经贸合作区或产业园区。参照山东烟台、江苏盐城、广东惠州等中韩产业园的合作模式，推动中韩企业在朝鲜、越南、印度尼西亚、菲律宾、蒙古、老挝和柬埔寨等第三国共建经贸合作区或产业园区，争取以"一带一路"框架为指导，选择重点地区和重点领域开展第三方市场合作。

——国际产能合作。充分发挥中韩双方在产能和技术方面的互补优势，重点加强基础设施建设、工程机械、建材、电力等领域的国际产能合作，在"一带一路"框架下共同拓展中韩国际合作空间，鼓励韩国企业由"中国+1"策略转向"中韩+X"策略，探索"中韩+X"的合作新模式。

——韩中欧班列。把"一带一路"通道建设的起点延伸到韩国，依托新亚欧大陆桥，开展陆海多式联运，提升中韩欧班列的运行效率，共同开拓中韩欧班列沿线国家市场，共建国际物流服务基地。

三、促进中韩经贸合作的主要路径

在明确重点领域的基础上，中韩双方可通过加强政策沟通、促进设施联通、促进区域振兴、开展合资合营、联合技术研发以及共同融资等方式，加快两国多领域的务实合作。

（一）加快中韩政策沟通及合作机制安排

一是提升中韩经贸关系在对外经济关系中的重要性，维护中韩战略伙伴关系和全球治理体系中枢纽型伙伴关系，深化中韩"你中有我，我中有你"的相互依存的产业链合作。二是加快推进第二轮中韩FTA升级谈判，按照负面清单模式调整和完善双边贸易投资政策，主动改善国内营商环境，引导中韩双向投资适应高质量发展需要，特别是鼓励中国企业积极赴韩投资，促进引导双向投资平衡发展。三是加强在多边贸易体系、区域发展合作、全球治理体系等领域的沟通交流，共同提出惠及两国国民且符合地区共同利益的倡议主张。四是加强在财政、金融、创新和产业等宏观经济政策上的协调沟通，加快推动"一带一路"与"新南方新北方"等对外开放政策的对接合作，并形成具有开创性的制度安排。

（二）共建环黄海中韩合作经济带

中国沿海经济正在加速转型升级，东北地区、环渤海地区以及山东半岛均正在提升沿海开放开发的质量，同时韩国提出把建设环西海（即黄海）经济带作为半岛新经济地图的重要组成部分。在此背景下，为提升两国经贸合作的水平,依托环黄海地区和城市的产业合作基础,中韩两国可以共建环黄海中韩合作经济带,形成 24 小时往返的优质生活圈,通过合资合作等多种方式,加大环黄海区域合作开发,紧密连接到图们江和长三角地区,并辐射到日本关西地区及俄罗斯远东地区。

(三)共建东北亚乃至整个东亚地区的超级能源市场网络

为了加快两国能源结构优化升级和加强大气污染治理,中韩能源企业可以共同投资推进天然气、核能、光伏、风能和潮汐能等清洁能源发展,加快煤炭、石油等传统能源的清洁化利用,共建区域清洁能源、可再生能源及碳排放交易市场,构建东北亚乃至整个东亚地区的超级电网和储能网络,形成区域性的经济稳定的清洁电力供应系统。

(四)打造中韩企业在第三方市场投资经营的联合体

在"一带一路"倡议和"新南方新北方政策"对接框架下,中韩两国企业能充分发挥在资金、技术、施工和管理等方面的各自优势,以组建合资公司(如特殊目的公司 SPV)、开展合营以及联合投标等多种形式构建中韩联合体,共同在第三国开展投资经营,共担风险,共享收益,还能降低项目驻在国对单一国家依赖的担忧。加快中韩两国共建的产业园、科技园和基础设施建设等项目的提质升级,打造一批标志性、品牌性的精品工程,积累可复制、可推广的经验,将其在第三国试行。

(五)搭建中韩前沿技术开发应用的合作平台

瞄准快速升级的消费市场,两国企业加快前沿性技术的联合开发应用,搭建企业技术研发人员以及高等院所科研人员合作交流的平台,设立具体的创新项目开展联合技术攻关,依托共建技术孵化平台,快速推动新技术的商业化。

(六)夯实中韩两国地方经济合作先行区的基础

加强中韩友好省区、友好城市之间的经济联系,依托开展重点项目合作的先行示范效应，以点带面，"以民促官"，搭建两国地方密切合作的机制平台，定期或不定期地开展经贸交流和政策沟通，充分发挥地方经贸合作"稳定器"的作用，抵御政治安全等非经济因素的冲击。

（七）加强中韩人文交流和民间合作

为更好地发挥"以民促官""以经促政"的积极作用，积极开展企业、研究机构和智库等民间机构的交流合作，通过开辟企业家之间"二轨"对话渠道，扩大双方的朋友圈，创造更多的商业合作机遇；积极推进中韩两国人员特别是青少年交流，通过联合举办各种文化交流活动，增进彼此间的了解和理解，为全面深化两国经贸合作提供重要的民意支撑；加快推进中韩人员往来的自由化和便利化，重点在会议、会展、商务及旅行便利、离区免税、货币互换、自驾旅游等政策上提供支持。

本章附录

附表6-1 重点韩国企业简介

序号	企业名称	企业简介
1	SK集团	SK集团成立于1953年，前身为鲜京织物，后转做能源化工和信息通信产业，拓展到医药、金融和物流服务等产业。SK集团于1991年进驻中国，现在华拥有SK中国控股公司SK China、动力电池生产商SK Innovation、半导体制造商SK海力士（SK Hynix）等企业，其中SK海力士在无锡、重庆设有晶圆生产基地
2	三星电子	三星电子隶属于成立于1938年的韩国三星集团，现在中国拥有26个办事处以及西安、深圳、苏州、惠州和天津等多家合资工厂，2017年三星电子已经超越英特尔成为全球第一大芯片厂商。三星集团主要经营电子、金融、机械、化学等产业，在华拥有广告公司杰尔思行、电子元器件生产商三星电机、IT服务商三星数据系统和显像管生产商三星SDI等多家分公司
3	现代汽车	现代汽车隶属于成立于1967年的韩国现代集团（主营造船、汽车和建筑）。2002年现代集团与北京汽车共同出资成立北京现代，2017年北京现代产能突破165万辆

续表

序号	企业名称	企业简介
4	LG集团	LG集团成立于1947年，业务涵盖化学、能源、电子、通信、金融服务等多个领域，在华拥有建筑装饰材料公司LG华奥斯（LG Hausys）、液晶面板制造商LG Display、化工企业LG化学等多家公司
5	韩华集团	韩华集团成立于1952年，主营金融、建筑、休闲、化工、机械和能源等行业，现在华拥有韩华化学、韩华新能源、韩华Techwin、中韩人寿等多家公司
6	斗山集团	斗山集团成立于1896年，主营工业基础设备、机械、装备等基础建设支持产业和消费品事业，现在华拥有斗山（中国）投资有限公司、斗山（中国）融资租赁公司、斗山工程机械（中国）有限公司、斗山机床（烟台）有限公司、斗山工程机械（山东）有限公司、斗山（北京）系统集成有限公司、斗山叉车（烟台）有限公司等多家企业
7	CJ集团	CJ集团又称希杰集团，成立于1953年，由三星集团创始人李秉哲创立，曾经是三星集团的母公司。1993年开始独立经营，现主营食品、生物制药、流通和娱乐等业务，几乎所有主营业务在华均有布局，现拥有CGV影院、生物科技生产基地（聊城和沈阳）、东方购物频道（上海）、20多个物流中心（分布在东北、华北、华中和华南等地）等投资项目
8	LS集团	LS集团原属LG集团，2003年从LG集团拆分独立出来，仍由LG集团控股，目前在全球20多个国家拥有100多个子公司，主营工业电器、金属及机械等业务，在华拥有LS产电、LS电缆和LS机械等公司，在无锡、大连、宜昌等地设有10多家产品工厂
9	新韩金融集团	韩国新韩金融集团成立于1982年，是一家拥有国际坏账市场经验的全球公认的金融服务企业，在全球设有1000多个分支机构，业务覆盖银行、信用卡、证券、资产管理、私募基金、人寿保险、融资租赁、金融IT服务、债券托收等领域。现在华拥有新韩银行中国分公司（北京）和深圳、重庆、沈阳、长沙、青岛、上海、天津、无锡8家分行。2018年1月与复兴国际签订战略合作协议，双方宣布将在全球范围内展开全方位合作
10	爱茉莉太平洋集团	爱茉莉太平洋集团成立于1945年，是韩国排名第一的化妆品集团公司，所生产的化妆品多达4000多种，国际行销网遍及40多个国家，在中国市场上推出了兰芝、梦妆、雪花秀、悦诗风吟、芙莉美娜等多个品牌，现拥有爱茉莉太平洋贸易有限公司（上海）、爱茉莉太平洋（上海）化妆品有限公司等及其遍布中国市场的销售门店

（执笔人：刘向东　元利兴　李浩东）

第七章
区域贸易安排：从中日韩 FTA 到 RCEP

中日韩三国拥有较强的产业互补性，在全球产业链分工体系中占据重要地位。许多研究表明，推进中日韩经济一体化能更大地发挥这种产业互补性、更有效地提升区域贸易投资水平，更广泛地惠及三国的人民。尽管三国均已充分认识到自由贸易区（FTA）建设的关键性和重要性，致力于尽早达成一份全面、高水平、互惠，并具有独特价值的自贸协定，但现实情况是，中日韩 FTA 谈判推进相当迟缓，至今尚未出现实质性进展。中日韩 FTA 谈判固然有需要弥合的分歧领域，但谈判看来还有很长的路要走。其中内外部影响因素复杂交织，既有三国历史、政治、安全等问题制约，也有美国干扰、半岛局势等外部因素的阻力。无论如何，加快推进区域经济一体化都具有重要意义。

一、中日韩 FTA 谈判进展与分歧点

（一）中日韩 FTA 谈判进展

早在 2002 年的中日韩三国领导人峰会，三国就提出建设中日韩 FTA 的构想。历经 10 多年可行性研究和准备酝酿，2012 年 11 月 20 日三国经贸部长举行会晤宣布启动中日韩 FTA 谈判。2019 年 11 月底，中

日韩 FTA 谈判首席谈判代表会议已经是第十六轮。

第一阶段（2013 年 3 月至 2014 年 12 月）：框架磋商阶段。2013 年 3 月在韩国首尔启动中日韩 FTA 第一轮谈判。此后，每年安排三轮次谈判，在该阶段三国提出各自相应的方案，但就货物贸易等多个领域分歧点较多，历经两年没有取得任何实质性进展。同期内，中国与韩国正在开展双边自贸区协定谈判，并于 2014 年底宣告中韩 FTA 谈判结束，并于 2015 年 6 月 1 日中韩 FTA 正式签订。日本同期也开启参与美国主导的跨太平洋伙伴关系协定（TPP）谈判，并优先开展 TPP 谈判，并对其倾注全力。

第二阶段（2015 年 4 月至 2016 年 12 月）：谈判僵局阶段。2015 年中日韩三国 FTA 谈判正常推进，在三国轮流举办三轮次谈判，同时增加了首席谈判代表谈判环节，但是到 2016 年第十轮谈判后陷入僵持阶段，除协定的范围领域达成一致外，受外部因素影响，三国轮流的谈判没有持续下去。

第三阶段（2017 年 1 月至 2018 年 3 月）：重启谈判阶段。2017 年以来，中日韩三国重启前期有所中断的 FTA 谈判，并在第十一轮谈判对 FTA 的内容达成一致。随后第十二轮谈判增加对涉及电信、金融服务、自然人移动、竞争政策、知识产权、电子商务等内容。2016 年 11 月 10 日，日本众议院强行表决通过了 TPP 批准案及相关法案。2017 年初美国特朗普总统就任后宣布退出 TPP，但日本安倍政府并不甘心，仍坚称要寻求对 TPP 协议的战略和经济意义的理解，即便在缺少美国主导的情况下日本继续主导推进 TPP。2018 年 3 月 23 日，韩国首尔举行了中日韩自贸区第十三轮谈判首席谈判代表会议，三方一致认为，尽快完成中日韩自贸区谈判符合三方共同利益，对深化区域经济合作、实现东亚地区贸易投资自由化和便利化具有重要意义。

第四阶段（2018 年 5 月至今）：重回快车道阶段。2018 年 12 月 7 日，中日韩 FTA 第十四轮谈判回归快车道，三方加快落实中日韩三国领导人同年5月达成的共识，进一步提高贸易投资自由化水平。2019年4月12日，中日韩FTA第十五轮谈判就货物贸易、服务贸易、投资、规则等重要议题谈判推进方法、路径达成积极共识，在RCEP已取得共识的基础上进一步提高贸易和投资自由化水平，纳入高标准规则，打造"RCEP+"的自贸协定。2019年11月28—29日，中日韩FTA第十六轮谈判就货物贸易、服务贸易、投资、竞争、电子商务、知识产权、政府采购和原产地规则等11个方面展开研讨，并取得积极进展。

（二）中日韩FTA谈判分歧点

中日韩FTA谈判的分歧焦点在于中日韩三国对FTA的标准不一致，日韩期望更高标准的贸易自由化，尤其是日本希望以TPP高标准谈判，而中国期望渐进达成适用的亚洲标准。中日韩FTA谈判的领域主要有以下分歧点：

一是货物贸易关税撤销减免存在分歧。中韩要求在工业产品等撤销进口关税等方面承受负担较轻。在FTA谈判以90%商品零关税为目标的前提下，中韩需要追加撤销关税的商品种类比例分别达到82%和74%，而日本追加撤销关税的商品种类比例只有50%左右，中韩要求将自身需要撤销关税的商品种类比例与日本保持同等水平。日本不理解为什么要将已撤销关税的商品所占比例大小作为谈判的前提条件。比如，在第二轮谈判时，日本提出了"在10年内将自由化率提高到90%以上"的目标，中国主张"先从40%开始"，韩国表示"不应提出具体的数字目标"。

二是农产品市场开放标准存在分歧。日韩两国对农业保护程度很高，也是食品、农产品价格最高的国家之一，开放难度较大，而中国是农产品出口大国，愿意开放农产品市场。中日韩三国不能在农产品贸易方面达成共识。为了保护农业，日本政府实行巨额财政补贴和高关税保护。日本农产品的平均关税为21.0%，在日本已生效的大多数FTA中，约一半的农产品都列为"例外处理"或"再协商"。韩国关注的焦点问题在农林水领域,特别是与日本存在竞争关系,但在谈判时也强烈要求日本取消农林水产品关税,废除水产品进口配额制度,并期望在降低农产品非关税壁垒、相互认证、政府采购等方面有进一步的行动。

三是服务贸易市场开放存在分歧。日韩两国希望中国开放金融、电信等较为敏感的服务业,并按照准入前国民待遇和负面清单的方式高水平开放,但是考虑到市场不够成熟和监管能力建设滞后,中国希望服务业市场要有一个渐进的开放过程。在第十三轮首席代表谈判中,三方就召开了服务贸易、电信、金融服务等工作组会议,并就服务贸易管理措施进行了全面细致的政策交流。

(三) 中日韩 FTA 谈判分歧的原因

三国 FTA 谈判存在诸多分歧的根源在于各自对利益诉求的差异,而这种利益诉求则植根于各自不同的政治经济制度的差异。具体而言,中日韩三国在各个领域的利益诉求是很不相同的。

一是来自国内产业保护的压力。从全球价值链分工来看,中日韩三国均处于东亚的生产网络之中,整体已展现出竞争力。然而,中国尚处于价值链的中低端,在很多产业开放上可能持有谨慎态度;而日韩两国都是工业较为发达的经济体,优势产业均处于价值链的高端,因此期望有高水平或高标准的 FTA 协定。中国在低端产品出口上有成本优势,希望在货物贸易、服务贸易及投资领域逐步谈判,但日韩期望一次性参照高标准的要求开展谈判。如在货物贸易关税撤销上中日韩三国的诉求不同,都不希望对国内的弱势产业构成损害。相反,在农产品的谈判上,日韩较为保守,而中国优势突出,三国围绕农产品的谈判难度极大,尤其是日本的农业协会力量非常强大,在 FTA 谈判时往往形成最坚固的阻力。

二是来自国内政出多门的机制。在 FTA 谈判上,中日韩三国的谈判代表团多数由多个部门构成。中日韩 FTA 的推进在很大程度上取决于日本的立场。通常,日本的 FTA 谈判代表通常由外务省、经济产业省、农林水产省、财务省等省厅构成,中国和韩国也由类似的谈判代表构成。尽管谈判时会有牵头单位,但是当涉及国内产业利益时往往谈判代表团需要协商各自立场或向上级汇报,这就会花费较多的时间和精力,而内部达成一致意见也不是一件容易的事情,从而会影响三国FTA谈判的进程。

三是来自国家主导权的争执。中日韩三国都是区域内有影响力的国家,尤其是中日两国区域主导权竞争日趋激烈。尤其是中国的崛起已经威胁到日本的传统区域大国的地位,使其在FTA谈判时屡屡采取牵制、排斥的态度。比如,日本在2002年制定的FTA战略和2004年的基本方针将中国排除在优先建立FTA对象之外;而当2001年中国提出与东盟建立FTA时,2002年1月日本也宣称要与东盟各国开启FTA谈判;当中国提出建立中日韩和东盟在内的东亚自由贸易区("10+3"机制),而日本却主张把澳大利亚、新西兰、印度三国纳入进来构建东亚区域合作体系("10+6"机制);在亚太区域合作方面,日本积极参与TPP谈判,并不是完全出于经济利益考量,而是巩固美日同盟关系,进而牵制中国在亚太的影响力。

四是对三国FTA的战略考量存在分歧。日本的FTA战略采取"远交近攻"的策略,倾向于与美欧等域外国家建立FTA,如前期日本把TPP放在优先地位,当美国退出TPP之后,日本又加快推进日欧FTA谈判,而将中日韩FTA却放在后面。由于韩国产业结构与日本相似,中韩率先达成双边FTA,这种情况下韩国对推动中日韩FTA的积极性不高。日方却认为,中韩FTA并不是高水平协定,推动高水平的中日韩FTA仍有重要意义,日本建议有必要让韩国尽快重返中日韩高水平FTA谈判中来。韩国方面的FTA战略考量是既然已与中国建立了FTA,倾向于继续谈判FTA的升级版,就没有必要积极推行中日韩FTA,特别是因为日韩的产业结构相似,继续推进三国FTA的意愿就不太强。中国最早提出三国FTA的构想,有意愿推进三国FTA早日达成,但是考虑到经济发展的层次等因素，中国也不愿意一步到位建成高标准的FTA网络。现在中国的优先选项是加快推进东盟主导的RCEP谈判如期签署生效和主推"一带一路"倡议，进展缓慢的中日韩FTA对中国的重要性有所下降，中国对此采取积极谨慎的推进态度，虽愿意在RCEP的基础上纳入部分高标准规则，但并非期望一步达到TPP的标准。

二、中日韩FTA谈判的机遇与挑战

当前来看，中日韩FTA谈判机遇与挑战并存。近年来，中日韩FTA谈判遭遇挫折，主要与来自外部的阻力有关，尤其是非经济因素成为中日韩FTA谈判的重要阻力。尽管固有的外部不确定性因素增加，但中日韩合作的机会仍然存在，尤其是三国都在坚持推动自由贸易，都在实施各自的FTA战略，而全球多边主义的变化也呈现出有利于中日韩FTA谈判的倾向。

（一）中日韩FTA谈判的主要挑战

2017年以来，中日韩三国重启FTA谈判，并磋商了今后如何推进谈判的框架，但三方分歧仍然较大，至今尚未达成实质性进展。实际上，中日韩三国之间的政治互信并未见好转，特朗普政府虽然不再推进重返亚太战略，但美国不会坐视排斥美国参与的东亚经济圈形成，同时中日韩在FTA谈判中尚面临来自安全方面的干扰。

一是三国政治隔阂难以消弭。在历史问题上，日本安倍政府并未作出深刻的反省，造成中日关系、韩日关系陷入磕磕绊绊。当前，中日综合国力处于均势状态，日本区域领导力大为削弱，国内右翼政客散布"中国威胁论"，在国际社会上不断拉拢其他国家给中国制造麻烦，以便牵制中国日益扩大影响力或延缓中国崛起进程。中日韩政治信任降低给推进FTA带来不确定性。中日韩FTA带给各方的经济效益是显而易见的，但2009年以来中日韩FTA谈判进展迟缓，主要是受政治阻力的影响。近年来，中日岛屿主权争端和安倍政府的修宪等行为严重威胁到中日关系的正常化。此前，安倍政府强力修宪并搞小动作与中国抵牾，中日政治互不信任加深，造成中日韩三国首脑会晤推迟，意味着中日定期的高层互访中断。2018年中日高层互信有所增强，双方推进中日韩FTA的意愿趋于一致，但不确定性风险仍然存在。韩国准许美国部署"萨德"也造成中韩关系日渐趋冷。受部署"萨德"问题影响，中韩关系也走向低迷。2017年7月G20汉堡峰会上，中国国家主席习近平与韩国总统文在寅会见时提出恢复正常关系，随后中韩关系逐步恢复正常化，但美韩安全同盟对华来说仍然如鲠在喉，同时日韩两国在慰安妇等问题上龃龉不断。中日韩三国之间的政治隔阂时有加深，很大程度上制约着中日韩FTA谈判的进程，也给三国的经济合作带来负面影响。

二是美国长期干扰东亚事务。长期以来，美国通过政治经济等措施参与东亚事务，特别是美国不希望存在一个将其排除在外的东亚经济共同体存在。在中日韩FTA谈判期间，奥巴马政府就曾通过实施重返亚太战略和推动TPP拉拢日韩盟国，拟通过TPP全面介入并试图主导东亚经济一体化进程，进而阻挠中日韩FTA的谈判达成。在美国因素的作用下，日本更是把TPP谈判放在首位，在中日韩FTA谈判上犹豫不定，观望拖延。特朗普政府尽管引导美国退出TPP，但是日本仍主动承担推动TPP谈判达成的任务，在中日韩三国FTA的谈判上仍缺少主动性。韩国文在寅政府并没有抵制美国"萨德"部署的意愿，这让中韩两国推进三国FTA上遭遇较大的外部阻力。特朗普政府的双边谈判策略让东亚经济一体化建设面临更为复杂的变数。

三是地区安保形势依旧不乐观。东亚地区经济合作需要稳定安全的区域安全形势，但时刻生变的朝鲜半岛局势尤其是朝核问题让这一地区安全遭受威胁，成为大国博弈的竞技场。朝鲜半岛形势的持续演变，促使各国之间的经济合作让位于安全合作。此外，中日、韩日尚存在海上争端，特别是之前日本跟随美国拿中国南海说事，让中国对此反感。作为美国的盟国，日韩在军事安全上非常依赖美国的支持。在朝核问题难以协调解决的情况下，日韩将把更多的注意力放在军事安保上。出于国家安全利益的考虑，日韩会屈从于美国的政治压力，很难真正维持对华的"政经背离"的状态。东北亚复杂的地缘政治关系和美国因素的介入，中日韩三国关系更加复杂多变。鉴于朝鲜半岛和平问题难以短时期内解决，而且美朝保持和平友好的趋势并不明朗，而且朝鲜核安全问题的长期存在，成为美日韩同盟关系牢固不可分的重要理由之一。从安全保障利益上看，中日韩推进的东亚经济一体化构想只会让位于三国对各自国家安全战略的考虑。

（二）中日韩FTA谈判的重要机遇

中日韩FTA谈判虽然进展缓慢，但是谈判仍在继续，并取得了一定的成果。长远来看，中日韩FTA谈判仍有继续下去的必要性，而且谈判的条件成熟度也越来越高。长期来看，中日韩FTA谈判尚面临如下重要机遇：

一是三国共同利益诉求越来越多。相较于北美、欧洲两大经济圈，东亚经济圈始终缺少大规模、制度化的区域一体化机制安排。中日韩经济合作的利益诉求始终存在，而且三国都在推行经济结构性改革，经济结构的互补性仍然存在，三国虽然都很担心本国在经济转型方面落后于对方，但三国FTA的建成将会有助于促进三国经济成长和结构调整，也有利于增强东亚在全球价值链中的竞争力。三国都希望通过建成高水平的FTA战略，推动本国经济的健康发展。从日本方面来说，安倍政府在2014年修订的《日本再兴战略》中表示，要继续努力早日缔结TPP，有战略地、加快速度同时推进RCEP、中日韩FTA、日本—欧盟FTA的谈判；争取到2018年底将日本的FTA比率（已生效的FTA在贸易总额中所占比重）从2012年的18.9%提高到70%。日本处在经济全球化的惯性之中，美国坚决退出TPP，让日本难以立即追随转身，日本也很难像美国那样通过内顾政策来实现经济转型。实际上看，日本更看重RCEP所涵盖34亿人口、全球GDP和贸易量30%的区域大市场，积极推进亚太经济一体化，以维持和提振日本经济增长。

二是美国退出TPP引发的连锁反应。特朗普总统坚持退出TPP，这让日本很受伤，同时也让亚太地区的经贸规则制定向区域的贸易安排转移。虽然日本仍在坚持主导缺少美国参与的TPP，但是其坚持自由贸易的方向没有改变，要实现日本FTA的战略目标，日本需要加快推进中日韩FTA、RCEP等区域经济合作机制构建。在美国缺位的情况下，日本需要调整现有的FTA战略，增强区域经济合作的紧迫性和危机感，加快与东盟、美国、中国、韩国等主要贸易对象国或地区的双边谈判。长远来看，TPP很难吸引美国重新加入，日本无法回避与中国的FTA谈判问题，也不可能久拖不决，而以RCEP和中日韩FTA为代表的区域贸易安排终将会加快进程。即便三国FTA谈判可能会受到美国的阻挠，但美国退出TPP后留下的多边贸易真空，可能会让日韩把更多的精力放在参与三国FTA和RCEP谈判上来。如今，RCEP15国达成共识，有望在2020年底签署生效，这将有利于推动中日韩FTA尽早达成全面、高水平、互惠且有自身价值的自贸协定。

三、中日韩FTA谈判的预期前景

短期来看，受限于非经济因素的阻力，中日韩FTA的谈判分歧较大，协定难以短期内达成，除非三国出现明显的政治转圜，有强力的政治意愿促成，否则三国FTA的谈判早日达成的前景并不乐观。综合来看，三国FTA的整体经济合作利益仍具有吸引力，只要时机成熟，中日韩FTA谈判加速的可能性仍然存在，倘若RCEP在2020年如期签署生效，中日韩FTA就有望在未来2~3年内达成并签署生效。

（一）中日韩FTA谈判的实施路径

从当前谈判进程来看，中日韩FTA谈判面临诸多变数，同时也取决于三国之间双边 FTA 谈判的情况。目前，中韩 FTA 已实施，但是日方认为是个较低水平的谈判，而中日双边 FTA 还没有启动可行性研究，韩日双边 FTA 仍处于谈判之中并未取得实质性进展。要加快推动中日韩 FTA 谈判进程大致可以有以下三条实施路径：

一是一步到位的直接推进方式。截至 2019 年 11 月底，中日韩 FTA 谈判首席代表谈判会议已经谈到第十六轮次，在协定范围领域等方面已经达成一致意见。在此谈判的基础上，中日韩三国仍可以继续就分歧的领域加快谈判，包括加快推动首席谈判代表磋商和经贸部长会议，发挥民间"二轨"渠道"以经促政"的积极作用，最大限度地克服三国敏感领域的争执，以更积极的姿态争取最好的结果。

二是先双边后多边的渐进方式。目前，中韩 FTA 已于 2015 年 12 月 20 日生效实施，当前正在开展新一轮升级谈判，这为完善中日韩 FTA 的外部环境创造了有利条件，至少在中日韩多边谈判上中韩双边争论会少一些，只需在新增或者升级的领域开展三方的谈判。此外，在中日韩 FTA 谈判基础上有必要另辟蹊径启动中日双边 FTA 谈判，以此作为促成三国 FTA 谈判的催化剂，同时加快推动日韩 FTA 谈判进程。不确定的是，构建三个双边的 FTA 所产生的真实关税减让对各国经济的促进作用将被明显减弱，继续整合升级三个双边 FTA 可能带来的效果没有预期那么大，一定程度上可能会让多边 FTA 谈判放缓。

三是在 RCEP 谈判成果基础上的递进方式。目前来看，RCEP 谈判已取得重大进展，各国期望的 2019 年底达成的愿望在排除印度后取得实质性共识，最好的结果是 2020 年底实现最终签署生效。2018 年 5 月，中日韩三国领导人峰会发布的联合声明，表现出积极促成 RCEP 谈判的意愿发挥了积极作用。在此情形下，RCEP 谈判的成果可以为中日韩 FTA 谈判所借鉴，在 RCEP 谈判成果基础之上，依托东亚地区层面的合作机制建设，推动中日韩垂直型专业化分工的生产网络紧密融合，推动三国在 RCEP 标准规则的基础上开展对话与协商，加强政策沟通，寻找合作的平衡点，进一步深化三国 FTA 谈判内容，满足区域经济共同体建设的内在需求。

（二）中日韩 FTA 谈判的预期时间表

从当前谈判进程来看，中日韩 FTA 很难在 2021 年之前如愿达成。在日韩方面未直接挑战我国核心利益的前提下，中日、中韩关系如果得到改善和恢复正常化，将为推进中日韩 FTA 谈判创造有利条件，争取到 2025 年之前达成高水平的 FTA。之所以中日韩 FTA 谈判进展缓慢，前景不乐观，原因有四：

一是三国 FTA 利益诉求仍存在较大的离心化特征。中日韩三国都有各自的利益诉求，对 FTA 标准的要求并不一致，这在短时期内很难协调，尤其是对自由汇率、市场开放程度等核心议题难以达成共识。虽然三国在经济上的利益诉求趋同，但是经济利益总是让位于安全战略的利益诉求，在美日同盟和美韩同盟的情况下，美国在该地区的军事存在让日韩更愿把安全利益放在第一位。

二是三国之间的政治互信短时期内难以有效恢复。受历史认识、领土争端、政治倾向等因素影响，三国之间恢复深厚的政治互信尚需时间，进而阻碍了三国政府层面对经济合作的有效推进。特别是近期在安倍政府强军修宪、韩国部署"萨德"的背景下，中日韩政治关系改善的前景仍没那么乐观。随着安倍政府在自民党内部站稳脚跟，民意支持率有所回升，还会留任首相位置直到 2021 年，中日关系将会有所改善但改善情况并不稳定。同样，中韩关系将长期受制于"萨德"问题，只要韩国不放弃"萨德"部署，中韩政治关系的转圜空间就不大。在此形势下，三国经济合作的有效推进必然会受到三国政治隔阂的负面影响。

三是美国等域外力量的干扰更加扑朔迷离。特朗普政府尽管不再积极主导参与亚太再平衡的经贸规则制定，但是美国不会放弃在东亚地区的利益，更不会让中日韩三国走在一起形成与之抗衡的经济共同体。目前来看，特朗普的政策具有很大的不确定性，反映在其对华政策上采取限制和压制策略，中美关系受到贸易摩擦的影响，未来的走向并不明朗。美国不论以什么形式参与亚太经济合作，都不会放弃在亚洲的影响力，更不会真正抛弃日韩这两个盟友。中日韩三国的地缘政治问题是客观存在的，而中国和平崛起的背景下周边国家和地区加强联美制华，如美日韩澳印等国提出"印太战略"，并纷纷在涉海问题挑衅滋事、制造麻烦，挑战中国的底线。近期更是围绕朝核、南海等问题大做文章，这显然会对三国的 FTA 谈判带来较多风险。

四是逆全球化思潮也促使区域经济合作遇冷。随着英国脱欧、特朗普执政等"黑天鹅事件"的发生，全球范围内掀起贸易保护主义等逆全球化的思潮，关税壁垒和非关税壁垒更难拆除，世界贸易也很难走出持续低迷的状况。当主要经济体开始重新思考经济全球化的参与方式，区域经济合作也同样面临来自各国内部保守力量的威胁，这样坚持自由贸易方向的政府很难持续积极对待区域自由贸易安排。虽然说，美国退出 TPP，对推进中日韩 FTA 有利好作用，但是这种利好并未得到显现，尤其是日本对待三国 FTA 的消极态度仍未根本转变。

（三）中日韩 FTA 谈判的预期结果

相比于 RCEP 受发展中经济体影响签署高水平的可能性不大，而中日韩 FTA 可以谈成较高水平，如在关税减让、非传统议题、服务贸易开放等方面的标准和水平将要高于 RCEP 规则标准。相比于 RCEP 覆盖范围的其他发展中国家，中国在很多领域已经具备追求达成高水平贸易投资协定的前提条件，不应继续坚持渐进的低水平的贸易投资谈判策略。原因有四：

一是中国正朝着高水平贸易投资协议方向前进，如中欧之间正在开展高水平的 BIT 谈判。而且，中国正在上海、天津、广东、福建、海南等 18 个省市开展自贸试验区建设，并在海南打造中国特色的自由贸易港，积极与国际通行规则接轨，实际上这本身就是个高标准的尝试。

二是中国经济发展较为迅速，上海、北京、深圳等城市已达到发达国家标准，日本、韩国等域内国家和地区对中国当前发展水平的看法是中国已经不再是低水平的发展中国家。

三是中国新经济内容要求高水平的贸易投资标准。近年来，中国正在推进制造业升级，实施创新驱动增长战略，并向发达国家标准迈进，新经济的发展需要包括商贸规则、知识产权保护等在内的高标准内容。

四是中国正在落实全面深化改革的内容，其中接轨国际的高标准就是个重要的改革方向，也是对中国改革力量的坚定支持。中国标准化战略做得很好，如中国与德国开展标准共建工作，中国在协议标准谈判上不会存在什么困难。在商品、服务、技术等标准制定上，中日韩三国都可以商谈，共同商定出有利于三国国民福祉的相关标准。

四、中日韩 FTA 对 RCEP 的影响

中日韩三国同属东亚经济圈，也是东盟主导的区域全面经济伙伴关系协定（RCEP）的重要谈判对象国。因此，中日韩 FTA 与 RCEP 有天然的联系，但两者的谈判是并行不悖的，但在协定范围领域及标准要求等方面会有重叠交叉，因而也是可以相互促进的。

（一）中日韩 FTA 与 RCEP 的关系

中日韩 FTA 的构建依托于东盟"10+3"框架，三国 FTA 谈判的经验自然会对 RCEP 的谈判起到积极作用，反过来 RCEP 谈判也会为中日韩 FTA 谈判提供参照标准。特别是中日韩三国在全球产业链分工中有着密切的合作，三国 FTA 谈判通常被视为促进区域贸易自由化的补充路径，也被认为是推动 RCEP 和亚太自贸区（FTAAP）的实施路径之一。亚太区域内，无论是已经变身缩减的 TPP，排除印度的 RCEP，还是遥不可及的 FTAAP，都存在地缘经济主导权之争，也与地区各经济体深度利益攸关。原本中日韩 FTA 可以发挥促进各个自由贸易安排的

润滑串联作用，可以盘活整个亚太地区的贸易一体化，然而中日韩三国之间的纠结较量，反而让三国 FTA 悬而未决，自然并未先行对 RCEP 谈判起到实质性的推动作用。

（二）中日韩 FTA 与 RCEP 的升级路径

目前来看，中日韩 FTA 谈判的形势并不明朗，而 RCEP 谈判已达成共识，但纳入印度面临的分歧仍有很多。实际上，加快 RCEP 如期签署生效可能性大一些。在 2018 年 10 月 13 日举行的 RCEP 第六次部长级会议期间，谈判代表各方就货物贸易、服务贸易、投资、卫生和植物卫生措施、标准技术法规和合格评定程序、电子商务、竞争政策等议题进行了深入的讨论，重申将推动完成年底"一揽子"成果，推动实质性结束谈判。2019 年 11 月 4 日，在泰国曼谷召开的第三次 RCEP 领导人会议上发表联合声明，东盟与中、日、韩、澳、新等 15 个成员结束全部文本谈判及实质上所有市场准入谈判，并启动法律文本审核工作。RCEP 有关印度问题虽仍在谈判之中，但日本、印度等域内国家仍有小盘算，日本期望继续推行 TPP，不想因排除印度达成 RCEP 而让 TPP 失去吸引力；印度对关税减让幅度过大的担忧使印度在 RCEP 谈判中不会作出让步，同时美、日、印、澳也在寻求其他经贸合作机制安排。中日韩有推动中日韩 FTA 尽早达成的意愿，但在政治气候不佳的情况下，"以经促政"的效果并不理想。RCEP 参与方中，中、韩、澳、新和东盟之间的 FTA 也已基本签署，日本在 RCEP 谈判上有关印度的态度可能会决定是否能够顺利签署生效。日本政府虽有改善中日关系的意愿，但 CPTPP 达成后对高标准协议的追求，也令中日韩 FTA 多边经贸协定谈判进展受到影响。对于中日韩 FTA 和 RCEP 来说，日本都是域内不可忽视的力量，倘若因政治猜忌较多，将使其在后续谈判推进上难有所作为。倘若能推动中日联合积极推动中日韩 FTA，预计该高标准自贸协定尽早达成的概率将大大增加。

五、中国推进区域经贸安排的思路与建议

党的十八届三中全会提出,中国要构建开放型经济新体制,构建高标准的自贸区网络。近年来,中国把推进 FTA 战略作为对外经济合作的重要支点。比如,中国已经与东盟、新西兰、瑞士、韩国、澳大利亚等签订了双边 FTA,并在探讨谈判标准升级的问题,同时中国也在积极与斯里兰卡、海合会等推进 FTA 谈判,与美国、欧盟等发达经济体开展双边投资协定(BIT)谈判。中国积极推进 FTA 战略顺应了经济全球化和全球治理的变化,也体现了中国坚持对外开放的信心和决心。

(一)中国今后推进区域经贸安排的思路

加快实施 FTA 战略是中国新一轮对外开放的重要内容。党的十八届三中全会提出,要以周边为基础加快实施自由贸易区战略,形成面向全球的高标准自由贸易区网络。除了双边 FTA,中国也积极推进多边 FTA,从推动中国—东盟 FTA 升级到推动 RCEP 签署生效以及到构建亚太自贸区。但是在推进 FTA 战略中,中日韩三国 FTA 都是个难啃的骨头,RCEP 将是中国经略周边的战略支点。为此,在多边贸易体制和区域贸易安排中,中国今后应以此为重点,审时度势,克服困难,将加大制成品关税减让力度作为中日韩 FTA 谈判的一个重要突破,而不必过度强调服务贸易、环境、知识产权等领域的高标准条款,RCEP 规则中强调高水平贸易便利化、电子商务、中小企业等领域的条款可以借鉴,积极推进中日韩 FTA 尽早达成。

中国加快实施 FTA 战略,构建面向全球的 FTA 网络,需要对接共建"一带一路"倡议,积极探讨沿线国家和地区商讨共建 FTA 的可能性,有必要通过重大基础设施互联互通项目,尽快形成能够有效带动区域经济发展的 FTA 制度合作"朋友圈"。其中,RCEP 覆盖领域与"一带一路"建设重点领域高度契合,因而有必要共同推动 RCEP 协定如期

签署，通过推进以周边经济体为重心的国际产能合作，形成以中国龙头企业为主导的亚洲基础产业体系，构建依托中国生产和需求腹地的新型生产网络。在全面深化国内改革和完善 FTA 相关法律法规的同时，中国应积极发挥区域大国的影响力，强化经济联系，弱化域内分歧，排除域外干扰，增进与周边政府的沟通互信，将"一带一路"、国际产能合作与贸易投资制度安排紧密结合，加快推进亚太区域内的高水平 FTA 网络建设。

（二）对中国加快推进区域经贸安排的建议

构建面向全球的高标准 FTA 网络，中国应在深化国内市场开放时，整合周边地区对 FTA 的利益诉求，采取有效措施巩固和扩大与周边国家的利益诉求共同点，抑制消极面，重点推进中日韩 FTA 谈判和 RCEP 签署生效，形成更具活力和凝聚力的亚洲经济共同体。

一是搭建高标准的 FTA 利益诉求整合平台。作为加快构建高标准自贸区网络建设的一部分，中日韩 FTA、RCEP 与"一带一路"倡议和国际产能合作完全可以互为补充。为此，围绕"一带一路"建设，应加快在沿线国家和地区搭建高水平 FTA 的利益诉求平台，通过构建官产学研等综合的利益诉求协调机制，推进政府间政策沟通和协调，产业间的务实合作以及人员交流的融洽畅通。为弥合中日之间 FTA 战略差异，当前可在借鉴中韩 FTA 和日欧经济伙伴关系协定（EPA）的基础上，积极推动中日 FTA 谈判或前期可行性研究，在双向投资、电子商务、知识产权保护等部分领域可以尝试纳入高标准的内容，但不一味追求所有领域的高标准，在各领域可采取模块组合的方式形成包含最大共识的标准，既为推进中韩 FTA 升级和中日韩 FTA 尽早达成提供制度基础，也为形成亚洲区域性的贸易投资机制的高标准提供典范。

二是有效管控分歧排除域外势力干扰。中国周边遭遇的很多麻烦都与域外势力的介入有关，为此中国应以区域大国的姿态在不损害主权利益的情况下，有效管控在历史认知、领土争端等问题上的冲突和矛盾，创造合作的条件，寻找利益交汇点，引导日韩等周边国家转变思维，逐步从"对抗"走向"对话"，如抓住中日韩签订投资协定带来的贸易投资便利化，把握住日韩经济上追求对华深度合作的利益诉求，推进中日韩三国的供应链互联互通，做出高标准的区域贸易安排，进而推进构建更大范围的FTA网络，即"3+X"模式。在经济利益牵扯的基础上，支持日韩等国继续充当扩大自由贸易的"旗手"，刺激经济领域的合作磋商，引导开展对华签署FTA或EPA的竞赛。

三是积极发挥中日韩首脑峰会的助推作用。在积极落实G20峰会和中日韩三国领导人峰会达成的共识基础上，加快引导中日韩三国增强责任感和使命感，促使日方把改善中日韩三国关系的意愿更多地体现在政策和行动当中，重信守诺，按规矩办事，维护好政治基础。中日韩三国都应积极恢复中日韩高层交往并开展机制性交流，并将推动中日韩FTA的议题纳入中日韩三国领导人峰会之中，同时借助这一平台，实现中日韩三国领导人定期密切的交流，加快推动中日韩FTA谈判进程。

四是积极推动超越TPP的RCEP签署生效。在美国不再重返TPP的情况下，应支持日本借鉴TPP的谈判经验，加快推动RCEP如期签署生效。在CPTPP达成的情况下，按照争取最大公约数的原则，加快推动适用标准的RCEP规则升级。域内各方可借鉴如中国加入WTO和日欧签订的框架性EPA，在敏感领域，划定相应的过渡期，也可采取渐进更新的办法，事先设定例外条款，待到条件成熟后，再逐步升级某些规则，最终让RCEP吸纳印度等更多国家加入，并逐步实现具有区域特色的高标准。针对RCEP域内不同发展阶段的经济体，还可量身定做与之相适应的贸易投资规则模块，待到其进入新的发展阶段，再升级到适用的高标准规则，增强RCEP的包容性和"RCEP+"的扩展性。

五是发挥日韩两国促进中日韩FTA和"RCEP+"黏合剂的作用。鼓励支持日本和韩国在G20峰会上引领自由贸易的姿态，同时激励日本扮演推进中日韩FTA的关键角色，引导其表达支持三国FTA的政治意愿，主动开展与中韩两国的经贸对话，拉近中日韩经贸合作的紧密度，如通过推进中日FTA、日韩FTA等双边谈判举措，扩大中日韩经贸合作的最大公约数，推动中日韩FTA谈判高效落实。"RCEP+"扩容升级中需要中日韩三国对引领自由贸易达成默契，同时应积极发挥日本作为域内重要发达经济体的黏合剂作用，支持日本多做周边工作加紧促成实现，充分利用其紧密的经贸伙伴关系，重点增强印度、澳大利亚、越南等国家的参与感和归属感，尽快在"RCEP+"扩容升级谈判上取得新进展，促进RCEP纳入更多的发展中经济体，塑造多元化、联动、包容的亚洲。

六是支持日韩在"一带一路"框架下探讨区域经贸安排。积极引导日韩将"一带一路"框架下合作体现在政策和行动当中，提高日韩在参与主导区域经贸合作中的存在感，支持日韩同中方共同开发"一带一路"框架下第三方市场，完善双边或多边区域经贸投资安排，其中重点促进中日韩FTA和"RCEP+"扩容升级进程和相关经贸制度升级，同时提升基础设施互联互通水平，推动形成区域统一大市场，拓展区域自由贸易新空间。

七是增强"二轨"渠道对区域经贸投资安排的助推力。充分发挥经贸关系在双边多边关系中"压舱石"和"助推器"的作用，深化中日韩及亚洲区域内民间经贸联系和人员交流，夯实已建立的中日"二轨"渠道，拓展中韩"二轨"交流，积极倡导自由贸易，呼吁反对保护主义，构建稳定的经贸合作关系，继续发挥"二轨"渠道"以经促政""以民促官"的助推作用，营造积极稳定的对话沟通氛围，弥合中日韩FTA和RCEP各个成员国的认识和沟通鸿沟，改变部分谈判对象的保守倾向。

本章附录 中日韩 FTA 历次谈判情况及区域经贸状况

附表 7-1 中日韩 FTA 历次谈判进展情况

轮次	时间地点	主要议题	特别关注	谈判成果
第一轮	2013年3月26日至28日,韩国首尔	FTA谈判的机制安排、谈判领域和谈判方式等,商谈商品、原产地、贸易救济、服务投资、知识产权等内容		
第二轮	2013年7月30日至8月2日,中国上海	货物贸易、服务贸易、原产地规则、海关程序和便利化、贸易救济、贸易的技术壁垒(TBT)、卫生及植物检疫(SPS)、竞争政策、知识产权、电子商务等		
第三轮	2013年11月26日至29日,日本东京	货物贸易的基本方针		
第四轮	2014年3月4日至7日,韩国首尔	货物贸易的基本方针		未取得实质性进展
第五轮	2014年9月1日至5日,中国北京	货物贸易、服务贸易、投资、知识产权和卫生检疫等18个领域		
第六轮	2014年11月24日至28日(工作会谈),2015年1月16日至17日(首席代表谈判),日本东京	开放商品市场、服务和投资自由化方式	为了加速谈判进程,启动首席代表谈判	日本拒绝了中韩两国提案,谈判陷入困难
第七轮	2015年4月13日至17日(工作谈判),2015年5月12日至3日(首席代表谈判),韩国首尔	讨论货物贸易关税减让的谈判方式和服务贸易、投资自由化方式、协定文本范围领域等	举办包括规则、合作等在内的20个多个专家对话会	

续表

轮次	时间地点	主要议题	特别关注	谈判成果
第八轮	2015年7月20日至24日（工作谈判），9月23日至24（首席代表谈判），中国北京	货物贸易、服务贸易、协定领域范围等		
第九轮	2015年12月14日至18日（工作谈判）日本箱根；2016年1月18日至19日（首席代表谈判），日本东京	货物贸易、服务贸易和投资等领域		对自由化率目标仍存分歧
第十轮	2016年4月5日至7日（工作谈判），2016年6月26日至28日，韩国首尔	FTA谈判的基本方针、服务投资自由化方式，原产地、通关、卫生与植物卫生措施（SPS）等20个领域开展专业对话会	重要服务部门的市场准入壁垒情况	就协定范围领域达成一致，将金融服务、电信、自然人移动等5个议题升级为分工作组，并决定从下轮谈判开始
第十一轮	2017年1月9日至11日，中国北京	货物贸易关税、货贸基本方针、原产地规定、服务贸易自由化方式等	增加金融、通信、自然人移动等领域	FTA内容达成了一致意见
第十二轮	2017年4月13日，日本东京	如何推动货物贸易、服务贸易、投资等重要议题取得更大进展，其中涉及电信、金融服务、自然人移动、竞争政策、知识产权、电子商务等工作组会议	服务贸易管理措施	中日韩FTA谈判经验对RCEP谈判起到积极作用
第十三轮	2018年3月23日，韩国首尔	就如何推动货物贸易、服务贸易及投资等重要议题取得更大进展深入交换了意见，举行了服务贸易、电信、金融服务等工作组会议	就服务贸易管理措施进行了全面细致的政策交流	重申尽快完成中日韩FTA谈判符合三方共同利益

续表

轮次	时间地点	主要议题	特别关注	谈判成果
第十四轮	2018年12月7日，中国北京	同意推进三国领导人共识，加快三国FTA谈判	中日韩FTA谈判提速基础已具备	下一轮谈判起恢复工作组会议，就货物贸易、服务贸易、投资等议题展开实质性磋商
第十五轮	2019年4月12日，日本东京	举行首席谈判代表会议、司局级磋商和13个具体议题分组会议	就相关议题推进方法、路径达成积极共识	进一步在RCEP已取得共识的基础上纳入高标准规则，打造"RCEP+自贸协定"
第十六轮	2019年11月28—29日，韩国首尔	在共同参与RCEP基础上，就货物贸易、服务贸易、投资、竞争、电子商务、知识产权、政府采购和原产地规则等11个议题召开工作组会议	围绕货物贸易、服务贸易、投资和规则取得积极进展，打造"RCEP+自贸协定"形成共识	就下一步工作安排达成积极共识

资料来源：笔者根据商务部、人民网等网络资料整理。

附表7-2 中日韩三国 FTA/EPA 谈判签订情况

国家	已签订的 FTA/EPA	正在谈判的 FTA/EPA	开展前期研究的 FTA/EPA
中国	中国—格鲁吉亚（2017）、中国—澳大利亚（2015）、中国—韩国（2015）、中国—瑞士（2013）、中国—冰岛（2013）、中国—哥斯达黎加（2010）、中国—秘鲁（2009）、中国—新加坡（2008、2019）、中国—新西兰（2008）、中国—智利（2006、2019）、中国—巴基斯坦（2007、2020）、中国—东盟（2002、2004、2006、2007、2009、2010、2011）、中国—东盟升级版（2015）、内地与港澳更紧密经贸安排（2004）、中国—毛里求斯（2018）、中国—格鲁吉亚（2018）、中国—摩尔多瓦（2018）、中国—欧亚经济联盟（2018）、中国—新加坡 FTA 升级谈判（2018）、中国—巴基斯坦 FTA 第二阶段谈判（2020）、中国—美国经贸第一阶段（2020）、中国—马尔代夫（2018）	RCEP（2019）、中国—海合会（自2005）、中日韩（自2002）、中国—斯里兰卡、中国—以色列、中国—挪威（自2007）、中国—新西兰 FTA 升级谈判，中国—韩国、中国—巴拿马、中国—秘鲁自贸协定升级谈判，中国—巴勒斯坦、中国—柬埔寨 FTA 升级谈判（后续阶段）	中国—哥伦比亚、中国—斐济、中国—尼泊尔、中国—巴布亚新几内亚、中国—加拿大、中国—孟加拉国、中国—蒙古、中国—瑞士 FTA 升级联合研究
日本	日本—新加坡（2002）、日本—墨西哥（2005）、日本—马来西亚（2006）、日本—智利（2007）、日本—泰国（2007）、日本—印尼（2008）、日本—文莱（2010）、日本—东盟（综合EPA，2008）、日本—菲律宾（2006）、日本—瑞士（2009）、日本—越南（2008）、日本—印度（2011）、日本—秘鲁（2011）、日本—澳大利亚（2014）、日本—蒙古（2015）、TPP（2015）、CPTPP（2018）、日本—欧盟（2018）、日本—美国（2019）第一阶段	日本—东盟（服务贸易、投资，实质性成果）、日本—哥伦比亚、中日韩、RCEP（2019）、日本—土耳其；其他谈判延迟或终止的有：日本—海合会（自2006）、日本—韩国（自2003）、日本—加拿大	日本—美国、日本—新西兰、日本—秘鲁、日本—巴西、日本—南非、日本—南非关税同盟

续表

国家	已签订的 FTA/EPA	正在谈判的 FTA/EPA	开展前期研究的 FTA/EPA
韩国	韩国—加拿大（2015）、韩国—美国（2012、2019）、韩国—哥伦比亚（2015）、韩国—秘鲁（2011）、韩国—智利（2004）、韩国—中国（2015）、韩国—东盟（2007—2010）、韩国—越南（2015）、韩国—印度（2010）、韩国—新加坡（2006）、韩国—澳大利亚（2014）、韩国—新西兰（2015）、韩国—土耳其（2013）、韩国—欧盟（2011）、韩国—欧洲自贸联盟 EFTA（冰岛、挪威、瑞士、列支敦士登）（2006）、韩国—英国（2019）、韩国—以色列（2019）	韩国—日本、韩国—印尼、韩国—墨西哥、中日韩、RCEP（2019）、韩国—海合会	韩国—蒙古、韩国—俄罗斯、韩国—马来西亚、韩国—南方共同市场（MERCOSUR）、韩国—中美洲共同市场、韩国南部非洲关税联盟、韩国—柬埔寨

资料来源：Ministry of Commerce, PRC. http：//fta. mofcom. gov. cn；Ministry of Foreign Affairs of Japan, http：//www. mofa. go. jp/policy/economy/fta/index. html. Ministry of Trade, Industry and Energy, Republic of Korea, http：//english. motie. go. kr/en/if/ftanetwork/ftanetwork. jsp, http：//www. fta. go. kr/main/.

附表 7-3　2014 年区域经济经贸状况

区域	名义 GDP**/十亿美元	百万人口/%	出口额(2013)***/十亿美元	进口额(2013)***/十亿美元	占世界贸易比重(2013)/%
中日韩	16371 (21.0)	1542 (21.3)	3939	3775	16.7
东盟	2478 (3.2)	623 (8.6)	1561	1467	6.6
东盟+3	18849 (24.2)	2165 (29.9)	5500	5242	23.3
亚太经合组织(2013)*	42770	2806	10425	10606	—
金砖五国[1]	16984 (21.8)	3032 (42.1)	3893	3665	16.4
欧盟	18460 (23.8)	508 (7.0)	7667	7187	32.2
海湾国家[2]	1651 (2.1)	50 (0.7)	910	588	3.2
南方共同市场[3]	3485 (4.4)	285 (4.0)	398	456.00	1.9
北美自贸区	20488 (26.3)	478 (6.6)	3212	3759.00	15.1
世界	77869	7208	23432	22723	100

注：*APEC 数据来自 statsAPEC。

**新西兰和巴布亚新几内亚的 GDP 数据用的是 2013 年的，海湾国家 GDP 中科威特的 GDP 数据用的也是 2013 年的。

***相关区域中不包含缅甸、巴布亚新几内亚、巴林、阿曼、卡塔尔和委内瑞拉的数据。

1. 金砖五国包括巴西、俄罗斯、印度、中国和南非；
2. 海合会包括巴林、科威特、阿曼、卡塔尔、沙特和阿联酋；
3. 南方共同市场包括阿根廷、巴西、巴拉圭、乌拉圭和委内瑞拉。

资料来源：中日韩三国合作秘书处，http：//cn.tcs-asia.org/cn/data/statistics.php.

（执笔人：刘向东）

第八章
"一带一路"框架下中日产业合作方向

2013年以来,"一带一路"倡议逐步由愿景转变为行动,已被更多的国家和国际组织所熟悉。现已有100多个国家和国际组织与中方签署了"一带一路"合作文件,表明"一带一路"倡议自提出以来在国际上得到越来越多的积极响应和广泛的支持。其中日本对共建"一带一路"虽仍持保留意见,但对中日开展第三方市场合作表现出较高的热情。

一、日本各方对共建"一带一路"的态度与疑虑

2013年"一带一路"倡议提出后,日本对其态度并不积极。近4年来,随着"一带一路"倡议由概念愿景逐步落地变成行动和各个项目,日本政商各界业已开始在多个层面上重新考量"一带一路"所蕴含的价值。在看待"一带一路"上,日本官产学界的态度并不一致。相比于日本政界的表态,日本企业参与"一带一路"建设的积极性更高一些。

日本企业界对参与"一带一路"建设持积极的态度。从近3年的实践来看,"一带一路"建设已经取得了实质性的进展,很多项目趋于成熟且逐步落地见效。很多日本企业不再想作为旁观者而坐失商机,先行政府一步探索参与"一带一路"建设的途径。比如说,全球基础设

施基金会（GIF）理事长山元顺雄认为，"一带一路"倡议对发展日本经济是非常有吸引力的。不少日本企业在积极寻求参与"一带一路"基础设施建设工程，包括道路、铁路、港湾、输电网、通信网等方面的建设项目。2017年6月，由日本在华企业组成的"中国日本商会"专门设立"一带一路联络协议会"，以共享"一带一路"倡议的相关信息，召开洽谈会和研讨会，积极对接"一带一路"相关合作项目。

日本智库机构对日本是否参与"一带一路"建设意见不一。有研究机构提出，日本应慎重参与"一带一路"建设。主要的考虑是，"一带一路"尚没有成文的实施规则，推进中还存在诸多障碍，有些项目尚不具有经济性或"另有目的"，有些项目决策不公平透明和不符合国际惯例。有研究机构却认为，日本应积极参与"一带一路"建设，否则可能会危及日本的区域影响力，而且日本企业应抓住"一带一路"倡议带来的新的投资和合作机会。例如，有日本智库发布了有关"一带一路"的研究报告。如何保证日本企业赶得上"一带一路"的发展浪潮而避免错失商机，已成为安倍政府能否守住国家利益的战略选择。

日本政府对参与"一带一路"建设的态度比较暧昧。首届"一带一路"国际合作高峰论坛召开之前，日本政府对参与"一带一路"倡议则比较谨慎，内阁并未进行积极表态。首届"一带一路"国际合作高峰论坛召开后，日本政府的态度有所转变。2017年5月15日，日本自民党干事长二阶俊博表示，对中国提出的"一带一路"倡议表示赞赏，并持续关注其今后的发展。2017年6月5日，日本首相安倍晋三高度评价了"一带一路"倡议，赞称"该构想具有将多样性地区联系起来的潜在可能性"，表示如果条件成熟，日本愿意参与"一带一路"合作。这里的条件主要包括三个方面：基础设施建设确保众人利用，应实施透明、公平的采购；项目具备经济效益；让贷款国家有能力偿还债务，不破坏财政健全化。这种表态并不意味着日本政府将采取积极合作的态度，只是表达日本政府不阻挡感兴趣的日本企业参与。

从实际情况来看，日本企业参与"一带一路"至少还有三个方面的疑虑。

一是范围界定问题。从字面理解，"一带一路"是以中国为中心延伸到欧洲的经商路线图，存在一个覆盖范围，日本并不算做"一带一路"的沿线国家。实际上，这种理解是有偏差的。"一带一路"倡议虽由中国提出，但并不是由中国划定的"小圈子"，而是促进经济全球化包容发展的新途径。可以说，"一带一路"朋友圈越大，发挥出的正外部效应就越大。

二是投资效益问题。可能有不少日资企业认为，由中国国有企业主导的"一带一路"建设可能是低效率的或无效率的，或者说项目的经济性会大打折扣，即便是中国民营企业参与的项目，也可能存在短视行为，投资收益率不能有效保证。这种理解也有偏差，因为很多时候不能单一地看某个项目的短期经济效益。从私人投资角度看，早期基础设施项目投资回报率并不是非常高的。对此，我们不能只孤立地看其局部效益，还要看区域联通后整体带来的溢出效益。对一些近期经济效益不好，但全局来看长期有重大带动效应的项目，是能够带来可观收益的。

三是美国参与问题。日本等待时机成熟才参与"一带一路"建设，主要是顾及美国的干扰因素。如果美国带头参与"一带一路"项目，那么日本很可能就会积极支持，相反如果美国表现得不那么积极甚至消极，日本参与"一带一路"建设的态度就会比较慎重，否则美国可能不高兴。日本要先行参与，可能需要事先得到美国的理解。

二、共建"一带一路"给日本企业带来的新机遇

对于长期海外开展贸易投资的日本企业来说，"一带一路"建设有其难以抵挡的吸引力。换句话说，"一带一路"建设蕴藏着诸多的商业机会，日本企业将会从参与中受益。政府层面的态度很难对企业具体的商业行为产生根本性影响。

第一，分享沿线腹地市场成长红利的机遇。"一带一路"建设覆盖许多发展中经济体和欠发达地区，而且市场成长空间非常大。中日邦交正常化之后，日本企业纷纷到华投资设厂，提供日元贷款改善中国的基础设施，同时在伴随中国的成长中也获得丰富的利润。"一带一路"沿线国家也蕴藏着市场成长的红利，对日本企业将会有较大的吸引力。这是目前很多日本企业采取"中国+1"策略的初衷，它们将部分投资转移到东南亚、南亚等地区，在分散风险的同时获取更高额回报。

第二，搭上基础设施连通快车的机遇。"一带一路"建设的重点在于基础设施。中国有句谚语叫作，"要想富先修路"。道路连通之后各种发展机会也会纷至沓来。如果日本企业不参加，那么就会失去很多基建项目。据亚洲开发银行估算，2016—2030年亚洲的基建资金需求年均达1.7万亿美元。即便日本企业只能分得其中的5%，那将会有850亿美元，也是很大的一块蛋糕。中日开展合作可以共同满足亚洲旺盛的基建需求。

第三，利用贸易投资便利化安排的机遇。"一带一路"倡议有助于将沿线"碎片化"的贸易投资安排整合在一起，让贸易更加畅通和投资更加便利，这些机制性安排将会大幅降低企业的交易成本，提升扩大企业获利成长的可能性。如2017年9月起，日本通运公司就借助中欧班列提供连接中国港口、中亚和欧洲的陆海联运服务，大幅降低了日本企业运输到欧洲的成本或时间成本。

第四，挖掘新技术、新业态投资收益的机遇。"一带一路"沿线包含了巨大的新兴市场，激活这些市场的需求，能够有效带动经济增长。推动"一带一路"建设能扩大这些新兴市场的需求规模，而新需求将会催生更多的新供给，包括新技术、新业态以及新型公司，这将会为日本企业参与持股获取权益收益提供更多的机会。就如当年软银投资阿里巴巴那样，可以抓住新经济发展的机遇获取超额的投资收益。

第五，寻找更广泛供应链合作的机遇。"一带一路"将东亚生产网络与欧洲经济圈连接在一起，可以让资源更有效地在全球范围内实现配置，也可以让企业寻找到更广泛的供应链合作机会。"春江水暖鸭先知"，很多日本企业基于企业利益，往往在寻找商机上的触觉是更加敏锐的，市场的敏感度远比政治的敏锐度更反映现实。虽然日本政府仍在考虑参与条件是否成熟，但很多日本企业已经先行一步，开始融入共建"一带一路"供应链，进一步拓展业务空间。比如，日本物流企业日本通运（简称"日通"）将与哈萨克斯坦国家铁路公司合作，提供以日本等为起点连接中国沿海、中亚和欧洲的铁路货物运输服务，以挖掘和吸引更广范围的需求，其中中亚地区作为消费市场也值得日本企业期待。

三、中日高质量共建"一带一路"的重点领域

"一带一路"倡议可以成为中日两国实现互利合作、共同发展的新平台和"试验田"。如上所述，"一带一路"建设将会带来很多商机，在此框架下中日产业合作大有可为。概括讲有以下重点领域：

第一，基础设施建设领域。推动"一带一路"基础设施联通，需要大量基础设施建设，包括高速铁路、高速公路、电力电网、城市交通等基础设施，都蕴含着巨大的商机。亚洲基础设施的投资不是零和博弈，"一带一路"项目和其他项目相融合可以提供双赢的结果。日本提出1100亿美元的高质量的基础设施计划，鼓励高质量基础设施出口，这与"一带一路"推进基础设施互联互通的宗旨相符合，实现高质量共建共享，在资金需求缺口足够大的情况下，两者不必相互竞争，可以有效对接合作。

第二，产业园区建设领域。伴随着全球价值链分工的调整，产业转移也会加速，各类产业园区正在"一带一路"沿线涌现。中日两国产业具有互补性，完全可以在第三国共同建设产业园区，形成互利共赢的产业发展态势。比如，中日企业在东南亚、南亚等地区共建汽车、电

子、化工等工业园区，推进发展中国家和地区的工业化进程。

第三，金融资本合作领域。在"一带一路"框架下，共同开发第三方市场需要更多的融资支撑，而畅通的贸易和便利的投资活动也需要更完善的金融服务。比如，世界银行、亚洲开发银行、亚洲基础设施投资银行等国际金融机构已提供多元化投融资等金融服务，支持中外企业开展第三方市场合作。中国政府鼓励开发性、政策性金融机构积极参与"一带一路"金融合作；日本政府也在鼓励包括国际协力银行在内的政策性金融机构拓展海外业务，两国政策性金融机构可以探讨投资融资合作的可能性。

第四，第三国城镇化领域。从经济体量和经济互补性来看，中日两国在携手共同开发第三方市场方面更具优势。"一带一路"倡议不排斥"亚非发展走廊"，而是通过共建"一带一路"促进互联互通合作，以此推动第三国工业化和城镇化融合发展；同时中日两国企业通过务实合作，可以在第三国城镇化发展过程中寻找到更多新的增长点。

第五，数字经济领域。中国在数字经济领域发展比较快，新兴的互联网公司纷纷"走出去"开拓海外市场。比如，阿里巴巴的支付宝出海，成为阿里巴巴构建"网上丝路"的重要一环。比如说，2017年1月，日本连锁巨头罗森（Lowson）集团宣布全面接入支付宝。日本在数字经济领域有其优势，应与中国企业开展合作推动打造更广范围的数字经济世界。

四、中日高质量共建"一带一路"的建议

中方欢迎日方积极探讨在"一带一路"框架下开展合作。虽然这种合作不具有排他性，不具有任何附加条件，但是政治互信降低仍会威胁到双方合作的效果。为此，要加强两国政治互信，推动企业间紧密合作，并发挥"以民促官"的积极作用，引导中日政经关系形成良好的互动。一是搭建高质量共建"一带一路"框架下中日产业合作的稳定

机制，通过务实与有作为的努力，共同设计和启动一些大项目，使其不受政治影响且保持可预期。二是加快成立"一带一路"产业产能合作工作组，推动中日高质量的产业合作。三是积极探讨中日企业在"一带一路"框架下开展第三方市场合作的方式和路径。四是推进"一带一路"框架下中日与第三国之间地方和青年领袖的交流，面向未来增进三方互信理解，探索实现多方共赢的长期机会。

（执笔人：刘向东）

调研报告

调研报告一
从自由贸易取向看中日经济发展的互补合作前景

2017年5月22日至26日,中国国际经济交流中心课题组赴日开展调研活动,重点就中日自由贸易的未来、两国产业合作、中日韩FTA进展、"一带一路"国际合作等问题交换了意见。此次调研活动主要拜访了政府机构、大学和企业。调研对象包括日本经济产业省、经济产业研究所、财务省财务政策综合研究所、亚洲开发银行研究所、野村资本市场研究所、东京大学、东京电机大学、日本全球基础设施研究财团(GIF)、日本政策大学院大学、日中产学官交流机构等十余个机构。根据调研的实际情况,现将主要观点概述如下。

一、日本推进中日韩 FTA 和 RCEP 的态度及其考量

课题组通过对日本政府部门的贸易谈判代表及专家学者调研访谈发现,日本对推进中日韩FTA有政治顾虑,短期内很难达成谈判,而对RCEP谈判期望早日达成,但仍希望参照TPP纳入更多高水平的内容,并认为低水平的多边合作协定并没有多大价值。

(一)日本期望早日达成高水平的区域经济合作协定

截至调研时,日本已经与20个国家或地区签订了16个经济合作协

定（EPA）（东盟、蒙古、瑞士、印度、澳大利亚、新西兰、加拿大、美国、墨西哥、智利、秘鲁）。日本与签订经济合作协定的国家或地区的贸易额占其对外贸易额的40%，如果包含正在谈判和交涉国家或地区的贸易额占比将达到85.5%，如期实现日本政府期望2018年达成FTA谈判的比重达到70%以上的目标。中日韩FTA尚在谈判之中，日本与中韩的贸易额占其对外贸易总额的27.28%。日本财务省关税局经济连携室企划官吉川尚文认为，RCEP将涵盖广阔的经济区域，拥有34亿人口（几乎接近世界人口的一半），GDP总量占全球GDP的30%，贸易量占全球贸易总额的30%。日本非常重视这个大市场，积极推进亚太经济一体化，以维持和提振日本经济增长。2017年5月初在越南举行的第三次部长级会议上，日本仍追求达成高质量的RCEP协定，而东盟想在东盟成立50周年之际取得实质性谈判进展，但目前有关实质性确立的概念还不明晰，现有17个领域正在谈判，此次会议又增加贸易救济和政府采购两项内容，16个成员国表达出尽早达成谈判的愿望，但要2017年底达成RCEP的实质性进展尚有困难。

（二）中日双方达成高水平协定具有一定的合作基础

日本经济产业省通商交涉官田村晓彦认为，中日两国可以在亚太范围内达成一些高水平的贸易投资协议。一是中国正朝着高水平贸易投资协议方向前进，如中美之间正在开展高水平的BIT谈判；二是中国经济发展较为迅速，深圳等城市已达到发达国家标准，日本对中国的看法是中国已经不再是发展中国家；三是中国正在推进制造业升级，实施创新驱动增长战略，并向发达国家标准迈进，新经济的发展需要包括商贸规则、知识产权保护等在内的高标准内容；四是中国正在落实全面深化改革的内容，其中接轨国际的高标准就是一个重要的改革方向，也是对中国改革力量的坚定支持。中国标准化战略做得很好，如中国与德国开展标准共建工作，中国在协议标准谈判上不会存在什么困难。在商品、服务、技术等标准制定上，中日双方都可以商谈。一项好的标准是两国国民均愿意接受的。

(三) 中日韩FTA谈判仍停留在相互观望的状态

日本财务省财务综合政策研究所副所长田中修认为，中日韩FTA谈判迟迟没有取得进展，其中原因在于中韩率先达成双边FTA，这种情况下韩国对推动中日韩FTA的积极性不高，韩国产业结构与日本相似，对推动日韩FTA的兴趣也不大，但中韩FTA并不是高水平协定。在亚洲地区，中日韩共同合作是个大问题，推动高水平的中日韩FTA仍有重要意义，有必要让韩国尽快重返中日韩高水平FTA谈判中来。东京电机大学教授阿部一知认为，日本处在全球化的惯性之中，美国坚决退出TPP，让日本难以立即追随转身，日本也很难像美国那样通过内顾政策实现经济转型。2009年以来，中日韩FTA谈判迟迟没有达成，不是经济效益分析的问题，而是主要受政治阻力的影响。日本经济产业省经济连携交涉官服部崇认为，中日韩FTA谈判可与RCEP谈判保持同步，但需要吸收一些高水平的内容，RCEP谈判成果可以反馈到中日韩FTA谈判之中，反之亦然。

(四) 中日两国应负责任地推动RCEP谈判进程加速

日本经济产业省经济连携交涉官服部崇认为，在RCEP框架内，中日两国是两个重要国家，对推动RCEP谈判很重要。RCEP的谈判不一定是16个国家一次性谈成，可首先在中日两个大国间达成一些高标准的内容，逐步形成亚洲的高标准协定，如上海自贸试验区就是个高标准的尝试。对RCEP谈判进展缓慢的原因，吉川尚文解释认为，东盟主导的RCEP谈判需要东盟10国首先达成共识，16个国家都希望尽快完成谈判，尽可能采取现实主义的做法，不将RCEP与TPP并列考虑。因为TPP涉及国企问题，在RCEP谈判中是否加入国企尚停在争论之中。东京电机大学教授阿部一知认为，由于RCEP涉及国家发展差距较大，最终结果可能会达成比较宽泛的协定，即取各国最大公约数的协定，其本身的经济意义并不大，能否尽早达成要看各国政治家的意愿。向前看，RCEP谈判达成后，对深化各国经贸合作会起到促进作用。

二、依托"一带一路"推进全球范围内的投资合作

课题组还就"一带一路"国际合作问题征询日方专家意见，多数专家表示中国提出的"一带一路"倡议是个很好的理念，而日本企业海外投资的经验可供中国企业借鉴，日本可以参与进来共同开发第三国市场。

（一）毋庸淡化把"一带一路"看作中国版"马歇尔计划"

野村资本市场研究所高级研究员关志雄认为，外界普遍认为中国没有必要淡化外界将"一带一路"理解成中国版的"马歇尔计划"，不必担心外界继续将其与冷战联系起来。实际上把"一带一路"解释成中国版的"马歇尔计划"更容易让外界理解，也有助于外界增进对"一带一路"倡议的了解与认同。在"一带一路"框架下，中日企业有很大的合作空间，可以搞几个标志性的项目，如在能源、环保、高铁等领域与第三方国家开展合作。

（二）日本政商两界对"一带一路"有截然不同的态度

阿部一知认为，日本国会和政府内部基本不提"一带一路"，这是日本官方有意为之，这与日本内阁的战略有关，日本官方在"一带一路"国际合作上表现不积极，背后主要是政治原因在作祟。日本国际合作组织（JICS）顾问、政策研究大学院客座教授广野良吉认为，即便特朗普政府退出TPP，实施贸易保护的政策，日本坚持TPP的方向不会变化。关志雄认为，美国退出TPP之后，日本需要推动没有美国参与的TPP，但并不希望中国加入。在区域贸易自由化安排方面，中国选择的余地非常大，可以不参与RCEP、TPP或中日韩FTA，而是小步慢跑地推动"一带一路"建设，这个时间可以拉得很长。日本全球基础设

施研究财团理事长山元顺雄认为，中国倡议的"一带一路"可以追溯至孙中山先生的治国方略。"丝绸之路"这个词对日本人是很有亲近感的，在日本的普及熟知程度甚至超过中国，依托"丝绸之路"发展经济对日本是很有吸引力的。实际上，"一带一路"有很多文化元素广为人知，如孙悟空的卡通形象，利用好会对"一带一路"建设有很大的促进作用。

（三）日本海外投资经验有助于"一带一路"开发

东京大学教授丸川知雄认为，20世纪80年代，日本的海外投资采取对外援助、对外投资、对外贸易"三位一体"的方式，主要是投向东南亚地区，中国可以借鉴日本海外投资经验，通过三位一体的方式促进其他国家工业化进程。由于当前中国的经济体量与日本不可同日而语，中国倡议的"一带一路"可以面向全球，即在全球范围进行投资。"一带一路"的做法值得推崇，中国帮助沿线多数发展中国家发展基础设施和现代制造业，有助于其摆脱资源品出口依赖。三菱商事原社长中岛治男认为，日本的商社在海外投资时有很好的经验，尤其是在尽职调查方面做得不错，中国企业进行海外投资时，优先与日本商社开展合作是有必要的。

（四）中国加快海外投资应关注人民币汇率变动的影响

日本经济产业研究所副所长森川正之认为，人民币汇率的变化对中国海外投资的影响是很大的，日本海外投资出现迅猛增长主要是由汇率变化引起的。中国通过"一带一路"加大对外投资，意味着国内相应的投资会减少，服务业比重会急剧上升，这可能会导致产业空心化问题，这是中国应当警惕的。亚洲开发银行研究所所长吉野直行认为，经其测算，人民币汇率形成机制最好是按照挂钩"一篮子"货币的浮动汇率路径演化，这样汇率波动造成的损失才会较低。

三、中日经济发展互相学鉴和互补合作的方向

课题组就中日经济发展的互补性和合作前景征询了日本专家的意见。中日经济发展在阶段上具有一定的相似性，日本发展过程中的经验教训可资中国吸取借鉴。

（一）注重经济发展时还应避免环境破坏和贫富差距拉大

田中修认为，20世纪60年代日本对环境破坏相当严重，在看到中国的发展时，中国没有及时吸取日本的教训，在注重GDP的同时，对环境破坏存在侥幸心理，结果是中国不得不面临较严重的环境污染问题。可以预见，亚洲各国经济还将处于中高速发展期，有必要采取措施避免环境破坏。亚洲各国还将面临一个发展中的难题，即贫富差距拉大和出现绝对贫困。战后日本的发展注重平衡发展，遏制贫富差距拉大，其中政府发挥了较大的作用。国际上出现反全球化的现象部分归结于贫富差距加剧。借鉴日本经验，中国应注重避免绝对贫困阶层的出现，降低由此造成的社会不稳定。

（二）激发经济潜在增长的关键是要提升全要素生产率

森川正之认为，驱动经济增长的重要因素是提升劳动生产率。安倍政府的经济成长战略中提出要通过信息技术、机器人等领域的产业创新、增加女性就业等工作方式改革以及推进教育体制改革等来提高劳动生产率。其实，衡量经济潜在增长率时，使用全要素生产率（TFP）比劳动生产率更好。以日本为例，20世纪90年代日本的全要素生产率是较低的，为此日本做了大量设备投资，而2000年以后设备投资有所减少，全要素生产率才出现提升。倘若单纯看劳动生产率，日本这段时间既没有提高也没有下降。

（三）采用新指标衡量产业结构变化和政策变动影响

日本经济产业所研究员伊藤新认为，如同20世纪70年代的日本一

样,中国当前正在经历产业结构的变化,即转向以服务业为主的结构。研究中国经济增长与产业结构的关系,选择以每月为单位的第三产业所占比重是个重要的观测指标,但目前中国有关部门尚未公开发布此类指标。由于人口老龄化和少子化严重,日本经济面临潜在增长率下降的问题,中国转向服务业主导的经济结构也将面临潜在增长率下降的问题。政府鼓励创新时,重要的是要加大对创新企业实施减税。此外,政策的不确定性对实体经济发展的影响并不是积极的。降低政策的不确定性对经济增长有正向影响,近期中国的政策指数总体上是上升的,意味着中国在降低政策不确定性上做出了较多努力。

四、中国对日资仍具有吸引力但亟待消除政策不确定性

在与日本企业家交流中,课题组还问到日本企业在华投资问题,得到的回答是,日本企业不否认中国仍是最具吸引力的市场,但是惮于中国政策多变和法律法规不透明,日本企业不敢加大投资,也不敢无缘故撤资。

三菱商事原社长中岛治男认为,100%的日资企业都会认为中国仍是最具投资潜力和最重要的市场,但日资企业在华投资相当谨慎,不敢投资或有所撤资,并不是担心正常的市场经营风险,而是顾及中国的政策多变的风险较多,对中国的法律环境不放心,担心受到不公平的待遇。这种情况大企业反响并不明显,但中小企业反应尤为激烈。尽管日俄之间存在北方四岛的争端,但日本企业对俄投资的意愿逐渐增强,盖因俄罗斯营商政策比较明确。

(执笔人:刘向东)

调研报告二
从日美贸易摩擦经验教训看中日经济发展合作前景

2018年4月16日至20日，中国国际经济交流中心课题组赴日开展调研活动，主要拜访了日本银行、财务省财务政策综合研究所、日本贸易振兴机构、野村资本市场研究所、日本全球基础设施研究财团（GIF）、地球产业文化研究所、中和物产株式会社、东京大学、日本政策大学院大学、日中产学官交流机构等10余个机构的主管、专家及学者。重点就日本经济政策发展动向、日美贸易摩擦的经验教训及对华启示、"一带一路"框架下中日第三方市场合作等问题交换了意见。根据调研的实际情况，现将主要观点概述如下。

一、日本应对日美贸易摩擦的经验教训及其对华启示

课题组拜访了日本经济产业省（前身为通商产业省）的前高官、日本外务省政府顾问以及东京大学教授等知情人士，基本了解到日美贸易摩擦时日本的应对情况。据访谈得知，20世纪60—80年代日本出口强劲而美国追求强势美元，造成美国对日本贸易逆差迅速扩大，引发日美之间严重的贸易争端。在美国要求缩减贸易逆差和开放日本国内市场的压力下，日本贸易政策和产业政策被迫做出调整，其间既有拒绝美国无理要求的经验，也有应对失败制定错误政策的教训。总体来看，受政

治安全考虑等多种因素影响，日本采取克制忍让的态度，并为此付出了代价，后制定了错误的宏观经济政策，导致日本经济陷入长期停滞困境。从发展环境来看，日本这一阶段与当前中国发展的情景相似。日方专家建议在借鉴日本应对经验教训的基础上，中国的政策制定者需要审时度势并及时随内外环境变化做出调整，积极利用国际贸易规则，有理有据应对贸易争端。

（一）日本对美国的要求并非完全出于经济利益的考虑

地球产业文化研究所顾问、日本经济产业省原次官福川伸次认为，日美贸易摩擦不是单纯的经贸问题，而是牵扯到许多非经济因素。20世纪60年代至今，日美之间的贸易摩擦不曾间断过。20世纪60—80年代表现得尤为激烈突出，日美双方先后在纤维制品、钢材、彩电、汽车、半导体、通信器材等领域发生贸易摩擦。1985年日美等国签订"广场协议"，引发日元兑美元大幅升值，日本随后采取了调低利率等错误的宏观经济政策，引发股市和房地产泡沫破裂，造成后来日本经济长期停滞。日美贸易摩擦典型的事例是，1969年美国新任总统尼克松针对日本纤维制品开展产业损害调查，要求日方自主限制对美纤维制品出口。日本没有立即接受美国的要求，而是僵持了三年时间，最终以政治交易结局。日本外务省解密的外交文书显示，当时美国总统为兑现保护南部纤维产业承诺而对日本纤维制品出口施压，而日本采取妥协政策是以美国移交冲绳管辖权为交换条件，对日本纤维制品贸易政策做出自主规制，并鼓励日本企业到美国投资设厂。客观上讲，日美贸易摩擦产生的根源在于宏观和微观环境条件下产生的贸易不平衡，宏观环境的影响涉及汇率价格、货币政策和产业政策问题，而微观环境主要是国家体制差异，美国储蓄少而消费多，自然会带来进口多而出口少的问题，"广场协议"后美国对日本贸易赤字并未缩减意味着美国经济症结在内而不在外。日美贸易摩擦给我们的启示是，贸易争端的解决要诉诸政治谈判，但应坚持国际通行贸易规则，该追究的进行追究，提供证据并做好细节，从而为政治谈判做好准备。

东京大学社会科学研究所教授丸川知雄认为，从日美汽车和半导体贸易摩擦来看，当年美国要求日本放宽政府采购和采购美国的零部件，日本的应对做法是只承诺放宽政府采购，但不接受美方零部件采购的要求，日方提出的解释是，零部件采购是日本企业的商业行为，日本政府干预不了。日本只能承诺支持日本企业在美投资设厂，以此回避美国加征关税。在移动通信贸易摩擦上，因涉及电波的频率分配问题，日本并没有接受美方的要求。尽管当时美国摩托罗拉的移动通信比日本的更先进，但日本更倾向于使用电波频率相适应的本土技术，确实是带有保护本国产业的色彩。对此美国并不满意，但日本也没有让步，两国没有达成最终协议。相对于美国对日本的要求，美国对华的要求更容易应对，因为美国提出的要求都是政治考虑的问题，只要中国政府做出政治承诺，中美贸易摩擦问题可能马上就能解决。

（二）美国施加的压力有助于倒逼日本国内市场改革

日中产学官交流机构理事长、原特许厅长官清川佑二认为，日美贸易摩擦期间，美国曾非难日本流通市场。美方认为日本流通市场存在"看不见的手"的干预，为此强制日本改变相关法律，进口更多美国商品。当时，日本谈判官员对美国的这一要求感觉并不愉快，认为这是典型的内政干涉行为。但是，日本政界普遍认为借助美方的压力可以推进日本流通市场改革，全面清理和疏通梗阻环节。在日美汽车贸易摩擦方面，美国曾直接提出日本进口美国汽车的数量要求。对此无理要求，日本不得不向美国解释说明日本是个自由市场，政府没有办法规定日本百姓必须购买美国汽车，为此采取多种手段坚持抵抗到最后。对于当前的中美贸易摩擦，中国需要主动加快国内结构性改革和制定更加开放的政策，让别的国家认为中国有信心与其他国家开展共赢合作，否则日本等其他国家将无法为中国进行辩护。

(三) 在贸易摩擦产生背景上中日发展历程有相似之处

日本国际合作组织 (JICS) 顾问、政策研究大学院客座教授 (日本首相安倍晋三的老师和顾问) 广野良吉认为，1978 年改革开放以来，中国经济发展路径与日本战后的发展历程有相似之处。20 世纪 50 年代开始，日本与美国为首的西方国家产生矛盾。美国要求日本推进投资和金融自由化，缩减对美贸易顺差，从而引发日美贸易摩擦。20 世纪 60 年代日本加入经合组织 (OECD) 时，专为日本保留了一些过渡期的例外条款，这与 2001 年中国加入世贸组织 (WTO) 保留一些例外条款相似。20 世纪 70 年代，日本对美贸易出现大幅顺差，美国对日施压要求缩减贸易顺差，同时日本国内面临着产业转型升级的压力。为解决贸易顺差和产业结构调整问题，日本做了很多努力，包括扩大对外援助、实施关键产业改革、推动企业"走出去"等。这一时期日元开始大幅升值，加速日本企业"走出去"。面对日元汇率变化，日本国内及时进行经济结构调整，产业改革也没有出现大幅度滞后问题。过去很长一段时间，中国国内结构性改革出现长期大幅滞后的状况，在贸易顺差高时，应积极鼓励国内企业"走出去"，并对人民币汇率有所调整；然而当前现实情况是中国汇率政策严重被国内经济结构束缚，难以制定有弹性的汇率政策并实现自由化，造成中国企业海外投资放缓。

野村资本市场研究所高级研究员关志雄认为，中美贸易摩擦本质上不是贸易逆差问题，而是高技术转移问题，后者也是最难解决的问题。当前的中美贸易摩擦与当年日美贸易摩擦背景虽有相似之处但并不具有可比性。究其原因，一是中日两国的发展阶段不同，当时日本已迈入发达国家，而如今中国仍是发展中国家；二是中日两国的成本结构也不同，当时日美贸易争端主要体现在包括汽车、半导体等竞争性产品上，而中美贸易结构的互补性仍然存在，如在农产品领域。基于此，面对美国对华技术转移采取的严厉制裁，中国不应"一对一"地硬碰，而是寻求与美国之外国家的合作，分散过度依靠美国技术转让的风险。

（四）美国以国家安全名义开展"232调查"不合乎逻辑

丸川知雄认为，20世纪80年代末，美国对日本使用过超级"301条款"开展调查，当时日本采取了妥协回避的策略。世贸组织（WTO）成立后，美国再也没使用过"301条款"。如今，特朗普政府认为采用反倾销、反补贴的措施效果并不明显，此次针对中国启用"301条款"是我们料想得到的，但美国实施"232条款"以国家安全为名对钢铁和铝加征关税，这是根本没有道理的。特朗普本人还是比较单纯的，就是解决贸易逆差问题，希望美国与每个国家一对一解决。虽然"232条款"涉及国家安全问题，但是特朗普本人并没有提到安全问题。采取"232条款"针对钢铁和铝的这份调查报告长达300页，这意味着美国执行部门的政策目的很明确，对所有进口钢铁加征24%的关税，对所有国家要求减少37%的钢铁出口，其中对某些国家要求更为严格，坚决把美国钢铁业开工率提升至80%以上。按道理讲，美国对日本、欧盟等同盟不应苛刻，因为同盟关系将不会涉及威胁美国国家安全问题，日本政府惊讶特朗普政府没有给日本豁免权，即便安倍首相2018年4月中旬专门出访美国会见特朗普也没有争取到豁免，从结果上看安倍政府此次经济外交应是失败的。对于美国单边主义行为，日本应该做些报复举动，至少可以增加谈判的砝码，此后谈判才会有妥协的余地。虽然说美国启动"232条款"并不是WTO推荐的做法，但也不敢拒绝某个国家以国家安全为由采取单方面行动，这种情况下其他国家只能自保，或者说服美国全方面取消基于"232条款"加征关税的贸易政策。中国崛起已让美国感到威胁。当美国看到有第二位国家的GDP规模达到美国的65%~70%时，美国就会采取措施打压。此次美国再次启动"301条款"单方面对从中国进口的商品加征关税，这是美国采取的声东击西策略，目的在于打击"中国制造2025"战略发展的重点产业，实际上中国直接出口美国的高科技产品并不多，苹果手机等产品还是美国企业委托中国生产的。美国直接打击"中国制造2025"战略发展的重点产业，从进口的角度根本找不到对象。

日本贸易振兴机构海外调查部主任加藤康二表示，美国正在实施的贸易保护措施非常不合理，单方面挑起贸易争端是很不合适的。完全无视国际规则的做法，不仅令中国头疼，全世界都很头疼。这一点与特朗普本人的一贯作风有关，所有国家都没有遇到过这样一位美国总统，同样对美国也会带来不确定性风险。当前可行的应对之策是再等等看。从过去经验来看，日本政府通常采取加大从欧美国家的商品进口，采取举办商品展销会、贸易洽谈会以及向欧美国家派遣团体寻找在日本能销售掉的好产品等方式，即通过扩大进口平衡经常账户收支，以此应对来自欧美贸易摩擦的压力。

（五）从"中兴通讯事件"看到特朗普政府制裁的真正意图

日本中和物产株式会社特别顾问杉本孝认为，美国制裁中兴通讯事件，本质不是贸易战的问题。中兴通讯受到美国惩罚主要是因为其违背了诚信原则，只是在此时点上与贸易战有关联。中方可采取的补救措施是严厉谴责中兴通讯的失信行为，并增强该项事件处理的透明性。理解"中兴通讯事件"背后的起因，首要是分析特朗普本人的行事特点。特朗普本人有三个鲜明的特点：一是特朗普是不懂外交的人，擅长采取商业谈判模式，主要是价格交涉，事先摆出高姿态，等着讨价还价，架势看起来很唬人；二是特朗普做事与传统做法不一样，如发现某个问题就会集中精力解决这个问题，而不顾及其余；三是特朗普是没有长期战略性和长远视角的，如"美国优先"的口号，既没有明确的定义也没有给出战略性解释。对于特朗普挑起的贸易争端，日本的应对策略是以静制动，中国也不应很快接招，也最好采取以静制动策略，看特朗普还有什么策略。此外，中国还可以争取通过特朗普周边的朋友影响其行事，并获取其他国家的多边支持。

清川佑二认为，特朗普政府指责"中国制造2025"，指责中国政府强制百姓购买电动汽车，指责中国强制外国企业转让技术和窃取知识产权,是因为美国认为中国只关注自己的利益,而不关注别国的利益,这种做法并没有体现共赢的理念。在提出"共赢"理念时,中国要及时与世界各国进行沟通,阐明"共赢"究竟是什么。面对特朗普政府对华的种种指责,中国政府最好的做法是不要保持沉默,若没有做,应当拿出证据说明或要求企业做出澄清,如果确实存在这方面做法,要尽快加以改善,敦促企业做出改变。以长远眼光看,中国制造业发展很快,未来有很大的发展空间,在这种小问题上没有必要与美国吵架。

丸川知雄认为,尽管特朗普认为对华重启"301条款"调查能解决贸易逆差问题,但开展"301调查"的部门主要瞄准中国高科技发展给美国造成的威胁。美国在采购方面制裁中兴通讯就是这个道理。早在奥巴马执政时期,美国官僚就已开始讨论中国高科技发展带来的威胁问题。实际上,对中兴通讯、华为公司的产品威胁美国国家安全的指责并没有什么道理,日本和欧洲对此根本没有这样的顾虑,日本的电信公司正在与华为公司开展合作推动5G的应用。如果美国认为中国产品有安全上的顾虑,那中国更有理由说美国产品带来的国家安全威胁更为突出,中国的很多智能手机或计算机使用的是美国高通、英特尔的芯片以及苹果、微软、谷歌的操作系统。以国家安全的名义挑起贸易争端,估计谁也说不清楚,最好的选择是通过相互开放让人们都能使用上先进、高品质和便宜的产品。习近平主席在博鳌亚洲论坛宣布中国进一步扩大开放,这释放出很好的信号,将给世界经济带来更好的结果。希望中国能够进一步开放互联网方面的限制,特别是放宽对谷歌、脸书、推特、雅虎检索等网站的限制。

二、吸取日本产业升级的经验教训,推动中国产业高端化

课题组就日美贸易摩擦下日本采取什么样的措施完成产业升级征询了日本专家的意见。调研获悉,迫于美国施加的外部压力,日本被动采取了金融和利率自由化政策,造成社会资金大规模流入股市和房地产领

域，严重挤压对制造技术开发的投入资金，这令日本政府异常担心，由此主动采取戳破股市泡沫和房地产泡沫的做法，此举导致日本陷入长期停滞。尽管如此，日本还是在艰难的情况下完成了产业的转型升级，在汽车、半导体、机器人等高端制造领域取得领先地位。从发展阶段来看，中国正经历当年日本发展的类似历程，同时还面临美国贸易摩擦的挑战和国内产业转型升级的压力。为此，中国应借鉴日本当年产业政策的经验教训，在美国对华技术封锁的前提下，制定正确的宏观经济政策，坚决推进供给侧结构性改革和产业转型升级，防范化解重大风险，尽力避免像日本当年那样陷入经济长期停滞的陷阱。

（一）适时调整产业政策，推动日本艰难完成产业升级

福川伸次认为，日本大致经历三轮产业升级，从20世纪50—60年代的钢铁、化工、造船等行业向60—70年代的高度组装行业如汽车、家电产业转型，之后再次升级到知识集约型产业，主要是以芯片、半导体产业为代表的电子信息产业。相较于前两次的产业转型升级，日本第三次产业升级是在极其艰难的情况下完成的。20世纪80年代，日美贸易摩擦相当激烈，迫于美国减少对日贸易顺差和敦促日本开放国内市场的压力，日本采取扩大财政支出、放宽金融和利率，进行大量资本投资，最终产生的结果是土地价格暴涨、股市暴涨，促成国内炒地炒房的强烈投机预期。企业普遍认为与其投资开发制造技术不如投资地产收益更高，土地价格暴涨造成物价暴涨，此后日本政府不得不采取措施戳破泡沫，从而导致日本陷入长期通缩状态。随着土地价格暴跌至以前正常状态，银行担保信用受损，引发银行证券公司破产，经济景气变差。为维持经济景气，政府采取发行国债办法增加财政支出，主要用于抵抗通缩和不景气，对产业技术开发和国民生活质量关注降低，这段时期日本很多宏观经济政策总体是失败的。2010年日本经济出现复苏迹象，2012年安倍政府制定新的产业政策，确定以电子信息产业为核心，加大技术研发支持；同时根据国际环境的变化，日本政府继续鼓励日本企

业开展海外投资，提升海外获利能力，增加资本收益顺差，促进国际收支平衡。总体看，产业政策制定要随外部环境变化适时调整，综合考虑选择合适的策略，其中国际环境、产业结构和人的价值将会是产业政策制定的基础。

加藤康二表示，安倍政府于2017年10月颁发的《东京主导的2017计划》重点发展五个相互连接的产业，包括自动驾驶、制造业与机器人行业、生物技术与新材料、大型设施和基础设施维修、智能生活；为此制定促进跨行业数据共享、人才培养、企业国际化、发展创新企业、振兴地方及中小企业的相关政策，加速各种工业、企业、人才、技术等数据的整合共享，提高生产效率和附加值，解决人口老龄化、少子化和能源环境优化问题，进而强化产业竞争力，改善国民生活，推动经济健康发展。

（二）中国应吸取日本教训加快调整不景气产业结构

清川佑二认为，日本早期经济发展的动能以钢铁、煤炭、石油等重工业发展为主，此后汽车、电子等产业加快发展，钢铁、煤炭、石化三大产业变成结构性不景气产业，甚至成为经济发展的阻力。为处理产能过剩问题，日本曾付出沉重代价，常年对这些产业进行补贴，直到2000年才调整到位。目前来看，中国的供给侧结构性改革还是太慢，如果不能快速有效地解决过剩产能，中国将面临比日本更大的问题，将会花费更大的财力解决这些问题。对于污染治理问题，中国不是法制不健全，而是执行不力。日本环境污染严重时，日本媒体攻击污染企业不遗余力，从而有效地解决了这一问题。目前，中国的媒体做不到这些，但中国政府可以巧妙发挥网络舆论的监督作用。值得一提的是，中国当前令人担心的不是大气污染问题，而是水污染问题，潜在的地下水污染和近海污染问题更加突出，应当引起警觉。作为饮用水不足的国家，中国若不重视水污染问题，将来会面临更大的生存环境恶化、食品安全等诸多问题。

（三）中国应以环境保护为由加快推动经济结构改革

广野良吉认为，与日本第三次产业升级不同的是，当前中国国内还面临消除贫困和污染治理等难题。对此，中国可以用环保的理由推动国内经济结构改革。在环保问题上，中国政府虽然制定了严格的环保法规标准，但在执法过程中缺少对公众的透明度，使得企业存在侥幸心理，不愿严格遵守环保制度，对环保问题的认识是宁愿认罚代替高成本治污。透明性是个很重要的问题。要有效解决中美贸易摩擦带来的压力，中国尚需解决对外的透明性问题，这是中国很多国际争论和问题产生的根源。日本当年加入 OECD 时被要求信息公开，增强对世界的透明性，减少了外界对日本的误解。对外而言，中国目前透明性较差，可能是因为语言障碍，也可能是出于体制原因，但无论如何这已经妨碍到中国向世界宣传自己时获得的信任度。目前来看，缺乏透明性让中国在很多场合不断被质疑，而要增加其他国家的信任，首先要遵守国际规则，取得国际信任，这样才能成为国际规则的制定者。

（四）中国加快技术创新既要意志坚强也要开放协作

福川伸次认为，对中国推动形成全社会的创新氛围，建议在政策和宣传上明确支持创新的意志，出台政策明确向全社会传达扭转投资创新的氛围，同时通过财税调整，引导社会资金比较容易地流入创新领域而使流入不动产等领域变得困难。而且，新技术研发需要开放条件下的国际合作。实际上，中日两国在科技合作和科研人员交流方面有很好的传统。20 世纪 80 年代，中日两国已签订科技合作条约，但双方相互合作的要点还是局限在当时的技术水平范畴。面对日新月异的新技术发展，中日两国有必要更新这一科技合作协定，如增加人工智能、大数据等现代技术交流条款，使中日两国与时俱进地开展先进技术合作和密切科研人员交往。

三、"一带一路"框架下中日企业有广阔合作空间

课题组访日期间受邀参加"一带一路"日本研究中心成立大会,并与参会专家、学者就此议题展开探讨交流。调研过程中,课题组就中日企业如何开展第三方市场合作征询日方专家意见。调研获悉,日本经济界和企业界对"一带一路"的态度变得更加积极,并期待通过多层次合作创造更多的商业机会。日方专家认为,"一带一路"框架下,中日企业开展第三方市场合作可以取得"三赢"的效果,两国政府、企业、金融机构可以发挥各自优势,开展联合投资、融资、工程合作,有利于增强项目可持续性,也有利于分散市场风险。

(一)中日关系升温助力日方参与"一带一路"建设

日本前驻联合国大使、日本早稻田大学现代中国综合研究所所长谷口诚认为,21世纪的世界将是亚洲的世界,亚洲的共同发展将是必然的趋势。中国倡议的"一带一路"构想具有强大的生命力,日本主动参与"一带一路"建设,不仅会增强日本在亚洲的存在感,而且有助于增强"一带一路"建设的透明性和公信力。日本全球基础设施研究财团理事长山元顺雄认为,"一带一路"建设将给中日企业开展合作带来新的机遇,特别是中日财团之间的合作将有效解决地区基础设施融资不足问题,也能共同分担相应风险。日本有丰富的海外投资经验和人才,将其与中国企业的海外投资需求相结合,能提高合作项目的成功率。

(二)借鉴日本海外投资经验推进"一带一路"建设

福川伸次认为,中日两国关系处于好转时,日本企业应积极探讨参与"一带一路"建设的合作方式,比如采取政府与私人资本合作(PPP)、民间主动融资(PFI)等国际认可的项目融资方式开展合作,使得世界范围内的储蓄资金被激活,有效解决亚洲基础设施投资不足

问题。

日本银行国际局副局长福本智之认为，中国企业参与"一带一路"建设面临着债务问题和经营风险。20世纪60—70年代日本企业"走出去"时曾引起当地反感，1977年日本首相福田赳夫发表了对东南亚政策宣言（即以"和平、心与心、对等"为原则的福田主义），这一举动缓和了当地的反日气氛并得到较大好评，并给日本企业开展投资经营带来便利。中国应借鉴日本这方面的经验，帮助中国企业开展属地化经营提供良好的政治氛围。推进中日企业第三方市场合作需加强政治互信，鼓励企业敞开胸怀，共享信息，共同融资，共担风险。

丸川知雄认为，中国企业海外投资要想规避安全审查障碍，最好是开展绿地投资而不是跨国并购。中国的共享单车模式是个很好的创新。中国汽车"走出去"要更多依赖包括电动车在内的新能源汽车，特别是推动发展共享汽车，提高整个社会的出行效率。发展共享汽车将不再是单方面的硬件出口，而是包含整个系统及商业模式的出口，这将会引领未来汽车发展方向。

（三）亟待建立相互协调机制促进中日第三方市场合作

东京大学教授丸川知雄认为，在中国对非洲国家开展合作之前，欧美国家在经济援助方面已经有一些协调机制，用于减少各国对非援助中产生较多的冲突和矛盾。日本对非洲国家开展援助时，率先是进入欧美国家构建的相互协调网络，以便提高日本对非援助的有效性。据了解，中国对非援助都是单方面的，往往是对欧美国家没有援助过的国家进行援助投资。"一带一路"倡议是个很好的公共平台，而且希望多国参与，但要提高多国合作的有效性，亟须建立相互协调机制。目前来看，中国可考虑充分发挥亚投行的多边协调作用，让多国在第三方投融资上开展分工协作。从商业利益上看，中日企业开展第三方市场合作具有现实意义，因为无论日本政府怎样参与"一带一路"国际合作，日本企业都希望抓住所有的商业机会以获取丰厚的利润回报。

（四）优先在共同关切的领域开展第三方市场合作

关志雄认为，中日企业在第三方市场合作，重点可以瞄准能源环境、医疗养老等全球性议题，将日本的成熟经验与中国制造能力相结合提供全方位的解决方案；而在市场失灵的领域如公共基础设施建设，期待两国政府成立"一带一路"共同投资基金的可能性不大，但中日两国可以共同开展对外援助（ODA）合作，协调解决第三方市场公共品有效供给的问题。从政府层面讲，日本政府还应优先加入亚投行，支持两国企业可尝试先在东南亚国家、高铁建设领域开展合作。

加藤康二表示，2017年中日节能环保论坛新增了有关中日企业第三方市场合作的分论坛，中日企业在第三方市场合作建设发电厂的讨论比较多。目前来看，中日企业已开始寻求"一带一路"倡议下的第三方市场合作，如在印度尼西亚日本主导建设的工业开发区中设置了"中国—印度尼西亚经贸合作区"，日本物流企业加入中欧班列运输服务体系，向客户提供部分的物流服务。

四、日本将继续坚持既定的通胀目标和财政健全化政策

对于日本经济政策发展动向，课题组重点向日本银行和日本财务省的主管官员询问了日本今后货币政策和财政政策变化情况。得到的答案是，日本银行和日本财务省将继续坚持既定的量化宽松货币政策目标和财政健全化政策目标。长期以来，日本经济一直面临通缩和高债务难题。为摆脱这种局面，2012年底上台的安倍政府出台系列政策刺激经济增长，量化宽松货币政策和积极财政政策已初见成效，但至今远未达到既定目标，在政策刺激下，日本经济较以往有较大的起色，但发展前景依然不那么乐观。

（一）日本退出量化宽松货币政策为时尚早

福本智之表示，随着欧美逐步退出宽松的货币政策，市场预测日本

银行退出量化宽松货币政策预期增强。尽管日本银行需要考虑负利率政策对企业带来的负面影响，但并不意味着会跟随欧美对货币政策做出调整。目前看，日本会维持或减少现有购买国债规模（80万亿日元），而要彻底退出量化宽松货币政策（尤其是加息）还为时尚早。原因在于日本核心CPI只有1%左右，与既定的2%通胀目标相差甚远，而同期欧美国家的通胀率达到2%左右，因此日本银行不能跟随欧美那样追求货币政策正常化，进入加息的通道。

日本银行调查统计局经济调查科景气动向组长须合智宏认为，日本银行坚持量化宽松货币政策目标没有改变，只要通胀率没有达到2%，日本银行将会持续执行这一政策，虽然它会对金融系统造成不稳定影响，但并不会推高政府负债率。日本银行长期锚定2%的通胀目标，有三个方面的理由考虑：一是欧美国家都将目标通胀率设置在2%左右，符合国际惯例和常识；二是把物价增长率保持在2%，容易制定与之相符的基准利率，也利于采取措施应对金融危机；三是统计处理的惯例，客观上很难掌握真实的通胀率，为克服统计缺陷，通常会将统计物价目标设置为2%左右。

日本财务省综合政策研究所所长土井俊范认为，日本银行推行2%的物价目标，主要是钉住国债长期利率变化，通过调整国债购买规模，实现自我调节；而财务省主要侧重于财政健全化方面自我调整，这两个政策目标并不相悖。

（二）日本经济好转受益于外贸好转和内需提振

须合智宏认为，2013年实施量化宽松货币政策以来，日本经济取得较明显的好转，主要表现为2017年底日本失业率降至3.0%以下，物价形势在经历国际油价大幅下跌的冲击后呈现回升态势，鼓励女性就业的政策提升了全社会的劳动参与率，经济潜在增长率维持在0.5%~1.0%，预计2018年约为0.8%。究其原因，一是得益于世界经贸整体向好，二是在量化宽松货币政策刺激下，国内需求有所提振。内需提振表现在两个方面：投资需求和消费需求同步提升。投资需求有所增加主要与面向 2020 东京奥运会相关设施投资增加有关，也与日本劳动力不足而增加自动化设备投资有关。日本企业倾向于利用现有设备提高生产效率，这类资本投入增加会在 2018—2019 年达到峰值，此后投资需求将进入调整阶段。随着日本企业逐步提高工资水平，私人消费比以往要好一些，考虑到雇佣人数持续增长、股市上涨带来的财富效应以及消费意识的转变，今后消费需求对经济增长还是有支撑的。值得注意的是，2019 年上调消费税将会对消费需求影响较大，对经济增长会造成拖累，日本银行预计 2019 财年实际 GDP 增速可能下降至 0.7%（2018 年的预测值为 1.4%）。

（三）日元汇率波动受市场噪音影响较多但不会大幅升值

福本智之表示，日元汇率近期的波动受到市场的噪音影响较多，其中美元走软是个重要因素。近年来美元疲软的原因主要有三个方面：一是美国减税和公共投资扩大政策进一步恶化财政赤字，再加上长期存在的贸易逆差，将会造成货币贬值压力；二是特朗普政府实施的贸易保护主义引发世界对经济复苏可持续性的担忧，国际投资者寻找避险资产，引发美元走软而日元升值；三是美国股市出现大幅下跌影响到全球股市波动，美国股市下跌属于自然调整，但并不支撑美元走强。考虑到日本仍保持零利率政策，日美利差将会拉大，未来并不支持日元升值。

（四）日本坚持财务健全化和经济增长目标不会改变

日本财务省主计局调查课课长辅佐兼司计课预算执行企划室北村明仁认为，安倍政府的重要目标是经济增长和财政健全化。安倍政府相信，没有成长的经济就没有健康的财政。为尽快摆脱通缩状态，安倍政府实施量化宽松货币政策、积极财政政策和经济成长战略（称为"旧三支箭"），加快推动经济活跃起来，以达到经济成长的目标。2015 年后，日本财政赤字有所减少，企业收入出现增长，安倍经济学初见成效。为达到更高经济成长的目的，安倍政府进一步实施了"一揽子"经济规划（2017年12月颁布），包括培养人才、增加女性就业、提高生产率等政策以及完善保育园设施、提高社会工资、增加幼儿教工费、增加基础性研发投入等具体措施。为确保实现财政健全化，日本财务省对预算分配设定基准，实施以提高消费税为主要财源的收入政策，持续减少社保支出（每年减少5000万日元），预计到2027年有望实现财政盈余，日本财务省的重要任务就是持续推进财政健全化。

日本专修大学经济学部助教授徐一睿认为，20世纪80年代起，日本就开始推动财政重建，削减财政支出，提高消费税。安倍经济学实施积极的财政政策，进一步压缩了财政支出瘦身的空间，特别是社会保障和基础设施维修更新刚性需求较大，预计今后该部分财政支出只会增加不会减少，而公务员工资支出也很难削减，再加上不断攀升的国债还本付息支出，推动政府债务规模持续走高。居高不下的债务风险已引发商业机构的担忧。日本国债发行的风险是以由各大商业银行持有为主转向以日本银行和地方银行持有为主，其中最典型的事例是三菱UFJ银行主动退出国债优先购买权，这意味着大型商业银行已感觉到居高不下的债务风险。当前看，安倍政府削减债务的办法主要有三种：增加税收（稳定税基包括提高消费税），做大经济"蛋糕"（通过刺激经济增长扩大税基）和削减支出（要求对社保体系进行根本性改革）。

（五）日本再次上调消费税对日本经济影响不会太大

须合智宏认为，2019年10月日本再次上调消费税对日本经济的影响不会太大。一是上调消费税的时间选择较合适。10月份是日本财年的中间，按照日本的消费习惯，此时会出现集中消费，进而使上调消费税对日本经济的影响减小到最低限度；二是此次上调的税率偏小，只有2个百分点（上一次是3个百分点）；三是列有部分不包含在内的减税对象，其中多数民生用品被排除在提高消费税之外，由此对私人消费的影响相对有限。

(六) 中国应尽快着手解决财政债务和税制改革问题

日本财务省综合政策研究所副所长田中修认为,财政健全化问题是一个结构性问题。中国应吸取日本的教训,在债务规模尚未做大时就着手采取应对措施,只有在经济景气较好时增加财政盈余,到经济不景气时积极的财政政策才会有发挥的余力,否则会陷入日本当前只能用发行国债弥补财政赤字的窘境。

广野良吉认为,日本经济问题的根本症结在于自民党的长期执政培养了既得利益集团,使其进行结构改革难度加大。要打破既得利益集团,推动结构性改革,安倍政府当前采取的措施是通过低利率政策促进经济增长,在经济较好的状态下打破既得利益集团相对较容易一些。中国实施结构性改革尚面临税制上的三个关键弱点:一是没有固定资产税(主要指房地产税),这很容易滋生一批依赖不动产增值的食利阶层;二是缺乏能有效分配的累进税制,这很容易加剧区域差距、城乡差距和贫富差距;三是缺少采取有效措施打破利益集团,这主要体现在国有企业改革层面要有所突破。

(执笔人:刘向东)

调研报告三
从中韩经济发展战略对接看深化中韩经贸合作的思路与建议

2018年8月27日至31日,中国国际经济交流中心课题组赴韩走访相关机构和企业开展调研活动,重点就韩国经济形势及政策动向、中韩自由贸易机制安排与产业合作趋势及重点领域、"一带一路"框架下中日韩第三方市场合作等议题交换了意见。课题组走访了大韩贸易振兴公社(KOTRA)、韩国产业研究院(KIET)、韩国对外经济政策研究院(KIEP)、韩国发展研究院(KDI)、中日韩三国合作秘书处、韩国国民经济咨询会议、希杰控股公司(CJ集团)七家机构的负责人、专家及学者。其间,课题组还参观访问了SK集团研发中心,进一步了解了SK集团在现代信息技术领域的创新成果。根据调研的实际情况,课题组现将主要交流的观点概述如下。

一、中韩两国正努力寻求更高标准的多双边自贸协定

2015年中韩两国签订双边自贸协定(FTA)以来,中韩经贸合作逐步进入新阶段。2018年5月,中日韩三国领导人峰会达成了联合声明,提出中日韩三国要加快东亚经济共同体建设,推动中日韩FTA和区域全面经济伙伴关系协定(RCEP)谈判早日达成。针对这些议题,课题组重点询问了韩方对中韩FTA升级谈判进展及韩国对中日韩FTA、

RCEP 等多边贸易安排方向的预判。韩方专家表示，韩方非常重视中韩服务业和投资领域的后续 FTA 谈判，期待中韩 FTA 升级版的标准高于中国内地与港澳签订的《内地与港澳关于建立更紧密经贸关系的安排》（CEPA）的水平。在当前美国挑起贸易保护主义的背景下，中韩两国都坚持自由开放和多边主义，愿意共同推动中日韩 FTA、RCEP 和亚太自贸区（FTAAP）的谈判进程。

（一）韩方期待尽早达成更高标准的中韩 FTA 后续协定

韩国对外经济政策研究院中国经济室所长杨平燮认为，韩方期待中韩 FTA 升级版能达到"CEPA +"的水平，实现比中国负面清单管理和中韩 FTA 后续谈判试点更高水平的开放，同时希望中韩后续谈判加快速度，不应再像 CEPA 那样花 10 多年时间签订补充协议来不断扩大范围和提高标准。韩国对外经济政策研究院东北亚经济本部李尚勋博士认为，早在 2012 年中韩两国商谈双边 FTA 时，韩方就期望两国的 FTA 水平能达到 CEPA 的标准，但受当时条件所限并未如愿，然而现在与 2012 年的情况有很大的不同，中国提出更全面更深度的开放，中韩 FTA 后续谈判理应追求更高标准，即要高于 CEPA 的水平，双方可以在电子商务、医疗服务等合意领域优先进行便利化安排。韩国贸易振兴机构东北亚事业团中国调查部主任郑焕禹认为，韩国在投资领域是完全开放的，中国也在不断促进投资便利化和推动服务业开放。在此前提下，韩方希望中韩两国有关服务业和投资的 FTA 谈判能达到中国内地与香港达成的自由化水平。即便考虑到中国内地与香港的特殊关系，韩方虽不期望达到完全一致的水平，但也希望能尽可能地接近 CEPA 的水平。

（二）韩方坚持双边 FTA 和多边 FTA 谈判并行不悖

杨平燮认为，以前，韩方认为中日韩 FTA 应是"10 + 3"的基础，但是后来中日韩 FTA 的推进不是很好，因为中日韩 FTA 和 RCEP 都涉及日本参与其中。与双边 FTA 谈判主要强调市场相互开放不同，像

RCEP等多边谈判更多的是国家间的合作。在RCEP谈判上，中国与韩国的立场类似，韩方认为RCEP给韩方带来的利益不是太多。韩国对外经济政策研究院国际宏观经济金融部辛克碧（Shin Kotbee）博士认为，双边FTA与多边贸易制度属性不同，倘若提高市场开放度、降低关税、提高投资便利化水平，双边FTA是很好的制度安排，若要推进通关便利化和解决贸易争端或投资纠纷，多边FTA可能是比较好用的机制。郑焕禹认为，在多双边经贸制度安排上，韩国与中国立场基本一致，都坚持多边主义和开放型经济。韩国是个完全开放的国家，现已经与很多国家签订了FTA，在自贸区战略上并未设定优先顺序，主要采取两个策略：一是仍积极与未签订FTA的国家继续开展FTA谈判；二是同时对已签署的FTA进行升级，其中韩国非常重视中韩有关投资和服务业领域的后续FTA谈判。中日韩三国合作秘书处秘书长李钟宪表示，当前，中韩两国已签署了FTA，并在积极推动中日韩FTA、RCEP、全面与进步跨太平洋伙伴关系协定（CPTPP）等多边贸易谈判进程。可以说，该地区已有很多这样的小多边主义机制，但以后不管什么样的优先顺序，总有一天会谈判成功，这些机制签署之后，将会在更广泛范围实现大整合，即终将会走向FTAAP。

（三）中日韩FTA谈判受外界干扰因素影响较大

郑焕禹认为，中日韩三国经贸合作是个重要的课题，但在实际推进中三国合作往往很难获得实质性成果。中日韩FTA谈判已经有4年多了，但至今仍未有较大进展，原因在于中日韩三国各有自己的特点和局限性，三国谈判往往会因双边关系出现恶化而受阻，这从中日韩领导人峰会屡屡中断就可以看出端倪。考虑到竞争力会受到影响，韩国产业界对日韩FTA、中日韩FTA的谈判不是很赞成。特别是在汽车产业领域，韩国汽车企业担心汽车产业发展受到日本车企的竞争威胁，但是它们对美韩FTA是支持的，认为韩国人不太喜欢美国汽车，但美国开放汽车市场可以让韩国汽车企业获得更多的利益，因而会极力说服政府推动美韩 FTA 达成。对通过 FTA 谈判推动中国汽车市场开放，韩国汽车企业是非常积极的，但更愿意推动韩国政府通过升级中韩 FTA 方式实现而不是通过推动中日韩 FTA 达成。基于以上原因，中日韩三国经贸合作应当从小范围开始，即便推进速度慢，但在积累经验后可以逐步扩大到更广泛的范围，推动取得实质性进展。

李钟宪表示，当前中日韩 FTA 的意义已超越经济合作的意义，具有非常大的象征意义。与欧盟相比，中日韩经济一体化相对更艰难一些。从地缘学角度来看，中国属于大陆国家，日本属于海洋国家，韩国又是把大陆和海洋连接起来的半岛国家，三国地理位置不一样，经济融为一体颇有难度，而作为一个大陆整体，欧盟一体化就比较容易。从历史眼光来看，中日韩三国之间有不堪回首的历史问题，而至今还没有得到彻底解决，始终是三国间紧密合作的主要障碍之一。如果三国能相向而行，完全基于国民利益而最终签署中日韩 FTA，将有可能推动亚太地区实现大的整合。

二、中韩产业合作已由产业互补合作转向差异化合作

随着中国产业转型升级加快，中韩两国产业竞争性增强，特别是在高端制造领域，中韩产业面临激烈的同质化竞争。未来，中韩产业合作的空间是否逐渐逼仄，还是有新的合作动向？课题组主要就中韩产业合作方向和重点领域征询了韩方专家意见。据观察，以前中韩两国之间的产业合作遵循"雁行发展模式"，先后由垂直分工向水平分工演化，逐步形成相互依赖的供应链和价值链分工体系。近年来，随着中国制造业出现质的飞跃，中韩产业合作已由互补合作渐渐转向差异化合作。现阶段，中韩产业间的竞争虽有所加剧，但这并不意味着合作空间缩窄，两国企业仍可以通过构建"环黄海经济圈"等地方合作方式促进产业间和产业内开展差异化合作，但地方合作方式应更富有弹性。

(一) 中韩产业应通过市场竞争推动高层次分工合作

韩国国民经济咨询会议副议长金光斗表示，随着中国产业竞争力的逐步增强，中国很快会在各个行业领域对韩国产业产生竞争性威胁。为了避免同质化恶性竞争，中韩产业应在价值链上找到各自的优势定位，开展更多的分工协作。比如说，半导体产业有很多种类，也有很多代系，理论上中韩双方可以按照各自的比较优势做自己最擅长的部分，但现实中这样做需要更多的协调和科学分析，即清晰地确定各自适合做什么和不能做什么，否则都做同样的事情就会形成竞争关系，两国产业界就容易产生一定的冲突或对立情绪。

韩国产业研究院中国产业研究部部长赵澈认为，当前，有韩国企业担心中国产业技术水平提升会削弱韩国产业竞争力，但这种顾虑是无意义的。两国产业竞争可以有效推动产业链的分工合作，对两国产业创新发展有利。通过市场竞争促进产业合作的关键是两国政府要营造公平竞争的环境。当前，韩国企业在华投资的顾虑在于中国政策的不透明和不稳定，如在电池问题上韩国企业因没有及时感知到中国新能源汽车补贴政策变化而陷入相当被动尴尬的境地。目前来看，尽管中韩产业竞争增强，但中韩各具优势，中国可能会在基础性、原创性技术和新产品消费市场方面走在前面，而韩国长期在研发、工业等产业化技术方面具有领先优势，如果将韩国的创意和中国的创新创业系统相结合，将会形成产业共赢的结果。比如，在无人驾驶汽车或互联网汽车、人工智能和大数据等领域，中韩产业界都很感兴趣，双方在这些新兴产业领域开展合作，不仅惠及两国消费者，也有利于共同走向世界市场。

(二) 中韩政府应为高层次产业合作打好制度基础

赵澈认为，为支持中韩企业自然而然地开展合作，两国政府应建立更广泛的合作平台，打造促进联合开发的技术产业化的交流平台，如韩国有产业技术振兴院，主要在政府支持下推进基础性技术的产业化工作。中韩都在推进产业结构改革,面临着环保、安全和供给过剩等问题,有必要开展政策协商,建立政策协调机制,增进企业间理解,如可共同推进新产业领域标准制定和推广,推进物流、金融、科技服务等现代服务业的合作。

郑焕禹表示,对于中韩开展经济合作问题,韩国各个领域部门对中韩关系的认识并不一致,各部门的政治立场也不同,部分学者认为中韩开展全方位合作是好事情,韩国外交部门顾虑较多,还要统筹考虑与美国、日本等其他国家的关系;韩国经济部门更希望中韩经济合作越多越好。为此,中韩产业合作应加强政策沟通,不仅在经济部门层面,还要覆盖到更广泛的部门。

(三)通过加强地方合作来深化区域内产业合作

郑焕禹指出,依据中韩 FTA 后续磋商,中韩两国选择山东烟台、江苏盐城、广东惠州和韩国新万金四地开展产业园合作,以此带动中韩地方之间的产业合作。在"环黄海经济圈"建设方面,中韩选择具体地点开展产业园区合作的方式固然可取,但遗憾的是园区合作的实质性成果并不多,因为采取相对固定的产业园区合作方式,缺少必要的弹性或灵活性,很难务实地体现出反映中韩经济发展水平差异的最佳合作模式。他认为可取的办法是中韩共同建立一个促进新增长的灵活平台,通过这类平台促进地方合作,比如双方可以在"大众创业、万众创新"等方面加强合作。

李钟宪认为,相对于国家层面的合作,地方合作往往受政治关系波动的影响较小一些。因此,中日韩三国需要继续加强地方之间的合作,合作领域可以涵盖农业、战略性新兴产业以及人文交流等。据不完全统计,中韩和日韩、中日之间有 600 多对友好城市关系,应挖掘这些友好城市之间合作的潜力,提升它们合作的深度和广度,并推动由双边扩展到三方合作。比如,釜山市和福冈市已经连续 13 年召开了市长交流会议,加深了彼此的联系和交往,今后有必要把上海市等中国城市拉入进来开展三方交流,从而不断提高合作的层次和水平。

(四)加强中日韩金融合作也是非常重要的议题

李钟宪认为,中日韩金融合作非常重要。1999年东盟举办的"10+3"首脑会议上,中日韩领导人举行首次会谈,并形成三国领导人会晤机制,其根源就在于1997年爆发的亚洲金融危机。为了预防亚洲地区有可能再次发生外汇危机,中日韩需要完善包括"清迈倡议"及其多边化(CMIM)、东盟与中日韩宏观经济研究办公室(AMRO)在内的防范机制,深化三国金融领域的合作。

韩国对外经济政策研究院副研究委员李贤泰认为,中韩金融合作主要体现在三个方面:一是人民币与韩币之间已经开展直接结算清算交易。中韩两国之间已经开始使用本币结算了,但这一规模比较少,占到双边贸易额的不足10%。二是资本市场交易合作规模也较大,但总体交易规模还不到配额的规模,在股票市场上中国的资本占国外拥有韩国股票规模的约2%,而在债券市场上中国资本约占国外拥有韩国债券规模的20%左右。三是中韩两国金融机构已经相互进入对方市场,韩国金融机构进入中国市场的业务不太好,因为韩国企业经营情况不是那么好,金融需求规模不是那么大,而中国金融机构进入韩国市场,它们的业绩不错;在多边金融合作方面,中韩合作比较顺利,如韩国是亚洲基础设施投资银行的创始成员国,双方可以依托这类国际性金融机构和金融平台开展合作。

三、中韩两国加快推进战略对接和第三方市场合作

"一带一路"倡议提出以来,中韩就曾探讨过推动两国战略对接的相关议题,双方已有意愿开展第三方市场合作。早在朴槿惠政府时期,韩国研究机构就开始探索研究"一带一路"和"欧亚倡议"对接的政策课题。2017年5月以来,文在寅政府提出"新南方新北方政策"后,

中韩已就"一带一路"与"新南方新北方政策"对接问题开展探讨，并积极推动两国企业开展第三方市场合作。2018年5月中日韩领导人峰会发布联合声明提出，探索"中日韩＋X"模式推动第三方市场合作。2018年8月15日，文在寅总统提出"东亚铁路共同体"的倡议更是将东亚地区乃至亚太地区推向合作新的阶段。调研获悉，韩方期望能尽早实现"一带一路"和"新南方新北方政策"对接的具体化，就重点领域和重点地区开展务实合作。

（一）寻找并扩大"一带一路"与"新南方新北方政策"交汇点

李钟宪认为，中日韩三国政府均提出过区域共同体的构想或倡议，2013年中国国家主席习近平提出"一带一路"倡议，2018年8月15日文在寅总统提出"东亚铁路共同体"的构想，各国提出共同体倡议或构想的目的都是一致的，即实现地区的和平发展和共同繁荣。为此，当前我们要做的工作是把各国愿景中的共同点或共同分母找出来，加快推动战略对接和具体项目落地，这将会对东亚经济、政治、安全等都产生较大的影响。如果顺利推动朝核问题解决，中日韩及东北亚地区将具有更多活力，创造该地区实现共赢的更好机会。文在寅总统提出"新南方新北方政策"，目的在于降低对周边国家的过度依赖，推进韩国对外经济政策多元化，从而提出"新南方"政策把东盟、印度等经济体纳入合作对象。文在寅政府提出"新南方"政策与"一带一路"会有利益交汇点，也与日本提出的"印太战略构想"密切关联。中韩两国应通过更多的研讨交流，寻找"一带一路"和"新南方"政策的交汇点，在这个过程中若能找到非常好的项目或方向，日本当然也会非常积极地参与进来。

（二）把朝鲜纳入中韩合作议题助推东北亚地区一体化

郑焕禹表示，韩国在促进环黄海地区的经济合作是有共识的。文在寅政府提出朝鲜半岛"新经济地图"构想，其中包括"环黄海经济圈"建设的构想，并为此设立北方经济合作委员会专门负责推进。这些构想和举措都表现出韩方在大力推进与中国的合作，包括最新提议建设"东亚铁路共同体"，也旨在促进中朝韩铁路互联互通，从而加强东北亚地区的联系与合作。从他个人表述来看，韩国政府提出的这些蓝图都比较大，涉及的战略内容非常多，在韩国总统的 5 年任期内是很难完全实现的。不得不提的是，韩国的对华政策会随着政权更迭有所变化。比如，朴槿惠政府时期沿袭李明博执政时的对华政策，即提出和平合作的笼统构想，并尝试解决政经长期分离的"亚洲悖论"问题，但他们在对华合作的构想中并没有考虑朝鲜问题，即在对华政策中不将朝鲜纳入综合考虑。朴槿惠政府提出"欧亚倡议"只是选举时的政治口号，并没有经过深思熟虑，尽管朴槿惠执政期间围绕"欧亚倡议"和"一带一路"倡议如何连接有过很多研究课题，但只是在寻找没有答案的方案。在因受"萨德"问题影响中韩关系受挫时，文在寅竞选总统提出"新南方新北方政策"，主要是通过与南北两方的合作分散来自中国的不确定性风险。2017 年底，文在寅总统访华后，中韩关系迅速走向正常化，此时韩国政府和研究人员开始考虑将"一带一路"倡议与"新南方新北方政策"对接问题，其中包括加强朝韩之间的经济合作，探索和谋求促进经济合作的各种方案，进一步推动东北亚区域一体化。另外，韩国各部门都在探索推动中韩合作的具体方式方法。对于"环黄海经济圈"建设的构想，其必要性学界早有论证，但至今尚未达成一致的具体方案，不得不说令人遗憾。

（三）韩国借助"新北方政策"加强与中国东北地区的合作

韩国对外经济政策研究院中国经济研究所区域研究中心主任李承信认为，2018 年 2 月，中韩经济部长级会议举行时，双方就韩国与中国东北三省开展合作达成一致，主动把"一带一路"与"新北方政策"连接起来，并明确要在多个层面开展协商。中国东北三省非常愿意与韩国加强合作，其中辽宁的自贸试验区明确规定要加强与韩国的合作，并向入驻的韩资企业提供各种优惠政策，吉林省政府也表示出加强与韩国合作的积极意愿，希望在国际合作示范区内吸引韩国企业投资合作。韩国非常重视与中国东北三省的合作，认为双方合作会有很大的潜力。

四、韩国经济稳步复苏的同时更加注重可持续增长

近期，韩国银行下调了韩国经济2018年和2019年的经济增长预期，分别由原来的3%和2.9%下调至2.9%和2.8%，这意味着韩国经济呈现缓慢复苏的态势。同时，韩国经济面临着青年失业率较高和家庭债务持续增长等挑战。对韩国经济形势及政策动向，课题组调研访问韩国国民经济咨询会议、韩国发展研究院等机构专家意见。据介绍，当前，韩国经济不坏也不好，有一些风险还是存在的，特别是中美贸易战也不利于韩国经济。总体上看，韩国经济复苏并不缓慢，对外部冲击的承受能力较强。韩国经济政策有很多方面，不好区分短期的还是中长期的政策，但可以区分对内的还是对外的政策。就对内经济政策而言，文在寅政府非常注重经济社会的平衡协调发展，推行寻找成长动力和创造就业机会的中长期政策，即实施以人为本的收入增长战略，让人充分发挥自己的才能，通过鼓励创新提高产业竞争力，同时保证产业竞争的公平公正，需制定相应规则制度，推动经济社会发展向可持续增长转型。

（一）韩国推行收入主导、创新和公平经济发展战略

金光斗表示，韩国政府倡导以人为中心的经济发展模式，这是一种新的范式，即所有经济活动都要遵循以人为本的原则，让所有人都能发挥自己的能力实现安居乐业。为了实现这样的基本想法，韩国政府提出三种经济发展方式：一是收入主导的增长，二是创新驱动的增长，三是公平竞争的经济。收入主导的经济增长，狭义上是指工资主导，而广义上除工资外还包括改善生活环境和开发人的能力。第一步先把最低工资

提升上去，第二步逐步缩短劳动时间，即把周劳动时间缩短至52小时，让人们有更多的业余生活时间。为劳动者提供更多的正规职业也是关键的一环，以此提高居民收入来刺激消费和促进发展，而要确保产业有竞争力才可提供有效工作岗位，因而需要鼓励创新确保相关产业竞争力。第三步是在促进创新发展后，政府还要营造一个公平公正的经济活动规则，促使大中小企业都能公平竞争和协调发展。如果这三点能够有效协调起来，韩国国民就会有稳定的工作，收入有保障，做到生活家庭两不误。

韩国发展研究院宏观经济政策部崔宇振（CHOI, Woo Jin）博士认为，韩国实施收入主导的经济发展战略，主要在于劳动收入分配问题是韩国经济发展中的薄弱环节，所以韩国政府要侧重于收入主导的经济发展，具体做法是上调最低工资，同时辅以税制改革（扩大税基）等经济政策，采取更加灵活的方式加强产业研发能力和提升产业竞争力，促进有关经济政策达到预期效果。

（二）韩国经济政策实施效果不错但尚存在一些争议

金光斗认为，韩国经济政策实施中面临着一些问题。比如，提高最低工资可能加剧中小企业的负担，缩减工作时间可能给某些行业的生产经营带来挑战，为此需要采取相应的补救措施缓解政策带来的副作用。又如，在人工智能领域，韩国2017年的投资额仅仅是3400亿韩元，而中国是韩国投资的20倍，这涉及公平竞争问题，目前来看两国在该方面总体做得还不错。

崔宇振认为，从长周期来看，韩国经济增速已经过了高点，但并不意味着衰退，2018年以来设备投资有所下降，主要是由半导体投资下降所拖累，而2017年半导体领域的社会投资则是大幅攀升。相比于土耳其、印度尼西亚等新兴国家而言，韩国经济受外部不确定性风险冲击的承受能力要强得多。青年失业率偏高是世界通病，韩国政府为此采取了多项政策措施，其中包括劳动人员奖励金（EITC）这样的政策鼓励年轻人就业,即对新进入劳动市场的劳动者提供一定的奖励。韩国居民虽有较高的家庭负债,但家庭负债和资产是同步上升的,债务负担现阶段还不会转化为经济危机。

郑焕禹认为,韩国经济发展中尤为重要的两个问题,一个是收入分配怎么协调平衡的问题,另一个是怎样找到未来发展的动力。目前韩国执政党和在野党正在围绕上调最低工资进行争论,一方要通过扩大分配方式实现共同发展来拉动经济,另一方主张搞活经济,挖掘新增长动力。事实上,两种观点都没有错,只是表述方式不同而已。

(三) 企业债务负担不是大问题,但家庭债务会成问题

希杰经营研究院宏观经济部副总裁李喆熙认为,关于企业杠杆率问题,韩国的情况与中国有些不同,韩国企业大都经历过亚洲金融危机,当时曾受到过较大的打击,此后韩国企业对高负债非常敏感,总是想办法尽可能降低企业负债率,即便在低利率时代也是一样,企业对债务管理非常严格规范,如果需要补充资金,企业通常会直接在资本市场融资,所以说韩国企业负债在韩国经济运行中并不是个大问题。在韩国,问题比较大的是家庭债务。

五、中美贸易摩擦对中韩经济的影响方式不同

中美贸易摩擦问题备受世界关注,韩国各方对此动向也密切关注,并有自己的独特看法。据调研所知,韩方普遍认为短期会对韩国经济形成利空,但长期可能产生正向影响。韩方认为,中美贸易争端的发展方向是由特朗普政府的战略决定的,而特朗普本身是多变的、难以预测的,因此不好预判中美贸易摩擦未来会朝哪个方向发展。在韩国,大家的普遍看法是中美贸易摩擦不会在短期内解决,在此情况下中韩经济发展必受影响。

（一）中美贸易摩擦短期对韩国经济产生不利影响

金光斗认为，特朗普政府挑起的贸易战不只是针对中国，也宣称对韩国汽车产品征收 20% 的关税，这对韩国经济会产生直接影响。崔宇振认为，中美贸易摩擦不利于韩国经济，导致韩国制造业中间产品对中国销售减低，造成韩国制造业的就业机会减少。因为无论中美贸易争端谁胜谁负，贸易摩擦问题都将会损伤互信，使各方重启经济合作的难度加大。李喆熙认为，现阶段中美贸易摩擦是个最大的变数，其持续时间可能比预期的要长一些，因为要解决的不仅仅是贸易逆差问题，还有知识产权问题。基于这样的假定，希杰控股公司接下来可能需要不断调整海外市场的业务布局，以抵御中美贸易摩擦带来的负面冲击。

（二）中美贸易摩擦长期可能利好韩国经济发展

金光斗表示，中美贸易摩擦最先将会冲击到中国的经济，考虑到中国销售给美国的产品中有韩国的原材料或零部件，这种负面冲击短期内会蔓延到韩国经济，但从另一角度看，中美贸易摩擦将会对中国的产业竞争力提升有一定的压制，而这为韩国产业竞争力提升争取了一些时间，反而有利于韩国经济中长期发展。

（三）"萨德"问题对韩国经济冲击导致韩国存有戒心

郑焕禹认为，对于"萨德"问题，韩国普通人并不特别了解中国，但对中国在"萨德"问题上采取的态度表示失望，由此他们对中国存有戒心，甚至不相信两国能完全解决"萨德"问题。要消除这样的戒心，中国需要考虑到韩国人的心理，也需做出一定努力，如鼓励赴韩团体游，缓解不少韩国民众对中国政策的质疑和忧虑。

（四）特朗普新政将给朝韩发展带来巨大范式变化

李钟宪认为，1970 年代以来，朝鲜半岛都是一分为二，冷战的阴影一直都存在。此次朝韩首脑会晤本身就意味着要结束这样的敌对状态，即通过对话的方式来缓解朝韩矛盾，这是个巨大的范式变化。但这样的变化面临一种惯性，这个惯性在美国内部引发很多争议，既有特朗普总统本身的政治利益和个人愿景，也有很多反对者的声音。从国际政治学角度来看，二战后美国奉行自由主义，甘当"世界警察"，很多美国人都认为这是美国引领世界的目标，但特朗普总统并不希望再坚持自由主义这种抽象的东西。长期来看，美国两党都试图通过自由主义来主导世界秩序。即便现在亦是如此。即便在共和党的支持下特朗普成为美国总统，但在共和党内部仍有很多反对者，并对特朗普政府的政策形成牵制。然而，因为美国贫富差距和两极分化严重，制造业外流造成很多工作岗位流失，特朗普总统只好以自己的商人思维模式试图改变这一切，而这种特立独行的改变会引发很多内部冲突甚至对立，为此特朗普总统只好通过推特向全国乃至全世界宣传自己的政策主张。

六、韩国企业对外投资仍倚重中国市场但已启动多元化

近年来，韩国企业正积极致力于强化海外投资经营的多元化，培养国际品牌的力量以降低对中国市场的依赖。对消费品企业来说，借助现代信息技术和电商平台谋求数字时代的长期发展已成为重要课题之一。在对韩国企业调研过程中，课题组还了解到韩国企业对中国市场的看法和海外投资经营的策略。据与希杰控股公司（CJ集团）的交流获悉，韩国企业非常看重中国市场，但是考虑到"萨德"问题及中国规制限制等带来的不确定性风险，韩国企业已着手开拓中国以外的市场，这与韩国政府提出的"新南方新北方政策"目标相一致。

（一）韩国企业看重中国市场的同时开展多元化布局

CJ集团海外事业部副总裁张志熏认为，十几年前，CJ集团把中国看作最重要的市场，甚至提出在中国建成第二个CJ的口号，但在进入中国开展各种业务过程中，发现中国有很多规制，拓展中国市场并不容

易。之前，CJ 把东南亚市场放在中国市场之后，但近些年东南亚市场发展非常快，CJ 虽然没有宣称正式放弃在中国建设第二个 CJ 的目标，但实际情况是东南亚市场比中国市场发展得更快，这是 CJ 致力于战略多元化，扩大在中东、中亚、印度等市场业务的主要原因。希杰经营研究院产业经济部副总裁闵泳相补充道，对于 CJ 集团来说，中国仍是最重要的市场。从销售额来看，截至目前 CJ 海外销售额排在前列的分别是中国、印度、越南和美国。然而，考虑到"萨德"问题等外部干扰因素带来的不确定性增多，迫使 CJ 开始探索多元化，积极布局东南亚和美洲等新兴市场。

（二）韩国企业采取多种措施应对各种不确定性风险

张志熏认为，CJ 集团海外经营主要面临规制和汇率两大风险，如生物制品因中国的环境规制遇到过不少问题，娱乐文化产业进入中国后面临政策调整的风险也较大，现在 CJ 拥有的内容产品不能够直接进入中国市场，造成中国有许多未经授权或仿效的节目。CJ 的策略是不得已才到当地开展共同制作或者直接在当地制作，但这一点往往很难做到。为此，这些问题希望两国政府在后续谈判中能给予有效解决。在新兴市场国家投资经营，汇率风险不可避免，为此 CJ 需要采取措施加以对冲，但没办法做到对所有国家汇率风险都进行对冲，那样做的负担比较大，因此 CJ 在应对汇率风险上非常不容易，希望所投资的东道国政府能保持本币汇率相对稳定。

闵泳相认为，在区域发展战略上，CJ 仍然把中国视为最重要的市场，虽然中国有些未知和规制风险，同时还关注东南亚、美洲、中东、欧洲等新兴市场。过去 CJ 主营的生物、饲料、物流等产品和服务都是以 B2B 方式为主，现正在扩大 B2C 的规模，特别是娱乐和电视购物方面更多地面向终端消费者开展销售，迫切希望投资对象国能放松规制。

（三）韩国企业开展网络平台合作以适应消费渠道变化

李喆熙认为，韩国国内没有通用的互联网平台，而且也没有在全球市场上成功的平台案例。在中国，之前 CJ 试图与腾讯开展合作，但合作仅局限在电子游戏领域。CJ 曾想过开发自己的互联网平台，但这并不是一件很容易的事情。CJ 现在的做法是在进入海外市场时，更多地与当地的平台开展合作，即利用当地的网络平台开展电商业务。在商品销售渠道逐步从实体店走向电商及网络平台过程中，CJ 的食品行业受到一定冲击，以前很多食品都是在实体店现场销售，但现在也在考虑将蛋糕等商品在网上销售，甚至也试图开发电商网销的专门产品，如电影院线领域，CJ 在韩国开发了网上售票的 App，以方便消费者在网上购买。

（执笔人：刘向东）

会议综述

会议综述报告一
创新合作正成为中日深化经济合作新领域
中日企业家创新专题交流会议主要观点综述

2017年9月28日，由中国国际经济交流中心和日本经社团在北京通过组织召开"中日企业家创新专题交流会"，围绕中日两国"中国制造2025"和日本"社会5.0"等创新方面内容展开了交流研讨。中国国际经济交流中心张晓强常务副理事长出席会议并致辞，会议由中国国际经济交流中心魏建国副理事长主持。来自中日中芯国际、中国银行、中国黄金、国融证券，日本东京三菱UFJ银行、三菱电机等的著名企业代表就各自企业的创新发展进行了介绍和交流，提出了一些有见地的新观点，现总结如下。

一、中日两国都高度重视创新发展

张晓强常务副理事长认为，创新是经济社会发展的动力源泉，改革开放以来，中国把科技创新、科学技术视为第一生产力。近年来，中国国家"十三五"规划提出创新、协调、绿色、开放、共享五大发展理念，把创新摆在了首位，创新驱动发展已经成为中国的国家战略。创新涉及体制机制的创新，科学技术的创新，组织管理的创新，商业模式的创新乃至文化的创新。其中以企业为主体的技术创新和商业模式创新等，是极为重要的内容。中国政府近年出台的"中国制造2025""互联网+"计划,大众创业、万众创新等,都与企业的创新密切相关。

二、制造业数字化、智能化成为全球创新趋势

魏建国副理事长认为,新一轮科技革命和产业革命正在应运而生,全球的科技创新以信息技术与制造业的深度融合,以制造业的数字化、网络化、智能化为核心,建立在物联网和智能基础上的新一轮变革将会给世界范围内的制造业创新带来深刻影响。

中芯国际周子学董事长认为,"中国制造2025"主要是立足于制造业的发展实际,坚持创新驱动,智能转型,强化基础,绿色发展,要求把中国从一个制造大国转向制造强国,范围也主要包括制造业及相关服务业;而"互联网+"主要瞄准未来国际竞争的新领域,推动移动互联网、云计算、大数据、物联网等与现代制造业相结合,培养出新的产业和新的业态,形成新的经济增长点,范围更为广泛,涉及社会经济生活的各个方面。两者之间具有内在逻辑和联系。同时,他认为中国提出的"中国制造2025"和"互联网+"与日本提出的"社会5.0"非常一致,同时"一带一路"为中日带来了重大合作机遇。

日本经团联的专务理事椋田哲史认为,被称为超智能社会的"社会5.0"已经成为日本成长战略的核心,通过对整个社会最合理化,可以有效地解决复杂的社会问题以及为国民和社会带来更加富裕的生活。目前人类社会正在进行第四次产业革命,尽管包括"德国工业4.0""美国工业互联网""日本社会5.0""中国制造2025"都在向这个方向推进,但尚未出现领导型国家,并且这次产业革命的一个显著特点就是物理空间和网络空间的高度融合。

三、充分发挥各自优势加大双方创新合作力度

张晓强常务副理事长认为,中国在高速铁路、特高压输变电、超级

计算、太阳能光伏等方面走到了世界的前列,在很多科技创新领域中国正在向日本学习,日本有先进的技术和丰富的经验,中国的创新既要靠自己的努力,又要开展开放式和国际广泛的创新合作。中日应抓住中国推进"一带一路"带来的战略机遇,在电子信息、先进制造业、环境保护、医疗养护、应对老龄社会、金融等多个领域开展合作。

魏建国副理事长认为,中日是全球的第二大经济体和第三大经济体,也是亚洲的第一大经济体和第二大经济体,应把创新合作作为双方继续加大合作的突破口,以产品创新、技术创新、管理创新为中日两国企业继续合作增添新的动能,加快中日双方经济产业融合。

日本经团联中国委员会企划部部长、三菱东京 UFJ 银行顾问仓内宗夫认为,在创新方面,日本"社会5.0"与"中国制造2025"和"互联网+"有非常相像的地方,希望双方能够共享经验和知识,加强合作,彼此能够取得更大的发展。

四、在汽车、新能源、网络科技等领域加强创新合作

张晓强常务副理事长认为,近年来中国在新能源汽车、信息、物联网、大数据、共享产业等方面快速发展。仓内宗夫认为,中日两国是不可或缺的合作伙伴,日本在华企业有23000多家,销售额达3万亿日元。两国之间应发挥各自强项,在贸易、投资、金融、创新、基础设施、能源、环保等各领域进一步加强合作。魏建国副理事长认为,中日应推进两国之间的跨界合作、协同创新和开放创新,大力发挥中日企业家创新精神,把人工智能、物联网、机器人作为中日双方新的产业革命的核心。

五、各国企业积极响应国家创新战略

中国黄金集团建设有限公司董事长徐福山介绍了中国黄金围绕创新

驱动战略，积极推进"中国制造 2025"和"互联网+"框架下的创新体系建设，推进科技创新基地和高端人才培养平台建设、采矿数字化系统创新、跨界创新合作等方面经验。

国融证券股份有限公司董事长、总经理郑朝重介绍了公司"一体两翼，产融结合"的创新思路，依托互联网技术获取前端客户、完成中端客户比较分析及后端部分数据分析和跟踪，其中创新性地运用大数据分析和区块链技术，并且，公司非常关注"中国制造 2025"、工业互联网和机器人、5G、航空航天和装备制造、海洋装备和船舶、轨道交通、节能环保和新能源汽车、电力装备、新材料、生物医药、农业机械化等领域的创新。

中国银行网络金融部总经理郭为民介绍了中国银行在"互联网+"框架下重点打造数据洞察能力、不良管理能力、产品工厂能力、场景延伸能力、风险防控能力、开放合作能力等六个能力，加强互联网金融监管与创新，加快推进网点智能化转型，发展线下和线上服务的整合协同等方面创新经验。

经团联中国委员会企划部部长、东京三菱 UFJ 银行顾问仓内宗夫介绍了智能手机普及、数据收集分析能力提升、非金融公司进入金融业背景下的日本金融科技创新情况。

三菱电机公司高级经理植村宪嗣介绍了日本"社会 5.0"体系，从下到上包括三层：第一层为基础功能层，又称为社会基础设施，包括各种基本的制度如何构建和设计；第二层数据库，构建方方面面的数据库；第三层先进服务层，包括新的服务内容。三菱电机公司正在围绕这个系统进行电动机、信息系统、大数据、高级道路交通系统、自动驾驶和电动系统、3D 技术等方面的创新工作。

（执笔人：刘向东　元利兴）

会议综述报告二
在复杂多变的国际形势下开创中韩经贸合作新时代
首轮中韩企业家和前高官对话会主要观点综述

2018年6月29日,由中国国际经济交流中心与韩国大韩商工会议所共同主办的"首轮中韩企业家和前高官对话会"(简称中韩"二轨"对话)在北京召开。曾培炎理事长和韩国前议长丁世均开幕致辞。国家发展和改革委员会副主任宁吉喆、外交部副部长乐玉成、韩国驻华大使卢英敏等到会介绍情况。本轮对话围绕全球化形势及中韩经贸关系、中韩自贸协定、两国企业在产业领域中的发展机遇及合作机会等议题展开讨论,旨在推动新形势下中韩经贸投资密切合作。来自中韩两国的企业家和前高官代表共计30余人出席会议。两国代表就相关议题进行了深入交流和讨论,提出了一些有见地的观点,达成许多共识,发表了联合声明。现将会议有关情况总结如下:

一、首轮中韩"二轨"对话符合全球化新形势下中韩两国经贸投资合作的良好夙愿

双方代表表示,中韩"二轨"对话是个开创性的机制,对于中韩关系全方位发展、多层次交往有着积极的意义。中国国际经济交流中心理事长曾培炎指出,2017年以来,中韩两国元首多次会晤,为各个领域合作指明了方向。2017年底文在寅总统在访华期间,建议两国共同

创作举办中韩"二轨"的对话平台，以增强两国经济界的了解和凝聚共识，推动中韩的经贸关系持续向好。韩国国会原议长丁世均认为，以2017年文在寅总统访华为契机，中韩两国就共建高层对话机制形成共识，签署了中国国际经济交流中心与大韩商工会议所之间的合作备忘录，首轮中韩企业家和前高官对话将进一步巩固中韩两国交流与沟通、持续发展经济合作关系。大韩商工会议所会长朴容晚表示，我们与中国国际经济交流中心建立起这样的对话机制的目的在于发挥"以民促官"和"以经促政"的作用。民间企业之间的交流交易通常会面临一些政策、法律、外交环境等方面的问题，通过这一对话机制向政府提出政策建议后，希望两国政府能够让企业家在更好的环境中进行交易合作。中韩两国企业家在不断扩大和促进自由贸易环境方面具有共同的意愿，今后通过对话在这些方面积极提出建议，希望双方政府予以关注并给予积极的支持。

二、客观认识当前经济全球化形势对中韩经贸合作的影响

曾培炎指出，2017年以来有两件大事对中韩经贸关系影响甚大，一个是美国贸易政策，一个是朝鲜半岛局势。美国在单边保护主义道路上越走越远，将会给全球经济和开放贸易形成伤害，加大全球经济运行的不确定性，给中韩两国带来较大的冲击。近期朝鲜宣布调整战略路线，集中力量发展经济和改善民生，将为东北亚经济发展带来重要机遇。在这两件事上，中韩两国都是重要的利益攸关方，应相向而行，共同抵御外部风险，加强沟通合作，为实现和平繁荣发展发挥积极作用。

韩国驻华大使卢英敏指出，最近全球重要趋势之一是贸易保护主义的扩散，特朗普政府对全世界实施了贸易保护措施。美国对华的普遍认识是，中国滥用开放经济系统获取巨额贸易逆差、侵犯美方知识产权、强制企业技术转让及采取优越地位谋求经济外交上的利益。为消除这种认识，中国领导人已指明方向，通过进一步深化改革开放，扩大进口缩

减贸易顺差，强化国际合作，优化营商环境和保护知识产权。另一重要趋势是东北亚局势变化。建交 26 年以来，中韩两国在贸易投资、人文交流等领域取得了令人瞩目的成绩，近期朝鲜半岛局势变化超乎想象，中国政府作出了很大的贡献。当前中韩经贸关系转向竞争性合作，但优势互补性仍持续扩大且日趋重要，即便政治关系不太好，双边贸易仍持续扩大，合作潜力仍然很大。

中国外交部副部长乐玉成认为，当前主要经济体保持了较好的发展势头，但国际局势中不确定、不稳定、不可预测因素在增加，保护主义、孤立主义，民粹主义思潮在全球范围内滋生蔓延，贸易自由化和全球化进程遭遇了一股不寻常的逆风。然而，世界各国已结成命运共同体，全球产业链断不开，各国利益关联分不开，经济全球化进程挡不住。

三、认真面对中韩企业合作中发展不足和利益分配问题

对合作发展中的问题，两国企业各有诉求。韩方希望中方进一步改善营商环境给予其公平待遇；而中方期待韩方能扩大企业间互利合作，寻找更多利益交汇点。曾培炎指出，中韩两国在经贸合作上仍存在不平衡不充分问题，区域合作尚有一些待开发的洼地，第三方市场合作有待加快推进落实，双方应积极落实两国领导人达成的共识，坚持自由贸易方向，把握区域协作发展的机遇，深化多领域务实合作，实现更加广泛的互利共赢。

韩方提出，希望中国对韩资企业所处困境给予及时解决。韩国三星电子副会长尹富根表示，希望中方能公正合理地开展半导体行业反垄断调查，不让外资企业对此产生惧怕；希望中国政府将韩企在华生产的三元锂电池纳入新能源车辆补贴范围之内，解决其汽车电池生产经营的难题。现代汽车副会长郑义宣表示，希望中国政府在支持氢燃料汽车、纯电动汽车及汽车电池生产方面给予韩资企业同等待遇，也希望在合作开

展虚拟现实（VR）、云计算、大数据等核心技术开发方面提供助力。韩国 CJ 集团会长孙京植表示，希望中韩两国加快中韩自由贸易协定（FTA）后续谈判，充分利用服务投资便利化安排，开展更高水平的经贸合作，也希望中韩两国进一步加强战略对接，在第三方国家共同拓展物流服务合作。韩国外交部原 FTA 交涉代表崔晳泳表示，韩国乐天集团在华销售面临困难，希望中国政府能给予重视并帮助纾困。

中方提出，希望中韩两国提高供给质量，满足区域内日益增长的高质量需求，也希望韩国企业有意愿深化与中国企业的合作，协助其伴随中国市场共同成长。中国工信部原副部长刘利华认为，中韩要以推动中韩自贸协定升级谈判为契机，进一步深化多边区域和次区域的经济合作，沟通推进构建开放包容的全球化经济体系。中国社科院亚太与全球战略研究院院长李向阳表示，应关注三个问题：一是如何解决亚洲最终消费需求不足问题；二是如何应对中美贸易争端对亚洲整个价值链的冲击；三是美国制造业回流背景下如何处理亚洲整个价值链逐步缩短问题。中芯国际集成电路制造有限公司董事长周子学表示，中国企业拥有强烈的合作意愿，但希望能得到韩国三星、SK 等知名企业的积极响应。中国 TCL 集团董事长李东生表示，当前韩国企业在华减少投资或撤资现象已对深化中韩合作产生负面影响，而且韩国企业在华独资居多，深化与中国企业合作的积极性不高。创维集团有限公司董事长赖伟德表示，中韩两国在信息电视、电子信息、数字经济等领域已形成紧密的供应链，但中国企业面临上下游对接的利益分配机制问题，有时候个别环节上还存在技术或价格垄断，如创维集团每年向韩国 LG 和三星公司购买 100 多亿元的集成电路和显示面板，2017 年因这类产品提价过快（价格翻倍），给下游企业造成较大的成本压力。河南省进口物资公共保税中心集团有限公司总裁徐平表示，中国跨境电商业务发展很快，韩国产的化妆品是畅销品，但这类产品现在面临着长期供货不足问题，期待韩国爱茉莉太平洋集团和 LG 集团能提供更多产品，在保税园区建立直销跨境电商供应点和展示点。

四、进一步加强中韩贸易投资领域的密切合作

双方代表建议，中韩建交 26 年来，两国经济已经实现了深度对接和融合发展。作为全方面、多领域、高质量的合作伙伴，中韩双方期待在 2015 年中韩签署自贸协定的基础上，进一步瞄准贸易协定的升级，提升双边多边贸易投资的广度和深度，创造公平公正的投资营商环境，推动东亚经济共同体的建设。

一是加快推进双边高水平贸易投资安排。加快推进中韩 FTA 第二阶段谈判进程，推动双向投资便利化和服务贸易自由化，消除非关税壁垒，提升双边经贸合作水平。

二是进一步加深多边区域经济合作。中韩双方应坚持反对贸易保护主义，维护多边贸易体系和规则，联手推动多边区域合作体系建设，积极推动中日韩 FTA、亚太自贸区、区域全面经济伙伴关系（RCEP）谈判进程。

五、深化中韩两国在新兴产业领域的务实合作

双方代表建议，中韩两国在很多产业方面有很好的合作基础，双方可以发挥在技术、市场、制造能力等方面的各自优势，重点在数字经济、智能制造、新能源新材料、现代服务业等领域深化务实合作。

一是加强数字经济领域合作。中韩双方应在移动互联网、人工智能、5G 移动通信、半导体芯片、智能汽车、数字制造、电子商务、云计算、大数据等领域加强合作，发掘新经济增长潜力和增长点。中韩企业在推进工业互联网方面大有可为，可以发挥资金技术、市场和制造能力的互补优势，在物联网商业化、企业智能化改造、智慧城市等领域开拓新的市场空间。

二是加强现代服务业领域合作。中韩双方应在现代金融、节能环保、文化旅游、物流服务等新兴产业领域开展合作。如重点加强在金融科技、金融基础设施建设、人民币金融平台等方面的金融合作。中国人民银行原行长、中国国际经济交流中心副理事长戴相龙建议加强两国金融合作,促进跨境资本使用流动,放宽投融资准入门槛,强化资本市场直接融资,支持亚洲债券市场发展,促进联合融资进一步扩大。

三是加快落实中韩产业园合作。充分发挥现有中韩产业合作部长级对话等产业对话机制的合力,加快落实好已经达成的各项合作共识和协议,持续实施好已签署的重大合作项目,打造一批中韩合作示范项目,重点落实中韩产业园等两国领导人达成的共识项目,共建国际产业合作园,以打造世界级先进制造业集群为目标,进一步拓展中韩国际产业合作园建设范围,打造中韩高端产业合作新高地。

四是加强第四次技术革命及创新合作。中韩双方应加快第四次技术革命等未来新增长产业方面的合作,加强两国创新战略对接,深化全产业链合作,搭建一批中韩技术创新孵化基地和创业平台,推动技术合作、资源开放、信息共享和人员互访,共同加强人才培育,推进产学研深度融合,支持中小企业创新,促进科技成果转化,打造创业创新对接平台,提升中韩产业链的竞争力。韩国对外经济研究院院长李载荣认为,中韩双方应尽快升级两国制造业合作结构,扩大全球产业价值链前端合作参与度,共同制定行业标准和认证,发挥比较优势,拓展产业合作新领域。

六、共同推进东北亚地区经济一体化合作

双方代表表示,当前朝鲜半岛局势出现缓和迹象,和平发展态势未来可期,将为东北亚经济的发展带来重要的机遇。中韩双方应相向而行,加强合作沟通,推进东北亚经济一体化进程。

一是创建促进区域合作的高级别东北亚论坛。戴相龙建议创建面向

中日韩等各国的、高级别的东北亚论坛,提高各国对合作目标、原则、路径的认识,推动环黄海或环渤海经济圈建设,共同建设东北亚经济圈。

二是加强区域新兴消费市场合作。未来5年,中国将进口8万亿美元的商品,吸收6000亿美元的外国投资,中国对外投资将达到7500亿美元,中等收入人口已达到3亿~4亿人的规模,未来新兴消费潜力有较大增长空间。中韩双方应抓住区域新兴消费市场扩张的机会,在最终消费品以及服务领域展开合作,扩大供应链合作,建立和落实互利共赢的合作利益机制,培育先进的市场供应能力,不仅高质量服务于美欧等发展市场,而且更好地服务亚洲的新兴消费市场。

三是加强区域基础设施互联互通合作。以东北亚为中心,加快推动地区基础设施互联互通,如共建东北亚智能电网,探讨建设从首尔经平壤到北京的高速铁路,构建推进国际多边设施联通的区域合作框架。

七、推进中韩战略对接和第三方市场合作

双方代表表示,中韩双方应发挥比较优势,推进战略对接,共同开拓第三方市场,拓展协同合作的新空间,与东道国一起实现三方共赢。

一是加强"一带一路"与韩国"新北方新南方"战略对接。中韩双方应继续推进"一带一路"建设,在已有合作基础上,围绕双方战略的契合点,在俄罗斯、蒙古、中亚地区等构建东北亚经济带,把中韩合作的"蛋糕"做得更大更好,推进中韩合作投资基金发挥作用,在能源、航运、环保、工程机械等领域加强合作。

二是采取多种方式携手开拓第三方市场。中韩双方积极挖掘和创新第三方市场合作模式,重点在第三国就交通物流基础设施、能源资源开发国际产能合作等重点领域,探索"中日韩+X"的新模式,采取联合投资招标、共建境外经贸合作区或产业园区等多种方式,推动一批项目落地,建立一些示范性的工程,释放三方互利共赢的红利。

八、完善中韩"二轨"对话交流机制

双方代表还建议,要发挥中韩"二轨"对话平台的积极作用,推动开展合作案例研究,增进中韩企业更深入务实的密切合作。

一是开展中韩"二轨"对话框架下的前瞻性联合研究。以案例研究为切入点,就深化良好合作基础和处理摩擦纠纷问题,向两国政府提出建设性意见;开展国家制度和产业园区层面的共同研究。

二是完善中韩"二轨"对话的协调支持机制。积极推动将"中韩企业家和前高官对话"平台建成一个良好的长期合作跟踪机制,将"画大饼"和"小拼图"并重,提供中韩合作项目及相关问题的政策协调支持。

(执笔人:刘向东 元利兴)

会议综述报告三
抓住机遇将中日经贸关系推向多领域前沿合作新高度
第四轮中日企业家和前高官对话主要观点综述

2018年10月11日至12日，中国国际经济交流中心与日本经济团体联合会共同举办了"第四轮中日企业家和前政府高官对话"（简称中日"二轨"对话）。10月10日，李克强总理会见日方主要代表并座谈交流，并对中日"二轨"对话机制给予了充分肯定，指出在几年前中日关系困难时设立的这一机制对促进中日关系走向正常轨道发挥了特有的作用。王毅国务委员、国家发展和改革委员会何立峰主任、中国商务部钟山部长陪见。中日两国企业领袖、政府前高官及知名学者共60余名代表参加了对话。双方代表就经济全球化形势、双边贸易投资情况、产业创新合作、共建"一带一路"和开发第三方市场、共同应对人口减少和老龄化等议题展开讨论，并达成许多共识，取得积极成效。

一、相向而行推动中日两国关系行稳致远

2018年是中国改革开放40周年，也适逢《中日和平友好条约》缔结40周年，中日关系改善发展势头得到加强，步入正常轨道，官民互动频繁。李克强总理在会见日方代表时表示，希望中日发挥互补优势，拓展在贸易投资、财政金融、创新和高技术等领域合作，共同开拓第三方市场，维护多边主义和自由贸易体制。他还表示，中国将继续扩大开

放,欢迎日本企业加大对华投资,继续为促进中日交流合作发挥积极作用,推动中日关系健康稳定发展,共同实现可持续繁荣。

中国国际经济交流中心理事长曾培炎指出,中日在全球产业链上各有优势,环环相扣,应携手努力反对保护主义,共同维护国际经济秩序和地区的稳定繁荣。今后三到五年将是中日关系发展的关键窗口时期。尽管外部环境发生了很大的变化,但中日两国经济互补性没有改变,中国经济仍具有较大的适应性,双方应重点关注中国的消费升级、数字经济、节能环保和清洁能源、中国的扩大开放、共建"一带一路"和第三方市场合作等带来的合作机会。

日本前首相福田康夫表示,40年前,邓小平先生到访日本与福田赳夫先生交换了和平友好条约批准书,并坦诚地向日方提出帮助中国产业发展的要求,当时应是中国经济发展的一个起点。在日本企业的协助下,中国建成了技术领先的宝山钢铁厂,逐步成为世界第一的制造大国。40年后,中国对世界经济发展和世界秩序维护具有重大责任,中日及其他亚洲国家维护战后国际秩序符合两国、亚洲乃至全世界的利益。双方应牢记和平友好条约,构建新的中日合作关系,期待本月底安倍首相访华时与习近平主席能明确提出新时代中日关系的发展前景。

日本经团联合会会长中西宏明表示,中日是互不可少的合作伙伴,现已建立了紧密的互惠关系。双方应抓住《中日和平友好条约》缔结40周年纪念时机,促进相互理解和加强产业合作,探求两国共同面临的课题的解决方案。

二、战略对接提升经贸合作的层次和质量

双方代表认为,中国经济已由高速增长转向高质量发展阶段,日本经济正在努力摆脱长期通缩的状态,中国在努力建设制造强国,而日本在实施"社会5.0"战略,双方也在积极寻求结构性改革,实现经济长期健康平稳的发展。

经团联审议委员会主席、野村控股董事长古贺信行表示，2012年日本推出安倍经济学以来，日本经济保持缓慢复苏态势，处在稳健发展的状态当中。其中，民间投资和出口稳步增长，私人消费也在扩张，企业收入持续改善，对未来形成良好预期，能从容应对汇率风险。短期内日本经济面临的风险是2019年10月起计划上调消费税率，根据日本银行估算，2014年将消费税由5%提到8%对日本经济的影响大概是8.2万亿日元，本次由8%上调至10%带来的影响规模估计在2万亿日元。中长期来看，人口减少和老龄化已成为日本经济发展不可避免的问题。从1990年到2018年日本总人口并未出现太大变化，但年龄结构却发生了很大变化，65岁以上人口由约1500万增加到3500万；而15~64岁劳动力人口则从8600万减少到了约7500万，今后劳动力人口还会大幅度减少，同时老年人的养老金、医疗、护理等方面的社会性支出将大幅增加。为此，日本把放松管制作为促进经济发展的重要引擎和关键所在。

经团联副会长、三井住友金融集团执行董事社长国部毅认为，日本的"社会5.0"战略是利用新技术解决经济社会面临的各种课题，促使整个社会实现最佳化，并为实现联合国可持续发展目标作出贡献。实现"社会5.0"有三大重点：一是创新服务化，即推进优势技术开发利用，构建创新生态系统和促进数据共享利用。二是加强人才培养和最优化利用，即通过研究适合"社会5.0"工作方式，提高人才的流动性。三是营造支持"社会5.0"的环境，即放松管制让企业自由进行研发，加强知识产权和个人信息保护，推进电子政务和开放数据等。

中国人民银行党委书记、中国银行保险监督管理委员会主席郭树清指出，40年来，中国始终敞开胸襟、拥抱世界，在推动中国经济社会实现飞速发展的同时，也有力地促进了世界经济的稳定增长。对中国金融业来说，开放合作、互利共赢意义非凡，没有改革开放就没有中国的商业银行、证券公司、保险公司等金融机构，更无法想象有许多中国的银行保险机构进入全球金融业的前列。当前，中国正在推进金融业扩大对外开放，中日加强金融合作既有利于两国金融市场的进一步融合发展，也有助于支持两国贸易投资，促进亚洲和全球经济持续增长。

中国外交部副部长孔铉佑认为，当前中国正处在转变发展方式、优化经济布局、转换增长动力的攻关期，日本也致力于发展新兴财富，振兴社会经济，两国经济合作面临新的机遇。双方完全可以发挥各自优势，拓宽思路、挖掘潜能，进一步加强在节能环保、科技创新、高端制造、医疗养老等重点领域的合作，努力为中日合作开辟和拓展新的空间，实现两国关系的提质增效。

国家发展和改革委员会副主任宁吉喆表示，中日经济互补性很强，在资金、技术、市场、管理经验等方面各有优势，应加强创新发展战略的对接，加强对合作发展前沿和基础研究的探索，放大优势商品、高端装备、优质服务的合作，推动更多的新产业新动能合作项目落地。

三、发展数字经济推动两国产业创新升级

双方代表表示，数字经济和智能制造领域是双方产业创新合作的重要方向，特别是在人工智能、大数据、云计算、移动支付、金融科技等领域有广阔的合作前景。

中国工业和信息化部部长苗圩认为，40年来，日本企业深度参与和支持中国的改革开放，两国企业相互投资日益活跃。面向未来，在数字经济领域中日两国有很大的合作空间，一是可加强数字经济政策的对接，重点在政策、战略规划、标准体系、监管手段等方面建立交流合作的机制。二是可拓展数字经济合作的领域，重点围绕5G、人工智能、大数据、物联网、工业互联网、智能化网联汽车、4K8K超高清视频重点领域，支持研究机构和企业探索新的合作模式，实现双方技术和市场规模的优势互补。三是加强对前沿技术、颠覆性技术的创新合作，充分发挥两国企业主体作用，加强国际行业标准联合研发，加强智能制造创新合作，共同推进制造企业数字化转型，帮助两国中小企业充分利用数

字技术融入全球价值链。

日本驻华大使横井裕表示，中国在移动支付、人工智能等领域取得了显著发展，值得日本学习。经团联副会长、三菱电机公司特别顾问山西健一郎认为，在智能制造领域，中日企业有很好的合作基础，特别是中国推行的工业化和信息化融合，能提供各种现场试验情形，双方合作能实现目标要求的生产效率，中日制造业合作的成功典范能拓展到服务领域。NTT DATA 代表董事副社长执行董事柳圭一郎认为，在智能汽车领域，美欧企业已掌握着汽车驾驶风险预测标准，中日企业要加快在电池、充电设备等方面协调合作，做好标准化工作。如何应对伪造数据和伪造信用等问题，也是中日之间要进一步探讨的课题。

四、开展第三方合作实现多方互利共赢

双方代表表示，全球基础设施需求仍存在较大缺口，中日两国可以发挥互补优势实现多方共赢。随着中日双方开展与第三方合作的思路越发清晰，两国企业需要创新合作模式，采取各种各样的方式开展务实合作。

曾培炎认为，中国欢迎日本企业参与到"一带一路"建设中来，中日两国在全球价值链中所处的位置和产业优势，双方可以通过联合投标、合资经营、分包协作、合作模式转移以及共同推进标准和规则等方式开展多种多样的合作，促进"中日＋1"模式的创新，共同走向第三方市场。

国务院国有资产监督管理委员会原主任李荣融认为，参与"一带一路"的不少国家市场经济的法律法规还不完善，所以经常会有些波动，通过多个企业以及多个国家共同进行第三方市场合作，能够分担风险。日本在风险评估方面就比中国做得好，值得中国企业学习。中国远洋海运集团有限公司董事长许立荣认为，"一带一路"倡议为中日经贸合作创造了有利契机，极大地拓宽了两国经贸合作的领域，两国企业可

以优势互补，结合中国的成本优势和日本先进的管理经验及环保理念，可以为沿线国家完善基础设施及提升资源出口国的发展水平注入新的动力，实现多方共赢。

中国中信集团有限公司董事长常振明表示，中信集团与日本企业在第三方合作既有成功的项目，如中信集团与伊藤忠商事在德国共同投资海上风电项目，也存在竞争两败的例子，如在阿尔及利亚中信集团和日本企业分段投资建设1000公里的高速公路项目，其中528公里是中国企业做，400多公里是日本企业做，双方竞争激烈各有损失。

经团联副会长、大成建设董事长山内隆司认为，早在1985年，大成建设就与中国水利电力对外公司组建了联合体，成功中标了尼泊尔中部的马相迪水电站的建设项目，在此之前从未有过中日企业以对等的立场组建合资公司，并在第三国项目上共同中标的案例，可以说该项目是中日建设行业在第三方市场合作的首个成功案例。今后，中日两国企业取长补短，在公路、高速铁路、港湾等基础设施领域联手合作，双方可以推进在防灾减灾领域的跨国合作。

丸红高级顾问矢岛浩一认为，双方共同出资设立中日第三方市场合作基金，可以增进中日之间的理解，加深两国各领域的合作。住友商事专务执行董事、东亚总代表古场文博认为，日本三菱、三井、丸红等商社海外开展业务较早，积累了庞大的客户关系网络。中国企业发展海外业务时，可以跟日本企业分享这些积累，实现互利共赢。

五、坚持自由贸易共促区域经济一体化

双方代表认为，随着贸易保护主义抬头，中美贸易摩擦正在动摇全球贸易体制，并对现有相互依存的产业链条造成冲击。中日在全球产业链上互有优势，环环相扣，亟须携手应对，共同维护国际经济秩序和地区的稳定繁荣。

曾培炎认为，如果中日自贸协定（FTA）谈判能够启动，将对中日

韩 FTA、区域全面经济伙伴关系（RCEP）、全面与进步跨太平洋伙伴关系协定（CPTPP）的推进起到良好助力，希望中日双方就这个问题进行深入研讨。中国人民银行原行长戴相龙认为，当前全球经济发展面临的最大外部风险就是经贸摩擦。它破坏了多年形成的全球产业链，给经济全球化和经贸多边化发展带来了很大的消极影响。中日应充分利用好两国关系向好的机遇，把经贸合作提升到更高的水平，共同抵御保护主义威胁。双方还应携手应对美元回流带来的区域性金融风险，可就企业再生等进行专题交流，提高两国防范和化解国内金融风险的能力。

国家发展和改革委员会副主任宁吉喆认为，面对外部环境挑战，中日应进一步扩大双边贸易和双向投资，维护多边合作机制，维护国际法和国际规则，加快推动中日韩 FTA 谈判和 RCEP 谈判进程。中国投资有限责任公司副董事长、总经理屠光绍认为，贸易保护主义和霸凌主义对全球经贸关系造成了伤害，干扰了市场预期。中日两国应在推进经济全球化和克服当前自由贸易受阻方面深入开展合作。

经团联运输委员会委员长、商船三井董事长武藤光一认为，移动支付、电子商务等领域需要统一的国际规则，期待世界贸易组织（WTO）在其中发挥应有的作用。欧盟已提出了 WTO 的改革方案，美欧日中等世界主要经济体应加快构建符合新时代要求的贸易投资规则。经团联欧洲地域委员会委员长、住友生命保险董事长兼代表执行董事佐藤义雄认为，日欧企业和行业协会每年坚持开展对话，议题包括商品检验规则的标准化等，有力地推动了日欧经济伙伴关系协定（EPA）的签署，中日双方可以开展类似对话，有助于中日建立新的贸易投资合作框架。

六、强化政策互鉴共同应对老龄化社会

双方代表认为，人口减少和老龄化是具有共性的问题，也是具有合作潜力的领域。作为先行发展起来的国家，日本比中国早 30 年进入老龄化社会，在应对人口减少和少子老龄化方面已积累了丰富经验。中国

存在"未富先老"问题,亟须借鉴日本成熟经验,尽早解决少子老龄化问题和完善适老型社会保障体系。

戴相龙表示,中国应向日本学习建立完善的"基本养老+补充养老+商业养老"的社会保障体系,实行养老金全国统筹管理和保值增值运营,以及发挥社会保障基金理事会的养老储蓄作用等。中国健康养老集团有限公司董事长朱跃认为,日本在构建多层次社会保障体系和完善养老服务体系方面值得借鉴,如 2000 年日本出台《介护保险法》,既缓解了财政支出压力,又为普通家庭老人照料提供了社会化的解决方案。在推动养老产业发展方面,中日两国也能深入合作,在政策沟通、人才交流、标准制定、老年产品研发及服务精细化管理等方面有广泛合作机会。

经团联审议委员会副主席、第一生命控股董事长渡边光一郎认为,在人口减少和老龄化问题上,中国今后的情形会与现在的日本相似,人口结构老龄化倾向会导致内需减少,给经济带来冲击,增加社会保障负担。为此,日本已采取许多应对措施,包括提高出生率、实行幼儿和高等教育免费化、建立无退休的不老社会、利用人工智能和机器人技术提高劳动生产率以及增加女性、老年人和外国人的使用等。作为共同的社会问题,中日双方可联合研发老年人用品,并提供一些合理化的解决方案。

七、深化节能环保和清洁能源合作发展

双方代表认为,如何协调经济和环境发展是中日共同面临的课题之一。环保问题并不是产业发展的障碍,反而有利于促进新技术新产品研发应用。其中,应对气候变化、生物多样性和环境保护议题也是双方重要的合作领域。

曾培炎认为,中国高度重视生态环境和可持续发展,不断加大政策力度,促进环境质量的提升,现在各行各业都在进行节能减排的改造,城市建设也更加强化了低碳绿色和环保的指标。日本在此领域拥有先进

的技术和经验，特别是在混合动力汽车、氢燃料开发利用上具有优势，两国企业可以发挥彼此优势，挖掘在节能环保和清洁能源领域的合作潜力。

经团联的副会长、丰田汽车副董事长早川茂认为，日本比中国更早遇到环境问题，因此日本始终在努力解决环保问题，但环保并不是经济发展的枷锁，反而会带来很多新的技术，特别是在促进能效提高、减少污染物排放和碳排放中会诞生很多新技术、新产品。例如，汽车行业对燃烧效率开展了很多研究，结果是创造了更加低能耗、高燃料效率的发动机以及替代化石燃料的以电和氢燃料为动力的汽车。在汽车及其零部件配套领域，中日企业有很好的合作前景，尤其是在新能源汽车领域，双方可以利用各自独特的技术和优势，共同构建面向未来的汽车社会。

天合光能公司董事长高纪凡认为，日本是全球发展新能源和把经济和环境协同可持续发展的典范，中国在努力推动经济和环境协调发展，双方在应对气候变化和保障能源安全上有较多利益交汇点，两国企业可联合研发自然灾害条件下的能源动力，共同构建低碳智慧的能源物联网。

八、继续发挥"二轨"对话的特有作用

双方代表认为，由中国国际经济交流中心和日本经团联创办的中日"二轨"对话平台很好地发挥了"以经促政"的作用，取得了良好的社会效果。随着中日关系步入正常轨道并得以持续改善，中日"二轨"对话平台将发挥更大的作用，有力促进中日关系长期健康稳定发展。

中西宏明表示，为了进一步打造中日之间的密切关系，互相促进发展，"二轨"对话交流平台非常必要。宁吉喆表示，要继续发挥中日"二轨"对话平台在民间交往中的作用，加强地方、教育、智库等人文交流合作。常振明希望中日两国能够建立多渠道的对话交流机制，特别是包括互派留学生、研修生，加强年轻人员的交流。另有代表建议两家

主办机构应组建综合性的服务平台，协助企业解决第三方市场合作中所面临的资金、技术、人才、评估及社会责任等问题。

（执笔人：刘向东　李浩东）

参考文献

[1]李建花.科技政策与产业政策的协同整合[J].科技进步与对策,2010(15).

[2]张厚殷,韓国における地域産業政策の展開とその特徵[J].地理科学,2013(68).

[3]山内進.租税特別措置と産業成長[J].経営学論集,1997(67).

[4]黎文靖,李耀淘.产业政策激励了公司投资吗[J].中国工业经济,2014(5).

[5]大野健一.産業政策と製造業のダイナミズム:日米実証比較[J].国際経済,1994(45).

[6]葛秋萍,李梅.我国创新驱动型产业升级政策研究[J].科技进步与对策,2013(16).

[7]吴丰华,刘瑞明.产业升级与自主创新能力构建——基于中国省际面板数据的实证研究[J].中国工业经济,2013(5).

[8]祁京梅.日本产业政策及对中国的启示[EB/OL].http://www.sic.gov.cn/News/456/8697.htm.

[9]胡鞍钢.十八大以来我国产业政策逻辑[J].瞭望,2017(36).

[10]桑田義弘.日米同盟下の両国半導体競争[J].経済論叢,1990(1-2).

[11]张文魁.日本产业振兴政策的演变[J].经济科学,1990(4).

[12]董书礼,宋振华.日本 VLSI 项目的经验和启示[J].高科技与产业

化,2013(7).

[13]阿久津良和.再び脚光を浴びる国産アーキテクチャ"TRON"-坂村節がきわ立った"2014 TRON Symposium"記者会見より[EB/OL]. https://news.mynavi.jp/article/20141207-tron/2,2014.

[14]坂村健.基調講演:"AI+オープンデータ=未来"——2017年のTRONプロジェクトと今後の展望[EB/OL]. http://www.tronshow.org/2017-tron-symposium/session-pdf/ja/data.html,2017.

[15]赵鹏.TRON 伴随生活的另一个操作系统世界[J].家电科技,2009(22).

[16]周锐.日本产业政策演变过程、特征及对中国的启示[J].生产力研究,2008(6).

[17]付甜甜.电动汽车用氢燃料电池发展综述[J].电源技术,2017(4).

[18]濱田初美.日本半導体産業の再生はあるか[J].産業学会研究年報,2011(26).

[19]吉田秀明.半導体六〇年と日本の半導体産業[J].日経マイクロデバイス,2006(6).

[20]宋磊.日本的产业政策失败了么[J].现代日本经济,2016(5).

[21]大来佐五郎.发展中经济类型的国家与日本[M].北京:中国对外翻译出版公司,1981.

[22]日本总务省统计局.平成29年科学技术研究调查结果[EB/OL]. http://www.stat.go.jp/data/kagaku/kekka/index.html.

[23]客观日本编辑部.全球百强创新企业·研究机构排行榜发布 日本再次位居榜首[EB/OL]. http://www.keguanjp.com/kgjp_keji/kgjp_kj_etc/pt20180213093000.html.

[24]李燕,张波.我国产业政策与贸易政策的协调问题研究——基于制度性贸易摩擦背景下的分析[J].经济全球化,2012(2).

[25]李哲雨.韓国の産業と空間構造の変化[M]//神谷浩夫,轟博志

編.現代韓国の地理学.東京:古今書院,2010:13-41.

[26]陈德智,陈香堂.韩国半导体产业的技术跨越研究[J].科技管理研究,2006(2).

[27]陈德智,肖宁川.韩国汽车产业引进跨越模式研究[J].管理科学,2003(2).

[28]堀内俊洋,坂本進.日本の半導体企業の浮沈に関する産業組織論考察[DB/OL].http://www.waseda.jp/fpse/winpec/assets/.../07/WP0902.pdf,2010.

[29]方荣贵,王敏.半导体产业共性技术供给研究[J].技术经济,2010(11).

[30]王敏,方荣贵,银路.基于产业生命周期的共性技术供给模式比较研究——以半导体产业为例[J].中国软科学,2013(9).

[31]清水誠.総合電機・半導体メーカーの事業戦略の再構築に向けて[R].日本政策投資銀行,2008.

[32]中沼尚.日米半導体貿易摩擦とは一体何だったのか[DB/OL].http://www.shmj.or.jp,2015.

[33]立本博文.国際競争力:半導体産業における投資優遇税制の事例[J].半導体産業人協会会報,2012(76).

[34]深谷秀幸.日本半導体産業の衰退原因と再生への道—メモリ事業を設備投資の観点より考察[D].高知工科大学修士論文,2008.

[35]立本博文.国家特殊的優位が国際競争力に与える影響:半導体産業における各国税制の事例[DB/OL].https://www.jstage.jst.go.jp/article/jaibs/1/2/1_KJ00006221311/_article/-char/ja/

[36]中馬宏之.半導体産業における日本勢の盛衰要因を探る:システムアーキテクチャの視点から[J].Working Paper,2014-12.

[37]汪进,金廷镐.韩国半导体产业发展的经验与启示[J].中国工业经济,1996(7).

[38]王默凡.日本终身雇佣制的历史变迁[J].首都经济贸易大学学报,

2012(4).

[39]李永钧. 韩国汽车零部件工业[J]. 上海汽车报,2003(4).

[40]The U. S. Delegation. Balancing the trade relationship between the United States of America and the People's Republic of China[N]. The Wall Street Journal, 2018 – 05 – 04.

[41]刘雅馨,张用德,昌古贤. 后石油时代中国新能源战略的思考[J]. 化工管理,2011 (7):7 – 9.

[42]景春梅. 中国能源环境政策最新进展[J]. 国际石油经济,2013(5):56 – 59.

[43]罗伯特·吉尔平. 国际关系政治经济学[M]. 上海:上海世纪出版集团,2006.

[44]王绍媛,刘莎莎,张晓磊. 非常规能源技术进步视角下东北亚能源合作新机遇[J]. 东北农业大学学报(社会科学版),2013(3):4.

[45]康燕家. 韩国新能源产业发展及其与中国相关产业的比较[J]. 中外企业家,2016 (3):53 – 55.

[46]国务院发展研究中心对外经济研究部"中日韩产业合作研究"课题组,隆国强,张琦,许宏强. 中日韩能源资源合作前景和模式分析[J]. 发展研究,2012(3):4 – 8.